# Polyglott

## APA GUIDE

# Zypern

© Englische Ausgabe 1998 APA Publications GmbH & Co.
Verlag KG Singapore Branch, Singapur
© Deutsche Ausgabe 1999 Langenscheidt KG,
Berlin und München

Autoren: Aristódemos Anastassiades und Hansjörg Brey (Páphos;
Der wilde Westen); Hansjörg Brey (Zyperns ewigblauer Himmel;
Trennung auf Dauer?; Wirtschaftswunderland; Zyperns grünes
Erbe; Agonie und Hoffnung; Reiseland Zypern; Agía Nápa);
Hansjörg Brey und Alexander Laudien (Das Tróodos-
Gebirge – grüne Lunge Zyperns); Lance Chilton (Blumeninsel);
Felix Färber (Zenon von Kition); Felix Färber und Klaus Hillenbrand
(Die politischen Systeme Zyperns; Kunst und Kunsthandwerk);
Felix Färber und Barbara Walz (Nordzypern); Klaus Hillenbrand
(Zypern unter britischer Herrschaft; Enosis oder Taksim?; Zypern
ohne Zyprioten; An der »Grünen Linie«; Die Zyprioten); Klaus
Hillenbrand und Barbara Walz (Nikosia-Süd); Angelika Lintzmeyer
(Geschichtlicher Überblick); Georg Macdonald (Hellenistische und
römische Ausgrabungsstätten; Akamas; Byzantinische
Wahrzeichen und stolze Traditionen); Claudia Müller (Feste und
Musik); Günter Weiß (Aphrodite; Im Dämmerlicht des Mythos;
Hellenen und Römer; Aufstieg des Christentums und
byzantinische Zeit; Die Herrschaft der Kreuzfahrer); Joachim
Willeitner (Limassol – Boom und Beton; Kolóssi und Koúrion; Von
Limassol nach Lárnaka; Lárnaka); Eckehard Willing (Die Insel).

Umfassende Bearbeitung des Essay- und Reiseteils: Felix Färber
Bearbeitung des Infoteils: Tobias Streitferdt

Karten und Pläne: Annette Buchhaupt (vordere und hintere
Klappe, S. 140f., S. 144f., S. 146, S. 174, S. 188, S. 224, S. 256,
S. 268f.); Kartographie Huber (S. 176, S. 190); Thomas Willmann
(S. 246, S. 266)

Typographie: Ute Weber, München

Titeldesign: Greenstuff, Iris und Jochen Grün, München

**Erste Auflage 1999/2000**

Redaktionsschluß: September 1998

Printed in Singapore

ISBN 3-8268-2385-0

Alle Informationen stammen aus zuverlässigen Quellen und
wurden sorgfältig geprüft. Für ihre Vollständigkeit und Richtigkeit
können wir jedoch keine Haftung übernehmen.
Ergänzende Anregungen, für die wir dankbar sind, bitten wir zu
richten an: Apa Publications c/o Langenscheidt KG,
Postfach 40 11 20, 80711 München.
E-Mail: redaktion@polyglott.de oder PolyRed@AOL.com

# Zeichenerklärung

## Gebietspläne

| | |
|---|---|
| ❶ ★ ★ | Sehenswürdigkeit |
| | Autobahn |
| | Schnellstraße |
| | Hauptstraße |
| | sonstige Straßen, Wege |
| | Eisenbahn |
| | Staatsgrenze |
| | Landesgrenze |
| | Nationalpark, Naturpark |

## Stadtpläne

| | |
|---|---|
| ❶ ★ ★ | Sehenswürdigkeit |
| | Autobahn |
| | Hauptstraße |
| | sonstige Straßen |
| | Fußgängerzone |
| | Fußwege |
| | sehenswerte Gebäude |
| | bebaute Fläche |
| | Grünfläche |
| | unbebaute Fläche |
| ❶ | Information |
| ✉ | Post |
| P | Parkplatz |

# Über das Buch

Sandstrände unter Palmen, zerklüftete Steilküsten, kühle Zedernwälder im Tróodos-Gebirge, glühende Hitze in den Orangenhainen, eine karge Steppe, ein Meer aus Blumen: Zypern ist ein Land der Kontraste. Seine besondere geographische Lage als östlichste Insel des Mittelmeers macht Zypern auch kulturell zum Treffpunkt von Gegensätzen: Europäische und orientalische Einflüsse haben seit Jahrtausenden sein Gesicht geprägt.

So findet man auf kaum einem anderen Landstrich dieser Erde eine vergleichbare Vielfalt an Sehenswürdigkeiten. Wie sehr Zypern ein – wenn auch leider geteiltes – Paradies für Urlauber ist, machen die kenntnisreich geschriebenen Essays und die prächtigen Fotos des neuen Polyglott Apa Guide Zypern deutlich.

Der promovierte Geograph **Hansjörg Brey,** unter anderem Geschäftsführer der Südosteuropa-Gesellschaft, ist mit Zyperns besonderer geschichtlicher und politischer Lage bestens vertraut. Ihm zur Seite stand die Kunsthistorikerin **Claudia Müller**. Sie bereiste bereits vor ihrem Studium der Archäologie und byzantinischen Kunstgeschichte regelmäßig die Insel. **Klaus Hillenbrand** war nach seinem Studium der Politischen Wissenschaften und der Soziologie freier Korrespondent in Nikosia. Die Journalistin **Barbara Walz** lernte bei ihrer 16jährigen Tätigkeit am zyprischen Goethe-Institut beide Seiten des geteilten Landes genau kennen.

**Joachim Willeitner** arbeitete als verantwortlicher Redakteur für die Zeitschrift Antike Welt. Seit 1980 organisiert er Studienreisen im Vorderen Orient und Mittelmeerraum. Der promovierte Philologe und Historiker **Günter Weiß** war eine weitere wichtige Stütze des Autorenteams. Sein griechischer Kollege **Aristódemos Anastassiades** ist für das Archäologische Muse-

um in Páphos tätig. Als Archäologe hat er unmittelbar mit den Ausgrabungen und der Erhaltung antiker Kulturgüter zu tun.

»Blumenkind« unter den Autoren ist **Eckehard Willing,** ehrenamtlicher Mitarbeiter des Botanischen Museums von Berlin. Auch **Angelika Lintzmeyer** schloss sich dem Team der Autoren an. Die Texte zu den Bild-Doppelseiten verfassten **Lance Chilton** und **George Macdonald. Felix Färber,** Spezialist für und Autor zahlreicher Bücher über das Mittelmeergebiet, hat die umfassende Bearbeitung der Texte für diese Ausgabe übernommen. Erstklassige Fotografen, unter ihnen **Bill Wassman, Gerhard P. Müller** und **George Taylor,** porträtierten die Insel und ihre Menschen.

# Inhalt

## Essays

## Gute Reise!

# Infoteil

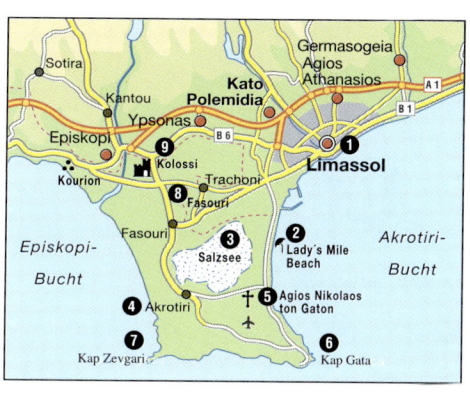

# Karten

ЄΚΤΗϹΤΗ·ЄΝΟ
ЄΝѾΚЄΡѠΧ̈ЄΓΛ
ΧΙΗ·ΚϹЄΝΔЄ⳪ΜЄΤ
ΟΠΑΧ̈ϹΛΟΠＺϹΛΙ
ΛΛΗ=ΟΠΧΥΛΗ·ΠΙ⳿ϹЄ
· ΙωＣＡＮ

# Zyperns ewigblauer Himmel

Sonne, Strand und ein ewigblauer Himmel sind die Kriterien, nach denen viele Urlauber ihr Reiseziel auswählen. Die Insel Zypern hat Sonne, Strände und einen strahlend blauen Himmel – und dies nicht nur im Sommer.

Zypern hat aber noch weitaus mehr zu bieten: Grabungsfunde der Archäologen, die das Leben auf Zypern bis ins Jahr 7000 v. Chr. zurückverfolgen, mittelalterliche Burgen, verträumte Bergdörfer, Zedernwälder und Orangenhaine, verlassene Weiler und Weinberge – alle zusammen prägen sie Zyperns eigentümliches Gesicht. Der Sand am Strand mag dem der anderen Ferieninseln gleichen, doch das Ensemble der Insel Zypern ist einmalig.

Wenn sich auf den Gipfeln die Skifahrer tummeln, sonnen sich zwei Autostunden entfernt Badegäste am Strand. Auf Naturfreunde warten seltene Orchideen und wohl hundert andere Blütenpflanzen, die in ihrer Art nur auf Zypern gedeihen. Wanderer finden je nach Geschmack bequeme, markierte Wege oder vergessene und überwucherte Saumpfade. In den Dörfern begegnen sie herzlichen Menschen und überwältigender Gastfreundschaft. Schnell sitzt man bei einer Tasse Kaffee oder beim gemeinsamen Picknick, versteht sich auch ohne Sprachkenntnisse und bekommt zum Abschied noch ein Bündel Trauben oder anderes frisches Obst aus dem Garten mit auf den Weg. Wer heiße Nächte sucht, kommt in den Pubs und später in den Discos der großen Ferienzentren auf seine Kosten und lernt hier zwar kaum Einheimische, dafür eine polyglotte Szene aus neureichen Russen samt ihren Gespielinnen, österreichischen UN-Soldaten und natürlich anderen Urlaubern kennen.

◄◄ **Mauerinschrift von Kolóssi – In der Festung von Limassol – Die Paraskevi-Kirche von Yeroskípos – Der Fels der Aphrodite bei Paphos**
◄ **Kunstvoll verzierte Tür**
►► **Prähistorische Funde bei Chirokitía**

Umgeben vom Orient ist Zypern als östlichste der großen Mittelmeerinseln dennoch nicht Teil der orientalischen Welt. Die alten Griechen, Rom und Byzanz, Kreuzfahrer und Venezianer, Türken und Briten haben auf der Insel ihre Spuren hinterlassen. Amphitheater zeugen von der Kultur des Römischen Weltreichs. Byzantinische Kirchen mit wertvollen Ikonen erinnern an die fast 800-jährige Herrschaft Konstantinopels. Kreuzfahrer und Venezianer haben gotische Kathedralen errichtet. Die Osmanen wandelten sie in Moscheen um und versahen sie mit Minaretten.

Die europäischen und nahöstlichen Einflüsse sind aber nicht nur an historischen Bauten und Ruinen abzulesen. Die Jahrtausende währende Fremdherrschaft hat auch die Menschen geprägt. Die Insulaner haben sich ihre Eigenständigkeit gegenüber den »Mutterländern« gewahrt, auch wenn sie sich Griechenland bzw. der Türkei politisch und kulturell verbunden fühlen.

Armut prägt das Leben vieler Menschen in den umliegenden Ländern, in Syrien, im Libanon und in der Türkei. Auf Zypern herrscht dagegen relativer Wohlstand. Hotels mit allem Komfort erwarten die Besucher, Autobahnen verbinden die wichtigsten Städte, und die wachsende Zersiedlung der Landschaft lässt erkennen, dass sich viele Zyprioten den Traum vom Eigenheim schon erfüllt haben.

Sauberes Trinkwasser, das Fehlen gefährlicher Krankheitserreger, festgesetzte Preise und freundliche, aber stets zurückhaltende Menschen: Der zyperngriechisch bewohnte Südteil der Insel ist der letzte Außenposten Europas im Dreieck zwischen Asien, Afrika und dem europäischen Kontinent.

Unter der dünnen Decke des Wohlstands vernarben tiefe Wunden. Zypern ist geteilt. Die Folgen des Krieges von 1974, als die Türkei fast 40 % der Insel besetzte, sind allgegenwärtig. Jeder dritte Zypriote wurde damals zum Flüchtling im eigenen Land. Viele hoffen bis heute auf die Wiederkehr in ihre alte Heimat.

Zypern ist mehr als Sonne, Strand und blauer Himmel. Seien Sie herzlich eingeladen, auf den folgenden Seiten alle Facetten dieser faszinierenden Insel kennen zu lernen. ∎

# Geschichtlicher Überblick

■ **9000–7000 v. Chr.:** Mesolithikum. Erste Spuren der Besiedlung Zyperns am Kap Gata.

■ **7000–3500 v. Chr.:** Weitere Zeugnisse steinzeitlicher Besiedlung in Chirokitia und Sotíra.

■ **3500–2300 v. Chr.:** Kupfersteinzeit. Ausdehnung der Siedlungsgebiete nach Westen.

■ **2300–1900 v. Chr.:** Beginn der Bronzezeit (2300–1050 v. Chr.). Ausdehung der Kupferproduktion. Erste Einwanderer aus Anatolien.

■ **1900–1625 v. Chr.:** Erste Befestigungen.

■ **1625–1050 v. Chr.:** Énkomi wird Zentrum von Metallverarbeitung und Exporthandel.

■ **Ab 1500 v. Chr.:** Entstehen der kypro-minoischen Silbenschrift.

■ **1400–1200 v. Chr.:** Wirtschaftliche Blüte.

■ **Um 1200 v. Chr.:** Zerstörung von Énkomi und Kítion durch Seevölker.

■ **1050 v. Chr.:** Erneute Zerstörung von Énkomi und den meisten spätbronzezeitlichen Siedlungen. Neugründung von Sálamis.

■ **1050–750 v. Chr.:** Kypro-geometrische Zeit. Einwanderung der Phönizier. Tempel der Astarte in Kítion. Königsgräber von Sálamis.

■ **750–475 v. Chr.:** Kypro-archaische Zeit.

■ **Um 700 v. Chr.:** Unterwerfung der Stadtkönigtümer unter den assyrischen König Sargon II.

■ **560–540 v. Chr.:** Vorherrschaft der Ägypter unter Pharao Amasis.

■ **Ab 540 v. Chr.:** Persische Oberhoheit.

■ **498 v. Chr.:** Die Stadtkönigtümer schließen sich dem Aufstand der griechisch-ionischen Städte an. Nach dessen Niederschlagung verschärft sich die Kontrolle Persiens über Zypern.

■ **480 v. Chr.:** Bei der Schlacht von Salamis (Insel vor der griechischen Küste) kämpft Zypern auf Seiten der Perser gegen Athen.

■ **475–325 v. Chr.:** Kypro-klassische Zeit. Zypern bleibt persischer Flottenstützpunkt.

■ **411–374 v. Chr.:** Stadtkönig Enágoras I. von Sálamis (an Zyperns Ostküste).

■ **333 v. Chr.:** Sieg Alexanders d. Großen bei Issos über die Perser mit Unterstützung der Stadtkönigtümer. Palast von Vouní.

■ **325–250 v. Chr.:** Hellenismus. Unter Enágoras II. wird Zypern hellenistische Kulturprovinz.

■ **232 v. Chr.:** Nach dem Tod Alexanders d. Großen wird Zypern in die Machtkämpfe um dessen Nachfolge verwickelt.

■ **312 v. Chr.:** Zenon von Kítion gründet die Stoa.

■ **294–258 v. Chr:** Herrschaft der Ptolemäer. Páphos wird Hauptstadt. Königsgräber bei Páphos. Wirtschaftlicher und kultureller Aufschwung.

■ **58 v. Chr.:** Zypern wird in das römische Reich eingegliedert.

■ **Ab 50 v. Chr.:** Beginn einer langen Friedensperiode (Pax Romana).

■ **Ca. 45:** Missionsreise der Apostel Paulus und Barnabas nach Zypern.

■ **115/116:** Ein jüdischer Aufstand endet blutig mit der Vertreibung aller Juden von der Insel.

■ **313:** Das Christentum wird Staatsreligion des römischen Reiches.

■ **332, 342:** Zerstörung von Páphos und Sálamis durch Erdbeben. Wiederaufbau von Sálamis, das als Constantia neue Hauptstadt der Insel wird.

■ **395–647:** Frühbyzantinische Zeit.

■ **5. Jhd.:** Kirchliche Unabhängigkeit Zyperns von anderen Patriarchen (Autokephalie).

■ **647–965:** Arabisch-byzantinischer Konflikt.

■ **648:** Besetzung Zyperns durch die Araber.

■ **688:** Die Insel ist sowohl dem byzantinischen Reich als auch den Arabern tributpflichtig.

■ **730–843:** Bilderstreit um die Darstellung religiöser Szenen und Motive.

■ **965:** Rückeroberung Zyperns durch den byzantinischen Kaiser Nikephoros Phokas.

■ **965–1185:** Mittelbyzantinische Zeit. Beginn einer wirtschaftlichen und kulturellen Blüte.

■ **1094:** Gründung des Klosters Kykko. Mehrkuppelkirchen in Yeroskípos, Kíti und Peristeróna.

■ **11./12. Jh.:** Gründung der Klöster Makherás und Neóphytos sowie der Festungen Hilarion, Kantara und Buffavento.

■ **1184:** Isaak Komnenos' Schreckensherrschaft.

■ **1191:** Richard Löwenherz erobert Zypern.

■ **1191–1571:** Frankenherrschaft.

■ **1192:** Verkauf Zyperns an Guy de Lusignan.

■ **1372:** Krieg zwischen Genua und Zypern.

■ **1374–1464:** Genueser herrschen über Famagústa.

■ **1426:** Sieg der Mamelucken über König Janus.

■ **1427:** Bauernaufstände.

■ **1472:** Heirat von König Jakob II. mit der Venezianerin Catarina Cornaro, die nach dem Tod ihres Mannes Thronfolgerin wird.

■ **1489–1571:** Herrschaft der Venezianer. Blütezeit der byzantinischen Malerei.

■ **1517:** Eroberung Ägyptens durch die Türken. Zypern ist der Türkei gegenüber tributpflichtig.

■ **1562:** Volksaufstand gegen die Venezianer.

■ **1570:** Angriffe osmanischer Truppen.

■ **1571:** Kapitulation Famagústas.

■ **1571–1878:** Türkische Herrschaft unter Tolerierung der religiösen und ethnischen Vielfalt.

■ **Um 1750:** Bau des Aquädukts bei Lárnaka.

■ **1804:** Aufstand der türkischen Bevölkerung gegen den Dragoman Chatzigeorgákis Kornésios, der 1808 hingerichtet wird.

■ **1821:** Der Befreiungskampf der Festland-Griechen gegen die türkische Herrschaft führt in Zypern zu Massakern, Plünderungen und Terror gegen die griechische Bevölkerung.

◀ **Aphrodite**
▶ **Die Hala Sultan Tekke bei Lárnaka**

■ **1878–1960:** Britische Kolonialherrschaft.

■ **1914:** England annektiert Zypern.

■ **Dreißiger Jahre:** Wirtschaftlicher Aufschwung. Bestrebungen nach Vereinigung Zyperns mit Griechenland (Enosis).

■ **1955:** Terroristische Aktivitäten der EOKA zur Durchsetzung der Enosis.

■ **1959:** Makarios III. wird Staatspräsident.

■ **1960:** Unabhängigkeit unter Schutzmächten Großbritannien, Türkei und Griechenland.

■ **1963:** Makarios fordert eine Verfassungsänderung, bei der die türkischen Zyprioten ihrer

Rechte bedroht sehen. Kämpfe zwischen griechischen und türkischen Zyprioten.

■ **1964:** UNO-Friedenstruppen stationiert.

■ **1974:** Putsch der durch griechische Militärs befehligten Nationalgarde gegen Makarios.

■ **Juli 1974:** Türkische Invasion im Norden. Austausch der Bevölkerungsgruppen nach ethnischer Zugehörigkeit; De-facto-Teilung.

■ **1983:** Proklamation der »Türkischen Republik Nordzypern« (nur von der Türkei anerkannt). Harsche Kritik des UN-Sicherheitsrats.

■ **1998:** Beginn der Beitrittsverhandlungen zwischen griechischen Zyprioten und EU; Türkei droht mit der »Integration« Nordzyperns.

# Im Dämmerlicht des Mythos

**A**m Anfang des kleinen Streifzugs zur Geschichte Zyperns soll die Beschreibung der Insel durch den griechischen Historiker und Geographen Strabon von Amaseia stehen. Er schreibt zwar erst zur Zeitenwende (gestorben 19 n. Chr.), geht aber durch Gewährsmänner (z. B. Eratosthenes aus dem 3. Jh. v. Chr.) weit in frühere Zeit zurück und gibt eine gute Vorstellung vom Urzustand mit dichten Wäldern, von den Veränderungen der fruchtbaren Insel durch die Kulturtätigkeit des Menschen, die wichtigsten Bodenschätze und die Agrarprodukte:

»An Fruchtbarkeit übertrifft Zypern jede andere Insel, denn sie bringt guten Wein hervor und gutes Öl und auch genügend Getreide zum Eigengebrauch. Und in Tamassós gibt es eine große Zahl Kupferminen, in denen Kupfersulfate gefunden werden und auch Kupferrost, der für medizinische Zwecke geeignet ist. Eratosthenes sagt, dass in alten Zeiten die Ebenen dicht von Wäldern bedeckt waren und wegen ihres Baumbestandes nicht kultiviert wurden, dass die Minen dagegen ein wenig Abhilfe schufen, da die Bevölkerung die Bäume schlagen konnte, um Kupfer und Silber einzuschmelzen. Eratosthenes sagt weiter, dass der Flottenbau zusätzlich zur Verminderung des Baumbestandes beitrug, da jetzt die See befahren werden konnte, d. h. mit Flotten. Da sie aber über den Waldreichtum nicht Herr werden konnten, hätten sie jedem, der es wollte und der fähig war, gestattet, Holz zu fällen und das so gewonnene Land als Eigenbesitz zu nehmen ohne Steuern.«

### Die Jungsteinzeit
Strabon geht in seiner Beschreibung bis in die Zeit der frühesten überlieferten Besiedlung Zyperns zurück, die vermutlich noch weiter bis in das 9. vorchristliche Jahrtausend zurückreicht. Die Funde lassen eine Besiedlung der Insel vom syrisch-palästinensischen Festland her vermuten. Die Ar-

chäologen haben aus dieser Zeit eine Reihe von Siedlungen vor allem in südlichen und nördlichen Küstenbereichen der Insel entdeckt: Chirokitía, Pétra tu Limníti, Troúlli, Kalavassós u. a. Die Menschen lebten von der Jagd und vom Fischfang, aber auch primitive Formen des Ackerbaus und der Viehhaltung sind nachgewiesen. Ab ungefähr 4800 v. Chr. hatte man gelernt, grobe braune Töpferware (Kammstrichkeramik) herzustellen.

Die elliptischen Häuser waren aus Lehm und Kieselsteinen und teilweise mit unterirdischen Wohnräumen ausgestattet. Totenkult, magische Vorstellungen und Urformen der Verehrung der im Vorderen Orient beheimateten Leben spendenden »Großen Mutter« (magna mater) beherrschten das religiöse Denken; sie galten als Vorläufer des späteren Aphrodite-Kultes. Im Zypernmuseum von Nikosía befinden sich Exponate, die einen Eindruck von den frühen Kulturen vermitteln.

### Die Kupfersteinzeit
Um 3500–2300 v. Chr. begann das Metall eine Rolle zu spielen, das wohl der Insel ihren Namen gegeben hat: das Kupfer. Anfänglich wurde es auf

◄ **Ein Lächeln
aus vergangenen Zeiten
► Amphore aus der
kypro-geometrischen Epoche**

der Insel nur in geringem Maße abgebaut und zum größten Teil importiert. Wie Funde von damals importierten Gegenständen belegen, nahmen die Handelsbeziehungen mit dem Festland zu. Typische Keramik dieser Zeit ist die nach ihrem Fundort benannte Erími-Keramik mit rotem Dekor auf weißem Grund, die überwiegend zu kultischen Zwecken gefertigt wurde.

### Das Bronzezeitalter

Doch bald, seit der frühen Bronzezeit (frühkyprische Zeit, von 2300–1900 v. Chr., mittelkyprische Zeit von 1900–1600 v. Chr., spätkyprische Zeit

schen Kreta. Doch bewahrte Zypern seine politische Eigenständigkeit und kulturelle Eigenart in der Herstellung von Waffen und Metallgeräten von hoher Qualität sowie von Keramik, die in Rot-Schwarz-Malerei auch Menschen und Tiere darstellte. Neu waren Befestigungsanlagen, z. B. Nitovíkla, die entweder als Schutz gegen das expandierende Hyksos-Reich oder wegen innerzyprischer Spannungen errichtet wurden.

In der späten Bronzezeit wurde Zypern dank seiner Lage und seiner Kupfervorkommen ein wichtiger Handelspartner für Syrien, Mesopotamien und Ägypten. In den dadurch entstandenen

von 1600–1050 v. Chr.), wurde Kupfer exportiert, das in einem komplizierten Schmelzverfahren aus dem für Zypern typischen schwefelhaltigen Erz gewonnen wurde. Der damit verbundene verstärkte Austausch insbesondere mit Ostanatolien und Syrien blieb nicht ohne Einfluss auf die zyprische Kultur. Wenn auch die meisten Siedlungen in dieser Zeit nur durch Grabfunde zu erschließen sind, so müssen wir uns die Insel außer den Berggebieten doch als ein dicht besiedeltes, wirtschaftlich florierendes Land vorstellen. Die Kontakte zur umgebenden Welt, in der die frühen Hochkulturen im Zweistromland und im Ägypten der Pyramiden entstanden, waren eng, vor allem mit der syrisch-palästinensischen Küste und dem minoi-

Zentren Énkomi und Kítion wurden Gottheiten der Metallverarbeitung verehrt. Doch trotz der zahlreichen Einflüsse besonders aus dem orientalischen Raum konnte Zypern seine Kultur und Sitten bewahren und durchlief zwischen 1400 und 1200 eine Blütezeit. Um 1200 zerstörten Seevölker Énkomi, Kítion und andere Stätten. Ihre Heimat und die Gründe für ihre Kriegszüge sind noch heute nicht geklärt. Ein neues, prägendes Bevölkerungselement kam auf die Insel, erst als Händler und Handwerker, am Ende des 13. Jhs. als Flüchtlinge: die griechischen Achaier, Träger der mykenischen Kultur. Sie wuchsen mit der stark von orientalischen Elementen geprägten einheimischen Bevölkerung, den Eteozypriern, zusammen.

Nicht-griechische und nicht-semitische Sprachreste haben sich v. a. in der kyprisch-minoischen Silbenschrift erhalten. Sie sind in der Gegend von Amathoús bis ins 4. Jh. nachweisbar. Es entsteht eine im Mittelmeer einzigartige orientalisch-ägäisch-griechische Mischkultur, von der gefundene Vasen mit Wagen- und Schiffsszenen, aber auch mit Menschendarstellungen, Elfenbeinarbeiten und Rollsiegeln ein eindrucksvolles Zeugnis der vielfältigen kulturellen Einflüsse ablegen. Im 12. und 11. Jh. wurde jener Prozess begründet, der das Schicksal der Insel bestimmen sollte: der Antagonismus griechischer und orientalischer Kräfte.

weisen. Allein an 12 Orten verehrte man Aphrodite, die Schaumgeborene. Sie war auch für die mittelalterlichen Reisenden und Pilger das Symbol der heiteren, reichen Insel.

Der Aphroditekult von Páphos ist typisch für die religiöse Mischkultur Zyperns, die weit in die Bronzezeit zurückreicht. In Sálamis wurde z. B. ein männlicher Gott verehrt, der später mit dem olympischen Zeus gleichgesetzt wurde. Der syrische Blitzgott Reshef mit den zwei Hörnern wurde zum Apollon Alasiotes umgedeutet.

Die Kolonisation der griechischen Achaier in oft schon besiedelten Orten ist wohl meist friedlich

## Archaische Kulte und Mythen

Die späteren Schriftzeugnisse, vor allem Herodot, und die archäologischen Funde geben nur ein schwaches Bild von der Fülle der Heiligtümer und der oft ekstatischen, aber auch mystischen Kulte. Im Tempel IV von Kítion hat man eine Art Opiumpfeife für den religiösen Gebrauch gefunden! Wohl kein Gebiet des Mittelmeerraumes hatte auf relativ kleinem Raum so viele Heiligtümer aufzu-

verlaufen. Der Name »Küste der Achaier« an der Nordspitze der Insel, die mit Mykene vergleichbaren Befestigungen in Énkomi, Paläokástro-Máa und Kítion, die Keramik und Reste des arkadisch-äolischen Dialektes in kyprogriechischen Namen und Inschriften sind eindeutiger Beweis für die achaische Kolonisation. Die Einzelheiten der heroischen Gründersagen – z. B. soll Praxenor Lápethos oder Teukros Sálamis gegründet haben – sind historisch ohne Wert, es sei denn als Propagandazeugnisse des griechischen Anspruchs auf Vorrang in den Städten Zyperns.

Zypern – Alas(h)i(y)a nach dem damaligen Hauptort Alashiya (Énkomi) in den ugaritischen und ägyptischen Urkunden und Kittim von den

◀ **Eines der zahlreichen Fruchtbarkeits-Idole**
▲ **Goldplaketten, um 700 v. Chr.**

# Aphrodite

Aphrodite wurde im Altertum von vielen Kulturen verehrt. Ihr wurden die Namen Ischtar, Astarte, Aphrodite und Venus gegeben. Ursprünglich als »magna mater«, als Muttergottheit, Göttin des Krieges und Herrin der Tiere verehrt, wurde sie von den alten Griechen entmachtet und auf ihre erotischen Funktionen reduziert. So lässt Homer in der Ilias den Göttervater Zeus sagen: »Dir sind nicht gegeben, mein Kind, die Werke des Krieges. Wende dich lieber den lieblichen Werken der Hochzeit zu!«

Schon weit früher als Homers Ilias entstand in Alt-Páphos im 12. Jh. v. Chr. das erste Aphrodite-Heiligtum, dessen Hohepriester der sagenhafte Stadtgründer von Páphos, König Kinyras, war. Herodot berichtet, dass der Kult in Palea Páphos auch Tempelprostitution einschloss. Um Aphrodite ihre Jungfernschaft zu opfern, zogen Frauen in den Tempel und warteten dort, bis ein Fremder mit ihnen das Lager teilte. Manche mussten angeblich lange Zeit ausharren, bis sie den Ritus vollziehen konnten. Anlässlich des Festes von Aphrodite und Adonis fanden im Frühjahr große Prozessionen statt.

▲ **Das Bad der Aphrodite bei Páphos**

Zu den überlieferten Kultgegenständen gehörten ein Phallus und Salz, welches die Geburt Aphrodites aus dem Meeresschaum symbolisieren sollte. Der Mythologie nach entstand aus den ins Meer geworfenen Geschlechtsteilen des Göttervaters Uranos (Himmel) weißer Schaum, dem die schöne Göttin entstieg. Die Interpretation, nach der Aphrodite von einem Mann abstammt, ist ein Versuch, die orientalische Göttin der Fruchtbarkeit in das patriarchalische Göttersystem der Griechen einzugliedern. Der Geburtsort der Aphrodite am Felsen Pétra toú Romioú liegt südöstlich von Páphos und ist besonders in der Abendsonne beeindruckend.

Aphrodite als Beschützerin der Liebe und der Lust ist in der griechischen Mythologie in zahlreichen Sagen verewigt worden. So auch in der Geschichte der Atalante, die ihren Freiern die Bedingung stellte, dass sie sie im Wettlauf besiegen oder andernfalls sterben müssten. Unter den zahlreichen Freiern war auch Hippomanes, ein Urenkel des Meeresgottes Poseidon. Dass Atalante schon vor dem Wettkampf von der Liebe zu Hippomanes erfüllt war, dafür sorgte Eros, der Sohn der Aphrodite, der seinen Liebespfeil auf sie verschossen hatte. So bat sie den Wettstreiter inständig, von seinem Vorhaben abzulassen, und wünschte sich heimlich nichts sehnlicher, als ihn zum Gemahl zu bekommen – doch sie konnte von ihren Kampfbedingungen nicht ablassen. Aphrodite dachte sich daraufhin eine List aus: Sie pflückte von einem wunderschönen Apfelbaum drei goldene Äpfel, die Hippomanes beim Wettlauf nach und nach fallen lassen sollte. Atalante unterbrach jedesmal ihren Lauf, um den Apfel zu nehmen, so dass Hippomanes Rennen und Liebesglück für beide gewann.

Der Reisende Martin v. Baumbarten schrieb am Anfang des 16. Jhs. über Zypern: »Cyprus ist die liebenswerteste Insel der Welt, einst überfließend von Reichtümern, zu sehr süchtig nach Sinneslust und deshalb der Venus (Aphrodite) geweiht. . .«

Anscheinend war die ganze Insel durchdrungen von ihrem Geist. Aber ob sie ihren Einfluss heute noch geltend macht, das muss wohl jeder selbst erforschen. Vielleicht hilft auch ein Schluck aus der Fontána Amorósa, der Quelle an der Nordwestspitze von Akámas, die als »Bad der Aphrodite« die Eigenschaft haben soll, denjenigen, der daraus trinkt, mit Liebe zu beglücken. ■

Hebräern genannt – war bis zum Ende der späten Bronzezeit politisch unabhängig, auch wenn Ramses III. (1192–1160) eine Oberhoheit über die Insel behauptete.

Eine dunkle Epoche – die frühe Eisenzeit: Nach der zweiten Zerstörung vieler spätbronzezeitlicher Siedlungen durch Erdbeben begannen wie in Griechenland auf Zypern die »dunklen Jahrhunderte«. Diese so genannte kypro-geometrische Zeit (etwa 1050–750 v. Chr.) war geprägt von der Einwanderung der Phönizier, einem Volk erfahrener Händler und Seefahrer, dazu Träger einer hoch entwickelten Kultur semitisch-syrischen Charakters. Zuerst wurden auf Zypern nur Faktoreien gegründet; später, vielleicht schon im 10. Jh. v. Chr., entstand in Kítion eine regelrechte, vom Mutterland abhängige Kolonie unter einem König. Phönizische Tempel von Astarte und Melkart wurden auf den wohl durch Erdbeben zerstörten Heiligtümern nach 850 erbaut. Kítion dehnt seine Herrschaft über das spätbronzezeitliche Idalion im Inselinneren aus. Auch das schon im Neolithikum besiedelte Lápethos im Norden und Amathoús im Süden waren stark dem phönizischen Einfluss ausgesetzt. Die reichen Grabfunde der Königsgräber von Sálamis vom Ende der kypro-geometrischen Periode sind Zeugnisse für den Wohlstand der Oberschicht dieser Zeit. Für die Keramik aus dieser Zeit, in der sich der Ideen- und Formenreichtum der spätkyprischen Zeit fortsetzt, sind Einflüsse der Eteokyprier geltend gemacht worden.

In der kypro-archaischen Epoche (ungefähr 750–470) wurden sieben Könige von »Ya« unterworfen, wie eine Siegessäule des Assyrerkönigs Sargons II. (721–705) rühmt. Doch die Städte

▲ Kunstvolle
Armbänder aus der Zeit
um 700 v. Chr.

wurden nicht zerstört, es kam zu mehr oder weniger losen Vasallenverhältnissen. Jetzt traten die zyprischen Stadtkönige, deren Zahl in den assyrischen Quellen zwischen 7 und 10 schwankt, etwas deutlicher ins Licht der Geschichte. Es war ein erbliches Königtum, dessen sakraler Charakter wenigstens für Páphos feststeht. In einigen Städten sind die Dynastien phönizischer Herkunft, wie in Kítion und Amathoús, in anderen herrschten griechische Dynastien, wie die Teukrer in Sálamis. Wie in Mykene zeigen die Königsgräber von Tamassós, Sálamis und Páphos und der Palast von Vouní das Selbstbewusstsein, den Reichtum und die Macht dieser Stadtkönige, von denen wir so wenig wissen. Insbesondere die in Sálamis aufgefundenen Königsgräber und ihre Schätze (siehe Nikosía-Nationalmuseum) vermitteln eine Vorstellung von dem Luxus der Bestattungen.

## Zwischenherrschaft der Ägypter

Nach dem Niedergang des Assyrerreiches fiel die Insel gewaltlos an die Ägypter. Die Herrschaft des Pharaos Amasis (569–525 v. Chr.) war in politischer Hinsicht wenig bedeutsam, verstärkte jedoch den Einfluss ägyptischer Kultur auf Zypern. Die Menschendarstellungen waren starr, ähnlich dem Kouroi-Stil im frühen Griechenland, die Skarabäen der Ägypter wurden nachgeahmt.

## Zypern unter den Persern

545 v. Chr. erkannten die Könige Zyperns freiwillig die anfänglich sehr lockere Oberhoheit des Perserreiches an, eines kulturell hoch stehenden und auch griechischen Einflüssen aufgeschlossenen Machtgebildes – des größten, das je im Vorderen Orient vor Alexander dem Großen entstand. Zypern kam ins Spannungsfeld Griechenland – Persien und schloss sich 498 v. Chr. dem Aufstand griechisch-ionischer Städte im westlichen Kleinasien an. Herodot – unser einziger Gewährsmann – lässt die Gründe im Dunkeln. Er spricht nicht von einer nationalgriechischen Begeisterung auf Zypern. Erst auf Betreiben von Onesilos, dem jüngeren Bruder des Königs von Sálamis, wurden alle

zyprischen Stadtkönigtümer abtrünnig. Nur Amathoús – eine Stadt mit einem starken eteozyprischen und phönizischen Einfluss – schloss sich der Bewegung nicht an; seine Bewohner hängten nach dem unrühmlichen Ende des Aufstandes den Kopf des Onesilos über dem Stadttor auf! In der Schlacht gegen die Perser vor der Stadt Sálamis ließ Stasenor, König von Koúrion, die Verbündeten im Stich, die Salaminier folgten. Nur in Sóloi trafen die Perser auf härteren Widerstand.

Perserfreundliche Herrscher wurden eingesetzt, überwacht von persischen Besatzungen. In der Seeschlacht vor der griechischen Insel Salamis zwischen Athen und Persien (480 v. Chr.) kämpfte neben Ägyptern, Kilikern und Pamphyliern ein zyprisches Kontingent von 150 Schiffen auf persischer Seite. »Leute, die überhaupt nichts taugen«, urteilte die Königin Artemisia von Karien.

## Griechen gegen Perser

Die kypro-klassische Zeit (um 470–325 v. Chr.) stand politisch weiterhin im Spannungsfeld Griechenland – Persien. Es gelang freilich weder Athen noch Sparta, auf Zypern, dem begehrten Flottenstützpunkt und Lieferant von Schiffbauholz, länger Fuß zu fassen. Zypern blieb Persiens wichtigster Flottenstützpunkt im Mittelmeer; von hier lief 394 v. Chr. die persische Flotte aus, die bei Knidos Spartas Seeherrschaft vernichtete.

Kulturell geriet Zypern immer mehr unter den Einfluss Athens, wie die reichen Funde aus dem Palast von Vouní zeigen. Griechische Bildhauer und Vasenmaler wurden zwar nachgeahmt, doch hielt sich das traditionelle zyprische Formgut. Symbol für den kulturellen Einfluss des Griechentums ist der Stadtkönig Enágoras I. von Sálamis (411–374 v. Chr.). Er verstand es geschickt, zwischen Persien und Athen politisch zu lavieren und die Insel zum ersten Mal in ihrer Geschichte gegen den Widerstand der von Phönizien stammenden Dynasten von Kítion, Amathoús, Gólgoi und Sóloi zu einen. Griechische Künstler und Politiker kamen vom Festland an den luxuriösen Hof des Philhellenen. Zypern wurde eine hellenische Kulturprovinz mit orientalischen Zügen. ■

◄ Archaischer Kopf
eines Feldherrn oder Königs
► Die berühmte
Statue der Aphrodite

# Hellenen und Römer

Die Uhr der Geschichte geht auf Zypern anders als in anderen Regionen des Mittelmeerraumes: einen »Hellenismus«, d. h. die Wechselwirkung zwischen Griechentum und dem Orient in Politik, Kultur und Religion, hat die Insel schon lange vor den gewaltigen Feldzügen des großen Makedonen Alexander erlebt. Zypern unterstützte ab 331 v. Chr. das Alexanderheer mit Schiffen, Soldaten und Technikern.

pethos stammten von den Phöniziern ab, sprachen aber griechisch!). Tragische Schicksale spielten sich ab: Nachdem sich Nikokreon, der letzte König von Sálamis, auf Antigonos' Seite geschlagen hatte, wurde er mit seiner Familie von Ptolemaios zum Selbstmord gezwungen. Wie die Inschriften bezeugen, war er eng mit den Griechen von Argos, Delos und Delphi verbunden. Die Luxusliebe seines Hofes bot Anlass zu Legenden und

### Machtkämpfe

Politisch äußerst verhängnisvoll wirkten sich die Machtkämpfe der Nachfolger Alexanders des Großen, der Diadochen, aus, die zwischen den Ptolemäern in Ägypten, dem König Antigonos mit dem Machtschwerpunkt Syrien und den Seleukiden mit dem politischen Schwerpunkt Griechenland und Kleinasien ausgetragen wurden. Zypern war als strategischer Stützpunkt, als Lieferant von Kupfer, Silber, Schiffbauholz aus dem Tróodos und Getreide begehrt. Sálamis, Páphos, Sóli und Amathoús standen auf seiten des Ptolemaios, der Zypern ab 294 v. Chr. von Ägypten aus regieren sollte. Kítion, Lápethos, Kyrénia und Márion hielten zu Antigonos (die Herrscher von Kítion und Lá-

Anekdoten. 294 v. Chr. wurde Zypern unter Ptolemaios I. schließlich zu einer ägyptischen Provinz.

### Die Herrschaft der Ptolemäer

Das politische System der Stadtkönigtümer wurde nun abgelöst von der zentralistisch regierenden absoluten Monarchie des Pharaonentums. Über zwei Jahrhunderte (294–58 v. Chr.) blieb die Insel eine von einem in Sálamis residierenden Oberbefehlshaber (Strategos) und seinem Beamtenstab zentralistisch verwaltete Provinz des ptolemäischen Ägyptens. Der Stratege war auch Oberbefehlshaber der gesamten ägyptischen Mittelmeerflotte. Starke Garnisonen fremder Söldner unter meist nichtzyprischen griechischen Offizieren, aber auch unter einheimischen phönizischen Familien wie in Lápethos und Kítion beherrschten die Städte. Erst in der Wende zum ersten Jahrhundert traten verstärkt einheimische griechische Zyprer in hohen politischen Posten auf.

Vor allem im kulturellen und religiösen Bereich genossen die mit Marktplätzen, Gymnasien und Theatern ausgestatteten blühenden Städte eine Art Selbstverwaltung, aber keine Demokratie. Meist inschriftlich sind Führer der Gilden, Leiter der Gymnasien (Gymnasiarchen) und der Sportkämpfe (Agonothetes), Aufseher über die Agora (Agoranomos) u. a. bezeugt. Die Städte waren in

genannten »Königsgräber« bei Ktíma (Néa Páphos) – wichtigstes archäologisches Zeugnis der hellenistischen Zeit auf Zypern – wurden nach ägyptischen Vorbildern konzipiert. Die Literatur Zyperns war allein in griechischer Sprache abgefasst. Die Autoren waren jedoch eher zweitrangige literarische Talente, wie z. B. Stasinos mit seinem Epos Kypria und der Komiker Sopatros.

Bleibenden Rang in der europäischen Geistesgeschichte nimmt der Gründer der philosophischen Schule der Stoa, Zenon, ein. In Kítion 335 v. Chr. geboren, lebte er ab 312 in Athen. Die Einhaltung der ethischen Prinzipien war Bestand-

einer Kulturorganisation, dem so genannten Koinon Kyprion, zusammengeschlossen.

Selbstverständlich verstärkte sich der religiöse und kulturelle Einfluss Ägyptens, vor allem des Zentrums des hellenistischen Städtewesens – Alexandrien – auf die Insel: Serapis, Isis, Osiris, Zeus Ammon und andere wurden jetzt auf Zypern verehrt. Von Alexandrien beeinflusste Bildwerke schmückten Marktplätze und Gymnasien. Die so

teil seiner Lehre und wurde auch von ihm selbst vorgelebt und befolgt. Er setzte sich ein für die Idee einer egalitären Weltgesellschaft.

### Das römische Imperium

Roms Aufstieg zur Großmacht sollte die Machtverhältnisse im Mittelmeerraum verändern. Neben zahlreichen anderen Eroberungen wurde Zypern im Jahre 58 v. Chr. als Provinz in das römische Reich eingegliedert. Der Übergang der Herrschaft auf das römische Imperium ist kein Ruhmesblatt in der Geschichte Roms. Ein dubioses Testament legitimiert nur notdürftig den Senatsbeschluss, über Zypern zu herrschen. Der sittenstrenge Marcus Porcius Cato wurde mit der

◀◀ **Die Seeschlacht von Salamis**
◀ **Mosaik aus dem**
**Zypernmuseum von Nikosia**
▲ **Aphrodite**
▶ **Apollon**

undankbaren Aufgabe betraut, Ptolemaios zum Thronverzicht zu bewegen – ein Anliegen, das den unglücklichen Herrscher zum Selbstmord trieb. Auch Cicero, sonst der eifrige Kämpfer gegen Korruption und Unrecht, war als Statthalter auffallend untätig gegen Beamte, die mit ihren erpresserischen »Anleihen« die Bevölkerung der Insel aussaugten.

Die Römer übernahmen im Wesentlichen die straffe ptolemäische Verwaltungsstruktur. Jetzt regierte ein Proconsul in Páphos – römisch Augusta Claudia Flavia Páphos genannt – mit seinen Beamten die Insel. Das neue römische Element präg-

mus, die Loyalität zu Rom und den widerstandslos aufgenommenen Kaiserkult: »Bei unserer Aphrodite vom Hochland, bei unserer Herrin, bei unserem Apollon von Hyle, ... den Göttern und Gottheiten unserer Väter, die zu dieser Insel gehören, der Geburtsstätte Aphrodites, bei Caesar Augustus, der der Gott ist, beim ewigen Rom und bei allen anderen Göttern und Göttinnen: wir selbst und unsere Kinder (schwören): ... Tiberius Caesar Augustus gegenüber uns loyal zu verhalten und ihn zu ehren ... die gleichen Freunde und die gleichen Feinde zu haben ... Rom und Tiberius Caesar Augustus die göttlichen Ehren zu erwei-

te nur wenig die Bevölkerung der Insel. Die griechischen Namen blieben.

Zypern genoss innerhalb der Herrschaft des »römischen Friedens« Ppax Romana) eine lange Friedenszeit, nur durch den großen jüdischen Aufstand von 115/116 n. Chr. unterbrochen, in dem auf Zypern angeblich 240 000 Menschen umgekommen sein sollen. Er endete mit der vollständigen Vertreibung der Juden.

Die prachtvollen Mosaike aus einer Villa in Néa Páphos und die in Koúrion gefundenen Mosaike sind Symbole für diese Zeit, die sich kulturell nahtlos an den Hellenismus anschloss. Ein inschriftlich erhaltener Treueid aus dem Jahr 14 n. Chr. auf Kaiser Tiberius bezeugt den religiösen Synkretis-

sen ...« Die florierende wirtschaftliche Entwicklung der Insel schlug sich auch in der Verbesserung des städtischen Lebens nieder: So wurden in den Hauptorten der Insel infrastrukturelle und kulturelle Einrichtungen erstellt.

Der Einfluss des Hellenismus verdrängte mehr und mehr die orientalischen Elemente des Lebens. Nur in der Religion, insbesondere im Aphrodite-Kult, blieben orientalische Überreste weiterhin lebendig. ■

▲ **Dionysos und Gespielinnen beim Weingelage**

# Zenon von Kition

Nach unbestrittener Überlieferung war Zenon von Kition (heute Larnaka), nicht zu verwechseln mit dem Praxiteles-Schüler Zenon von Elea, der Sohn eines reichen phönizischen Kaufmanns. Über das Geburtsdatum streiten sich jedoch die Gelehrten: Nach Mehrheitsmeinung erblickte er 333 v. Chr. das Licht der Welt. Andere datieren seine Geburt einige Jahre früher. Zeitgenossen beschreiben ihn als zierlich gebaut, etwas verwachsen und dunkelhäutig. Von seinen regelmäßigen Geschäftsreisen nach Athen soll der Vater dem Jungen einmal Schriften des Sokrates mitgebracht und so das Interesse für die Philosophie geweckt haben. Als gerade Zwanzigjähriger fuhr Zenon, vom Vater mit einem Startkapital ausgestattet, selbst nach Athen. Er verarmte dort jedoch binnen kürzester Zeit und widmete sich gänzlich der Philosophie. Er hörte bei Polemon, dem Vorsteher der platonischen Akademie, bei dem Megariker Diodoros Kronos und bei dem Diogenes-Schüler und Kyniker Krates von Theben, der ihn am stärksten beeinflusste. Um 300 v. Chr. gründete Zenon seine eigene Schule. Da ihm als Ausländer der Grunderwerb in Athen versagt war, unterrichtete er in der öffentlichen Halle (stoa poikile), nach der seine Schule dann auch Stoa genannt wurde.

Die Schriften des Zenon kennen wir nur bruchstückweise aus Textsammlungen, Zitaten und Argumentationen von Freunden und Gegnern. Nachdem die Stoa zudem von seinen Nachfolgern Kleanthes und Chrysippos weiterentwickelt und von einer mittleren Schule erneut aufgegriffen wurde, um schließlich in der späten Stoa mit Seneca und Kaiser Marc Aurel ihren Höhepunkt zu erreichen, fällt es umso schwerer, das Gedankengut Zenons von dem der anderen Stoiker zu unterscheiden. Jedenfalls ist für die Stoa die Welt nach göttlichen Gesetzen strukturiert, in die der Mensch sich tunlichst zu fügen hat. Nur dem Menschen ist es dank seiner Vernunft gegeben, diese Gesetzmäßigkeit zu erkennen – vernünftiges Leben ist damit zugleich natürliches Leben, während Triebe, Leidenschaften und Affekte das Handeln nach den erkannten, vernünftigen Werten nur behindern. Die platonische Ideenlehre lehnt Zenon ab. Für ihn existieren in der Welt nur Dinge, die auf die Sinne des Menschen einwirken und so in der Seele des Menschen einen »Abdruck« hinterlassen. Die Vernunft, so Zenon, hat diesen einem Siegel vergleichbaren Abdruck daraufhin zu überprüfen, »ob er von etwas wirklich Vorhandenem stammt ... in einer Weise, wie sie durch eine Nicht-Vorhandenes nicht entstehen könnte« – trifft dies zu, gilt die Vorstellung als wahr. Diese Überprüfung der komplexen Beziehungen zwischen Wirklichkeit, Denken und dazu noch der Sprache ist für Zenon das Feld der Logik, die er in Anlehnung an die Sokratiker als eigenständigen und gleichberechtigten Teilbereich (neben Physik und Ethik) in die Philosophie einführt, während für

seine Gegner der aristotelischen Schule die Logik (sie benutzten den Begriff Analytik) nur ein propädeutisches Hilfsmittel der Philosophie war.

Zwischen 264 und 261 v. Chr. nahm sich Zenon nach einem unbedeutenden Unfall das Leben. Nach Lukian soll er sich an einer Kante angestoßen und dies als Anstoß des Schicksals verstanden haben, von der Bühne des Lebens abzutreten. Der Althistoriker Franz G. Maier nennt Zenon, obwohl er sein philosophisches Wirken nur in Athen entfaltete und nie mehr nach Kition zurückkehrte, »Zyperns einzigen ... Beitrag zur Geistesgeschichte Europas«. ■

▲ **Zenon von Kition**

# Hellenistische und römische Ausgrabungsstätten

**Z**yperns Reichtum an Überresten der griechischen und römischen Zivilisationen ist groß – nicht nur an den Ausgrabungsstätten, sondern auch in den Museen. Fast tausend Jahre lang lebte Zypern in Frieden: von 325 v. Chr., als die Insel zum Reich Alexanders des Großen kam, durch die römische Ära bis ins 7. Jahrhundert hinein.

Unter den hellenistischen Herrschern blühte die griechische Hochkultur. Zyperns Städte erhielten schöne Marktplätze und Tempel, und viele der heute bedeutendsten archäologischen Stätten haben ihren Ursprung in dieser Zeit.

Während jenes sechshundert Jahre dauernden Friedens, der Pax Romana genannt wurde, gaben nur Erdbeben den florierenden Städten gelegentlich Anlass zur Sorge. Páphos, der Sitz des römischen Statthalters, war mit wunderbaren Villen und Mosaiken ausgestattet; heute ist es Anwärter auf die »Mitgliedschaft« im Weltkulturerbe der UNESCO.

Obwohl erst kürzlich ein Teil von Páphos einem neu angelegten Parkplatz zum Opfer fiel, ist es immer noch der größte geschlossene Komplex antiker Ruinen auf Zypern. Páphos sowie einige andere eindrucksvolle Ausgrabungsstätten, wie z. B. das Theater von Koúrion oder das nordzyprische Salamis, können mit fast allen griechischen und römischen Anlagen im Mittelmeergebiet konkurrieren.

Antike Überreste finden sich auf Zypern an den erstaunlichsten Orten – einige sind sogar in Hotels integriert! Und oft behält man gerade die weniger besuchten Stätten am eindrucksvollsten in Erinnerung. So bieten sich z. B. der einsam gelegene, windumtoste griechisch-persische Palast von Vouni und die Unterwasserruinen im Hafen von Amathous hervorragend für alle an, die den Geisterstimmen aus alten Zeiten lauschen wollen.

**▼ Gott der Wälder**
Der griechische Gott Apollo wurde in Koúrion als Apollo Hylates, Gott der Wälder, verehrt. Sein z. T. restauriertes Heiligtum beschwört ein lebhaftes Bild der altertümlichen Szenerie herauf.

**► Bildreich**
Die römischen Mosaiken in Páphos gehören zu den herrlichsten und besterhaltenen im Mittelmeerraum. Das hier abgebildete stammt aus dem »Haus des Theseus«.

**▼ Marktplatz**
Die Agora des alten Amathous liegt neben der verkehrsreichen Küstenstraße östlich von Limassol. Weitere Teile der antiken Stadt finden sich unmittelbar vor der Felsküste im Meer.

**◄ Die nackte Wahrheit**
Diese Bronzestatue des römischen Kaisers Septimus Severus (193-211 v. Chr.) wurde bei dem nordzyprischen Dorf Voni gefunden; heute steht sie im Zypernmuseum von Nikosía.

◄ **Vielseitige Bühne**
Das wildromantisch gelegene Odeon von Koúrion wurde von den Griechen erbaut und von den Römern für Gladiatorenkämpfe benutzt.

▲ **Originelle Böden**
Mosaiken waren auf Zypern in der klassischen Periode eine häufige Kunstform, die in den frühchristlichen und byzantinischen Kirchen wieder auflebte.

Es ist fast unmöglich, irgendwo auf Zypern den Boden zu pflügen, ohne auf Überreste der alten Kulturen zu stoßen, die die Insel geprägt haben. Allein im schmalen Kalavasos-Tal (bei Limassol) gibt es mehrere hundert historische Stätten.

Für die chronisch überarbeiteten und unterbezahlten staatlichen Archäologen gehört das Bewahren zu den wichtigsten Aufgaben; wenn bei einem der zahllosen Neubauprojekten antike Überreste zutage gefördert werden, kommen sofort Forscher, um zu retten, was zu retten ist. Ausländische Gruppen spielen eine wichtige Rolle. Die obige Abbildung zeigt Fabrica Hill (Néa Páphos), wo australische Archäologen ein griechisches Theater mit 8000 Sitzplätzen ausgegraben haben. Der effektive internationale Kulturboykott Nordzyperns hat zur Folge, dass sich dort zur Zeit wenig tut; einige halbvollendete Projekte, u. a. in Salamis und Soloi, sind deshalb inzwischen sogar gefährdet.

▲ **Letzte Ruhestätte**
Die »Königsgräber« liegen bei Páphos am Meer; echte Könige wurden hier allerdings nicht bestattet, sondern nur Angehörige der »oberen Zehntausend«.

▼ **Romantische Felsen**
Eine unzerstörbare romantische Aura umweht den Felsen der Aphrodite bei Páphos, wo die schaumgeborene Göttin dem Meer entstieg.

# Aufstieg des Christentums und byzantinische Zeit

Mit der Entscheidung des römischen Kaisers Konstantin, den die christliche Kirche später den »Großen« nannte, das Christentum unter den vielen anderen Religionsformen im Imperium Romanum zu bevorzugen, setzte ein grundlegender religiöser, kultureller und auch machtpolitischer Wandel im Mittelmeerraum ein: die ehemals verfolgte Religion wurde nun selbst zur unnachgiebigen Verfolgerin der »heidnischen« Konkurrenz. Eine politisch wie wirtschaftlich mächtige Kirchenhierarchie baute sich auf, eine Art »Staat im Staat«. Welchen Wandel dies für Zypern brachte, liegt auf der Hand.

### Die Verbreitung des Christentums

Schon früh, vielleicht schon vor 40 n. Chr., missionierten Mitglieder des Jerusalemer Stephanoskreises im syrischen Antiochien und auf Zypern (Apostelgeschichte 11,19f). Wenige Jahre später begann der zyprische Jude Joseph-Barnabas (Apostelgesch. 13,4f), zuerst in Gemeinschaft mit Paulus seine Missionsarbeit. Auf dem Reiseweg von Sálamis nach Páphos trafen beide auf mehrere jüdische Gemeinden, bei denen sie wenig Anerkennung fanden. Paulus konnte schließlich in Páphos den römischen Prokonsul Sergius Paulus bekehren.

Eine intensive Christianisierung der Insel dürfte jedoch erst nach der Konstantinischen Wende eingesetzt haben, was sich aus der steigenden Anzahl der Bischofssitze schließen lässt. Die Mutter Konstantins, die heilige Helena, soll auf ihrer Rückreise von Jerusalem einige Kreuzreliquien auf die Insel gebracht haben. Mehrere heute noch existierende Klöster, allen voran Stavrovoúni, führen ihre Anfänge bis auf diese Zeit zurück und rühmen sich, Teile des heiligen Kreuzes zu besitzen.

◀ ◀ **Christus als Weltenrichter zwischen Maria und den Aposteln, Ayios-Neóphytos-Kloster**
◀ **Maria mit dem Kinde, Lazarus-Kirche von Lárnaka**
▶ **Der hl. Johannes mit Zahnschmerzen, in Panágia Kiti**

Der Höhepunkt der vielfältigen frühchristlichen Bautätigkeit liegt im 5./6. Jh. Beispiele sind die Reste der dreischiffigen Basilika mit Mosaikschmuck in Koúrion und der ausgedehnte Kirchenkomplex (vier Basiliken mit Thermen!) auf Kap Drépanum. Nur wenig ist noch von der einst siebenschiffigen(!) Basilika in Sálamis vorhanden.

Im 5. Jh. erkämpft sich die Kirche Zyperns die Unabhängigkeit (Autokephalie) von den anderen Patriarchaten, vor allem von Antiochien. Dies verhalf dem zyprischen Erzbischof zu einer Sonderstellung, die ihn bis in unsere Tage erheblich stärkt.

Nach einer Vision fand Erzbischof Arthemios von Constantia (Sálamis) im Grab des Barnabas ein von Markus geschriebenes Evangelium. Er schickte es im Jahre 488 n. Chr. dem Kaiser Zenon, der dem Erzbischof daraufhin das kaiserliche Privileg verlieh, ein Zepter zu führen und mit roter Tinte zu unterzeichnen. Die Autokephalie wurde im Konzil vom Jahre 692, dem Trullanum, bestätigt.

## Das Byzantinische Reich

Zypern war als Provinz der Verwaltungsdiözese des Ostens unter einem in Sálamis (nach 342 Constantia genannt) residierenden Consularis Teil des oströmischen Reiches mit der Hauptstadt Konstantinopel. Im 6. Jh. wurde die Insel eine eigenständige Verwaltungseinheit, die so genannte quaestura exercitus – ein Zeichen für die Bedeutung des Eilandes. Im Byzantinischen Reich entwickelte das östliche, vorwiegend griechischsprachige Christentum, die Orthodoxie, ihre besonderen liturgischen, dogmatischen und institutionellen Formen. Priesterehe, das Fehlen des

abgesehen – wie in heidnisch-römischer Zeit eine dreihundertjährige Friedensperiode. Am Anfang des 4. Jhs. dezimierte eine lange Dürre die Bevölkerung stark, zwei Erdbeben zerstörten 332 und 342 Páphos und Sálamis. Nur Sálamis – Sitz des *Consularis* – wurde wieder aufgebaut und unter dem Namen Constantia neue Hauptstadt der Insel. In der Reisebeschreibung des Jerusalempilgers Antoninus von Placentia heißt es: »Von Placentia kamen wir nach Konstantinopel. Von dort brachen wir zur Insel Zypern auf, in die Stadt Constantia, in der der heilige Epiphanius ruht; eine anmutige Stadt, geschmückt mit Dattelpalmen.« In der

Papstprimats und der Genuss ungesäuerten Brotes beim Abendmahl waren die wesentlichsten Streitpunkte, die bei der Begegnung mit dem westlichen Christentum, den »Lateinern«, auf Zypern im 13. Jh. die Glaubensbrüder spalteten. Die Orthodoxie hat die Christen auf Zypern bis heute wesentlich geprägt.

Aufbauend auf der römischen Verwaltungstradition bildete das Byzantinische Reich ein Beamtentum heraus, unter dessen Steuern die Insel teilweise schwer zu leiden hatte. Die Türken übernahmen dann diese »Tradition«.

Bis zu den Arabereinfällen im 7. Jh. erlebte die Insel – von Übergriffen isaurischer Piraten (um 404) und einer kurzen Revolte eines Gouverneurs

zweiten Hälfte des 4. Jhs. nennt der römische Historiker Festus Rufius die Insel »berühmt durch Reichtümer«.

Niemand konnte damals erahnen, welche Folgen die ab 630 einsetzenden Überfälle der durch den Islam geeinten Araberstämme haben sollten. Der schnelle Griff der arabischen Wüstensöhne nach der Seeherrschaft im Mittelmeer berührte zuerst Zypern: 648 wurde die erste arabische Mittelmeerflotte in Syrien gebaut, 649 Zypern erobert. Die folgenden drei Jahrhunderte bis zur endgültigen Rückeroberung der Insel durch den byzantinischen Kaiser Nikephoros Phokas 965 gehörten zu den düstersten Epochen der zyprischen Geschichte: Sie wurde 688 sowohl dem Byzantinischen Reich wie den Arabern tributpflichtig, und man vermutet, dass byzantinische wie arabische Beamte gleichzeitig Steuern erhoben. Diese Doppelherrschaft bedeutete nicht nur die einvernehmlich betriebene Doppelausbeutung der Insel, sondern eskalierte zudem in Plünderungen.

Unter dem Einfluss bilderfeindlicher Sekten, des Judentums und des Islams brach um 730 ein Streit um die bildhafte Darstellung religiöser Szenen und Motive aus. Die arabische Herrschaft und seine Randlage fern von den religiösen und politischen Zentren der Zeit schützten Zypern jedoch vor den Wirren des Bildersturms und der Zer-

dauernden Niederlassung islamischer Familien. Armenier, von denen in der zweiten Hälfte des 6. Jhs. über 3000 zur Bewachung der Insel angesiedelt wurden, vermischten sich mit den Zyprioten, von denen der Patriarch Nikolaos Mystikos Anfang des 10. Jhs. schrieb, dass sie ihre Waffen weder gegen Byzanz noch die Araber erhöben, sondern treue Untertanen seien, »den Arabern aber mehr als den Byzantinern«. Viele Zyprioten zogen sich in das Bergland des Tróodos zurück, die Städte lagen in Trümmern. 911–912 wurde die Insel monatelang durch den Korsaren Damianos von Tarsos geplündert. Die byzantinische

störung frühbyzantinischer Kunst, wie sie andernorts zu beklagen war.

Zwischen 692 und 698 wurde die Insel durch vom byzantinischen Kaiser veranlasste Umsiedelungen und eine erneute arabische Invasion fast gänzlich entvölkert. Die Bevölkerung kehrte aus Syrien und Kleinasien jedoch bald wieder nach Zypern zurück. Von einer Islamisierung durch die Araber wissen wir nichts, auch nichts von einer

◀ **Fresko in der Ayios-Ioannis-Kirche von Nikosía**
▲ **Die Heiligenlegenden lieferten den Ikonenmalern eine fast unerschöpfliche Zahl von Motiven**

Geistlichkeit bemühte sich um die Freilassung der versklavten Bevölkerung.

## Zypern im frühen Mittelalter

965–1192, als die Insel unter einem Katepano und seinem Beamtenstab allein dem mittelbyzantinischen Imperium untertan war, blühten Wirtschaft und Kultur des Klerus, der Klöster und Kirchen baute, und der Beamtenschaft, die trotz kirchlicher Proteste die Landbevölkerung aussaugte. In einem Dialog Ende des 11. Jhs. nannte der zyprische Erzbischof Nikolaos Muzalon den obersten Verwaltungsbeamten schmeichelhaft »Fürst der bösen Geister« und »Beelzebub«, seinen Steuereinnehmer einen »Erzräuber«:

»*Fragender: Bringt denn die Erde (Zyperns) etwas hervor?*

*Muzalon: Jegliche Frucht gedeiht dort.*

*Fragender: Erfreulich ist's!*

*Muzalon: Dies mehrt nur noch die Klage.*

*Fragender: Wie dies?*

*Muzalon: Vom Bauern verzehren sie den Ertrag.*

*Fragender: Welch Unglück!*

*Muzalon: Noch mehr als diesen fordern sie!*

*Fragender: Oh weh!*

*Muzalon: Sie misshandeln die, die nichts besitzen...*«

Eine nicht näher fassbare Schicht von Händlern und Gewerbetreibenden war an Städteneugründungen wie z. B. von Kíti, Lápithos, Episkopí u. a. beteiligt, die – wie auch sonst in der byzantinischen Machtsphäre – die Küsten respektvoll mieden. Jetzt wurden die noch heute durch ihre Malereien und Fresken sehenswerten Klöster gebaut: Kykko mit seiner berühmten Marienikone, unter dem Patronat des Kaisers Alexios Komnenos, später Makherás- und Neóphytoskloster. In der nördlichen Gebirgskette des Pentadáktylos wurden zur Abwehr arabischer Angriffe die Fes-tungen Hilárion, Kantára und Buffavento errichtet.

Durch die Kreuzfahrer und die Aktivitäten der italienischen Seestädte rückte die Insel wieder ins Zentrum der Mittelmeerwelt. Mehrmals wurde sie von Kreuzfahrern angegriffen. Venedig bekam 1148 weitreichende Handelsprivilegien auf der Insel. Als griechisch-orthodoxe Christen waren die Zyprioten Anhänger der byzantinischen Staatsreligion. Ein einheitliches »Reichsbewusstsein« entwickelte sich indes ebenso wenig wie ein zyprisches Regional- oder Nationalbewusstsein – kurzzeitige, blutig unterdrückte Selbstständigkeitsbestrebungen einzelner Kapetane 1042 und 1092 hatten keinen derartigen Hintergrund. Dem grausamen Despoten Isaak Komnenos, einem Verwandten des in Konstantinopel regierenden Kaisers, gelang es 1184, Zypern zu usurpieren und aus dem byzantinischen Reich herauszulösen. Seine Schreckensherrschaft wurde 1191 von Richard Löwenherz während des 3. Kreuzzugs beendet. ■

▶ **Die Kreuzesreliquien
des Omodhos-Klosters
enthalten angeblich Fasern der
Stricke, mit denen Christus
ans Kreuz gebunden wurde**

# Die Herrschaft der Kreuzfahrer

**1191** endete die fast neunhundert Jahre
während oströmisch-byzantinische Herrschaft
über die Insel. Sicher ahnten die Zeitgenossen
nicht, dass damit eine neue lateinische Herrschaft
im Ostmittelmeerraum ihren Anfang nahm, die
fast ein halbes Jahrtausend dauern und die Kreuzfahrerstaaten Palästinas lange überleben sollte.

### Zypern als Kriegsbeute Englands

Die Eroberung durch König Richard Löwenherz
war der Überlieferung nach Folge eines unvorher-
gesehenen Nebenergebnisses des 3. Kreuzzuges.
Die Kreuzfahrerflotte war auf dem Weg von Sizili-
en nach Syrien, als durch einen Seesturm das
Schiff mit der Braut des Königs in Not geriet und
mit zwei weiteren Schiffen vor Amathoús auf Zypern strandete. Kurz bevor Komnenos die Braut
Berengaria von Navarra in seine Gewalt bringen
konnte, landete Löwenherz mit dem Rest seiner
Flotte und nahm Zypern ein. Den flüchtenden
Komnenos konnte er auf der Halbinsel Karpass
beim Kloster Ay. Andreás stellen und verhaften. Er
wurde nach Syrien gebracht und verstarb dort ca.
1195. Löwenherz seinerseits heiratete Berengaria
am 12. 5. 1191 in Límassol auf Zypern.

Die zyprische, zumeist aus orthodoxen Griechen und Armeniern bestehende Bevölkerung aller Schichten, die tatenlos, ja wohlwollend dem
Untergang der byzantinischen Herrschaft zugese-
hen hatte, musste bald erkennen, welche Nachtei-
le sie vom Regime der Lateiner zu erwarten hatte:
Sie hatten keinerlei Anteil an der Regierung, eine
Kapitalabgabe von 50 % wurde ihnen auferlegt, in
allen Burgen zogen lateinische Mannschaften ein,
zum Zeichen der Unterwerfung mussten die Zyprioten sich ihre Bärte abschneiden lassen. Der
griechische Mönch Neóphytos fasste in einem
Brief kurz nach der Landung der Lateiner die
Stimmung zusammen: »Der Zustand unseres Landes ist jetzt nicht besser als der eines heftig vom
Sturm aufgewühlten Meeres.«

◀◀ **Kreuzfahrer vor Antiochia**
◀ **Panoramablick von Hilárion**
▶ **Lala-Mustafa-Moschee, früher**
**Kathedrale des hl. Nikolaus**

### Herrschaft der Templer

Richard betrachtete die Insel als unverhoffte Beute – der Kronschatz des habgierigen Isaak war rie-
sig. Zuerst versuchte der Engländer vergeblich, die
Insel für die Hälfte Flanderns einzutauschen, dann
verkaufte er sie dem Kreuzritterorden der Templer
für die niedrige Summe von 40 000 Dinaren und
weiteren 60 000 aus späteren Einkünften. Die
Rechnung der Templer, das Land Gewinn brin-

gend auszubeuten, ging jedoch nicht auf: Nachdem Ende 1191 ein Aufstand der Armenier und
Griechen blutig niedergeschlagen worden war,
trieb Ostern 1192 die Templertyrannei die einheimische Bevölkerung in Leukosia (damals erstmals
Nikosía genannt) zu erneutem, verzweifeltem Widerstand. Es kam zu einem entsetzlichen Blutbad
unter den Einheimischen. Die Revolte gehört zu
den wichtigsten Aufständen gegen eine Fremdherrschaft in der Geschichte der Insel. Nochmals
flammte nach 1194 eine Art Guerillakrieg unter
einem gewissen Kanakis auf. Dann versank die zyprische Bevölkerung in jahrhundertelange Resignation, die nur in den Jahren 1427 und 1472
von fruchtlosen Aufständen unterbrochen wurde.

### Die Zeit der Lusignan

Die Templer, die von Kämpfen mit den Sarazenen heftig in Anspruch genommen wurden, überließen die Insel zum Preis von 40 000 Dinaren einem Gefolgsmann von Richard Löwenherz, Guy (Guido) von Lusignan, dem früheren König von Jerusalem (gest. 1194). Die dreihundertjährige Herrschaft der Lusignan begann, die wie alle Kreuzfahrer von den Griechen »Franken« genannt wurden.

Die Maßnahmen, die Guy während seiner zweijährigen Regierungszeit ergriff, kennzeichnen den desolaten Zustand der Insel:

Die dünne Oberschicht des Feudalstaates der Lusignan setzte sich fast ausschließlich aus Lateinern aus dem Westen und den Kreuzfahrerstaaten zusammen. Die griechischen Gutsbesitzer und Edlen jedoch litten unter dem Joch der Lusignan. Ein enormer Riss, der auf Zypern nie überbrückt wurde, klaffte zwischen den herrschenden Lateinern und der zyprisch-griechischen Bevölkerung der Insel.

Im Vergleich zu den Verhältnissen in der byzantinischen Zeit verschlechterte sich der soziale Status der zyprischen Bevölkerung unter der Lehnsherrschaft spürbar: Die griechische Ober-

»Als er das Land in Besitz nahm, sandte er Botschaft aus, um das Vertrauen der Bewohner zurückzugewinnen, und bevölkerte von neuem Städte und Burgen; und er sandte Botschaft an alle Länder ringsum aus, dass alle Ritter, Edlen (Turkopolen) und Bürger, die Lehen und Ländereien begehrten, zu ihm kommen sollten. Er werde sie ihnen geben.

So kamen sie vom Königreich Jerusalem, von Armenien, von Antiochien und von Tripolis. Lehen wurden eingerichtet im Wert von 400 Goldstücken für einen Ritter und von 300 für einen Edlen mit zwei Pferden und einer Rüstung; und das Land wurde ihnen zugeteilt, und er vergab Bürgerrechte in den Städten.«

schicht wurde in den Untertanenstatus verwiesen. Der fränkische Adel und die Kirche zogen ihre Macht aus ihrem Grundbesitz. Der Großteil der Inselbevölkerung arbeitete auf den Ländereien des Adels und der Kirche. Wie leibeigene Sklaven gehalten, waren sie praktisch rechtlos und »wie Tiere« der Willkür ihres Herrn ausgesetzt, der sie bis zur Verstümmelung oder zum Tode bestrafen konnte.

Der Italiener Tomasso Poracchi (gestorben 1559) nennt in seiner berühmten Beschreibung Zyperns auch noch weitere Schichten von Abhängigen: vor allem die persönlich freien Perperiarii, die jährlich 15 byzantinische Goldmünzen zu zahlen haben.

## Lateiner gegen Orthodoxe

Zwischen lateinisch-römischer Kirche und griechischer Orthodoxie war die Kirchenhierarchie eine der wichtigsten Streitpunkte. Die Constitutio Cypria (auch Bulla Cypria) des Papstes Alexander IV. 1260, die offiziell den Kirchenkampf beenden sollte, ordnete die orthodoxe Kirche der katholischen unter und verbannte die griechischen Bischöfe in vier entlegene Dörfer.

1231 wurden wegen der Azymenfrage (ungesäuertes Brot) 13 griechische Mönche verbrannt, was die griechische Seite aufs Äußerste verbitterte. Die Gebeine der Unglücklichen wurden mit

gústa und in der »Weißen Abtei« der Prämonstratenser ausdrückt.

## Blütezeit des Adels

Die Armut der zyprischen Bevölkerung stand in krassem Gegensatz zum spätmittelalterlichen ritterlichen Glanz am Hof der Lusignans und in den Burgen der Vornehmen.

Das beste Bild entwirft der Pilger Ludolf von Suchen aus Westphalen, der Zypern zwischen 1336 und 1341 bereiste. Diese Zeit unter Hugo IV. von Lusignan (1324–1359) erlebte eine Wirtschaftsblüte, die vor allem von den großen

denen unreiner Tiere vermischt, um einen Reliquienkult zu verhindern! Zum Glück blieb dies das einzige Beispiel der Inquisition auf Zypern. Bis zur Türkenzeit behielt die lateinische Kirche, verstärkt durch Niederlassungen der Augustiner, Dominikaner und Prämonstratenser, ihre beherrschende Stellung – eine auch religiöse Vorherrschaft des Westens, die sich in den stattlichen gotischen Kathedralen von Nikosia und Famagústa

◀ **Krönung von
Richard Löwenherz im Jahre 1189**
▲ **Die Festung von Kantára
war ein beliebter
Aufenthaltsort der Lusignans**

Handelsrivalen, den Genuesen und Venezianern, getragen wurde. Ludolf weiß von sagenhaft reichen Kaufleuten in der Hauptstadt Nikosía zu berichten. Erstaunlich, dass bei ihm auch die Erinnerung an den Aphroditekult in Páphos mit seiner religiösen Prostitution noch lebendig ist. Viele der pilgernden geistlichen Herren hatten ein großes Interesse an Venus-Aphrodite und an ihrem Mythos!

»Und auf Zypern sind die Prinzen, die Adligen, die Barone und Ritter die reichsten auf der Welt. Jemand, der ein Einkommen von 3000 Florinen hat, gilt, als hätte er ein Einkommen von 3 Mark. Aber alles geben sie für die Jagd aus. Ich kenne einen gewissen Grafen von Jaffa, der hat mehr als

500 Hunde, und je zwei Hunde haben einen eigenen Bediensteten, um sie zu beschützen, zu baden und einzusalben; so werden die Hunde dort gehalten... Du musst wissen, dass in Zypern alle Prinzen, Adlige, Barone und Ritter die edelsten, besten und reichsten auf der Welt sind. Sie leben dort jetzt mit ihren Kindern, aber sie lebten gewöhnlich im Lande Syrien und der vornehmen Stadt Akkon, aber als dieses Land und diese Stadt verloren ging, flohen sie nach Zypern und blieben dort bis zum heutigen Tag.«

Die Chronik Zyperns ist voll von politischen und persönlichen Intrigen und Spannungen im

Königshaus der Lusignans und zwischen den mächtigen Baronen.

Die Auseinandersetzungen gemahnen an Shakespeares Tragödien: Peter I. (1359–1369), der berühmteste, aber auch widersprüchlichste Lusignan, war einer der letzten von fanatischem Kreuzzugsgeist getriebenen Ritter des Abendlandes. Er durchreiste für seine Idee ganz Europa, und es gelang ihm 1365 unter entsetzlichen Gräueltaten eine kurzzeitige Eroberung Alexandriens. Im Schlafzimmer seiner Geliebten wurde er von den mächtigsten Baronen der Insel bestialisch ermordet, nachdem er selbst grausame Rache für eine angebliche Untreue seiner Gattin genommen hatte.

Nicht nur die Barone beschränkten die Macht des fränkischen Königshauses. Die beiden italienischen Handelsmächte, Genua und Venedig, gründeten rivalisierende, selbständige Kolonien im Lusignankönigreich. Bei der Krönung Peters II. in der Kathedrale von Nikosía im Jahre 1372 kam es zu schweren Handgreiflichkeiten zwischen Genuesern und den Lusignan, die in einen einjährigen Krieg mündeten. Am Ende stand eine neunzigjährige (1364–1464), blutsaugerische Herrschaft der Genueser über Famagústa und sein Umland. Für die Rückgabe der übrigen besetzten Gebiete musste jährlich die hohe Summe von 40 000 Florinen entrichtet werden.

### Zypern unter den Venezianern

Venedig hatte die Teilherrschaft Genuas nicht verhindern können oder auch nicht wollen. Es konnte warten, bis die Lusignans selbst nicht mehr fähig waren, allein zu regieren.

Die venezianische Herrschaft auf Zypern (1489–1571) ist ein trübes Kapitel der Inselgeschichte. Als ein strategischer Stützpunkt in den Auseinandersetzungen mit der Türkei war Zypern für die Venezianer allerdings nur mit Mühe zu verteidigen. So waren die Mauern von Nikosia schwach und die Stadt überhaupt nur zu einen Viertel bewohnt. Die ganze Verteidigungskraft der Insel konzentrierte sich auf Famagústa, dessen Bastionen mit den dazwischen liegenden Mauern und Türmen seit 1492 ständig renoviert wurden. Gerade 800 Soldaten, unter denen sich bezeichnenderweise keine Griechen befanden, bewachten die Stadt.

Die soziale Schichtung veränderte sich gegenüber der Lusignanzeit nicht. Die Bevölkerung wird auf nur noch 100 000 bis 200 000 Seelen geschätzt. Um Geld und Soldaten zu bekommen, förderten die Herrschenden den Loskauf von Leibeigenen. Zusätzlich mussten die Venezianer Tributzahlungen an die Türken von der Bevölkerung eintreiben. Der natürliche Reichtum und die Schönheit der Insel fielen den Reisenden noch immer auf. Venedig suchte den Handel mit traditionellen Produkten wie Wein, Flachs, Hanf, Baumwolle, Wachs, Honig, Zucker, Indigo, Öl und Safran zu intensivieren.

Wichtig blieben auch die Salinen von Lárnaka. »Alle Einwohner sind Sklaven der Venezianer... mehrmals im Jahr wird noch irgendeine neue Steuer oder Abgabe auferlegt, mit der das arme

Volk so geschunden und geplündert wird, dass es kaum das Nötigste zu seinem ärmlichen Dasein hat.« So schrieb ein Reisender zu Anfang des 16. Jhs. Trockenperioden, Heuschreckenplagen und die Pest machten die Lage oft geradezu unerträglich.

1562 brach der bedeutendste Aufstand der Zyprier seit dem Beginn der Lusignanherrschaft aus. Zu erwähnen ist, dass hierbei auch der Chef einer griechischen berittenen Militäreinheit, der Megadukas, mitwirkte. Der Argwohn der Venezianer gegen griechische Zyprier in Militärdiensten war also nicht so unberechtigt! Die Venezianer –

naka. Der Kampf um Nikosía war für die Zyprier ein einzige Katastrophe: Man wartete untätig auf den Entsatz, und die Verteidigung war unkoordiniert. Als die Türken schließlich mit 16 000 Mann zum Generalangriff bliesen, fiel die Stadt. Ein entsetzliches Blutbad folgte. Die Griechen haben tapfer an der Seite ihrer lateinischen Herren mitgekämpft.

Zehn Monate dauerte der Kampf um Famagústa: vom 23. September 1570 bis zum 1. August 1571. Sieben Großangriffe wurden abgewehrt, es herrschte ein ständiger Grabenkrieg. Die Türken sollen bei einer Gesamtstärke von 200 000 bis

schnell unterrichtet – ließen die Anführer der Rebellen über die Klinge springen, der Aufstand scheiterte.

### Invasion der Türken

Seit 1560 mehrten sich die Anzeichen eines bevorstehenden türkischen Angriffs auf die Insel. Im Juli 1570 landeten 350 türkische Schiffe bei Lár-

◀ **Die Ruinen von St. Hilarion**
▲ **Der Eremit Neóphytos,**
**später Nationalheiliger der**
**Zyprioten, war ein unerbittlicher**
**Gegner der Politik**
**von Richard Löwenherz**

250 000 Mann 80 000 Soldaten verloren haben, die Verteidiger zählten nur 3000 bis 4000 Fußsoldaten, 200 bis 300 Reiter und 4000 Griechen. Als ihnen schließlich das Pulver ausging, hissten die Venezianer die weiße Flagge. Entgegen den Kapitulationsbedingungen wurde der venezianische Befehlshaber Bragadino gefangen genommen, Nase und Ohren wurden ihm abgeschnitten, und bei lebendigem Leib wurde dem Schwerverwundeten die Haut abgezogen.

Der Fall Famagústas wirkte wie ein Schlag der ausgleichenden Gerechtigkeit: Als der türkische Oberbefehlshaber Mustafa nach Konstantinopel zurückkehrte, erreichte ihn die Nachricht vom Seesieg der Christen bei Lepanto! ■

بِسْمِ اللَّهِ الرَّحْمَٰنِ الرَّحِيمِ

الم ۝ ذَٰلِكَ الْكِتَابُ لَا رَيْبَ ۛ فِيهِ ۛ هُدًى

لِّلْمُتَّقِينَ ۝ الَّذِينَ يُؤْمِنُونَ بِالْغَيْبِ وَيُقِيمُونَ

الصَّلَاةَ وَمِمَّا رَزَقْنَاهُمْ يُنفِقُونَ ۝ وَالَّذِينَ يُؤْمِنُونَ

بِمَا أُنزِلَ إِلَيْكَ وَمَا أُنزِلَ مِن قَبْلِكَ وَبِالْآخِرَةِ هُمْ يُوقِنُونَ

سورة فاتحة الكتاب

بسم الله الرحمن الرحيم

الحمد لله رب العالمين ٭ الرحمن الرحيم ٭
مالك يوم الدين ٭ إياك نعبد وإياك نستعين ٭
اهدنا الصراط المستقيم ٭ صراط الذين أنعمت
عليهم غير المغضوب عليهم ولا الضالين ٭

مدنية وهي سبع آيات

# Die Herrschaft der Türken

Die schweren Kämpfe und die Emigration der lateinisch-fränkischen Bevölkerung, die bis auf wenige Ausnahmen die Insel verlassen musste – Konversion der Katholiken zum Islam war für das Bleiben Vorbedingung! –, dezimierte die Zahl der Inselbewohner katastrophal: von den höchstens 200 000 Bewohnern 1570 waren gegen 1600 nur noch 120 000 übrig; die Zahl erreichte 1740 durch Emigration und Naturkatastrophen das Minimum von 95 000. Die kleine türkische Besatzung in den großen, bald wieder erneuerten Festungsbauten wie Nikosía, Famagústa, Páphos, Límassol und Kyrénia zählte in den Anfangszeiten der Türkenherrschaft nicht mehr als 1500 bis 2000 Reiter (Spahis) und ebenso viele Infanteristen (Janissaries). 1590 schätzt ein Beobachter die Zahl der Eroberer auf 4800. Eine Islamisierung oder Turkisierung der Inseleinwohner war nicht beabsichtigt. Im Jahre 1600 hatte sich jedoch der türkische Bevölkerungsanteil auf etwa 22 000 erhöht. Nach der Zählung von 1841 waren von 108 600 Einwohnern ganze 33 300 Türken (31 %).

## Christen und Moslems

Noch weniger als zur Zeit der Franken vermischte sich die christliche Bevölkerung mit den neuen Einwanderern und Eroberern. Die Muslime standen verwaltungsmäßig wie sozial auf einer höheren Stufe als die »Ungläubigen« (Rayas), die allein Kopfsteuer (Kharadsch) nach drei Klassen zahlen und bei der berüchtigten »Knabenlese« ihre besten Söhne für die Elitetruppen der Janitscharen opfern mussten. Auch Zypern bescherte das im osmanischen Reich praktizierte millet-System die Tolerierung der verschiedenen religiösen und ethnischen Gemeinschaften, die als jeweils eigene »Nation« mit Selbstbestimmungsrechten in religiösen und zivilrechtlichen Fragen ausgestattet waren. Christen und Muslime lebten in Dörfern wie in Städten nebeneinander in gesonderten Vierteln. Der ausgezeichnete Zypernkenner, Reisende und Historiker Mas Latrie zählte Mitte des 19. Jhs. 705 christliche und vermischte Dörfer und 130 Dörfer mit türkischer Mehrheit. Die Bevölkerung von Nikosía schätzte er auf 11 950 Einwohner, davon 8000 Türken, 3700 Griechen, 250 Armenier und Maroniten, eine christliche Gemeinschaft, die aus dem Libanon nach Zypern ein-

gewandert war. Lárnaka, der Haupthafen, zeichnete sich durch eine bedeutende europäische Kolonie aus. Das zu großen Teilen in Trümmern liegende Famagústa wurde nur von Türken bewohnt, die Griechen lebten in Vororten.

Selbst der Erzbischof Kyprianos, der bis 1788 eine inhaltsreiche, aber einseitige Chronik Zyperns schrieb, musste zugeben, dass die Griechen über den Herrschaftswechsel von den Venezianern zu den Türken nicht unglücklich waren. Die orthodoxe Kirche erhielt den Status zurück, den sie am Ende der byzantinischen Herrschaft besessen hatte. Der sklavenähnliche Zustand der Paröken wurde aufgehoben, doch blieben die Reallasten – freilich erheblich gemindert: die Ar-

◀◀ **Ein Koran aus der
Zeit der osmanischen Herrschaft**
◀ **Der türkische Salon
im Haji-Georghakis-Kornesios-
Haus in Nikosía**
▶ **Markt in Nikosía**

beit in den staatlichen Zuckerfabriken dauerte nur mehr einen Tag pro Woche statt zwei, die Ertragssteuer wurde halbiert.

### Das türkische Verwaltungssystem

Die Hohe Pforte war bestrebt, Tyrannei und Unterdrückung zu vermeiden, ein friedliches Zusammenleben der Bevölkerungsgruppen zu erreichen und eine geordnete, gerechte Verwaltung zu sichern, um Zyperns natürlichen Reichtum wieder aufleben zu lassen. Dies beweisen der Wortlaut der verschiedenen *Firmane* (Erlasse des Sultans) und Verwaltungsreformen, die es hier nicht ein-

Anwendung dieser Gesetze haben allen Schaden im Lande angerichtet.«

Beide Seiten, Christen wie Muslime, hatten unter Steuerdruck und Willkür zu leiden. Hungersnöte durch Trockenheit und Heuschreckenplagen, Pirateneinfälle sowie die Pest (1641) trugen zur oben erwähnten Reduzierung der Bevölkerung bei. So richteten sich die seit 1572 einsetzenden lokalen Aufstände gegen eine zu hohe Besteuerung und nicht gegen die andersgläubige Bevölkerungsgruppe. Im Gegenteil, sie unterstützten einander. So beschwerten sich Griechen wie Türken über den Dragomanen Markoulles (1669–1673).

zeln nachzuzeichnen gilt. Praktisch litt die Insel daran, dass die Beamtenschaft zu wenig kontrolliert wurde und dass alte Verwaltungstraditionen, wie die Steuerpacht, zu Korruption und Unterdrückung geradezu reizten. Die Zentralregierung machte ihre guten Vorsätze durch immer neue Steuerforderungen selbst zunichte. Der englische Hauptmann Savile urteilte zu Beginn der britischen Herrschaft richtig: »Nicht so sehr die Gesetze als die Anwendung der Gesetze muss reformiert werden. Die ottomanische Regierung ist berühmt für ihre zahlreichen *Firmane,* Gesetze und Anordnungen, die ihrer Vollständigkeit wie ihrer Gerechtigkeit nach kaum noch verbessert werden können; die Nichtbeachtung oder falsche

Auch in den großen Revolten gegen den erpresserischen, skrupellosen Gouverneur Chil Osman Agha im Jahre 1764 und gegen die illegitime Herrschaft des Abenteurers Hadj Baki (1771–1783) waren Türken und Christen solidarisch. Doch wurde gerade in dieser Zeit der Keim für die späteren Spannungen zwischen beiden Volksgruppen gelegt.

### Der griechische Klerus

Es war die Zeit, in der die Macht der orthodoxen Kirche in Wirtschaft und Verwaltung ihren Höhepunkt erreichte. Schon 1660 hatten die Bischöfe der Insel das Recht erhalten, persönlich ihre Belange bei der Hohen Pforte vorzutragen. Im Jahre

1754 erhielt der Erzbischof dann durch einen *Firman* den Titel des Ethnarchen, Führer und Sprecher der christlichen Volksgruppe. Die Kirche wurde immer mehr in den korrupten türkischen Verwaltungsapparat hineingezogen, sie regierte praktisch die Insel, wie ein englischer Diplomat 1792 urteilte. Das unangenehme Geschäft der Steuereintreibung verblieb den Dragomanen, den einflussreichen »Dolmetschern« oft griechischer Abstammung.

John Macdonald Kinneir, »Kapitän im Dienste der ehrenwerten Ostindienkompanie«, beschrieb 1814 auch die Aktivitäten der Kirche:

Lárnaka. Die üblen Folgen des türkischen Regierungssystems sind nirgends sichtbarer als in Zypern, wo der Gouverneur, der alljährlich vom Capudan Pasha, dem offiziellen Besitzer der Insel, ernannt wird, jede Methode der Ausbeutung anwenden kann; so kommt es, dass die Türken unter denselben traurigen Zuständen leiden müssten wie die Christen, würden nicht die letzteren – zusätzlich zu den Forderungen der Regierung – gezwungen, Unterstützung zu leisten für eine Anzahl von trägen und habgierigen Mönchen. Alle Angelegenheiten, die mit den Griechen zu tun haben, stehen unter der Oberaufsicht des Erzbi-

»Der Boden ist von Natur aus fruchtbar; trotzdem ist ein sehr kleiner Teil der Insel unter dem Pflug. Die Kaufleute von Lárnaka exportieren jährlich viele Ladungen von ausgezeichnetem Weizen nach Spanien und Portugal. Die Bevölkerung geht nicht über 70 000 Seelen hinaus, und man sagt, dass sie täglich abnimmt; die Hälfte von ihnen sind Griechen unter ihrem Erzbischof, die übrigen Bewohner Türken mit Ausnahme der Franken in

schofs und des Dragomans von Zypern (eines von der Pforte ernannten Beamten), der den Nichtorthodoxen verantwortlich ist für Abgaben, Steuern und dergleichen. Die fruchtbarsten und zugleich angenehmsten Teile der Insel sind die Gebiete von Cerina (Kyrénia) und Baffo, dem alten Páphos, wo nach Tacitus die Venus, aus den Wogen emporsteigend, das Ufer erklomm. Dort finden wir Wälder von Eichen, Buchen und Kiefern, Ölbaumhaine und Maulbeerplantagen. Zypern ist berühmt wegen der Qualität, seiner Früchte, von Wein, Öl und Seide; die Orangen sind ebenso wohlschmeckend wie die von Tripolis, und der Wein, von dem es zwei Sorten gibt – rot und weiß –, wird in die Levante versandt, wo er für den engli-

◄ **Der türkische Halbmond über den Dächern von Nikosía**
▲ **In einer Weberei**

schen Markt veredelt wird. Auch von Seide gibt es zwei Sorten, gelb und weiß, aber die erstere wird bevorzugt. Der Weizen besitzt vorzügliche Qualität, und Reis kann in bestimmten Teilen der Insel angebaut werden, wo es dem Produzenten möglich ist, genügend Kapital zu konzentrieren, um das Land dazu vorzubereiten; aber die griechische Landbevölkerung, die die einzige arbeitende Klasse stellt, ist so sehr von Türken, Mönchen und Bischöfen bedrückt worden, dass sie jetzt zu äußerster Dürftigkeit herabgesunken ist und jede Gelegenheit wahrnimmt, von der Insel zu emigrieren. Der Gouverneur und der Erzbischof han-

deln in größerem Umfang mit Getreide als die gesamte Bevölkerung der Insel zusammen; häufig nehmen sie die gesamte jährliche Weizenproduktion nach ihrer eigenen Schätzung in Beschlag und exportieren sie oder halten sie um einen höheren Preis zurück...«

1804 erhoben sich die Türken Nikosías und der umliegenden Dörfer gegen ihren Gouverneur, der dem griechischen Klerus allzu gefügig schien. Dass zwei Paschas mit türkischen Truppen aus Kleinasien ihre eigenen Landsleute niederwarfen, heizte die Stimmung zwischen den Bevölkerungsgruppen weiter an. 1804 war erst das »Vorspiel« der blutigen Ereignisse von 1821. In diesem Jahr war die nationalgriechische Revolution auf dem griechischen Festland gegen die Türkenherrschaft voll entfacht. Der willensstarke und gebildete Erzbischof Kyprianos, Gründer des später berühmten Panzyprischen Gymnasiums in Nikosía, war gegenüber den Werbungen der »Griechischen Revolutionären Vereinigung« (Philike Hetaireia) sehr zurückhaltend. »Die griechische Bevölkerung wollte ruhig bleiben« beobachtet Lacroix. Der Gouverneur Kücük Mehmed ließ wegen angeblicher Konspiration Kyprianos' den hohen Klerus und die griechischen Vornehmen verhaften. 470 Männer sollen allein in Nikosía hingerichtet worden sein. »Die griechischen Häuser wurden zur Plünderung freigegeben, Massaker begannen in allen Gebieten der Insel, Konfiskation folgte den Massakern. Sechs Monate herrschte allgemeiner Terror unter der griechischen Bevölkerung.« Die griechischen Notabeln, die den Massakern entgehen konnten, flüchteten sich in die europäischen Botschaften. Die »Bischofsherrschaft« endete 1821. Durch griechische Schulgründungen und den Anschluss der gebildeten Schichten an die europäischen Geistesströmungen, in denen nationale Ideen eine bedeutende Rolle spielten, wuchs der Abstand im Bildungsniveau zwischen Türken und Griechen.

Doch nicht nationale Ideen oder innere Spannungen der Bevölkerungsgruppen beendeten die türkische Herrschaft über die Insel, sondern die Politik Englands, der bedeutendsten Großmacht im östlichen Mittelmeer. Das Interesse der Diplomaten Seiner Majestät richtete sich verstärkt auf die inneren Vorgänge der Insel, die Levant Company nahm im Handel eine führende Stellung ein. Die politische Schwäche der Türkei gegenüber Russland, die Spannungen mit der zweiten Macht im Ostmittelmeer, Frankreich, und die Sicherung der Durchfahrt durch den 1869 eröffneten Suezkanal bewogen Englands Premier Disraeli, Druck auf die Pforte auszuüben, die Insel – ohne jegliche Gegenleistung! – der englischen Verwaltung zu überlassen. Offizieller Souverän blieb der Sultan. Am 12. Juli 1878 landeten englische Truppen auf Zypern. ■

◄ Auch in einer ehemals
christlichen Kirche wendet man
sich nach Mekka
► Bald wird der Muezzin wieder
zum Gebet rufen

# WANTED MEN IN CYPRUS

This booklet must be looked after. It was expensive to produce and will not be replaced. It should be issued ___ on signature. A few bl___ ___s have been left f___ ___ be pasted in.

Nov. 1956.

SOLVAN GEORGE THEODOROS
KYR. NICOSIA. 5'6¾"

HATSIS KYRIAKOS CHRISTOFOROU 1930
LEFKHORI, FORMERLY MITSERO.

GEORGHADJIS POLYKARPOS COSTA
PHLEKHORI

LEMAS STYLIANOS CHRISTOFI. 1932
NICOSIA. 5'5"

AVLOU PAVLOS GEORGHIOU
PAVLAKIS 1931 VAROSHA

SPANOS NICOS SAVVA 1934
DEFA 5'5"

SYMEONIDES PHIDIAS MICHAEL
LAGOUDERA, FROM AY. OMOLOTITADHE.

SOFOCLEOUS NEOPHYTOS 1936
PEYIA 5'6"

GEORGHIOU NICOS 1934
NICOSIA 5'7"

MICHAELIDES ALEXANDROS NICOS
KOUNJAS 1937 AMIANDOS 5'6"

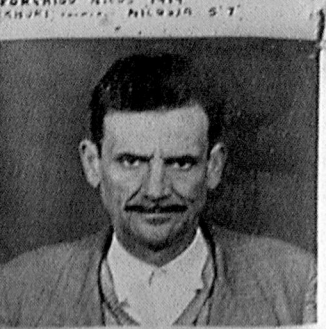

GEORGHIOU ARGYROS KARAGENJI

# ΜΕΛΗ ΤΗΣ Ε.

PALLIKARIDES, EVAGORAS MILTIADHOUS
1938 T.PHANA 5'5

PAPACHRISTOFOROU ...OLAS,

CHRISTODOULOU, DEMETRAKIS
1936 DHEKELIA 5'8

PAPADOPOULOS, TONIS CONSTANTINOU
VAROSHA 5'L

CHRISTOFOROU KYRIAKOS,
KIPEROUNDA

ARISTIDOU YIANNAKIS, 'DROUSHIOT
IOANNIS' 1933, DROUSHA, 5'8

PHILIPPIDES ANDREAS CHRISTOU 1939
KTIMA 5'7

EPAMINONDA YIANNAKIS 1937
PEDHOULAS, NICOSIA 5'10

PAPAVERKIOU GEORGIOS 19
PANO ARHNDES

FICILLAS MIKIS KYRIACOU 1936

# Zypern unter britischer Herrschaft

**A**uf dem Weg von der Hafenstadt Límassol nach Páphos im Westen Zyperns liegen das römische Amphitheater Koúrion und die Reste der antiken Stadt gleichen Namens. Vom rechteckigen Stadion aus reicht der Blick weit bis in die Tróodos-Berge – doch davor schieben sich hohe Sendemasten. Ein paar Kilometer weiter stehen kleine englische Reihenhäuser nicht weit vom Weg entfernt – Stacheldraht trennt sie von der Durchgangsstraße. Schwer bewaffnete Posten wachen hinter Tarnnetzen am Eingang der Siedlung. Linker Hand kann man in der Ferne manchmal ein Flugzeug starten oder landen sehen. Unten im Tal liegt der gepflegte Poloplatz mit einem Rasen, der auch in London nicht grüner sein kann. Willkommen in der britischen Basis Episkopí auf Zypern!

Episkopí gehört neben der Basis Dhekélia und einem militärischen Horchposten auf dem höchsten Gipfel der Tróodos-Berge, dem Olympos, zu den Überbleibseln britischer Herrschaft auf der Insel. Auf den autonomen Enklaven Ihrer Majestät herrscht britisches Recht und Gesetz. Der Union Jack, 1960 in Nikosía eingeholt, weht hier immer noch: Bei der Unabhängigkeit Zyperns sicherte sich Großbritannien 99 Quadratmeilen für militärische Zwecke. Sie sind gewissermaßen der Rest der einstigen Kronkolonie geblieben.

Am 13. Juli 1878 begann die Geschichte Zyperns unter britischer Herrschaft. »Ich nehme im Namen von Queen Victoria Besitz von dieser Insel!«, proklamierte an diesem Tag Admiral Lord John Hay vor Notabeln in der Hauptstadt Nikosía. »Hoch lebe die britische Königin!«, rief die Menge, und der Union Jack wurde aufgezogen. Einen Tag zuvor waren die ersten britischen Truppen bei Lárnaka gelandet. Sir Garnet Wolseley wurde zum ersten Hochkommissar Ihrer Majestät ernannt. Dabei gehörte Zypern den Briten formal zunächst gar nicht. Die Insel war vom Osmanischen Reich nur an London verpachtet worden – als Gegenleistung für die britische Hilfe an den Sultan

während des Kriegs mit dem russischen Zaren. Die Pacht, die Großbritannien zu zahlen hatte, trieb man bei den zypriotischen Untertanen ein.

Mit der britischen Besetzung endete die jahrhundertelange Abgeschiedenheit Zyperns von Europa. Die Insel war fortan ein Teil des damals mächtigsten Staates der Welt. Die britische Administration modernisierte zunächst die Verwaltung und erhob erstmals genaue Statistiken. Im Jahre

1881 lebten demnach 186 173 Menschen auf Zypern, darunter 140 793 griechische und 42 638 türkische Zyprioten. Ein modernes Schulsystem wurde eingerichtet, getrennt nach Christen und Muslimen. Krankenstationen wurden errichtet und die malariaverseuchten Sümpfe bei Lárnaka trockengelegt. Auf politischer Ebene führten die Briten mit dem Legislative Council ein Mitbestimmungsgremium ein, in dem je zur Hälfte Zyprioten und Kolonialherren saßen – bei Stimmengleichheit entschied der Gouverneur. In diesem – verglichen mit der Herrschaft des Sultans – nun liberalen Regierungssystem konnten politische Clubs gegründet werden. Die ersten Zeitungen erschienen. Der Handel mit Europa expandierte, ei-

◄◄ **Fahndungsfotos griechisch-zyprischer Widerstandskämpfer**
◄ **Café-Gesellschaft**
► **Zypern wird an England verpachtet**

ne einheimische Oberschicht von Handwerkern und Händlern entwickelte sich. Diese Modernisierung der Gesellschaft betraf aber vor allem die Städte. Auf den Dörfern, wo die große Mehrheit der Zyprioten lebte, änderte sich wenig.

Doch nicht nur dort, sondern auch in den Städten machte sich bald Enttäuschung breit. Die wirtschaftliche und technische Entwicklung verlief viel langsamer als von den Menschen erhofft. Stattdessen drückten Steuern und Tributlasten – bei Beginn der britischen Herrschaft hatten viele noch naiv geglaubt, nun würden alle Steuern abgeschafft. London investierte nur wenig in

pen. Da den Briten aber schon ab 1882 das noch günstiger gelegene Alexandria zur Verfügung stand, blieb auch die militärische Bedeutung Zyperns gering. Zeitweise war dort nur eine einzige Kompanie von 200–300 Mann stationiert. Auch im Ersten Weltkrieg änderte sich an dieser Situation nur wenig. Nur juristisch wandelte sich die Lage: Mit dem Kriegseintritt der Türkei an der Seite Deutschlands im Jahre 1914 annektierte das Vereinigte Königreich die Insel. 1923 bestätigte die Türkei dies im Lausanner Vertrag. 1925 wird die Insel zur Kronkolonie erhoben – ein formaler Akt, der an den Verhältnissen nichts änderte.

die Insel: Einige Straßen wurden wieder hergestellt, eine Kleinbahn gebaut und der Hafen von Famagústa ausgebaggert. Die einzigen Industrie-Arbeitsplätze fanden sich in den Asbest- und Kupfer-Minen, wo die Arbeiter unter übelsten Bedingungen zehn bis zwölf Stunden für Hungerlöhne schuften mussten. Die meisten Kleinbauern lebten am Rand des Existenzminimums.

Die geringen Investitionen in die Insel waren Ausdruck der Interessenlage Großbritanniens: In London sah man Zypern nur unter militärstrategischen Gesichtspunkten. Von hier aus ließ sich der Seeverkehr nach Indien über den 1869 errichteten Suez-Kanal kontrollieren und notfalls ein Vordringen Russlands in den Mittelmeerraum stop-

Erst ab den 30er Jahren begann ein stetiger wirtschaftlicher Aufschwung. Durch die Einrichtung bäuerlicher Kooperativen konnte die landwirtschaftliche Produktion gesteigert werden, Handwerk und Handel expandierten. Mit Beginn des Zweiten Weltkriegs wuchs die militärische Bedeutung rapide. Mehr und mehr Truppen wurden nach Zypern verlegt, die Kriegskonjunktur belebte die Wirtschaft. Nach der Besetzung Kretas durch Deutschland und der Landung Rommels in Afrika schienen der gesamte Nahe Osten akut bedroht. Zypern wurde neben Ägypten, Palästina und dem Libanon zu einem wichtigen militärischen Außenposten. Rund 25 000 Zyprioten meldeten sich freiwillig zu den Waffen, davon viele in der Hoffnung,

»Mutter« Griechenland von den Deutschen zu befreien. Sie bildeten ein eigenes Kontingent in der britischen Armee. Auf Zypern selbst kam es glücklicherweise zu keinerlei Kampfhandlungen. Ehemalige britische Soldaten berichten heute nur von einer unerträglichen Langeweile auf der Insel.

1945, ganz kurz nach Beendigung des Krieges, erschien die zweite Auflage des ersten Touristen-Führers *Romantisches Zypern:* Vor allem Hotels in den Bergen inserierten in der Hoffnung auf Touristenströme. »Wie die Verkehrsverbindungen der Nachkriegszeit sein werden, ist nicht vorhersehbar. Aber eins ist ziemlich sicher: Zypern wird auf-

Auf der politischen Ebene verstärkten sich die Bemühungen der griechischen Zyprioten für die Enosis mit Griechenland. London reagierte darauf ausgesprochen kühl: »Es hat sich schon immer von selbst verstanden, dass es gewisse Gebiete im Commonwealth gibt, die aufgrund spezieller Umstände niemals eine vollständige Unabhängigkeit erwarten können«, ließ der Staatssekretär für Kolonialfragen, Hopkinson, 1954 den Zyprioten mitteilen. Die militärische Bedeutung Zyperns war nach dem Zweiten Weltkrieg und der Block-Konfrontation zwischen den USA und der Sowjetunion sprunghaft gestiegen.

The Quay, Lanarca, Cyprus

grund seiner geographischen Lage und der exzellenten Möglichkeiten, die es bietet, eine wichtige Rolle im kommenden Flugzeug-Zeitalter spielen«, schrieb der Herausgeber Kevork Keshishian. Tatsächlich kam es zu einem leichten Aufschwung im Urlauber-Gewerbe. Im Gegensatz zur heutigen Zeit waren es aber fast ausschließlich die Sommer-Erholungsgebiete in den Tróodos-Bergen, die davon profitierten; Badeurlaub war noch nicht »in«.

◄ **Schiffe feuern im Hafen von Lárnaka zum Geburtstag des Herzogs von Edinburgh einen Salut**
▲ **Am Kai von Lárnaka lässt man sich's gut gehen**

Dem 1955 begonnenen Guerilla-Kampf gegen die Kolonialherren und für die Enosis begegnete Großbritannien zunächst mit militärischen Mitteln. Doch es gelang nicht, den Kleinkrieg zu stoppen. Die Kämpfe weiteten sich zum Bürgerkrieg zwischen Insel-Griechen und -Türken aus. Das noch junge NATO-Bündnis geriet damit in Gefahr, und Großbritannien sah sich an den Verhandlungstisch gezwungen. Mit dem Ergebnis der Unabhängigkeit Zyperns bei Erhalt dreier militärischer Stützpunkte war man in London zufrieden. Die britische Kolonialherrschaft endete am 16. August 1960 mit der Übergabe der Amtsgeschäfte durch den letzten Gouverneur, Sir Hugh Foot, an die Regierung der Republik Zypern. ■

# Enosis oder Taksim?

**A**us dem Jahre eins der britischen Übernahme datiert auch das erste Begehren der Zyprioten an die neuen Machthaber, die Insel wieder zu räumen. Kyprianos, Bischof von Kítion, bat 1878 den ersten Gouverneur der Krone darum, dass Zypern »mit dem griechischen Mutterland vereinigt« werden solle. Das war eine der frühesten Bekundungen für die Enosis, die Vereinigung mit Griechenland, der im Laufe der Zeit unzählige weitere folgen sollten.

Schon damals fühlte die Spitze des Klerus griechisch. Wenig später schlossen sich griechisch-orthodoxe Händler und Handwerker der Bewegung an. Die wenigen gebildeten griechischsprachigen Zyprioten verbanden mit Griechenland kulturelle, sprachliche und religiöse Gemeinsamkeiten und nicht zuletzt die Hoffnung auf wirtschaftliche Entwicklung. Denn London investierte nur wenig in die Insel, und die Zyprioten litten Hunger und Not. Der Ruf nach Enosis war gleichbedeutend mit sozialem Protest.

Bei den Zyprioten moslemischen Glaubens stieß Enosis dagegen auf Skepsis. Die Minderheit befürchtete, bei einem Anschluss an Griechenland an den Rand gedrängt zu werden. Weil die türkischsprechenden Zyprioten überproportional in der Verwaltung tätig und in Handel und Handwerk unterrepräsentiert waren, befürworteten sie eine Fortdauer des Kolonialstatus oder aber die »Rückgabe« der Insel an Istanbul.

Auf das Alltagsleben hatte dieser Konflikt jedoch keinen Einfluss. Christliche und moslemische Zyprioten lebten harmonisch miteinander. In den Dörfern vermarktete man die Agrarprodukte gemeinsam, bei Festen waren alle Zyprioten gleich welcher Zugehörigkeit eingeladen.

Die wirtschaftliche Entwicklung und der Nationalismus bewirkten die Transformierung der Griechisch-Orthodoxen in griechische Zyprioten. Bei den Moslems erfolgte dieser Prozess dagegen we-

sentlich später. Erst nach Gründung der Türkei im Jahre 1920 konnte sich auf Zypern ein türkischer Nationalismus entwickeln. Allerdings blieb diese Bewegung zunächst sehr klein, auch weil die Türkei 1923 zunächst jeden Anspruch auf Zypern aufgegeben hatte.

Frustriert wurden aber auch die Hoffnungen der Zyperngriechen. Statt einer Verwirklichung der Enosis wurde Zypern immer enger an Groß-

britannien gebunden. 1931 entluden sich die sozialen Spannungen in einem Aufstand. Ursprünglich als Protest gegen Steuer- und Zollerhöhungen geplant, erstarkte er zu einer allgemeinen nationalen Demonstration gegen Großbritannien. Das Haus des Gouverneurs ging in Flammen auf. In der Folge wurden mehr als 2000 Zyperngriechen verhaftet, alle politischen Parteien verboten und die Pressezensur eingeführt. Propaganda für die Enosis wurde verboten.

Nach dem 2. Weltkrieg verstärkte sich der Ruf nach Enosis. Doch Großbritannien machte deutlich, dass an eine Aufgabe der Insel nicht zu denken sei – der »unsinkbare Flugzeugträger« Zypern war militärstrategisch zu wichtig. Griechenland

◀◀ ◀ **Türkische und griechische Zyprioten in Eintracht – ein Bild des späten 19. Jahrhunderts**
◀ **In der Ledra Street, auch »Mördermeile« genannt**
▶ **Lorbeerbekränzte EOKA-Kämpfer**

engagierte sich ab 1954 auf seiten der fernen Verwandten, die Türkei behauptete 1956, Zypern sei eine Fortsetzung des türkischen Festlands. Damit eskalierte der Streit zwischen den Inselbewohnern zu einem internationalen Konflikt. Die Zypern-Frage war geboren.

Entscheidend für die weitere Entwicklung war der Entschluss von Erzbischof Makarios III. und seinem Vertrauten, General Grivas, mit Waffengewalt für die Enosis zu kämpfen. Am 1. April 1955 erschütterte eine Serie von Bombenanschlägen Nikosía: Das war die Geburt der »Nationalen Organisation zypriotischer Kämpfer« (EOKA). Die

konservative Guerilla wollte mit Anschlägen den Weg zur Enosis freibomben. Den Briten gelang es nicht, der Partisanen Herr zu werden. Hausdurchsuchungen, Ausgangssperren und Massenfestnahmen bewirkten nur, dass sich die Zyperngriechen noch enger mit der EOKA identifizierten.

Daraufhin rekrutierten die Kolonialherren unter den türkischen Zyprioten Mitglieder für eine Anti-Terror-Einheit. Zyperntürkische Nationalisten gründeten mit Hilfe aus Ankara eine eigene Terrorgruppe, um ganz im Sinne der Türkei gegen die Enosis und für die Teilung Zyperns – Taksim – zu kämpfen. Damit war das Blutvergießen vorprogrammiert; militärische Auseinandersetzungen von Partisanen und britischer Armee mussten nahezu zwangsläufig zu Konflikten zwischen den ethnischen Gruppen führen.

Am 7. Juni 1958 explodierte am türkischen Pressebüro in Nikosía eine Bombe. Die offenbar von den eigenen Leuten gezündete Lunte brachte den Funken, der noch zum Bürgerkrieg fehlte. Jetzt kämpften Zyprioten gegen Zyprioten. Kirchen wurden in Brand gesteckt, Häuser und Wohnungen geplündert. Viele Menschen in gemischten Ortschaften waren gezwungen, ihre Heimat zu verlassen. In den Städten entstanden durch die Flucht der jeweiligen Minderheit kompakte Viertel mit einheitlicher Bevölkerungsstruktur. Die Insel der Aphrodite war zum Schlachtfeld geworden, auf der sich die Bewohner gegenseitig ermordeten. Die Koexistenz war zerstört. Enosis oder Taksim, das schienen die unüberbrückbaren Alternativen zu sein, an denen die zypriotische Gesellschaft zerbrach.

Auf internationaler Ebene suchte man dagegen einen Kompromiss. Die Nato-Partner Griechenland und Türkei drohten wegen Zypern in einen Krieg zu geraten. Die USA drängten deshalb Athen und Ankara, den Konflikt diplomatisch zu lösen. Auch Makarios erklärte daraufhin, dass er nicht unbedingt an Enosis festhalte. Nach Begegnungen zwischen Griechenland, der Türkei und Großbritannien wurden die so genannten Züricher und Londoner Verträge geschlossen: Zypern sollte ein unabhängiger Staat werden. Die Zyprioten selbst durften jedoch an der Ausarbeitung ihrer eigenen Verfassung nicht teilnehmen, sondern lediglich unterschreiben.

Die beiden Verträge festigten die Trennung der beiden Volksgruppen: Insel-Griechen und -Türken besaßen danach jeweils eigene Präsidenten, eigene Minister und getrennte Parlamentsvertretungen. Wahlen sollten getrennt durchgeführt werden. Damit war die Entwicklung einer zypriotischen Nationalität blockiert. Es gab nur mehr Griechen und Türken.

Am 16. August des Jahres 1960 wurde Zypern in die Unabhängigkeit von Gnaden fremder Mächte entlassen. Eine ungewisse Zukunft begann. ■

◀ **General Grivas,**
**ein enger Vertrauter von**
**Erzbischof Makarios**
▶ **Makarios III.**

# Zypern ohne Zyprioten

**A**m 16. August 1960 übergibt der letzte Gouverneur der Kronkolonie Ihrer Majestät, Sir Hugh Foot, die Amtsgeschäfte an Makarios III., fortan Präsident der Republik Zypern. Ein Erzbischof wird Staatsoberhaupt – damit setzt sich das zur Zeit der Osmanen begründete Prinzip der weltlichen und geistlichen Herrschaft eines religiösen Führers fort. Makarios ist der unumstrittene Führer der griechischen Zyprioten.

Ihm zur Seite steht Vizepräsident Fazil Küçük, der von den türkischen Zyprioten ohne Gegenkandidaten gewählt worden ist. Nach einem blutigen Bürgerkrieg, in dem die eine Seite für den Anschluss an Griechenland, die andere für die Teilung der Insel gekämpft hatte, sollen sie den Aufbau einer gemeinsamen Republik vorantreiben. Nicht die Interessen von Insel-Griechen und -Türken dürfen dabei im Mittelpunkt des politischen Handelns stehen, sondern der Gedanke an einen einheitlichen Staat und ein Volk – Zypern und die Zyprioten.

Im Alltagsleben normalisierten sich die Beziehungen zwischen beiden ethnischen Gruppen rasch. In den meisten Fällen wurde das gutnachbarschaftliche Zusammenleben wieder aufgenommen. Geflüchtete Bewohner kehrten in ihre Heimat zurück. Morde und Plünderungen schienen der Vergangenheit anzugehören.

Auf der staatlich-politischen Ebene trat dagegen genau das ein, was schon durch die Verfassung vorprogrammiert war. Entsprechend ihrer Wahl und Legitimation durch jeweils nur eine der beiden Gruppen verstanden sich Minister, Parlamentarier und Bürokraten auch nur als Vertreter ihrer Gruppe. Im Streit um Steuern, Entwicklungsmaßnahmen und Infrastrukturprogramme musste die andere Seite schon bald als Gegner erscheinen, der darum bemüht war, das vermeintlich eigene Stück des Kuchens wegzuschnappen. Der daraus folgende endlose Streit um gesellschaftliche Ressourcen lähmte Regierung und Gesetzgebung. Nationalistische Griechen forderten weiterhin die *Enosis,* während viele Türken immer noch für *Taksim,* die Teilung der Insel, plädierten.

Nur drei glückliche Jahre lang hielt der brüchige Frieden. Wirtschaftlich ging es in dieser Zeit bergauf, außenpolitisch entwickelte sich Zypern zu einem engagierten Mitglied der Bewegung der Blockfreien. Doch Ende 1963 verlangte Präsident Makarios eine weitreichende Revision der Verfassung, durch die den türkischen Zyprioten viele ihrer garantierten Rechte verloren gegangen wären. Die türkische Seite lehnte ab. Die Spannungen nahmen zu.

Zu Weihnachten 1963 explodierte dann das Pulverfass: Zuerst in Nikosía und bald danach auf der gesamten Insel kam es zu Schießereien und Übergriffen. Ehemalige Partisanen der *EOKA* und die zyperntürkische Terrorgruppe *TMT* wurden reaktiviert. Polizei und Armee brachen entlang der ethnischen Grenze auseinander. Die zyperntürkischen Minister und Volksvertreter verließen Regierung und Parlament.

Der Bürgerkrieg war da, eingeleitet von genau denselben Nationalisten, die in den 50er Jahren schon einmal für Blutvergießen gesorgt hatten. Für den Gewaltausbruch beschuldigen sich Insel-Griechen und -Türken bis heute gegenseitig. Die Zyperntürken hätten mit einem Aufstand versucht, die Teilung zu verwirklichen, heißt es bei vielen griechischen Zyprioten. Die Griechen wollten die Minderheit ermorden und die Enosis durchführen, meinen dagegen die Zyperntürken.

Mehr als 500 Menschen kamen bis zum Sommer 1964 ums Leben. Erst durch den Einsatz einer UNO-Friedenstruppe konnten die Auseinandersetzungen beendet werden. Auf dem Höhepunkt der Kämpfe flog die türkische Luftwaffe Angriffe auf zyperngriechische Stellungen und drohte mit einer Invasion. Damit erschien ein Krieg zwischen den Nato-Partnern Griechenland und Türkei als möglich.

Die USA verhinderten eine militärische Auseinandersetzung mit diplomatischen Mitteln. Als

Auf Zypern zerstörten interkommunale Auseinandersetzungen die friedliche Koexistenz der ethnischen Gruppen fast überall. Viele türkische Zyprioten igelten sich in ländlichen Enklaven und den Ghettos der Städte ein. Ihre eigene auf eine Teilung Zyperns bedachte Führung sorgte dafür, dass Kontakte mit den ehemaligen Nachbarn unterblieben. Die Zyperngriechen, nun allein im Besitz der Staatsmacht, verhängten eine Wirtschaftsblockade. Soldaten patrouillierten an den Grenzen zwischen beiden Volksgruppen. Den Zyperngriechen war das Betreten der türkischen Ghettos verboten, die Zyperntürken durften oft nur unter

endgültige Lösung der Zypern-Frage schlug Washington die Teilung der Insel zwischen Athen und Ankara vor; beide Gebiete sollten anschließend zur Nato gehören. Präsident Makarios lehnte diesen Vorschlag jedoch kategorisch ab. Fortan galt er in den USA als »Castro im Priesterrock«, der mit den Kommunisten anbändelte und zudem drohte, Zypern zu einem »Kuba im Mittelmeer« zu machen.

◀ **Sir Hugh Foot, der letzte britische Gouverneur Zyperns**
▲ **Demonstration für die Unabhängigkeit**

Schikanen griechisch kontrolliertes Gebiet betreten. Eingeschlossen und isoliert wurde die Minderheit von Hilfslieferungen abhängig, ihr Lebensstandard stagnierte.

### Zerstörte Hoffnungen

Erst 1968 entspannte sich die Situation. Makarios hob das Embargo auf. Zyperntürken durften wieder überall arbeiten und leben. Angesichts einer prosperierenden Wirtschaft und der Junta-Herrschaft in Athen schwand der Enosis-Nationalismus bei den griechischen Zyprioten langsam dahin. Nur die fanatischsten Nationalisten befürworteten noch einen Anschluss der Insel an die griechische Militärdiktatur. Unter Vermittlung der Vereinten

Nationen begannen die so genannten interkommunalen Gespräche zwischen den beiden ethnischen Gruppen. Die Minderheit verlangte einen kommunalen Autonomie-Status. Den wollte ihr die Mehrheit nicht geben, aus Angst vor einer Teilung durch die Hintertür. Doch immerhin, es wurde verhandelt.

Während sich die Situation auf Zypern beruhigte, stiegen die Spannungen zwischen den Regierungen in Athen und Nikosía. Die griechische Militärdiktatur fühlte sich durch Makarios herausgefordert, der verfolgten Demokraten Asyl gewährte und eine Pressezensur nicht zuließ. Auch

in den USA wuchs die Kritik am zypriotischen Präsidenten. Zum Schlüssel für die Zukunft der Regierung wurden die 950 Mann griechischer Soldaten und Offiziere, die auf Zypern stationiert waren. Mit ihrer und der Hilfe der nationalistischen Terrorgruppe *EOKA-B* wollten die Militärs Makarios den Garaus machen. Doch ihre Attentate gegen den Erzbischof schlugen fehl. Loyale Polizeieinheiten brachten zahlreiche *EOKA-B*-Terroristen hinter Gitter. Es schien so, als sollte Makarios die Oberhand behalten.

Am 15. Juli 1974 erschütterten Schüsse die Hauptstadt Nikosía. Der Präsidentenpalast ging in Flammen auf. Überall auf der Insel traten Junta-Soldaten und Terroristen zum Angriff an. Die Re-

publik und ihre Verteidiger hatten keine Chance. Die Militärs internierten Demokraten und Mitglieder linker Parteien, ermordeten verletzte Gegner noch im Krankenhaus. Über den Rundfunk kam die Nachricht vom Tode Makarios'. Nur gegenüber den türkischen Zyprioten hielt man sich zurück, um Ankara keinen Anlass für ein Eingreifen zu bieten. Die so lange erwünschte Enosis mit dem »Mutterland« war über Nacht eingetreten, doch es war eine andere Vereinigung, als es sich die griechischen Zyprioten vorgestellt hatten. Die Mehrheit stand hinter der gewählten Regierung und musste ohnmächtig mit ansehen, wie die griechische Militärjunta von Zypern Besitz ergriff.

Nur ein Punkt im Plan der Putschisten ging gründlich daneben: Präsident Makarios lebte. Ihm war es gelungen, aus dem brennenden Präsidentenpalast zu fliehen und über Umwege die autonome britische Basis Episkopí zu erreichen. Für die Junta blieb er damit unerreichbar. An seiner Stelle wurde Nikos Sampson zum Präsidenten ausgerufen, ein Rechtsradikaler und Massenmörder an türkischen Zyprioten in den interkommunalen Auseinandersetzungen von 1963/64. Den Putsch erklärte man zur inneren Angelegenheit der Zyperngriechen. Offenbar war man in Athen davon überzeugt, dass die Türkei nicht militärisch auf Zypern eingreifen würde. Wie man zu diesem Fehlschluss kam, bleibt ungeklärt.

Am 20. Juli, fünf Tage nach dem Putsch, landeten türkische Schnellboote an der Nordküste. Flugzeuge bombardierten die Hauptstadt. Eine so maßlos günstige Gelegenheit, Besitz von der militärstrategisch wichtigen Insel zu nehmen, konnten sich die Militärs nicht entgehen lassen. Anders als noch 1964 unternahmen die USA nichts, um die Türkei von ihrem Vorhaben abzuhalten. Völkerrechtlich schien die »Friedensoperation« (so die Propaganda) legal, da die zypriotische Verfassung den Garantiemächten ein Eingreifen erlaubte. Den Soldaten gelang es schnell, ein Gebiet nördlich von Nikosía einzunehmen, in dem besonders viele Zyperntürken lebten. Die Muslime bejubelten ihre Befreiung von der griechischen Militärdiktatur.

Die »kleine« Junta in Nikosía war von der türkischen Invasion ebenso überrascht wie die »große« in Athen. Zwei Tage später war die griechische Militärdiktatur über das Zypern-Abenteuer gestürzt. In Griechenland hatte Junta-Chef Ioannides noch versucht, sein Land in einen Krieg mit der Türkei zu treiben, da verweigerten ihm die eigenen Offiziere die Gefolgschaft. In Nikosía übernahm für den abwesenden Makarios Parlamentspräsident Glavkos Clerides das Präsidentschaftsamt. Die Demokratie war wiederhergestellt – doch die menschliche Tragödie auf Zypern begann erst.

Entgegen der Resolution des Sicherheitsrats der Vereinten Nationen zog die türkische Invasionsarmee nicht ab. Im Gegenteil: Trotz intensiver Gespräche in Genf marschierten die Soldaten am 14. August weiter. Zehntausende griechische Zyprioten flohen Hals über Kopf, alles zurücklas-

lang in Zeltlagern ihr Dasein fristen. Noch auf Jahre mussten sie in provisorischen Wellblechbaracken leben.

Rund 55 000 türkische Zyprioten flüchteten ihrerseits vor dem Terror der extremistischen *EOKA* und marodierenden Rechtsradikalen aus dem Süden in den nun für sie sicheren Nordteil. Terroristen und Junta-Soldaten hatten nach Beginn der Invasion ihre Hemmungen gegen die muslimische Minderheit abgelegt. Der legalen Regierung gelang es nicht, die Rechtsradikalen zu stoppen. In mehreren Dörfern massakrierten Paramilitärs die männliche zyperntürkische Bevölkerung. Etwa

send. Tausende kamen in Gefangenlager. Die türkischen Panzer rollten nahezu ohne Widerstand zu finden quer über die Insel. Zwei Tage später war ihr Operationsziel erreicht: 37 Prozent der Insel waren besetzt. Das lang gehegte Ziel der Militärs von einer Kontrolle der dem Festland vorgelagerten Insel war erreicht. Zypern war geteilt.

Etwa 165 000 griechische Zyprioten flohen von Nord nach Süd. Viele von ihnen mussten monate-

◄ **Die Flaggen Kanadas und der UNO wehen über Nikosía**
▲ **Das »Heim« eines britischen Soldaten**

6000 Menschen starben im blutigen Sommer von 1974. Insgesamt 1618 griechische Zyprioten, Soldaten und Zivilisten sind seit jenem Jahr verschwunden. Manche Namen tauchen in Listen des Internationalen Roten Kreuzes von Kriegsgefangenen auf, einige wurden zuletzt in Kriegsgefangenenlagern auf dem türkischen Festland gesehen. Ihre Angehörigen warten bis heute auf sie - vergeblich.

Der Krieg von 1974 hat Zypern nachhaltig verändert. Seitdem trennt eine undurchdringliche Linie griechische und türkische Zyprioten strikt voneinander. Nichts ist wie früher. Die Insel der Aphrodite weint auch heute noch über ihre Toten und Vermissten. ∎

# Trennung auf Dauer?

**D**en *Xechnoume* – »wir vergessen nicht«. Allabendlich taucht dieser Satz gleich einer beschwörenden Formel vor den Augen der im Süden lebenden zyprischen Fernsehzuschauer auf. In Páphos prangt er auf der Außenfront eines Schulgebäudes. Die Zyprioten wollen und können das Drama des Sommers 1974 nicht vergessen.

Bis zum 16. August rückten damals die schwer bewaffneten türkischen Einheiten an die »Attila-

Linie« vor, jene Linie, die die heutige Grenze zwischen dem »Restterritorium« der *Republik Zypern* und der im November 1983 proklamierten »Türkischen Republik Nordzypern« bildet. Zum militärischen Erfolg der Eroberung bedurfte es nur geringer Anstrengungen gegen die kleine und schlecht ausgerüstete zyprische Nationalgarde.

### Von der Angst getrieben

Etwas schwieriger dagegen war es, das eroberte Territorium von der ansässigen griechisch-zyprischen Bevölkerung zu »säubern«. Es galt ein großes Massaker zu vermeiden, wollte man den Protest der internationalen Staatengemeinde möglichst gering halten. Einige brutale Übergriffe –

Mord und Vergewaltigung an Zivilisten – in den ersten Tagen der Invasion verfehlten nicht ihre Wirkung: die meisten Zyperngriechen trieb die Angst aus ihren Häusern, noch bevor sie mit den türkischen Einheiten in Berührung gekommen waren. Man floh Hals über Kopf in Richtung Süden. Hab und Gut blieben meist zu Hause zurück – kaum jemand konnte und wollte die Flucht als einen endgültigen Schritt sehen.

Die Zahl der Flüchtlinge wurde in den Monaten nach der Invasion auf 180 000 geschätzt. Ein Untersuchungskomitee des US-Senats schilderte die Situation Anfang September 1974: »Fährt man über die Straßen Süd-Zyperns, so fährt man durch ein endloses Flüchtlingslager. Die Flüchtlinge kampieren unter Bäumen, am Straßenrand, auf dem freien Feld, in Hütten aus Pinienzweigen und Stöcken, in den Zelten der internationalen Hilfsorganisationen. Jedes verfügbare öffentliche Gebäude ist mit Flüchtlingen besetzt – Schulen, Kirchen, Klöster und Verwaltungsgebäude.« Die Maschinerie der internationalen Hilfsorganisationen arbeitete so schnell und so reibungslos wie selten zuvor. Vor allem die US-Regierung, die eine zwielichtige Rolle bei der türkischen Invasion auf Zypern gespielt hatte, war mit Finanzhilfen bei der Hand.

An den geschaffenen Fakten konnte die Regierung im Süden der Insel jedoch wenig ändern. So entschied man sich für eine Doppelstrategie: Einerseits forderte man weiterhin die Rückkehr aller Flüchtlinge in ihre Heimatorte, andererseits strebte man danach, einen möglichst großen Teil der für die Flüchtlingshilfe notwendigen Finanzmittel vom westlichen Ausland zu bekommen. Wenn auch heute noch die Zahl von etwa 160 000 zyperngriechischen Flüchtlingen im Südteil der Insel mit 200 000 angegeben wird, so geschieht dies kaum ohne politischen und finanziellen Vorsatz.

In der Tat war es eine immense Aufgabe, mit der sich Volk und Regierung in Süd-Zypern konfrontiert sahen. Die Flüchtlinge mussten mit Wohnungen versorgt werden. Ehemalige Bauern hatten durchweg ihr Land verloren, Arbeiter und Angestellte ihren Arbeitsplatz. In der zweiten Hälfte des Jahres 1974 führte die Statistik der Republik Zypern 59 000 Arbeitslose auf, fast 30 % der erwerbsfähigen Bevölkerung.

1975 wurden fast alle der im Südteil Zyperns lebenden ca. 45 000 türkischen Zyprioten in das türkisch besetzte Gebiet übergesiedelt. Wie ihre Landsleute im Norden ließen sie Haus und Hof zurück. Ihre Häuser wurden registriert (manchmal erkennt man sie noch an den Registriernummern) und zyperngriechischen Flüchtlingen zum Bezug überlassen. Diese Form der Unterbringung hatte Tücken: Sie gewährleistete zwar ein Dach über dem Kopf, viele Flüchtlinge mussten jedoch in der Folgezeit am eigenen Leib erfahren, wie erbärmlich ihre türkischen Landsleute hatten hausen müssen. De jure sind die türkischen Häuser

Die öffentlichen Wohnungsbauprogramme gingen nach zwei Grundmodellen vor: Beim *self-help housing scheme* stellen die Behörden Grundstücke sowie einen festen Geldbetrag zur Verfügung. Der Flüchtling baut sich sein Haus selbst – nach behördlich vorgegebenen Plänen. Anders beim Siedlungs-Wohnungsbau in den sog. *low-cost government housing estates*. Dort erstellt die Regierung fertige Wohnblocks und Reihenhäuser im Rahmen größerer Siedlungsgebiete. Die größten dieser Siedlungen, wie etwa *Stróvolos* und *Ayios Elefthérios* bei Nikosía, haben eine Einwohnerzahl von mehreren Tausend. Sie verfügen über

bis heute Eigentum ihrer ursprünglichen Besitzer. Der Anreiz, selbst in die Renovierung zu investieren, ist für die Flüchtlinge entsprechend gering.

Doch allein die begrenzte Zahl verfügbarer Gebäude machte andere, grundlegendere Lösungen notwendig. Bereits 1975 startete die Regierung ein großangelegtes Wohnungsbauprogramm, und schon Ende 1979 waren mehr als 14 000 Wohneinheiten für ca. 60 000 Flüchtlinge fertig gestellt.

◀ An der Grünen Linie
▲ Baracken einer
**Flüchtlingssiedlung Ende der
siebziger Jahre**

eigene kleine Einkaufszentren, Schulen und dergleichen. Für die Bewohner bringt diese Wohnform vielfältige Probleme: Die Siedlungen sind reine Flüchtlingsghettos, und das Leben unter anderen Leidensgenossen erleichtert nicht gerade die soziale Integration in die Gesamtgesellschaft. Diese Tatsache ist durchaus politische Absicht: Allen Wohnungsbauprojekten ist gemeinsam, dass sie keineswegs als Dauerlösung gedacht sind, sondern die Flamme des Rückkehrwunsches am Lodern gehalten werden soll. Am gründlichsten scheint dies in den hastig erstellten ersten Großsiedlungen zu gelingen. Mit schludriger Arbeit hat dort mancher Bauunternehmer schnelles Geld gemacht. Leidtragende sind die Bewohner, die sich mit Wasserschäden und bröckelndem Mauerwerk herumschlagen müssen. Zyprioten ist das Leben in einer Mietskaserne zuwider: Das eigene noch so kleine Haus erachten sie als Grundbedürfnis, ohne das ihnen soziale Anerkennung versagt bleibt. Und doch: die hässlichen Betonbauten der Flüchtlingssiedlungen verschwinden im Lauf der Zeit hinter blühenden Bougainvilleen und rankendem Weinlaub. In den Vorgärten entstehen Backöfen, Hasen- und Hühnerställe – Reminiszenz an vergangene bäuerliche Kulturen.

*Bougainvillea*
→ Gehört zu den Wunderblumengewächsen: Sträucher oder Bäumchen, rosa, gelb oder weiß blühend.

Haus und haben eine gute Stelle. Objektiv gesehen geht es manchen besser als vor der Flucht.

Dennoch wird fast jeder – danach gefragt – entschieden bejahen, dass er in das Haus seiner Väter zurückkehren würde, sofern eine Lösung des Zypernproblems dies ermöglichte. Mancher würde sein Haus aber nur noch als Ruine vorfinden – ein guter Teil des im Norden zurückgelassen Baubestandes wurde seither nicht wieder besiedelt.

Das anfänglich bedrückende Problem der Arbeitslosigkeit wurde in Süd-Zypern jedoch auf eine beispiellos schnelle Weise grundlegend gelöst. Im Wiederaufbau von Wirtschaft und Infrastrukturen, im aufkommenden Boom von Bauwirtschaft, Industrie und Fremdenverkehr wurde die Arbeitskraft der Flüchtlinge in kürzester Zeit aufgesogen. 1977 hatte man die Vollbeschäftigung erreicht. Die Arbeitsleistung der zahlreichen Flüchtlinge trug entscheidend zum Wirtschaftsboom der späten 70er und der 80er Jahre bei: Ihre Situation nötigte sie, anfangs zu minimalen Löhnen zu arbeiten. Heute haben es viele Flüchtlinge in der zyprischen Wohlstandsgesellschaft durchaus zu etwas gebracht, bauten sich inzwischen ihr eigenes

## Trennung auf Dauer?

Die Wiedervereinigung Zyperns ist der erklärte Wille der Regierung der Republik. Seit 1974 haben die zyperngriechischen Politiker weit reichende Kompromisse angeboten. Doch der Durchbruch bei den Verhandlungen ist bisher ausgeblieben – obwohl eigentlich die Grundzüge einer Lösung der Zypern-Frage längst feststehen sollten. Da sind die Resolutionen des UNO-Sicherheitsrats und der Vollversammlung. Sie verlangen den Rückzug der türkischen Besatzungstruppen. »Der Sicherheitsrat fordert alle Staaten auf, die Hoheit, die Souveränität und territoriale Integrität Zyperns zu achten; ...verlangt eine sofortige Beendigung der ausländischen militärischen Intervention auf Zypern«, heißt es in einer Resolution vom 20. Juli 1974. Ebenso verurteilte der UNO-Sicherheitsrat 1983 die Ausrufung des Pseudostaats »Türkische Republik Nordzypern«.

Geholfen haben diese und viele andere Resolutionen nichts. Die Türkei hat sich den UNO-Resolutionen nicht gebeugt, ihre Soldaten stehen weiter im Norden Zyperns. Und auch alle Gespräche zwischen beiden Seiten blieben bis dato ergebnislos. Dabei hat der UNO-Generalsekretär, der die Schirmherrschaft für die Verhandlungen übernommen hat, nichts unversucht gelassen, um den Konflikt zu lösen. Einige Vereinbarungen sind tatsächlich getroffen worden.

### Der Friedensplan

Schon 1977 standen die Grundzüge einer Lösung des Konflikts fest. Damals trafen sich der Präsident der Republik, Erzbischof Makarios, und der zyperntürkische Volksgruppenführer Denktasch in Wien. Ergebnis waren die »vier Richtlinien«, auf die sich beide Politiker verständigten und die es wert sind, hier vollständig zitiert zu werden:

»1. Wir streben die Gründung eines unabhängigen, blockfreien und bi-kommunalen Bundesstaates an.

2. Die Größe des Territoriums unter der Verwaltung der jeweiligen Gemeinschaft sollte im Lichte ökonomischer Lebensfähigkeit und des Landbesitzes diskutiert werden.

3. Prinzipielle Fragen wie Bewegungsfreiheit, Niederlassungsfreiheit, das Recht auf Eigentum und andere spezifische Angelegenheiten sind offen für Diskussionen, wobei die fundamentale Basis eines bi-kommunalen föderativen Systems und bestimmte praktische Schwierigkeiten, die von der zyperntürkischen Volksgruppe ausgehen können, in Betracht gezogen werden sollten.

4. Die Machtbefugnisse und Funktionen der Zentralregierung werden so sein, dass diese unter Berücksichtigung des bi-kommunalen Charakters des Staates die Einheit des Landes garantieren.«

Diese »vier Richtlinien« sind wohl das wichtigste Dokument auf dem Weg zur Wiedervereinigung. Anders als nach der Verfassung von 1960

◀ **Blick in die entmilitarisierte Pufferzone**
▶ **Rauf Denktasch, der führende Politiker der türkischen Zyprioten**

soll der neue Staat aus zwei Bundesländern bestehen, einem zyperngriechischen im Süden und einem zyperntürkischen im Norden. Der Paragraph zur Größe der Bundesländer impliziert eine Verkleinerung des derzeit zyperntürkischen Gebiets. Denn seit der türkischen Invasion lebt die 18-prozentige Minderheit auf etwa 37 Prozent der Insel.

Der dritte Punkt berührt die Frage der Freiheitsrechte für alle Bürger der Republik in allen Teilen der Republik – eine Frage, die bis heute zwischen den Konfliktparteien umstritten ist. Der letzte Artikel macht deutlich, dass das Ziel der Bemühungen kein lockerer Staatenbund, sondern

eben ein gemeinsamer Staat mit einer zentralen Regierungsmacht sein soll.

Die Vorstellungen über die Institutionen des Staates sind in den darauffolgenden Jahren erheblich weiterentwickelt worden. Unklar bleibt die genaue Machtverteilung zwischen Zentralregierung und Provinz. Die griechischen Zyprioten wollen eine starke Zentralmacht, die türkischen Zyprioten verlangen starke Provinzregierungen.

Die »vier Richtlinien« von 1977 haben zwei entscheidende Schwächen: Sie klammern die Frage internationaler Garantien für den neuen Staat aus, und sie verweisen bei der Frage der individuellen Freiheitsrechte und der territorialen Aspekte lediglich auf weitere Diskussionen.

Am einfachsten erscheint noch die Frage der Größe der beiden Bundesländer. Dass der derzeit zyperntürkisch besiedelte Teil verkleinert werden soll, ist sogar dem zyperntürkischen Führer Denktasch klar. Mehrfach schon waren unter Diplomaten in Nikosía Landkarten im Angebot, die die neue Grenze verzeichneten. Die letzte Version sieht eine Verkleinerung des zyperntürkischen Gebiets um 10 Prozent vor, was etwa 90 000 zyperngriechische Flüchtlinge die Möglichkeit gäbe, in ihre alte Heimat zurückzukehren.

Schwieriger wird es schon bei der Frage der individuellen Freiheiten. Die zyperngriechische Sei-

Überhaupt keine Rede ist in den »vier Richtlinien« von Makarios und Denktasch von den in den besetzten Teil eingewanderten Siedlern aus der Türkei. Sie wurden aus Anatolien nach Zypern verpflanzt, weil das für die wenigen Menschen zu große besetzte Gebiet aufgefüllt werden sollte.

Ebenso umstritten bei den Diskussionen um eine Lösung des Konflikts ist die Anwesenheit der türkischen Truppen im Norden und die Frage der internationalen Garantien für den zu gründenden Bundesstaat. Die griechischen Zyprioten lehnen einen Garantiestatus für Ankara strikt ab. Auch verlangen sie den Rückzug der türkischen Besat-

te bestand bis vor kurzer Zeit auf der Bewegungsfreiheit, dem Niederlassungsrecht und dem Recht auf Eigentum für alle Bürger in allen Teilen des Bundesstaates. Man wollte erreichen, daß alle zyperngriechischen Flüchtlinge das Recht zur Rückkehr in ihre Heimat erhalten. Doch dieses Recht wird von zyperntürkischer Seite vehement abgelehnt. Hier wird argumentiert, dass man bei Rückkehr aller griechischen Flüchtlinge zur Minderheit im eigenen Land würde.

Die Eigentumsfrage ist umstritten, weil ein Großteil der Häuser und Felder, in und auf denen türkische Zyprioten heute leben, zyperngriechisches Eigentum ist. Nur Entschädigungsregelungen könnten hier zu einem Ausgleich verhelfen.

zungstruppen. Umgekehrt bestehen die türkischen Zyprioten auf einen Schutzstatus Ankaras für die Minderheit. Auch ein vollständiger Abzug der türkischen Armee wird abgelehnt, allenfalls eine Verringerung der Truppen angeboten.

Geht es nach den meisten Zyprioten, ist eine Wiedervereinigung eigentlich kein Problem. Von der angeblichen »Erbfeindschaft« zwischen den Griechen und Türken ist nichts zu bemerken. Nicht Kultur, Charakter, Religion oder Sprache trennt die Menschen; es ist die Politik, die Zypern zu einem geteilten Land gemacht hat. ■

▲ Nikosía – die geteilte Stadt

# An der »Grünen Linie«

Mühsam bahnt sich der schneeweiße Jeep mit der blauen Flagge der Vereinten Nationen seinen Weg über das aufgebrochene Pflaster. In der ehemaligen Innenstadt Nikosías hat das Grün der Pflanzen die Häuser zurückerobert. Autowracks säumen der Weg. In ihren Polstern blühen Blumen. Die Ruinen der Häuser sind von Katzen bevölkert. Sandsackbarrieren schirmen die Unterstände der türkischen und griechischen Soldaten ab. Nur ein paar Meter von der geschäftigen City entfernt ist die Stille beängstigend. Kein Zypriote darf die streng überwachte Zone in Nikosía betreten. Ausgebrannte Häuser säumen die Hermes-Straße, geschmolzene ehemalige Leuchtreklamen erinnern daran, dass hier einmal das Herz der Stadt schlug. Die UN-Soldaten, die hier Dienst tun, interessiert das nicht. Sie kontrollieren, dass sich die feindlichen Armeen nicht zu nahe kommen. Im Notfall sollen sie Streitende trennen und den Konflikt eindämmen.

Ein langer, manchmal nur zwanzig Meter dünner lebloser Schlauch zieht sich durch die Altstadt Nikosías, überquert die Festungsmauern, zerteilt die Vororte, verbreitert sich auf mehrere Kilometer und geht weiter bis zum alten Flughafen, heute Einsatzzentrale der Blauhelme. Auf 180 km zerschneidet die entmilitarisierte Pufferzone die Insel. Dieser Albtraum ist der Arbeitsplatz der UN-Truppen.

Schon seit 1964 ist die UNFICYP (United Nations Force in Cyprus) Dauergast auf Zypern. Damals wurden sie gerufen, um einen Bürgerkrieg zwischen Insel-Griechen und -Türken zu beenden. Das gelang, doch der Einsatz hat bis heute nicht aufgehört. Nach 1964 ging es vor allem darum, die türkischen Zyprioten und ihre Paramilitärs von der Nationalgarde der Republik Zypern zu trennen. Seit der Invasion türkischer Truppen in Nord-Zypern 1974 sorgen die Blauhelme dafür, dass türkische Truppen und zyperngriechische Nationalgarde strikt voneinander getrennt bleiben. Rund 1200 Soldaten sind zu diesem Zweck noch auf Zypern stationiert. Großbritannien, Österreich und Argentinien stellen hierbei die größten Kontingente. Vor allem wegen der hohen Kosten haben andere Staaten ihre Soldaten inzwischen abgezogen. Die jährlich erforderlichen 50 Millionen Dollar werden neuerdings z. T. von der Republik Zypern selbst aufgebracht.

Sieben Österreicher sitzen in einer Wellblechbaracke im Niemandsland. »Das Schlimmste ist die Langeweile«, meint einer von ihnen. 24 Stunden Dienst, doch meist passiert nichts. Nur ein Feldweg führt zu dem Kontrollposten, von dem aus die Demarkationslinien der Armeen gut zu beobachten sind. Dort haben sich Türken und griechische Zyprioten in Unterständen eingegraben. Mit dem Fernglas kann man den Strand erkennen. Für die Blauhelme ist er unerreichbar weit weg.

Nicht überall ist die Pufferzone so leblos wie in Nikosía. In vielen Gebieten dürfen die Bauern ihre

Felder bestellen. Die Österreicher kontrollieren in ihrer Zone ein ganzes Dorf. In Pyla leben griechische und türkische Zyprioten noch so friedlich miteinander, wie das früher überall der Fall war.

Die UN-Friedenstruppen haben die Situation im Griff, Schusswechsel sind selten. Nur in Nikosía kommt es hin und wieder zu gefährlichen Situationen, wenn sich die Soldaten gegenseitig provozieren. Den Blauhelmen ist es zu verdanken, dass daraus keine militärischen Eskalationen erwachsen. So hat die UNFICYP kriegerische Auseinandersetzungen bisher verhindern können. Aber von einem richtigen Frieden ist Zypern noch weit entfernt. ■

▲ UN-Soldaten an der »Grünen Linie«

# Wirtschaftswunderland

**M**it berechtigtem Staunen können Ökonomen wie Reisende heute auf den Entwicklungsstand blicken, den man in der Republik Zypern in wirtschaftlicher und sozialer Hinsicht erreicht hat. Die Statistik weist ein durchschnittliches Pro-Kopf-Einkommen aus, das über dem Griechenlands liegt und im Übrigen dreimal so hoch ist wie im besetzten Norden Zyperns. Auch angesichts der seit 1975 erreichten Raten des wirtschaftlichen Wachstums spricht mancher von einem »kleinen Wirtschaftswunder«. Vergleiche mit den wirtschaftlichen »Senkrechtstartern« in Asien, wie Singapur, Hongkong oder Taiwan, drängen sich auf. Die Masse der Bevölkerung hat von dieser Entwicklung profitiert: Statt Arbeitslosigkeit herrscht heute Arbeitskräftemangel.

Bezüglich der Qualität der sozialen Versorgung und was etwa die Höhe der Lebenserwartung, die Zahl der Ärzte pro 1000 Einwohner und das Niveau der Schulbildung betrifft, braucht Süd-Zypern keinen Vergleich mit den Industrienationen der westlichen Welt zu scheuen.

Noch in den 50er Jahren war die Wirtschaft der Insel von einer deutlichen Unterentwicklung geprägt. Viele Zyprioten fanden ein ärmliches Auskommen in der Landwirtschaft. Wichtigster Wirtschaftszweig war daneben der Bergbau. Kupfer- und Eisenpyrite und Asbest wurden in mehr oder weniger unverarbeitetem Zustand exportiert. Ein Großteil dieser Erträge blieb jedoch nicht in Zypern, denn alle Bergbauunternehmen waren ausländische Kapitalgesellschaften.

Nach Erlangen der staatlichen Unabhängigkeit im Jahre 1960 war es das vorrangige Ziel der zyprischen Wirtschaftspolitik, von der starken Auslandsabhängigkeit loszukommen. Mit großem Erfolg förderte man z. B. Verbesserungen in der Landwirtschaft. Daneben setzte man auf die Schaffung einer starken einheimischen Industrie. In der Tat waren die Zyprioten bis 1974 im Be-

◀ ◀ **Türkischer Gedenkstein**
◀ **Politik gehört**
**auf Zypern zum Alltag**
▶ **Glafkos Klerides,**
**der 1993 gewählte Präsident**
**der Republik Zypern**

reich der wichtigsten Konsumgüter und einiger Grundstoffe (wie beispielsweise Zement) weitestgehend unabhängig von Einfuhren aus dem Ausland.

Mit der Invasion und Teilung der Insel 1974 schien das bislang Erreichte jedoch auf einmal zunichte gemacht. Die Verluste aus der Teilung waren für den griechischen Südteil der Insel in der Tat katastrophal. Verloren waren die wichtigsten

Flächen des bewässerten Anbaus bei Mórphou und Famagústa, der Hafen von Famagústa und der Flughafen von Nikosía; wichtige Straßenverbindungen wurden abgeschnitten. Zudem lagen fast alle der vielen neu erbauten Hotels nun jenseits der »grünen Linie«. Die Bevölkerung bestand zu einem Drittel aus Flüchtlingen ohne Wohnung und Arbeit. Wirtschaftsexperten zeichneten ein düsteres Bild von der Zukunft Zyperns für den Fall, dass die Teilung erhalten bleiben sollte.

So erinnert die Entwicklung der Ökonomie der Republik Zypern seit 1974 an den Aufstieg des Phönix aus der Asche. Dahinter standen große Einsatzfreude und Geschick, aber auch günstige Umstände.

### Wachsender Tourismus

Die meisten Beobachter sind geneigt, den Aufschwung nach 1974 der rasanten touristischen Entwicklung zuzuschreiben. Die Ausgaben von inzwischen über zwei Millionen Reisenden pro Jahr sind als Quelle harter Devisen unverzichtbar. Erst mit diesem Geld lassen sich die hohen Ausgaben für Importe finanzieren, etwa für den Bedarf an Kraftfahrzeugen, bei deren Erwerb der Käufer enorme Einfuhrzölle bezahlen muss.

Die Zyprioten beschränkten sich jedenfalls nicht darauf, die schöne Haut ihrer Aphrodite-Insel zu Markte zu tragen und das hereinfließende der Europäischen Union gerichtet. Es ist der Ehrgeiz der Republik Zypern, möglichst bald Vollmitglied in der EU zu werden. Die inneren wirtschaftlichen Voraussetzungen in Zypern sind für eine solche Mitgliedschaft durchaus günstig.

### Ausländische Interessen

Einem Zwergstaat wie Zypern waren in der Industrialisierung jedoch enge Grenzen gesetzt. Auch deshalb legte man großen Wert auf Verbesserungen in der Landwirtschaft. So bemühte man sich um internationale Hilfe, mit der bedeutsame Staudammprojekte zur Neugewinnung bewässerter

Geld zu zählen. Die Wirtschaft sollte auf mehreren Beinen stehen. Als Basis für ihre weitere Entwicklung schuf man ein leistungsfähiges System von Infrastrukturen: neue Hafenanlagen in Límassol und Lárnaka, ein gut ausgebautes Straßennetz, moderne Einrichtungen zur Telekommunikation.

Wohl die wichtigste Errungenschaft der süd-zyprischen Wirtschaft nach 1974 lag in der Industrialisierung. Mit den Flüchtlingen verfügte man anfangs über billige Arbeitskräfte für den Aufbau von Industriebetrieben. Entscheidend aber war, dass man neue, kaufkräftige Märkte in den arabischen Staaten fand, auf denen man die Produkte absetzen konnte. In den letzten Jahren hat man die Exporte wiederum mit Erfolg auf die Märkte Flächen verwirklicht werden konnten. Mit Erfolg preisen die Behörden Süd-Zyperns die Insel als Standort für Geschäfte ausländischer Firmen mit dem umliegenden nahöstlichen Raum an. Kontinuierlich steigt die Zahl so genannter offshore companies, unter anderem Banken, Versicherungen, und Immobilienbüros in Süd-Zypern. Auch hiervon erhofft man sich Deviseneinnahmen.

Der südliche Teil Zyperns hat – anders als der türkisch besetzte Nordteil – den Status eines unterentwickelten Landes bereits weit hinter sich gelassen. Doch der Erfolg hat auch seine Schattenseiten: Durch den Bauboom, die Industrialisierung und intensive Landwirtschaft gerät die Umwelt immer mehr in Bedrängnis. ∎

# Die politischen Systeme Zyperns

Links und rechts der Hauptstraße im Bauerndorf Káto Pyrgos werben nicht weniger als vier Kaffeehäuser um Kundschaft. Im Schatten der Blätter einer alten Eiche stehen die Stühle vor den einfachen Kneipen.

Die Männer auf dem Weg in die Felder und Zitrushaine machen eine kurze Rast, um einen griechischen Kaffee zu trinken und mit den Nachbarn zu diskutieren.

Gegenüber befindet sich die Zentrale der liberal-konservativen *Demokratischen Partei (DIKO)*. Und weiter hinten haben die Anhänger der konservativen *Demokratischen Sammlung (DISY)* sowie der kommunistischen *AKEL* ihr jeweiliges Stammcafé. Jedes Kaffeehaus repräsentiert auf diese Weise eine der im Insel-Parlament vertretenen Parteien, die damit auch im Alltag allzeit präsent bleiben.

Doch es ist nicht der Zufall, der ganz bestimmte Männer in ein ganz bestimmtes Kaffeehaus treibt. Die Qualität des Getränks übt keinen Einfluss auf die Entscheidung aus, sie ist überall dieselbe, und auch die geflochtenen Stühle sind hier wie dort gleich bequem. Motiv für die Wahl des Kaffeehauses ist vielmehr die Politik. Die Kneipe vorne links respektive ihr Wirt vertritt die sozialistische *EDEK-Partei.*

◀ **Feudale Hotelanlagen –**
**Zeichen des**
**gestiegenen Wohlstands**
▲ **Am Flughafen**
**von Lárnaka**

## Die Republik Zypern

Politik ist Teil des täglichen Lebens und greift auf vielfältige Weise in den Alltag ein. So repräsentieren die Erzeugnisse der eng mit der Gewerkschaft *PEO* verbundenen Kooperativen-Bewegung zugleich die Linke im Parteienspektrum; deshalb gibt es »linken« (kooperativen) und »rechten« (von Privatbetrieben produzierten) Brandy. Kein Konservativer würde einem Sieg des Fußballvereins *Omonia Nikosía* zujubeln, denn der Verein ist politisch bei den Kommunisten angesiedelt. Umgekehrt ist ein Erfolg von Olympiakos gegen Omonia auch ein Sieg der Rechten.

Dieses bisweilen skurril anmutende Links-Rechts-Schema im Alltag hat jedoch durchaus logische Ursachen. Die Geschichte der letzten Jahrzehnte war lange von einem scharfen Gegensatz zwischen Kommunisten und Konservativen geprägt.

Auf der einen Seite steht die Fortschrittspartei des arbeitenden Volkes (AKEL), bereits 1941 gegründet und Nachfolger der von den britischen Kolonialherren verbotenen Kommunistischen Partei KKK. Sie und der mit ihr liierte Gewerkschaftsverband PEO kümmerten sich schon früh um die sozialen Belange der Bauern und Arbeiter und erlangten entsprechend großen Einfluss. Die andere Seite war zunächst nicht durch eine eigentliche

Partei, sondern durch den Erzbischof und seine Gefolgsleute, Klerus und Geschäftswelt, repräsentiert.

Bei Beginn der Unabhängigkeit der Republik Zypern im Jahre 1960 wurde als konservative Sammlungsbewegung die Demokratische Front gegründet. Erst seit 1968, als diese Partei aufgrund ideologischer und persönlicher Differenzen zerbrach, existiert auf Zypern ein modernes Parteiensystem. Da aber hatten sich die Kommunisten ohne sozialdemokratische Konkurrenz längst etabliert.

Die Republik Zypern besitzt ein Präsidialsystem mit starken Rechten für den vom Volk direkt gewählten Präsidenten. Der Politveteran Glavkos

Klerides, seit 1993 im Präsidentenamt, ernennt und entlässt ohne Mitwirkung des Parlaments seine Minister und bestimmt die Richtlinien der Politik – das Parlament hat dagegen nur gesetzgebende Funktion.

Das Zypern-Problem überlagert alle ideologischen Debatten vollständig und produziert erstaunliche politische Konstellationen. Bei der Frage, wie hierfür eine Lösung zu erreichen ist, haben sich zwei Fraktionen gebildet. Auf der einen Seite stehen die Demokratische Sammlung *(DISY)* und die kommunistische *AKEL,* die sich untereinander aus ideologischen Gründen spinnefeind sind. Beide Parteien vertreten jedoch in der Zypern-Frage einen ähnlichen Kurs: Sie sind weitgehend kompromissbereit und suchen den Dialog mit den Vertretern der türkischen Zyprioten im besetzten Teil.

Auf der anderen Seite fordern die Demokratische Partei *(DIKO)* und die sozialistische Vereinigte Demokratische Zentrumsunion *(EDEK)* eine härtere Haltung. Weitgehend geschlossen stehen die Parteien zur europäischen Orientierung Zyperns. Von der Vollmitgliedschaft in der EU erhofft man sich nicht zuletzt entscheidende Anstöße zur Lösung der Zypern-Frage.

### Nordzypern

Nach eigenem Verständnis und jenem der Türkei ist die »Türkische Republik Nordzypern *(KKTC)*« ein selbständiger Staat. Für die übrige Weltgemeinschaft gilt der Norden Zyperns, in dem 30 000 türkische Soldaten stationiert sind, als besetztes Gebiet; als legitimer Vertreter aller Zyprioten wird im Ausland nur die Republik Zypern anerkannt.

Ohne die Türkei wäre der »Pseudostaat«, wie die griechischen Zyprioten das Gebilde im Norden verächtlich nennen, nicht lebensfähig. Ankara trägt rund die Hälfte des Staatshaushalts, sein Botschafter hat bei allen größeren Entscheidungen ein gewichtiges Wort mitzureden.

Starker Mann unter den türkischen Zyprioten ist Rauf Denktasch. Einen Großteil seiner Wähler stellen die seit 1974 eingewanderten Festlandstürken, die mit ihren Nachkommen heute etwa 40 % der 165 000 Einwohner Nordzyperns ausmachen.

Diese »Siedler«, wie sie in der Diktion des Südens heißen, können nach wenigen Jahren Aufenthalt mit der problemlosen Einbürgerung rechnen – zum Ärger vieler alteingesessener Zyperntürken, die ihrerseits massenweise emigrieren und sich den Auslandsgemeinden etwa in London, Sidney und New York anschließen oder ihr Glück in Istanbul versuchen.

Die Tagespolitik ist Sache des Premierministers und seiner Ministermannschaft, die der Präsident im Einvernehmen mit der Parlamentsmehrheit er-

**Rauf Denktasch**
→ Der in Páphos geborene Jurist saß bereits in den 60er Jahren bei den Londoner Verfassungsgesprächen mit am Tisch und ist seit 1974 regelmäßig wiedergewählter Präsident Nordzyperns.

Mustafa Akinci sich als früherer Bürgermeister von Nikosía-Nord große Verdienste um die Annäherung der Volksgruppen erwarb.

Die Wahlen können in Nordzypern als fair eingeschätzt werden, die Menschenrechte werden hier erheblich höher geachtet als in der Türkei, und auch die Presse ist weitgehend frei.

Bei politischen Fragen prinzipieller Natur, wie etwa der Einwanderungspolitik oder dem Verhältnis zur Türkei, stößt die Freiheit

nennt. Seit 1996 regiert eine konservative Koalition aus der *Partei der Nationalen Einheit (UDP)* und der *Demokratischen Partei (DP),* wobei die letztere von Rauf Denktaschs Sohn Serdar geführt wird.

Auf der Oppositionsbank sitzen die linksliberale *Republikanisch-Türkische Partei (CTP)* und die *Kommunale Befreiungspartei (TKP),* deren Chef

◄ **Sie scheint von der Auswahl begeistert zu sein**
▲ **Parteipolitische Plakate begleiten die Zyprioten auf Schritt und Tritt**

jedoch an ihre Grenzen. Als »sanfte« Sanktion droht aufmüpfigen Staatsangestellten (jeder vierte Erwerbstätige ist beim Staat beschäftigt) die Kaltstellung und anderen der Ausschluss aus den Patronagenetzen.

Wer die politischen Tabus hartnäckig und fortgesetzt verletzt, der muss irgendwann allerdings um sein Leben fürchten. So wurde Kutlu Adali, ein angesehener Publizist und Friedensaktivist, 1996 von türkischen Faschisten oder möglicherweise gar, wie seine Witwe meint, von Mitarbeitern des türkischen Geheimdienstes erschossen. Noch ist eine solche »Hinrichtungen« eines unbequeme Journalisten auf Zypern freilich die Ausnahme. ■

# Zyperns grünes Erbe

In der Antike wurde Zypern »die grüne Insel« genannt, und dieses Attribut verdankte sie zweifellos ihrem großen Waldreichtum. Vom Apostel Paulus wird berichtet, dass er auf seiner Reise von Famagústa nach Páphos auch in den Ebenen dichte Waldgebiete zu durchdringen hatte. Der Waldreichtum hatte Zypern schon früh zu einem Zentrum der Holzausfuhr und des Schiffbaus werden lassen.

Alexander der Große ließ einen Teil seiner Flotte auf Zypern bauen. Zyprische Werften waren berühmt dafür, dass sie ein großes Handelsschiff vom Kiel bis zur Spitze des Segels fertigstellen konnten, in Bezug auf Handwerkskunst und Materialien völlig unabhängig von der Außenwelt.

Die Aufmerksamkeit der Chronisten wird dem zyprischen Wald erst wieder zu Beginn der britischen Kolonialzeit zuteil. Britische Beamte mussten auf ihren Inspektionsreisen feststellen, dass die osmanische Herrschaft eine weitgehend zerstörte Waldressource hinterlassen hatte. Die Ebene der Mesaoría war eine baumlose Steppe. Wald gab es nur noch in den Gebirgsregionen, und auch dort war er extremem Missbrauch ausgesetzt.

Aus dem Tróodos berichtete 1879 Sir Samuel White Baker: »Wenn ein Orkan über das Land gegangen wäre und neun von zehn Bäumen umgestürzt hätte, die Zerstörung wäre nichts gewesen gegen das, was der einheimische Zypriote angerichtet hat. Er verstümmelt diejenigen Bäume, die er nicht gefällt hat. Wunderbare Bäume liegen zu Abertausenden verrottend auf der Erde... Ich war geneigt, die Esel anzuhalten und ihre Besitzer festzusetzen... aber ich hätte sie nicht an den Bäumen aufhängen können, die sie entstellt haben, denn kein Ast war geblieben, der ihr Gewicht ausgehalten hätte.«

Gründlich scheint in der Tat das Werk der Zerstörung gewesen zu sein, das eine ungebildete und von Steuereintreibern gepeinigte Bevölkerung in den Wäldern vollzog. Einen Waldbrand zu legen, war eine akzeptierte Methode, um Acker- oder Weideland zu gewinnen oder auch um die Ziegenherde eines Feindes zu vernichten.

Seit Beginn ihrer Herrschaft über die Insel (1878) ließen die Briten dem Wald eine ganz besondere Aufmerksamkeit und Pflege zukommen. Auf Zypern entstand die erste Forstverwaltung des British Empire. Der erster Forstoffizier, G.P. Madon, warnte: »Wir sind uns sicher, dass die auf der Insel verbliebenen Waldbestände das Ende dieses Jahrhunderts nicht erleben werden, sollten keine radikalen Maßnahmen ergriffen werden, um der Zerstörung ein Ende zu bereiten.«

Bereits 1879 wurden die ersten Gesetze zum Waldschutz erlassen. Ganz entgegen sonstiger kolonialer Verwaltungspraxis stand im Vordergrund nicht die wirtschaftliche Nutzbarkeit, sondern die Erhaltung und Regeneration der Wälder. Von allen Formen einer zerstörerischen Waldnutzung erkannten die Briten die freie Ziegenweide als den Hauptfeind des zyprischen Forstes, denn der Ziegenverbiß vereitelt dessen natürliche Regeneration. Erste Zählungen nach Ankunft der Briten ergaben eine Population von 250000 Ziegen auf der Insel, das waren immerhin zwei Ziegen auf jeden Einwohner. Der Grund hierfür ist in osmanischer Zeit zu suchen, damals hatte sich mobiler Besitz in Form einer Ziegenherde als günstig erwiesen, wenn es galt, dem Steuereintreiber zu entkommen.

Für die britischen Forstverwalter aber war die Ziege geradezu eine Inkarnation von sinnloser Zerstörungswut. G.P. Madon sah sich gar veranlasst, in einer glühenden Rede vor dem britischen Parlament gegen das Tier Stimmung zu machen: »Wir werden bald nur noch den nackten Felsen vorfinden..., wo jetzt noch Dickicht steht, welches die unermüdlichen und grausamen Zähne der Ziege entblößen – diese unersättlichen Nagetiere, die auf den Büschen sitzen, um die höchsten Zweige zu erreichen – welchen Appetit sie haben, diese ewigen Hungerleider. Sie werden das Zerstörungswerk vollenden, das der Mensch begann! Wo die Axt des Holzfällers den Wald niederlegte, verhindert der Ziegenverbiss, dass die Natur das Unheil wieder gutmacht. Sobald sich im Frühjahr die ersten jungen Schößlinge zeigen, verschlingt sie die Ziege... Jedes Hervorsprießen der Vegetation wird zum Stillstand gebracht durch die Arbeit ihrer grausamen Zähne, ihres giftigen Speichels!«

Was im Laufe der Zeit folgte, war ein Kolonialkrieg der Forstverwaltung gegen die Ziegenhirten. Ein eigenes Goat Law diente als rechtliche Grundlage für die Verbannung der Ziegenherden aus den wichtigsten Waldgebieten. Zugleich organisierte man groß angelegte Aufklärungskampagnen, bot manchem Ziegenhalter eine Beschäftigung als Waldarbeiter an, anderen zahlte man Entschädigungen. Doch die Betroffenen trennten sich nur sehr widerwillig von einer Tradition, die sie als ein Naturrecht betrachteten. Zahllose Waldbrände wurden als Antwort auf den britischen Druck gelegt. Es bedurfte mehrerer Generationen, bis sich bei den Zyprioten die Einsicht in den guten Willen der britischen Oberförster verbreitete. Ein erster großer Erfolg war erreicht, als Ende der 30er Jahre die mächtigen Klöster auf ihre Waldweiderechte verzichteten. In den 40er Jahren waren bereits 96 % des besonders sorgfältig gehegten Main State Forest (vorwiegend im Tróodos und Pentadáktylos) frei von Ziegenbeweidung.

Die Forstpolitik auf Zypern wurde zum Musterbeispiel für den gesamten Nahen Osten. Die Briten hinterließen auf Zypern 1735 qkm Waldflächen, 19 % der Inselfläche. Vorbildlich etwa ist

bis heute das Feuerüberwachungs- und Feuermeldesystem mit einem Netz von speziellen »Wald-Telefonen«. Seit 1951 wird das Wissen um die Pflege und Regeneration des mediterranen Waldes im Cyprus Forestry College in Pródhromos weitergegeben.

Das von den Briten initiierte Forest Department wurde nach der Unabhängigkeit im Sinne der ehemaligen Kolonialherren weitergeführt. Die Arbeit der zyprischen Forstverwaltung stand freilich nicht immer unter einem guten Stern. Bei den Kriegen von 1964 und 1974 gingen riesige Waldflächen in Flammen auf. Die türkische Invasion

von 1974 brachte allein den Verlust von 16 % des Staatswaldes. In einer gigantischen Anstrengung wurden diese Flächen bis 1982 wieder aufgeforstet. Heute sieht man auf Zypern überall Terrassierungen auf denen – meist erfolgreich – seit langem vegetationsloses Ödland wieder aufgeforstet wird. Im Sinne einer besseren Umweltverträglichkeit verzichtet man hierbei seit einigen Jahren auf den Einsatz schwerer Bulldozer und pflanzt die Jungbäume direkt ins Gelände. Mit der Anlage von Waldlehrpfaden versucht man, den Tourismus umweltbewusster zu gestalten. Die zyprische Forstpolitik setzt Zeichen der Hoffnung: Es gibt Bereiche, in denen die Umweltzerstörung rückgängig gemacht werden kann. ∎

◀ **Versteckte Anmut im Gras**

▶ **Das Forestry College**

# Die Insel

Für naturinteressierte Zypern-Reisende sind vier Landschaftsformen von Bedeutung: das Nordgebirge zwischen Kap Kormakíti und Kap Andréas, das Tróodos-Massiv, das Hügelland südwestlich bis östlich des Tróodos-Massivs und die Ebene.

Das Nordgebirge besteht in seinem Kern aus harten, kompakten Kalkgesteinen von weißer bis grauer Farbe, die durch Bewegungen der Erdkruste in eine nahezu senkrechte Position gebracht wurden. Schroffe Felswände und steile Berghänge sind das beeindruckende Ergebnis. Nach Norden und Süden ist das Massiv in Tälchen und Schluchten zerteilt, die auf der Südseite trocken und trostlos wirken. Auf der Nordseite überlagern harte Kalksteine die weicheren tonreichen Schichten; dadurch ergibt sich ein sehr abwechslungsreicher und stimmungsvoller Verlauf der Küstenlinie.

Von der Küstenebene führen tief eingeschnittene Täler in das Nordgebirge. Mit ihren steilen Flanken widersetzen sie sich jedem Straßenbau. Ihre grünen Oasen werden landwirtschaftlich genutzt, bieten aber auch Platz für Biotope.

Die Orte der Hanglagen sind durch Straßen erschlossen. Sie sind eingebettet in einer meist durch menschliche Nutzung geprägten Vegetation. An einigen wenigen Stellen gelangen die Straßen bis auf den Höhenrücken des Gebirges. Darüber hinaus führen Forstwege fast über die gesamte Länge des Massivs und bieten reichhaltige und abwechslungsreiche Ausblicke auf steile Kalkfelsen, faszinierende Felsbildungen und Wälder. Man durchquert hier lichte trockene Kiefernwälder, die nur an manchen Stellen dicht und dunkel werden. Diese Wanderungen über die Höhen des Nordgebirges gehören zu den eindrucksvollsten Naturerlebnissen auf Zypern.

Die zweite Bergregion der Insel, das Tróodos-Massiv, unterscheidet sich deutlich vom Nordgebirge. Es besteht in seinem etwa 30 km breiten

◄ ◄ **Das Kastell**
**im Hafen von Páphos stammt**
**aus osmanischer Zeit –**
**Frühling in Nordzypern**
◄ ▶ **Die Zedern im**
**Tróodos-Gebirge – ein Wahr-**
**zeichen der Insel**

Zentralteil aus vulkanischem Gestein. Der Gipfel des Olymps besteht aus Dunit. Diese Gesteinsformation nahm im Laufe von Jahrmillionen die Form von Serpentinen an, was die bergmännische Gewinnung von Asbest im Tróodos-Massiv ermöglichte. Im Gegensatz zum Nordgebirge sind die Landschaftsformen des Tróodos deutlich runder und weitläufiger, es fehlen die steilen, schroffen Felsen, aber auch die lichten Farben.

Im krassen Kontrast zum höchsten Berg Zyperns steht das ihn umgebende Hügelland. Im Tróodos überwiegen die hell- bis dunkelbraunen bzw. grauen Farbtöne. Das Hügelland besteht meist aus gleißend hellem Kalkgestein. Besonders bei wolkenlosem Himmel können die Felsen mit ihren starken Reflexionen das Auge blenden. Dass gerade in dieser sonnendurchglühten Landschaft viel Wein angebaut wird, verwundert nicht.

In den Niederungen zwischen Nordgebirge und Tróodos, zwischen Mórfou im Westen und Famagústa im Osten, haben zahlreiche Flüsse die Landschaft stark zergliedert, Wasser, Luft und Wind haben durch Erosion ihren Charakter geprägt. Die Ebene ist die Kornkammer Zyperns.

## Verschiedenartige Küsten

Im Bereich des Tróodos und des Nordgebirges fällt das Land relativ schnell bis auf Meereshöhe ab. Dennoch ist der größte Teil Zyperns durch relativ flache Küsten gekennzeichnet. An den nordwestlichen und südöstlichen Enden der Zentralebene, also bei Mórfou und Famagústa, haben sich weit geschwungene flache Küsten gebildet. Auch im Südwesten bei Páphos, im Süden an der Akrotíri-Bucht sowie bei Lárnaka gibt es weite Küsten mit flachen Stränden. Bei Límassol und bei Lárnaka haben sich große Salzseen gebildet. Hohe Steilküsten sind in dieser Region eine Seltenheit. Einige

findet man dort, wo das Tróodos-Massiv schnell zu den Küsten nach Norden und Süden abfällt, im Norden zwischen Pomós und Kókkina, im Süden westlich des Kap Aspro.

Auch im äußersten Nordwesten, nordöstlich des Akámas-Waldes, gibt es stattliche Steilküsten. Weit geschwungene Sandküsten mit flachem Hinterland und wenige hohe Steilküsten bedeuten aber nicht, daß die Küsten insgesamt weniger reizvoll sind. Im Gegenteil: überall dort, wo die Kalke des Hügellandes direkt an das Meer grenzen, haben sich abwechslungsreiche und optisch reizvolle Küstenabschnitte gebildet. So fällt die Hügellandschaft bei Koúrion in eindrucksvoller Weise steil zum schmalen Küstenstreifen ab, der intensiv

landwirtschaftlich genutzt wird; die wenigen Bäume sind vom Wind landeinwärts gebogen.

Noch interessanter und abwechslungsreicher sind die Küsten des Nordgebirges. Hier lagern harte Kalke über weicheren Tonen, die zum Teil ausgespült worden sind. Als Ergebnis bildeten sich niedrige Steilküsten, an denen die Kalke plattenförmig über die Tonschichten hinausragen. Von Kap Kormakíti im Nordwesten bis Kap Plakotí lohnt es sich daher, die Küstenbereiche zu besuchen – die malerischen Küstenstrukturen und ihre reizvolle Vegetation laden zu Wanderungen ein.

## Die Gewässer

Die Karte von Zypern zeigt eine Vielzahl von relativ kurzen Flüssen, die von den küstennahen Hügeln und vom Bergland direkt zum Meer fließen. Die meisten von ihnen führen nur im Winter und im Frühjahr Wasser und trocknen mit zunehmendem Sommerwetter und ausbleibendem Regen aus. Doch bei starkem Sommerregen kann sich ein Rinnsal in einer halben Stunde in einen reißenden Bach verwandeln. Diese Flüsse prägen mit den von ihnen geschaffenen tiefen Tälern und breiten Schotterbetten das Bild der Insel.

Der längste Fluss ist der Pedíaios, der beim Kloster Machairás südwestlich von Nikosía entspringt und bei Famagústa ins Meer mündet. Gemeinsam mit dem Parallelfluss Gialiás versorgt er die Ebene mit dem notwendigen Wasser. Der Gialiás wird zweimal zu Wasserreservoirs aufgestaut.

Von den Quellen sind besonders zwei im Nordgebirge bemerkenswert, beide mit dem Namen Kephalovrysi; die eine entspringt bei Kythrea, die andere bei Lápithos. Einige weitere sehr schöne Quellen mit ihren Platanen findet man im Tróodos bis in eine Höhe von etwa 1600 m. Rings um den Ort Pródromos bis zum Kloster Kykko und bis Stavrós tis Psókas findet sich eine Vielzahl solcher Quellen. Einige von ihnen, zum Beispiel die Quelle bei Kalopanagiótis, sind mineralreich und werden medizinisch genutzt.

An Seen sind lediglich die wenigen Salzwasserseen bei Lárnaka und Límassol von Bedeutung; ursprünglich waren dies Lagunen, die im Laufe der Zeit vom Meer abgetrennt wurden. Heute sind sie wahre Vogelparadiese.

## Die Pflanzenwelt

Wie in vielen Regionen des Mittelmeeres ist auch die Pflanzenwelt Zyperns bis heute nicht restlos erforscht. So werden immer wieder überraschende Funde gemacht, z. B. seltene Orchideen. Die beste Zeit für floristische Studien liegt zwischen März und Mitte Mai für das Flachland und die Hügel sowie im Mai für die Höhen des Tróodos.

Zypern war früher reich an Wäldern. Bereits im Altertum wurde das Holz jedoch zum Schmelzen von Kupfer und Silber gebraucht. Auch galt die Insel als Exportland von Holz für den Schiffsbau in Ägypten oder etwa für die Flotte Alexanders des Großen. Erst die Briten gingen im letzten Jahrhundert ernsthaft an den Schutz der Wälder und die Wiederaufforstung – natürlich viel zu spät, um die natürliche Vielfalt unterschiedlicher Waldgemeinschaften retten zu können. Heute findet man Wälder nur noch in den Bergmassiven. In einem kleinen Areal am Hang des Trípylos haben sich die letzten Bestände der endemische Tróodos-Zeder *(Cedrus libani ssp. brevifolia)* gehalten, schüttere Nachkommen der von antiken Autoren gefeierten, damals bis 40 m hohen Baumriesen. In den höchsten Lagen (nur der Gipfel des Olymp überschreitet die Baumgrenze) dominiert die Schwarzkiefer *(Pinus nigra),* darunter die Aleppokiefer *(Pinus halepensis* und *P. brutia),* noch tiefer schließlich ein Mischwald mit immergrünen Eichen *(Quercus ilex, Q. alnifolia, Q. coccifera),* Erdbeerbäumen *(Arbutus andrachne)* und Terpentinpistazien *(Pistacia terebinthus).*

Hartlaubgewächse findet man vor allem in den niederen Lagen, die nicht landwirtschaftlich genutzt werden. Die Vegetation besteht hier aus einem bodendeckenden, sperrigen, zum Teil dornigen und schwer zu durchdringenden Gebüsch, aus dem einzelne höherwüchsige Sträucher und Bäume herausragen. An ihrem Rande und auf gerodeten Flächen kann sich eine blumenreiche Flora ausbilden. An den Hängen bringen Ginstergewächse und Zistrosen Farbe in die Landschaft.

## Die Tierwelt

Auf Zypern finden sich nur wenige Arten frei lebender Säugetiere: Neben Fuchs, Hase, Maus und Igel sind vor allem Fledermäuse vertreten. Im Unterschied zu seinen gezüchteten Verwandten lebt das Wildschaf Mufflon tief im Schutz der Wälder. Von zur Jahrhundertwende gerade noch drei Dutzend Tieren hat sich der Bestand jetzt auf über 1000 Mufflons erholt. In der freien Natur wird man die scheuen Tiere kaum zu Gesicht bekommen; zutraulicher sind sie in einem großzügigen Gehege unweit der Landstraße zwischen Kakopetriá und Tróodos. Nachdem bei der Vertreibung der Griechen von der Halbinsel Karpásia viele Flüchtlinge ihre Tiere zurücklassen mussten, hat sich eine Population verwilderter Esel entwickelt, die in kleinen Herden durch das Gelände streifen und inzwischen unter Schutz stehen.

Sehr vielfältig ist die Vogelwelt Zyperns. Über 300 Arten wurden gezählt, die meisten von ihnen Zugvögel, die auf ihren Reisen etwa am Kap Gkréko oder an den Salzseen von Akrotíri und Lárnaka Station machen. Hier überwintern Flamingos, Reiher, Löffler, Gänse und Enten. Über Akámas oder den Gipfeln des Fünffingergebirges kreisen Gänsegeier, Habichtsadler, Bussarde und Falken.

Wer abseits der Wege durch die Wiesen und das Gebüsch streift, wird Zypern als ein Paradies für Reptilien kennen lernen. Häufig erspäht man Eidechsen oder Schlangen. Leider haben die Tiere noch mehr Angst vor den Menschen als wir vor ihnen, so dass sie oft zu schnell verschwunden sind, als dass man sie richtig bestimmen könnte. ∎

◀ **Die Küstenstraße nach Vouni**
▶ **Die Avgas-Höhle**
**auf der Halbinsel Akamas**

# Blumeninsel

**Z**yperns Lage im Mittelmeer ist der Grund für seinen einzigartigen Reichtum an Wildblumen.

Der Frühling kommt auf Zypern schon früh im Jahr und macht die Insel zu einem Paradies für Bota-

niker. Im März und April präsentiert sich eine Fülle von Blüten und Düften: Bergabhänge sehen wie riesige Steingärten aus, und ihre leuchtenden Streifen von ungepflegtem Wildwuchs riechen oft viel besser als die sorgfältig kultivierten Blumenbeete auf dem Festland. Die eindrucksvollste Pracht findet sich im Inneren der Halbinsel Akamas, im Tróodos-Gebirge und auf den Kalksteinhügeln von Keryneia (Nordzypern).

Der Reichtum und die Vielfalt der Inselflora beruhen zum Teil auf ihrer Nähe zu drei Kontinenten (Europa, Asien und Afrika), teils auf dem günstigen Klima und auf der Vielfalt der Lebensräume. Auf die Regenfälle im Winter folgt ein warmer, frostfreier Frühling, in dem die Blumen einer ganzen Saison innerhalb weniger Wochen erblühen, bevor die Sommerhitze einsetzt. Im Mai/Juni ist es damit vorbei; die Saaten für das kommende Jahr sind gesät, und statt Grün wird Braun die vorherrschende Farbe.

In fast allen Regionen außer der kühleren Tróodos-Bergregion versinken die Pflanzen in eine Art Halbschlaf, um die Dürre des Sommers zu überstehen. Die ersten Regenfälle im Herbst, die irgendwann zwischen Anfang September und Ende November auftreten, bringen noch einige Herbstblumen zum Blühen und bewirken zugleich, dass die Saaten im Boden ankeimen; im Winter sammeln die Keimlinge dann Kräfte für den Frühling.

▲ ▼ **Cytinus hypocistis**
Diese bemerkenswerte Pflanze ist ein Parasit auf den Wurzeln der Zistrose. Sie erscheint nur dann oberirdisch, wenn ihre eigenen Blüten aufgehen.

▲ **Alpenveilchen**
Auf Zypern wachsen mehrere Arten von Alpenveilchen (Cyclamen). Am weitesten verbreitet ist Cyclamen persicum.

◀ **Cistus creticus**
Zistrosen blühen rosa, violett oder weiß. Diese robusten Pflanzen leiden offenbar nur selten unter ihrem Parasiten Cytinus.

▲ **Narcissus tazetta**
Die wohlriechende Narzisse gibt Felshügeln und Mooren im November Farbe.

**◄ Cistus salvifolicus**
Im Mai sind die Hügel mit Zistrosen übersät. Sie gedeihen besonders gut nach Flächenbränden, ziehen sich jedoch zurück, wenn sich die Bäume erholen.

**▲ Spiranthes spiralis**
Die meisten Orchideen blühen im Frühling, doch die bizarren spiralförmigen Blüten dieses Gewächses erscheinen erst im Herbst.

## Orchideenpracht

Orchis simia (oben) und Orchis italica (unten links) gehören zu den über 50 Vertretern ihrer Art auf Zypern.
Orchideen gedeihen an ruhigen Standorten, insbesondere auf der Halbinsel Akamas, wo sie im März einen eindrucksvollen Anblick bieten. Die verschiedenen Gattungen brauchen jedoch unterschiedliche Böden. Oft wachsen sie in unmittelbarer Nähe von Dornbüschen, wo sie vor weidenden Ziegen geschützt sind. Einige Orchideen sind leicht zu identifizieren; bei anderen dagegen gibt es häufig Diskussionen, und man braucht zur Klärung einen guten Pflanzenführer. Selbstverständlich dürfen Orchideen nicht gepflückt werden; man muss sie stehen lassen, damit sie sich auch weiterhin vermehren und die Menschen in ihrer natürlichen Umgebung erfreuen können. Auch beim Fotografieren ist Vorsicht geboten, damit man nichts zertrampelt.

**▼ Scilla cilicica**
Die frühblühende blaue Meerzwiebel ist in Spalten von Kalksteinböden auf Zypern und in Kleinasien zu finden.

**▲ Arabis purpurea**
Die violette Gänsekresse ist eine von ca. 110 nur auf Zypern heimischen Pflanzen; sie wächst im Felsschatten des Tróodos.

**▼ Ranunculus asiaticus**
Eine auffällige und elegante Hahnenfußpflanze mit Blüten so groß wie Mohn in den Farben Weiß, Rosa, Rot oder Gelb.

# Die Zyprioten

**»W**er sind die Zyprioten? Abgesehen vom Namen sind es weder Türken noch Griechen, noch sind sie eine Mixtur aus beidem. Von Lárnaka bis Kyrénia, von Páphos bis Famagústa werden Sie vergeblich nach einer Probe dieser Vorbilder suchen. Weder im Gesicht noch in der Figur, weder in der Rede noch im Geist hat der Zypriote irgend eine Ähnlichkeit zum Türken oder Griechen. Nirgendwo habe ich eine türkische Figur gesehen, nirgends ein griechisches Profil. Ich glaube, es ist sicher, dass nicht ein einziger Türke auf Zypern existiert.« Hepworth Dixon in British Cyprus, London 1879.

Ob die Einwohner von Zypern überhaupt in erster Linie Zyprioten sind, darüber sind sich die Bewohner heute selbst nicht einig. Fest steht nur, dass – neben kleinen Minderheiten – zwei verschiedene ethnische Gruppen auf Zypern leben: Griechisch sprechende Griechisch-Orthodoxe und sunnitische Moslems mit türkischer Muttersprache. Also doch Griechen und Türken?

Die Bandbreite möglicher (und unmöglicher) Bezeichnungen für die Insulaner ist reichhaltig: griechische und türkische Zyprioten werden sie häufig genannt, seltener zypriotische Griechen und Türken, simpler Griechen und Türken. Christen und Moslems scheint manchem Reisenden noch die unverfänglichste Bezeichnung zu sein.

Vom »Stolz, ein Türke zu sein« kündet eine auf Kilometer hin sichtbare, aus weißen Steinen zusammengesetzte Schrift an den Hängen der Kyrénia-Berge. Türkische Flaggen sind im Norden der Insel allgegenwärtig.

Im Süden ist dagegen das griechische Andreaskreuz überall an Kirchen und Rathäusern zu finden. Meist gleichberechtigt daneben weht das Symbol der Republik Zypern, ein weißes Tuch mit den in Gelb gehaltenen Umrissen der Insel und Friedenszweigen darunter; dieses einigende Symbol Zyperns trifft man freilich nur im Süden der Insel an. Zypern ist ein geteiltes Land.

◀◀ **Zypriotischer Volkstanz**
◀ **Das orthodoxe Gesicht Zyperns ...**
▶ **... und ein jüngeres**

## Zypern – ein Land, zwei Völker?

1960, als die britische Kronkolonie Zypern in die Unabhängigkeit entlassen wurde, definierte die Verfassung der neuen Republik griechische und türkische Zyprioten als zwei Volksgruppen. Damals lebten die Angehörigen beider Gruppen noch in gemischten Dörfern und Städten. Nur in Ausnahmefällen gab es rein »griechische« und »türkische« Stadtteile. In den allermeisten Fällen lebten

die Nachbarn friedlich zusammen und feierten ihre Feste miteinander. In vielen Dörfern existierten gemeinschaftliche Kooperativen. Die landwirtschaftlichen Erzeugnisse wurden gemeinsam vermarktet.

Seit mehr als 20 Jahren haben sich die beiden Zypriotengruppen nicht mehr gesehen. Sie sind einander entfremdet und erfahren voneinander nur aus dem Fernsehen. Und doch sind sich Nord und Süd, »Griechen« und »Türken« ähnlicher, als viele von ihnen es selbst glauben. Egal ob in der Alltagskultur, beim Essen und Trinken, in der Gestik oder dem Temperament – Griechen und Türken beiderseits der »grünen Linie« sind Zyprioten geblieben. Sie konnten gar nicht anders, denn 400

Jahre lang haben sie schließlich harmonisch zusammengelebt. Mag man ihnen im Norden einreden, die Türkei sei die glorreichste aller Nationen, mögen die Popen im Süden das Griechische wieder und wieder hochleben lassen – eine jahrhundertealte Tradition prägt mehr als die Politik von einigen Jahrzehnten.

Wer Athen und Istanbul kennt, wird erstaunt sein über die Gemächlichkeit des Lebens in Nikosía. Die Hupe wird trotz ständig wiederkehrender Verkehrsstaus weit weniger häufig eingesetzt als in den Hauptstädten der Mutterländer. Zyprioten reagieren im Allgemeinen gelassener auf die

Besonders die griechisch-zypriotische Gesellschaft ist kosmopolitischer geprägt, als es auf den ersten Blick erscheinen mag. Nahezu alle Bewohner kennen mehr als nur ihre Insel. Bis in die 50er Jahre hinein, als Zypern noch ein armes Land war, emigrierten Tausende ins Ausland. Große Kolonien existieren heute in New York und Australien. In London leben etwa 100 000 Zyprioten.

Die Daheimgebliebenen pflegen einen regen Kontakt mit der Diaspora. Zur Weltoffenheit trägt aber auch ein anderer Faktor bei: Bis zur Gründung der »Universität Zypern« 1992 gab es in der Republik Zypern keine Universität. Bis dahin mus-

tägliche Unbill. Sie verfolgen weniger aufgeregt die heimatliche wie die auswärtige Politik, obwohl sie wahrlich genügend Gründe hätten, sich darüber aufzuregen. Gleichzeitig ist die zyperngriechische Gesellschaft und Ökonomie wesentlich effizienter als etwa die in Athen. Die Bürokratie ist weniger aufgebläht und schläfrig. Die Straßen wirken deutlich aufgeräumter, das Leben organisierter. Die hygienischen Verhältnisse entsprechen weitgehend den mitteleuropäischen Standards, und die Läden in den Städten schließen pünktlicher als in Berlin-Kreuzberg. So kommt es, dass sich der Besucher auf Zypern eher in einem europäischen Land fühlt als in vielen anderen Staaten Südeuropas.

sten alle Studenten im Ausland studieren. Dieser erzwungene Ausbruch aus einer engen Gesellschaft trägt dazu bei, dass die griechischen Zyprioten über den Tellerrand ihrer Insel hinausschauen – und er hat für Reisende den Nebeneffekt, dass Verständigungsprobleme auch bei geringfügigen Englischkenntnissen kaum auftauchen können.

### Eine Männergesellschaft

Ganz selbstverständlich zählen sich die griechischen Zyprioten zu den Europäern, auch wenn ihre Insel geographisch zu Asien gehört. Ihre Orientierungspunkte liegen nicht in Kleinasien, sondern in Athen, Paris und London. Andererseits ist die zypriotische Gesellschaft auch heute noch stark

traditionell orientiert. Die Cafés sind die Männer-
domäne, in denen Politik diskutiert und auf dem
Dorf auch gemacht wird. Eine Zypriotin hat hier
im Regelfall nichts zu suchen. Im Parlament der
Inselrepublik sitzen nur wenige weibliche Abge-
ordnete. Obwohl immer mehr Frauen arbeiten,
sind sie weiterhin für Haushalt und Kinderversor-
gung zuständig. Die so entstehende Doppelbelas-
tung wird oft als selbstverständlich angesehen.

Die türkischen Zyprioten orientieren sich, verglichen mit ihren zyperngriechischen Nachbarn,
eher am Orient. Der besetzte Norden ist politisch
wie wirtschaftlich nicht viel mehr als eine türki-

Solange die einen nur nach Athen und Europa, die
anderen nach Istanbul und der Türkei schauen,
wächst der Abstand zwischen ihnen. Werfen sie
ihren Blick dagegen über die »grüne Linie« zu den
nahen Nachbarn, wird das Zusammengehörig-
keitsgefühl gestärkt. Zyprioten oder Griechen und
Türken? Diese Antwort ist weiter offen.

Sechs Städte und rund 600 Dörfer zählt Zypern. Die geteilte Hauptstadt Nikosía mit etwa
207 000 Einwohnern befindet sich inmitten der
Mesaoría-Ebene. Alle anderen großen Siedlungen
liegen an der Küste: Im Norden die kleinste Stadt
Kyrénia mit 8000 Einwohnern, im Südwesten Pá-

sche Provinz. Verglichen mit der Wohlstandsgesellschaft im Süden sind die Bewohner des Nordens verhältnismäßig arm. Der Zuzug von
mehreren zehntausend türkischen Siedlern vom
Festland hat die Bindungen zum »Mutterland«
noch verstärkt, aber auch für wachsende Proteste
unter den türkischen Zyprioten gegen die »Anato-
lisierung« gesorgt. Die Inselbewohner selbst müssen entscheiden, ob sie sich als ein Volk verstehen.

◄ **Auf einem Hügel
in Westzypern**
▲ **Vor der Ausfahrt zum
nächsten Fang**

phos (Páfos) mit rund 33 000 Menschen. An der
Südküste befinden sich die beiden wichtigsten Ha-
fenstädte: Límassol (Lemesós; 137 000 Einwohner) und Lárnaka (61 000 Einwohner). Die Hafenstadt Famagústa im besetzten Norden zählt
nach ihrer Entvölkerung von den griechischen Zyprioten noch rund 22 000 Einwohner. Insgesamt
hat die Insel gut 760 000 Bewohner, davon ca.
80 % im Süden und 20 % im Norden.

Die letzten Volkszählungen ermittelten 1992
im Süden 602 000, 1998 im Norden 163 000
Menschen, neben griechischen und türkischen
Zyprioten auch kleine Minderheiten von Maroniten, Armeniern und Lateinern sowie die Zuwanderer vom türkischen Festland. ∎

# Agonie und Hoffnung

**M**it den Menschen sterben die Dörfer. Allein im Páphos-Distrikt wurden seit 1960 14 Dörfer zu totalen Wüstungen – Geisterdörfer, deren Häuser zerfallen, allenfalls von wandernden Ziegenherden als Unterstand benutzt. Souskioú, Zahariá, Akoursós, Phaslí, Maroná..., Namen, an die sich bald niemand mehr erinnern wird.

Andere Orte scheint in nicht ferner Zukunft dasselbe Schicksal zu erwarten: Ein Altersdurch-

schnitt von 60 Jahren ist in zyprischen Bergdörfern keine Seltenheit. Wie der Kopf des Janus hat Zyperns ländliche Welt zwei Gesichter: Hier Zerfall, dort hektischer Aufbau, betongewordener Boom. Wie Pilze schießen Siedlungen von Ferienhäusern und Apartments aus dem Boden, die Ackerscholle wird zur Immobilie, die alte zyprische Agrikultur liegt im Sterben.

Ein Bauernleben in den Bergregionen Zyperns hatte seit jeher nur wenig romantische Aspekte, bedeutete stetigen, zähen Kampf mit der Natur. Steiles und steilstes Gelände, karge und steinige Böden machen den Bauernalltag zur mühevollen Schwerstarbeit. Ein antiquiertes Bodenrecht erschwert die landwirtschaftliche Arbeit zusätzlich:

Die winzigen Parzellen eines Eigentümers liegen weit verstreut, der Ertrag eines Ölbaums gehört juristisch manchmal mehr als 100 Nutzungsberechtigten. Dürren und Heuschreckenplagen können den Bauern jederzeit um die Früchte seiner Arbeit bringen.

Freilich brachte dieses Jahrhundert auch einige wesentliche Fortschritte für die zyprischen Bauern: neben Erleichterungen durch neue Agrartechniken war dies vor allem die Abschaffung der Tributpflicht, unter deren Joch ungezählte Generationen von Bauern gelitten hatten, und die Einführung eines engen Netzes ländlicher Kooperativen.

Sicherlich könnte die Landwirtschaft auch heute in den nicht bewässerbaren Bergregionen Zyperns einer begrenzten Zahl von Menschen das Überleben sichern. Anders als noch vor 100 Jahren genügt diese Gewissheit allerdings nicht mehr, der traditionellen Landwirtschaft das Überleben zu ermöglichen.

Der Bauer von damals gab sich mit Brot, Oliven und Wein zufrieden und kleidete sich in eine einzige »Vraka« (Pluderhose). Was darüber hinaus erwirtschaftet wurde, investierte man in die Zukunft der Kinder, vor allem in die obligatorische Mitgift (prika) für die Töchter. Heute mag man vielleicht auch ohne »prika« einen Ehemann für die Tochter finden. Doch sind die Ansprüche an den eigenen Lebensstandard weit höher, transportiert die Fernsehwerbung neue Wünsche in das hinterste Dorf.

In der 50er Jahren brachten große Bauprojekte erstmals eine bedeutende Nachfrage nach Arbeitskräften außerhalb der Landwirtschaft. Seit den 60er Jahren kam es zudem zur Gründung zahlreicher Industriebetriebe und Handelsunternehmen im Bereich der größeren Städte. Die Folge war nun eine massive Abwanderung aus den entlegeneren Bergregionen in das städtische Umland.

Dörfer im Umkreis von 20 km um Nikosía, Límassol und Famagústa wuchsen rapide durch die Zuwanderung von bislang bäuerlicher Bevölkerung. Man arbeitete in der Stadt und wohnte auf dem Lande, wo die Bodenpreise noch erschwinglich waren. Die Landwirtschaft im ehemaligen Heimatdorf wurde als Zuerwerb meist beibehalten, man bestellte den eigenen Weinberg oder Ölbaumhain am Wochenende, beauftragte einen der verbliebenen Dorfgenossen mit der Kultivierung des Landes.

Im Páphos-Distrikt war das alles um vieles problematischer. Bis Ende der 70er Jahre gab es dort weder Industrie noch Tourismus in größerem Umfang. Die »Stadt« Páphos war verglichen mit Límassol oder Nikosía ein großes Dorf ohne überregionale Bedeutung. Als einzige Konsequenz blieb für viele die Abwanderung. Zwischen 1960 und 1973 war der Distrikt der einzige auf Zypern mit einer rückläufigen Einwohnerzahl.

Mit der Zypernkrise von 1974 und der Teilung der Insel sollte der Páphos-Distrikt weitere schmerzhafte Bevölkerungsverluste erleben. Im Laufe des Jahres 1975 wurde die gesamte zyperntürkische Bevölkerung in den türkisch besetzten Nordteil der Insel übergesiedelt. Im Laufe nur eines Jahres verlor der Distrikt so 15 000 Personen, ein Viertel seiner Bevölkerung. Nur wenige aus der Masse der zyperngriechischen Flüchtlinge nutzten die Gelegenheit, sich in einem der verlassenen türkischen Dörfer oder Ortsteile niederzulassen. Zu schlecht waren die Aussichten, ein vernünftiges Auskommen in der Landwirtschaft zu finden, als dass man sich ausgerechnet hier auf das Wagnis eines Neuanfangs eingelassen hätte.

Nun haben sich in den allerletzten Jahren mit dem rasanten Wachstum des Tourismus die wirtschaftlichen Voraussetzungen für den Distrikt grundlegend gewandelt. Der Küstenort Páphos erlebt seinen ersten Boom seit dem Niedergang des antiken Aphrodite-Kultes (auch dieser hatte ja viele Reisende aus fernen Gefilden angelockt). Jetzt leidet die Tourismusindustrie unter Mangel an Arbeitskräften. Kaum ein »Paphitis« (so nennt man die Bewohner des Distrikts) muss heute mehr seine Heimat verlassen, um anderswo Arbeit zu suchen.

Den alten Bauern im Kafenion des Dorfes Lysós oder Phíti mag jedoch eine ganz andere bange Frage bewegen: Werden die jungen Leute, die heute als Kellner, Köche und Zimmermädchen im Hotel arbeiten, die Verbindung zum ländlichen Kosmos

ihrer Eltern weiterhin aufrechterhalten können? Oder wird sie die Welt der Hotels und Diskotheken unwiederbringlich von ihren Wurzeln entfremden?

Diese Verbindung ist letztlich nur durch die Beibehaltung der Landwirtschaft aufrechtzuerhalten, und sei es nur im Nebenberuf. Der alte gebeugte Bauer weiß es wie niemand sonst: Zyperns ländliche Welt lebt aus der Einheit von dörflicher Lebensgemeinschaft und der Bearbeitung des Landes.

Aus dieser Einsicht heraus erhalten all die Projekte eine große Bedeutung, die sich grundlegende Verbesserungen in der Landwirtschaft und in

der ländlichen Infrastruktur (wie Schulen, Wasserversorgung etc.) zum Ziel gesetzt haben. Anderswo auf Zypern wurden bereits Ansätze erfolgreich erprobt, bei denen die Situation in den Bergdörfern entscheidend verbessert wurde, so im Rahmen des »Pitsiliá Integrated Rural Development Project« am südlichen Rand des Tróodos.

Die Errungenschaften solcher Projekte dürfen dabei nicht am Verhältnis zwischen Kostenaufwand und erreichter landwirtschaftlicher Produktivität gemessen werden. Die Errettung der ländlichen Welt Zyperns aus einem Teufelskreis von Resignation, Apathie und Zerfall von einmaligen Dörfern und Kulturlandschaften ist ein unermessliches Kapital für die Zukunft. ∎

◀ **Der Esel ist
nach wie vor ein wichtiges
Transportmittel in
den ländlichen Regionen
▶ Ein Priester
bei der Feldarbeit**

# Feste und Musik

**H**and in Hand mit der Vorliebe für die leiblichen Genüsse geht bei den Zyprioten die Freude am Feiern von Festen aller Art. Dass es für solche Anlässe Spezialitäten gibt, versteht sich von selbst.

### Ein großes Fest

Eine Hochzeit in Zypern mitzuerleben, ist ein großartiges Erlebnis für Reisende, auch wenn von den ursprünglichen Bräuchen nur noch ein kleiner Kern übrig geblieben ist. So ist z. B. die Dauer des Festes von einer Woche auf einen halben Tag zusammengeschmolzen, und auch die Regelung, dass eine Trauung ausschließlich am Sonntag stattzufinden habe, hat sich gelockert. Die meisten Paare heiraten in den Sommermonaten; Schaltjahre werden gemieden, da sie der Ehe Unglück bringen. Das Fest beginnt am Nachmittag vor dem Gottesdienst, wenn Braut und Bräutigam unter Musikbegleitung ausstaffiert werden. Danach geht man in die Kirche – die Uhrzeit hängt von der Anzahl der Trauungen am jeweiligen Tag ab. Die Gäste wohnen der etwa einstündigen Zeremonie bei, in deren Verlauf das Paar mit Perlen bekränzt wird. Danach begibt man sich zum Festplatz, der mehreren tausend Personen Platz bietet. Gegen 20 Uhr sind die meisten Gäste versammelt.

Jeder Gast hat freie Auswahl bei den Getränken und bekommt zudem einen Teller mit dem fertig angerichteten Hochzeitsmahl. Dieses setzt sich traditionellerweise stets aus den gleichen Bestandteilen zusammen: Gebratene Kartoffelstücke, Gurke, Tomate, Kleftiko und Pastitsio. Darüber hinaus verteilen Frauen aus großen Schüsseln Resi – eine Spezialität aus gekochtem Weizen, die auf keiner Hochzeit fehlen sollte, ebenso wie die Kourabiédes (Mürbteig-Mandel-Gebäck), die jedem der Gratulanten gereicht werden.

Bis etwa um Mitternacht wird dann getanzt: Tsifteteli, ein vereinfachter Bauchtanz, paarweise und nach Geschlechtern getrennt, oder Rembetiko. Letzterer stammt aus der Zeit der Vertreibung

der Griechen aus Kleinasien und wird üblicherweise nur von einer Person vorgetanzt, während die anderen händeklatschend drumherum sitzen.

Je nach Größe des Orchesters findet man an Instrumenten Bouzouki, Elektrogitarre, Schlagzeug und – bei der traditionellen Hochzeitsmusik anstelle der Bouzouki und der E-Gitarre – eine Geige. Das Repertoire der übrigen Musik entspricht demjenigen, welches auch sonst auf Festen

und auch in den »Bouzoukia«-Nachtclubs zu hören ist; die neuesten »Hits« dürfen nicht fehlen. Ist der Abend fortgeschritten, wird es Zeit für den Choros tou androjinou, der einzig und allein vom Brautpaar getanzt wird. Hier finden die Gäste nun Gelegenheit, ihre Geldgeschenke anzubringen, und zwar in langen Ketten aus Geldscheinen, mit denen das Paar regelrecht bedeckt wird. Gegen Mitternacht schließlich beginnt sich die Gesellschaft allmählich zu zerstreuen.

### Die orthodoxe Taufe

Sie unterscheidet sich von der hierzulande üblichen Taufe in einigen Punkten ganz wesentlich. Der Hauptunterschied besteht darin, dass der

◄◄ **Festgottesdienst in Ayios Neóphytos**
◄ **Hochzeitstanz**
▶ **Türkischer Feiertag in Bellapais**

Täufling gemäß der Jordantaufe entkleidet und komplett gebadet wird. Anschließend wird er gesalbt und in ein kostbares Gewand gehüllt. Der Pate gibt jedem Gast ein Taufgeschenk, meist ein Püppchen oder ein Tierchen, mit Tüll und Süßigkeiten und manchmal auch mit einem Foto des Babys geschmückt. Anschließend folgt ein fröhliches Beisammensein im großen Familienkreis.

Bei den Einheimischen sehr beliebt sind auch die Namenstagsfeste, die von vielen Klöstern alljährlich an einem bestimmten Datum veranstaltet werden und die einem Kirchweihfest (ohne Karussells) gleichen. Ein großer Platz vor dem Klos-

### Stadtfeste

Kommen wir nun zu den großen Festen der Städte. An erster Stelle steht hier das Wein-Festival von Límassol, das im September für zwölf Tage von den Weinfirmen veranstaltet wird. Diese Tradition besteht seit 1961 und wurde nur wegen der Zypernkrise für vier Jahre unterbrochen. Gegen Eintritt kann man kostenlos die verschiedenen Weinsorten durchprobieren und sich von den Theater- und Musikdarbietungen unterhalten lassen. Für insgesamt etwa 100 000 Besucher werden ca. 30 000 Liter Wein ausgeschenkt. Ferner findet in Límassol und neuerdings auch in Páphos

ter wird von unzähligen Verkaufsständen gesäumt, wo man allerlei Hausrat, Kleidung, Souvenirs, Spielzeug und Süßigkeiten erstehen kann. So gibt es z. B. Honig, Loukoumia (Geleewürfel aus Traubensaft mit Rosenwasser), Mastixkaugummi, Daktyla (Mandelgebäck mit Sirup), Lokmades (in Fett gebackene Brandteigbällchen) und Soutsouko-Würste (in Weintraubengelee getauchte und getrocknete Mandelketten).

Wer nicht nur etwas kaufen möchte, versucht sein Glück bei einem Gewinnspiel, trifft unzählige Bekannte und findet Gelegenheit, sein schönstes Gewand auszuführen, so dass die ohnehin attraktiven Frauen bei dem stets aktuellen Stand der Mode tatsächlich eine Augenweide darstellen.

alljährlich ein großes Karnevalsfest mit Musik und Umzug statt, und im Sommer veranstaltet die Firma Keo ein Bierfest analog zu einem ähnlichen Fest der Firma Carlsberg in Nikosía.

Im Mai gibt es in jeder Stadt ein Blütenfest mit einem Umzug und Formationen, die von Kindern gestaltet und zum Schluss von einer Jury preisgekrönt werden. Daneben gibt es selbstverständlich noch die vielen kleinen Erntefeste, welche in fast jedem größeren Dorf individuell veranstaltet werden. Da wären das Dionysosfest von Stroumbí und das Kirschfest von Pedhoulás zu nennen. Bei Musik, Tanz, den landesüblichen Leckerbissen und Komödiendarbietungen vergnügen sich Alt und Jung auf dem Dorfplatz.

### Religiöse Feste

Da die Einwohner Zyperns sehr mit der Religion verbunden sind, feiert man auch viele Kirchenfeste, deren Bedeutung allerdings etwas anders gewichtet ist als bei uns.

So wird Weihnachten z. B. kaum Bedeutung beigemessen, während der Neujahrstag zumindest mit einer Vasilopitta, einem Grießkuchen, gefeiert wird. In diesem Kuchen ist eine Münze versteckt, und wer sie findet, dem ist das Glück im kommenden Jahr sicher. Ob Wünsche in Erfüllung gehen werden, stellt man anhand von Olivenblättern fest, die man in heiße Asche wirft, wobei sie

Im Mai feiern die Küstenstädte die Taufe Christi. Hierbei taucht der Metropolit der Stadt ein Kreuz ins Wasser, um die Taufe zu symbolisieren.

Weiterhin wird am 18. April in Lárnaka eine Prozession mit einer Ikone des Heiligen Lazarus, des Schutzpatrons der Stadt veranstaltet. *Mariä Himmelfahrt* am 15. August und der *Tag des Heiligen Kreuzes* am 14. September sind ebenfalls bedeutende Feiertage.

### Das größte Kirchenfest

Das größte aller Kirchenfeste ist jedoch ohne Frage Ostern. Bereits fünfzig Tage zuvor beginnt die

sich einrollen sollten. Zum Tag der Heiligen Drei Könige gehören *Lokmades* (Krapfen), von denen die ersten aufs Hausdach geworfen werden, um böse Geister zu besänftigen.

Auch Pfingsten wird meist nicht weiter beachtet. Eine Ausnahme bildet das Kataklysmosfest in Lárnaka, ein ursprünglich heidnisches Wasserfest zu Ehren der Aphrodite, dessen christlicher Sinn inzwischen die Erinnerung an die Sintflut ist.

◄ **Eine besonders schöne Bouzouki**
▲ **Glückwunsch der Mutter**

Vorbereitung mit der Fastenzeit, wobei streng vegetarisch gelebt werden sollte. In der Karwoche reduziert sich der Speiseplan auf Hülsenfrüchte und Gemüse. Während am Karfreitag im Dorf die Epitaphios-Prozession (ein Sarg mit einer Christusfigur) stattfindet und alle Ikonen schwarz verhüllt werden, treffen alle Hausfrauen schon erste Vorbereitungen für das Backen der *Flaounes* (Hefeteigtaschen mit Eier-Käse-Rosinen-Füllung) am Karsamstag. Anschließend, am Abend, versammelt man sich zum Auferstehungsgottesdienst mit Osterfeuer. Jeder erhält eine Kerze, viele Kinder Wunderkerzen. Um Mitternacht verkündet der *Papas* die Auferstehung Christi mit den Worten *Christos anesti* (»Christus ist auferstanden«). Die

Antwort darauf lautet: *Alithinos anesti* (»Er ist wahrhaftig auferstanden!«). Die Kerzen werden angezündet, und der Platz vor der Kirche verwandelt sich in ein Lichtermeer. Nach diesem Gottesdienst gibt es Ostersuppe; viele Leute gehen danach noch aus. Am Ostersonntag fährt man mit der Familie ins Grüne, um Lamm am Spieß *(Souvla)* zu grillen und rot gefärbte Eier zu essen.

### Nordzypern

In Nordzypern entsprechen die Festbräuche denen der Türkei. Die zwei großen religiösen Feste sind das Zuckerfest nach dem Ramadan und das

Hammelschlachtfest etwas später im Jahr. Auch hier spielt das gute Essen eine tragende Rolle. Genaue Daten und weitere Erläuterungen dazu finden sich im letzten Teil dieses Buches.

### Musik

Noch einige Worte zur Musik in Zypern. Wie bereits erwähnt, hört man bei sämtlichen Festlichkeiten bevorzugt Tsifteteli- und Rembetikolieder, die auch Ausdruck der Volksmentalität sind: heiter, beschwingt, leicht. Auch wenn die Texte die typische Melodramatik des Orients zum Ausdruck bringen, handeln sie im Großen und Ganzen von Liebe und Alltäglichkeiten, ohne Tiefgang. Doch gibt es selbstverständlich noch weitere Arten von

Musik, von der Discomusik über moderne griechische Schlager bis hin zur Klassik und dem alten Volkslied. Zu letzteren gehören verschiedene Kategorien, wie Liebes-, Arbeits-, Kinder-, Scherz-, Hochzeits- und Klagelieder sowie Balladen mythischen, christlichen oder gesellschaftlichen Inhalts.

Ähnlich wie mit der Musik selbst verhält es sich auch mit den Instrumenten. Neben der *Bouzouki,* dem Schlagzeug, dem Akkordeon, der Geige und dem Synthesizer existieren auch noch althergebrachte Instrumente, z. T. sogar aus dem Altertum der byzantinischen Zeit stammend.

Einige beschränken sich auf die türkische Kultur, wie das *Outi / Oud* (Kurzhalslaute), die *Zorné* (Schalmei), die Doppelpauke oder die Schelle, andere auf die griechische Musik, wie das *Laoudo* (Langhalslaute), die Mandoline, der *Aulos* (Rohrblattflöte) und das *Tamboutschin* (Große Rahmentrommel), ebenso Pauke, Trompete und Becken für Paraden. Durch die Modernisierung der Musik sterben diese Traditionen aber nach und nach aus.

Auch die türkisch-zypriotische Musik entspricht heute im Allgemeinen der türkischen Festlandsmusik mit dem Hauptinstrument *Sas* (eine Art Balalaika). Kirchenmusik in unserem Sinne gibt es nicht, da die orthodoxe Liturgie ausschließlich Priestergesänge vorsieht.

Es gibt Versuche, zumindest einen Teil der alten Lieder über das Zeitalter der modernen Musik hinwegzuretten. So gründete z. B. das Trio *Giorgalletto,* eine aus einer bekannten Musikerfamilie hervorgegangene Gruppe, einen Männerchor, der die traditionelle Musik Zyperns pflegt.

Eine andere besonders erwähnenswerte Persönlichkeit ist Pieris Zarmas. Er widmete einen großen Teil seines Lebens den Musikstudien und ist als erster Bariton an der Oper von Bonn engagiert. Durch seine umfangreichen Studien (denen die kurze Zusammenfassung über die zyprische Musiktradition entnommen ist) machte er sich um die zyprische Volksmusik verdient. Diese Studien und seine Plattenaufnahmen rufen hoffentlich die Traditionen ins Bewusstsein zurück, in einer Zeit, da durch die Anpassung an die Industrieländer die Bräuche vergangener Zeiten verdrängt werden. ■

▲ **Ein Angehöriger
der Musikerfamilie der
Giorgallettos**
▶ **Farbenprächtiges
Straßenfest in Limassol**

# Essen und Trinken

Essen und Trinken dient in Zypern nicht nur der Ernährung, sondern ist fester Bestandteil jeglicher Geselligkeit. Kaum eine Unterhaltung ohne Kaffee, Bier oder Brandy; auch ist es obligatorisch, zu jedem Getränk zumindest Erdnüsse zu servieren.

Es ist eine Tatsache – die Zyprioten lieben das Essen! Und so verwundert es natürlich nicht, dass die zyprische Küche eine Fülle von kulinarischen Genüssen zu bieten hat. Die besondere Lage der Insel und ihre wechselreiche Geschichte machten die Mischung griechischer, türkischer, arabischer und englischer Einflüsse möglich.

### Kulinarische Köstlichkeiten

Besonders am Wochenende führen Väter ihre Familien traditionell zum Essen aus, und Unmengen von Speisen lassen den Tisch förmlich zusammenbrechen. Man häuft sich den Teller voll und probiert von allem ein wenig – das Leeressen des Tellers ist geradezu unüblich. Mancher übergibt dem Wirt selbstgesuchte Schnecken zum Kochen oder bestellt ganz einfach zum Bier Karotten und Sellerie. Aus der Kombination vieler solcher Kleinigkeiten besteht schließlich auch das Nationalgericht Zyperns, das *Mezé,* welches man unbedingt probieren sollte. Hierbei werden nach und nach viele verschiedene Gerichte in kleinen Portionen und in mundgerechten Stücken serviert. Alle typischen Spezialitäten sind vertreten, besonders der *Halloumi*-Käse.

Die Speisen sind gut gewürzt, aber nicht scharf, und alle Gerichte sind sehr gut verträglich. Vor Magen- und Darmbeschwerden braucht sich also niemand zu fürchten, auch der Gebrauch von Öl und Fetten hält sich in Grenzen.

Obwohl Zypern vom Meer umgeben ist, darf man nicht enttäuscht sein, wenn Fisch teuer und rar ist: Das Mittelmeer ist an dieser Stelle nicht sehr fischreich, und viele Fischarten müssen tiefgefroren importiert werden. Typisch für Zypern sind kleine frittierte Fische sowie Tintenfischringe.

Alle typischen Spezialitäten der zyprischen Küche erwähnen zu wollen, würde ein eigenes Buch füllen. Sie finden jedoch im Informationsteil am Ende des Buches eine Aufstellung der gängigsten Gerichte, jeweils mit einer kurzen Erklärung versehen.

Leider ist es nicht immer einfach, in touristisch entwickelten Gebieten auch unverfälschte einheimische Küche zu bekommen. Vielmehr wimmelt

es auf den Speisekarten von Steaksorten und ähnlich neutralen Universal-Gerichten, zu denen obligatorisch Chips – das sind riesengroße Pommes frites – serviert werden. Auch darf man sich nicht mit allzu griechisch geprägten Erwartungen zu Tisch setzen, denn auf dem Bauernsalat wird man oft vergeblich nach Zwiebeln suchen, und auch das *Talattouri* (Tsatsiki) enthält allenfalls einen Hauch von Knoblauch. Dafür kommen die Speisen heiß auf den Tisch.

Ein wichtiger Punkt auf dem traditionellen Speiseplan der Zyprioten ist selbst gejagtes Wild. Unter anderem gehören Enten, wilde Vögel und Hasen zur Beute und zu den Leibgerichten der begeisterten Jäger.

◄ ◄ **Das traditionelle Mezé**
◄ **Metzger bei der Arbeit . . .**
► **. . . und die Weiterverwertung**

In Nordzypern findet man eine starke Verwandtschaft zur türkischen Küche des Festlandes, hier wird auch mit viel Fleisch und Gemüse gekocht. Natürlich ist es den Mohammedanern auch in Zypern untersagt, Schweinefleisch zu essen.

### Vom Geist des Weines

Was bietet sich nun zu all den Köstlichkeiten für Feinschmecker zum Trinken an? Anders als die Festlandgriechen (und die Touristen!) halten sich die Zyprioten beim Weinkonsum eher bedeckt. Ouzo

> **Mark Anton**
> → Lebte von ca. 82–30 v. Chr.; römischer Konsul und später Triumvir. Geliebter der Kleopatra von Ägypten.

wird verhältnismäßig wenig getrunken, und Retsina gibt es praktisch nicht auf der Insel.

Dafür spricht man durchaus gern dem Bier zu, von dem es zwei Sorten gibt – Keo und Carlsberg. Auch Brandy wird bevorzugt getrunken, denn dieses Getränk ist hier von auserlesenem Geschmack und in verschiedenen Qualitäten erhältlich. Eine Auflistung der verschiedenen Sorten befindet sich im Informationsteil. Für noch etwas anderes ist der Brandy auf Zypern unentbehrlich: für den berühmten Brandy Sour, einen Longdrink aus Brandy, Lime-Juice, Angostura und Soda. Erwähnenswert sind an dieser Stelle auch die zyprischen Sherrys und die Liköre, die aus den Früchten der Insel hergestellt werden. Als Durstlöscher und für

Antialkoholiker werden alle gängigen Marken an Erfrischungsgetränken angeboten.

Das weitaus wichtigste Kapitel in diesem Zusammenhang sind aber auf jeden Fall die Weine Zyperns, einzigartig in ihrer Vielfalt und Qualität. Bereits im Altertum war Zypern bekannt und berühmt für seine Weine und eines der ersten Länder überhaupt, in denen Wein angebaut wurde. Es gibt zahlreiche Quellen von antiken Schriftstellern, wie z. B. Plinius, die die Qualität und besonders die Größe der Trauben rühmen.

Mark Anton machte seinerzeit als Zeichen seiner Liebe die Insel Kleopatra zum Geschenk mit den Worten: »Deine Süße, meine Geliebte, ist wie der Nama-Wein Zyperns.« Von Sultan Selim II. wird sogar überliefert, dass er die Eroberung Zyperns veranlasste, nachdem er den zyprischen Wein gekostet und Geschmack daran gefunden hatte.

Ein weiterer wichtiger Punkt in der Geschichte des zyprischen Weines ist die Eroberung der Insel durch Richard Löwenherz und deren Verkauf an die Templer. Der König soll damals gesagt haben: »Ich muss nach Zypern zurückkehren, nur um seinen Wein wieder zu kosten.«

Dieser Wein, besser bekannt unter dem Namen Commandaria, wird noch heute im selben Verfahren wie seinerzeit hergestellt. Er ist süß und schwer und muss zu den Likörweinen gezählt werden. Die Auswahl an Weinsorten ist jedoch so groß, dass sich für jeden der unterschiedlichen Geschmäcker das Passende finden lässt.

Der Weinanbau ist heute nach wie vor eine der wichtigsten Erwerbsquellen des Landes. Das sonnenreiche Klima sowie der fruchtbare Boden bringen hohe Erträge. Besonders in den Regionen um Límassol und Páphos und an den Hängen des Tróodosgebirges befinden sich die wichtigsten Anbaugebiete. Die großen Weinfabriken haben ihren Sitz in Límassol und Páphos. ∎

◄ Erzeugnisse des Khrysorroyiátissa-Klosters
► Sherry –
ein Exportschlager

# Kunst und Kunsthandwerk

**W**er in den Läden des *Handicraft Center* in Límassol, Lárnaka, Páphos und Nikosía einkauft, kann in jedem Fall sicher sein, echte zypriotische Handarbeiten zu erhalten. Ohne das *Handicraft Center* wäre etwa die Herstellung kunstvoll geschnitzter Truhen aus Pinien-, Zedern- oder Walnussholz schon ausgestorben. Die Vorderseite der Truhen wird meist mit Pflanzenmustern verziert. In ihnen wurden früher einmal Mitgift und Schmuck der Töchter verwahrt.

Nahezu völlig aus dem Alltagsleben der Insel verschwunden sind die kunstvoll verzierten Gefäße, die früher aus der Schale des nicht essbaren Flaschenkürbisses geschnitzt wurden und deren vielfältige Formen man etwa im Volkskundemuseum von Geroskípou bewundern kann. Für sie besteht in einer Welt der Getränkedosen und Plastikflaschen offenbar kein Bedarf mehr. Manchmal hängen die Kürbisgefäße noch als Zierde vor Restaurants; andere sind zu Lampen umgearbeitet. Auch die Stuhlmacher, die aus dem harten Holz des Erdbeerbaumes Kaffeehausstühle schnitzten, gehören der Vergangenheit an. Viele Möbel für den häuslichen Bereich werden auf Zypern zwar noch von Handwerkern nach den speziellen Wünschen der Kunden gefertigt, doch auch hier gewinnt die industrielle Konkurrenz an Boden.

Weiterhin produziert werden Flechtarbeiten aus Stroh, Binsen und Ruten. Besonders die bunten geflochtenen Körbe und Teller gibt es noch häufig. Die Schmuckteller sind bisweilen an den Rändern durchbrochen gearbeitet und finden sowohl als Wandschmuck als auch als Schalen Verwendung. Oft sind es ältere Flüchtlinge, die sich mit dieser Arbeit einen kleinen Zusatzverdienst neben der schmalen Rente sichern.

Neben der Stickereiproduktion aus Léfkara existieren eine Reihe weiterer Web- und Sticktechniken. In abgeschiedenen Dörfern werden prachtvolle Stickereien aus Baumwolle herge-

◄ ◄ **Im Zuge der
Industrialisierung sind viele
traditionelle Handwerks-
betriebe vom Aussterben bedroht
◄ Töpferei in Kórnos
► Ikonenmaler bei der Arbeit**

stellt. Die so gefertigten Deckchen schmückten früher einmal häufig die Truhen mit der Aussteuer der Mädchen. In dem Weindorf Omodos produzieren viele ältere Frauen mit Nadel und Faden Stickdecken und Tischtücher. Webereien waren auf Zypern früher weit verbreitet. Nur noch selten werden in den abgeschiedenen Bergdörfern die alten Webstühle betrieben. Im *Handicraft Center* sind sie aber noch täglich in Betrieb.

Kommen wir nun zur Töpferware, die auch heute noch sehr weit verbreitet ist und aus einheimischem rotem Ton hergestellt wird. Es gibt glasierte Vasen und Tonfiguren, Kerzenhalter und Schalen. Manche sind mit Blumenmustern bemalt, andere wirken dagegen eher einfach. Manche Ornamente und Formen gehen bis auf die Jungsteinzeit zurück. Töpferwaren mit Darstellungen aus der griechischen Götterwelt oder gar solchen, die eine englische Aufschrift tragen, sollte man dagegen misstrauen: Meist handelt es sich um billige importierte Massenware.

Die letzten *Pithariá*, jene gewaltigen Vorratsbehälter für Öl, Oliven, Waser oder Getreide, die man noch oft in Gärten und vor Wohnhäusern stehen sieht und in denen sich ein ausgewachsener Mensch verstecken kann, wurden vor einer Generation hergestellt. Angesichts ihrer Größe wurden sie von den Töpfern nicht in der Werkstatt, sondern auf Bestellung vor Ort geformt und gebrannt. Doch wer braucht heute noch *Pitharía,* wenn man überall Kühlschränke kaufen kann? Gold- und Silberschmuck kommen heute weitgehend aus dem Ausland. In Léfkara allerdings wird man im einen oder anderen Geschäft für Silberschmuck noch einen Künstler finden, der selbst Stücke fertigt. Still geworden ist es in Nikosias früherer Gasse der Kupferschmiede. Antiquarische Kupfergefäße und

## Zyperns Kunst der Moderne

Gegen Ende des Mittelalters hatte Zypern mit den Scheunenkirchen und dem italienisch-byzantinischen Mischstil der Fresken und Ikonen zwei ganz eigenständige künstlerische Formen entwickelt. In der osmanischen Zeit jedoch, als Zypern in tiefer Provinzialität versank und das islamische Verbot der Abbildung von Lebewesen speziell die Maler und Bildhauer einschränkte, entstanden keine nennenswerten Kunstwerke mehr. Erst im 20. Jh. konnte sich künstlerisches Schaffen wieder frei entfalten. Impulse dazu setzten Griechen aus Konstantinopel und Kleinasien,

aufwändig verzierte Tabletts erzielen unter Liebhabern stolze Preise. Wenn aus einer Werkstatt doch einmal rhythmisches Hämmern dringt, dürfte ein Blechner am Werk sein. Handgefertigte Gießkannen, Trichter oder Eimer zählen zwar nicht zum herkömmlichen Kunsthandwerk, sind jedoch ein nettes Souvenir mit Gebrauchswert.

Kleine Metallarbeiten werden gelegentlich noch in der traditionellen Handarbeit hergestellt. Dazu wird das zu duplizierende Stück in einen Metallrahmen gelegt, der von zwei Seiten mit speziellem Sand gefüllt wird. Klappt man die Gussform auseinander, kann das Original vorsichtig herausgenommen und später flüssiges Metall in die Sandform hineingefüllt werden.

die als Lehrer auf die Insel kamen, sowie britische Hobbymaler, die es mit der Armee oder als Beamte der Kolonialverwaltung auf Zypern verschlug. Auch die Volkskunst muss erwähnt werden. Handwerker verzierten Küchenborde und Eisenbetten mit floralen und geometrischen Motiven und gestalteten die Wände der Kaffeehäuser mit naiven Szenen aus Geschichte und Alltagsleben.

Diese Themen bestimmen auch das Schaffen der zweiten Künstlergeneration. Der bis ins hohe Alter produktive *Adamantios Diamantis* (1900 bis 1994) gilt geradezu als Übervater der zypriotischen Malerei. Ausgebildet am Londoner Royal College of Art, orientierte er sich zunächst an den Nach-Impressionisten, entwickelte mit dem behutsamen Gebrauch expressionistischer und abstrakter Motive, mit kubistischen Formen und in der Auseinandersetzung mit dem byzantinischen Erbe jedoch bald seinen eigenen Stil. Unter den anderen in Nikosias Staatsgalerie vertretenen Künstlern der klassischen Moderne ragt *Loukia Nicolaidou-Vassiliou* (1909–1994) mit ihren feinfühligen, beinahe esoterischen Bildern heraus. Nahezu vergessen ist heute dagegen *Olga Rauf* (1893–1987), eine Deutsch-Russin, die von 1925 an auf Zypern lebte und impressionistische Bilder von Landschaften und Dorfszenen hinterließ.

nehmen die reale Welt immerhin noch als Ausgangspunkt für ihre abstrakten und schematisierten Werke, während andere, etwa *Andreas Chrysochos* und *Stelios Votsis* (beide geb. 1929), auf figürliche Darstellungen verzichten und zeitlose Kompositionen aus Form und Farbe schaffen.

Als einer der wenigen Schriftsteller Zyperns hat sich der Romancier und Bühnenautor *Kostas Mondis* (geb. 1914) weltweit einen Namen gemacht. Sein z. T. autobiographischer Roman »Afendi Bastitas und das Übrige« wurde sogar ins Deutsche übersetzt. Auch von *Panos Ioannadis* (geb. 1935) wurde mit der Übersetzung des Thea-

*Christoforos Savva* (1924–1968) begann mit expressionistischen und kubistischen Schöpfungen, wandte sich bald jedoch der abstrakten Malerei zu. Er integrierte neue Materialien wie Sand, Textilien und Holz in seine Bilder und schuf auch Skulpturen und Wandreliefs. Auch die in den 50er und 60er Jahren ausgebildeten Künstler überwinden die gegenständliche Malerei. *Nicos Kouroussis* (geb. 1937) und *Costas Joachim* (geb. 1936)

terstücks »Petros I. oder die Ballade der Arodafnussa« ein Werk dem deutschen Publikum zugänglich. Türkisch-zyprische Autoren wie die Lyriker *Ibrahim Aziz* (geb. 1938), *Mehmet Yaşin* oder seine Schwester *Neşe* sind jedoch selbst im türkischen Sprachraum nahezu unbekannt.

Mehr noch als die Zyperngriechen sind heute Künstler der türkischen Bevölkerungsgruppe gezwungen, die Insel zu verlassen, wenn sie international zu Ruhm und Ansehen gelangen wollen. *Hussein Chalayan* (geb. 1970) erobert als Jungstar unter den Modesignern gerade die Laufstege Londons. *Rüya Taner* (geb. 1971), die inzwischen ebenfalls in London lebt, gilt schon in jungen Jahren als eine der weltbesten Pianistinnen. ∎

◀ **Kupferschmied bei der Arbeit**
▲ **Léfkara ist berühmt für seine Spitzenstickerei**

# Reiseland Zypern

**Auch als Reiseland ist Zypern geprägt durch seine
geographische Lage auf der Schnittfläche von Europa und dem Orient. Auf kaum
einem anderen Landstrich dieser Erde finden wir ähnlich
vielfältige Spuren einer wechselvollen Geschichte. Freilich – von mancher
ehemals legendären Stätte sind durch die Wirren
der Geschichte, durch Erdbeben und Kunsträuber nur eher bescheidene Reste
übrig geblieben.**

Doch genug wirklich spektakuläre Zeugen der Geschichte gibt es noch zu bewundern: Hier sind zuallererst die byzantinischen Kirchen und Klöster mit ihrem atemberaubenden Reichtum an Fresken und Ikonen zu nennen (und es ist eine kulturelle Katastrophe, dass diese Schätze im türkisch besetzten Nordzypern nach wie vor weitgehend unkontrolliert demontiert werden).

Welcher passionierte Zypern-Reisende würde beispielsweise nicht ins Schwärmen verfallen, wenn er von den römischen Mosaiken von Néa Páphos, den Ruinen der hellenistisch-römischen Stadt Sálamis und der gotischen Abtei von Bellapais erzählt?

Wer sich allerdings, vielleicht angeregt durch die Lektüre von Lawrence Durrells Roman *Bittere Limonen,* auf den Weg nach Bellapais begeben will, sollte sich erst mit der jüngsten zyprischen Geschichte vertraut machen. Die Demarkationslinie zwischen den beiden Territorien der geteilten Insel ist für die Zyprioten überhaupt nicht und auch für Reisende nur sehr bedingt überwindlich. Lediglich Touristen, die über einen Flughafen oder

Hafen der Republik Zypern eingereist sind, erhalten in der Regel die Erlaubnis, von Nikosía aus einen Tagesausflug in den türkisch besetzten Inselteil zu unternehmen.

Von dieser »Reisevariante« (Kurzbesuch in Nord-Zypern) wird bei der Beschreibung des türkisch besetzten Teils in diesem Buch ausgegangen, da die Einreise über die Türkei nach Nord-Zypern von der legitimen Regierung der Republik Zypern ausdrücklich als illegal gebrandmarkt wird.

Vielfalt und Gegensätzlichkeit finden auf Zypern nicht nur an Geschichte, Kunstgeschichte und Archäologie Interessierte. Der Kontrast zwischen uralter Tradition und schnelllebiger westlicher Moderne prägt das Bild der Insel. Hier gibt es weite, klassisch-mediterrane Landschaften mit verträumten Bergdörfern, einsame und kühle Waldflächen, dort finden Sie moderne Landbewirtschaftung, gesichtslose Vororte, ausufernde Hotelstädte.

Manchmal existieren auf Zypern Tradition und Moderne aber auch Seite an Seite: Nicht weit von den hypermodernen Hochhäusern in der City von Nikosía erstrecken sich die verwinkelten, heimeligen Gassen der Altstadt in zeitloser Beschaulichkeit.

Es gibt vieles zu erobern auf der Insel der Aphrodite. Anmut und Reiz der Insel erschließen sich den Reisenden durch Neugier und Aufgeschlossenheit für das Unbekannte und Vielgestaltige. Das wahre Zypern liegt weit hinter den dauerbesonnten Stränden. ∎

◀ ◀ **Páno Léfkara im
Tróodosgebirge – Der Pétra
tou Romióu: hier soll
Aphrodite einst dem Meer
entstiegen sein – Auf
einer Straße im Südwesten
Zyperns – Die früh-
christliche Basilika von Koúrion**
◀ **Im Hafen von Pàphos**

# Zypern

0 _____ 15 km

Kap Kormakiti

**Keryneia/**
**Girne**

Lapithos/ Karavas/
Lapta Alsancak

Bellapais/ Buffavento
Beylerbey

1024 ▲ Karmi/
Karaman

**P E N T A D A K T Y**

Kormakitis/
Koruçam

Kato Dikomo/
Aş Dikmen

Myrtou/
Camibel

**G i r n e**

Geunyeli/
Gönyeli

**Nikosia**
**(Lefkosa)**

**Morfou-**

Skylloura/
Yilmazköy

Gerolakkos/
Alayköy

**Agios**
**Dometios**

**B u c h t**

**L e f k o s a**

Katokopia/

Kokkinotrimithia

**Strovolos**

**Morfou/**
**Güzelyurt**

Zümrütköy

Pano Lakatamela

Pentageia/
Yeşilyurt

Kato Zodeia/
Aşağı Bostancı

Astromeritis

Akaki

Kato
Deftera

Vouni

**A 9**

Tseri

Angolemi
Taşpinar

Peristerona

**Palaiometocho**

Kato
Pyrgos

Karavostasi
Gemikonağı

**N i k o s i a**

Pomos

**Lefka**
**Lefke**

Vyzakia

Mitsero

Pera

Linou

Klirou

**Chrysochou-**

**Tamassos**

Kampos

**Panagia**
**Forviotissa**

Kap Arnaouti

**Bäder der**
**Aphrodite**

Kalopanagiotis

Galata

Machairas

Lythrodontas

Spilia Lagoudera

Polis

Kakopetria

Platanistasa

Lefkara

**Akamas**

Neo Chorio

† Kykkos

Pedoulas

Prodromos

Olympos

**R**

**O**

**O**

Kyperounta

Palaichori

Ora

**P á p h o s**

Drouseia

1951 ▲ Troodos

**D**

Agros

Pano
Panagia

**Trooditissa** †

**O**

Zoopigi

Kellaki

Pano
Arodes

**Chrysorrogiatissa** †

Pano Platres
Kato Platres

**S**

Trimiklini

**Agios**
**Georgios** †

Kathikas

Omodos

**Limassol**

**Agios**
**Neofytos** †

Mallia

Ayios
Amvrosios

Palodeia **Germasogeia**

Pegeia

**Coral Bay**

Pachna

Kouris-
Stausee

**A 1**

Amathous

Chlorakas

**Paphos**

Geroskipou

Pano
Archimandrita

Episkopi

**Kato**
**Polemidia**

Ypsonas

Agios Athanasios

**Limassol**

Kolossi

**Aphroditetempel**
Kouklia

Pissouri

Kourion

**Akrotiri-**

**Bucht**

Petra tou
Romiou

**Episkopi-**

Akrotiri

Kap Gata

**Bucht**

Kap Zevgari

Kap Apostolos Andreas

Apostolos
Andreas †

Panagia
Afentrika †

Agios Filon † Rizokarpaso/
Dipkarpaz

Agios Trias/
Şipahi
Aigialousa/
Yenierenköy Galinoporni/
Kaleburnu
▲
383

Agios Andronikos/
Yeşilköy Vothylakasf/
Derince

Leonarisso/
Ziyamet

Komi/
Büyükkonuk Galateia/
Mehmetçik

□ Kantara

Kantara/ Agios Theodoros/
Sinandağ Çayırova

Akanthou/
Tatlısu Kap Elaia

Agios Amvrosios/ Trikomo/ Bogazi/
Esentepe † Antifonitis Yeni İskele Boğaz
Charkeia/ Ammochostos-
Karaağac Gypsou/ Bucht
Lefkonoiko/ Akova
S Geçitkale
Kythrea/ Limnia/ Agios Sergios/
Değirmenlik Peristerona/ Mermenekse Yeniboğaziçi
Alaniçi ▲ Salamis
Marathovounos/
Palaikythro/ Ulukışla
Balıkeşir Pediaios
G A Z I M A G U S A
Vatili/
Vadili Famagusta
Askeia/ Acheritou/
Tyrmvou/ Paşaköy Güvercinlik
Kırklar Lysi/ Kontea/ Deryneia
Akdoğan Türkmenköy Frenaros Paralimni
unter Achna/
türkischer Besetzung Düzcel Sotira
Pergamos/ Agia
Beyarmudu Avgorou Napa
Athienou Xylotymvou Liopetri
Kap Gkreko
Dali Louroukina/
Akıncılar Xylofagou
Kellia
A 3
Lympia Larnaka-
Aradippou Livadia Bucht
A 1
Larnaka
Pyrga
Kornos Stavrovouni Hala
Sultan
Tekkesi
Kiti
L a r n a k a
A 5 Kap Kiti
Kofinou
Agios
Theodoros
Choirokoitia

Zygi M I T T E L M E E R

# Limassol – Boom und Beton

Seite 146

Auch Limassol, die Stadt an der Südküste der Insel, hat 1974 einschneidende Veränderungen erfahren: Obwohl der bis dahin bedeutende Anteil der türkischen Bevölkerung die Stadt fast vollständig verließ, bewirkte der Zustrom von ca. 45 000 griechischstämmigen Flüchtlingen aus dem Norden des Landes fast eine Verdoppelung der Einwohnerzahl. Zudem war das türkisch besetzte Famagústa als Haupthafen ausgefallen, und Limassol übernahm diese Rolle. So zeigt sich der Ort, von den Griechen Lemesós genannt und mit 145 000 Einwohnern nach Nikosía zweitgrößte Stadt Zyperns, heute als bedeutendes Handelszentrum.

**D**ie englischen Soldaten, die auf dem Militärstützpunkt auf der Akrotíri-Halbinsel westlich Limassols stationiert sind und ihre freie Zeit bevorzugt in der nahe gelegenen Hafenstadt verbringen, gehören ebenso zu deren Erscheinungsbild wie die mehr oder minder alteingesessenen Einheimischen, die seit jeher vom Handel leben. Heute spielt der Export von Obst und Gemüse die wichtigste Rolle. In der Umgebung Limassols finden sich denn auch ausgedehnte Zitrusfruchtplantagen. Zudem hat sich mit *KEO* im Westen des Ortes, zwischen Franklin-Roosevelt-Straße (Frangklinou Rousvelt) und der Küste, Zyperns größter Produzent alkoholischer Produkte etabliert. Der Firmenkomplex umfasst eine Bierbrauerei, Weinkellereien und Schnapsdestillerien; während der Geschäftszeiten ist eine Betriebsbesichtigung möglich. Speziell der Weinanbau hat eine sehr lange Tradition, wobei sich die bedeutendsten Weingärten heute an den Hängen des Tróodos-Gebirges, gemeinsam mit Nusssträuchern und Plantagen von Kirsch-, Apfel-, Birn- und Pfirsichbäumen, entlangziehen. Alljährlich im September ist Limassol zudem Schauplatz eines Weinfestes, das an Ausgelassenheit den örtlichen Karneval, jeweils im Frühjahr, weit übertrifft. Kunsttage im Juli runden das bunte Programm ab, das sich am wachsenden Tourismus orientiert: Mittlerweile entspannt sich jeder dritte Zypern-Besucher an den Stränden der Bucht von Amathoús, der »Riviera« von Limassol. Auch in puncto Tourismus hat Limassol die Rolle Famagústas übernommen.

## Geschichte

Die Anfänge Limassols konnten von den Archäologen, nicht zuletzt wegen der modernen Überbauung, noch nicht eindeutig abgeklärt werden. Mehrere Gräber aus der Früh- und Mittelbronzezeit, datierbar durch ihre Beigaben (im wesentlichen Keramik) belegen eine Ansiedlung für das ausgehende 3. und das 2. Jt. v. Chr. Die im heutigen Stadtgebiet gemachten Funde

**Feiern im Limassol**
Besuchen Sie Limassol während des Weinfestes oder des am venezianischen Vorbild orientierten Karnevals.

◀ **Vor einer Moschee im Türkenviertel von Limassol**
▶ **Musikant in mittelalterlichem Gewand auf der Zitadelle**

können im örtlichen Museum besichtigt werden. Im nordwestlich außerhalb Limassols gelegenen Vorort Agia Fyla kam zudem ein Friedhof der Spätbronzezeit (um 1300 v. Chr.) zum Vorschein. In der Antike ist hier die Küstensiedlung Nemesos oder Lemesos (woraus sich der heutige Stadtname entwickelte) belegt.

Nach mehreren schweren Erdbeben in der nachchristlich-byzantinischen Ära konzentrierte sich offenbar der Wiederaufbau unter Kaiser Theodosius II. (408 bis 450 n. Chr.) zuungunsten des vormals bedeutenderen Amathoús auf die Region des heutigen Limassol, wo in der weiten Bucht die Hafenstadt Theodosias, benannt nach ihrem Bauherrn, neu gegründet wurde. In der Folgezeit war sie auch Bischofssitz, wobei der bedeutendste Amtsinhaber Leontios (590–668) war.

### Die Kreuzritter

**▲ Besucher auf der Zitadelle**

Im Verlauf des dritten Kreuzzuges wählte Richard Löwenherz 1191 mit seinem Heer auf dem Weg ins Heilige Land Limassol als Landeplatz und Ausgangspunkt der Eroberung Zyperns. In der Folgezeit wurde der Ort befestigt, diente den Kreuzfahrern als wichtiger Stützpunkt und hatte in dieser Funktion mehrere Angriffe der Sarazenen zu überstehen. Die Lusignans und der Templerorden wirkten ebenso am wirtschaftlichen Aufschwung der Stadt mit wie später die Johanniter. 1303 legte der letzte Großmeister des Templerordens, Jacques de Molay, von Limassol ab, nachdem ihn Papst Clemens V. nach Frankreich beordert hatte.

Herrschaftszentrum war jedoch nicht immer Limassol selbst, sondern phasenweise auch die Festung von Kolóssi, die die Episkopí-Ebene im westlichen Hinterland der Stadt dominierte. Wirtschaftlich bedeutend war diese Region lange Zeit wegen ihres Rohrzuckeranbaus. Seit dem frühen 14. Jh. erscheint *Zucchari de Cipro* auf europäischen Handelsdokumenten. Heute sind es die großen Zitrusplantagen von Fasouri, die hier das Gesicht der Landschaft prägen und deren landwirtschaftliches Rückgrat bilden. Auf dem Weg von Limassol zur Festung Kolóssi, westlich von dem berühmten Badestrand *Lady's Mile* gelegen, durchschneidet die Landstraße das Areal dieser Plantagen, wobei die Zypressen, welche die Durchfahrt säumen, zur Einfassung von jenen bepflanzten Flächen gehören, hinter denen die windempfindlichen Orangen- und Zitronenbäumchen Schutz finden. Nur schwer vorstellbar ist, dass diese blühende Region schon ab dem Spätmittelalter einen rapiden Niedergang erfahren hatte. Das mehrfach von schweren Erdbeben heimgesuchte Limassol wurde

### Die Templer
→ Der Name des 1119 gegründeten Ritterordens leitet sich von ihrem Domizil auf dem Jerusalemer Tempelberg ab. Unter dem Druck des französischen Königs Philipp IV. löste der Papst im Jahre 1312 den Orden auf. Der Großmeister und andere Würdenträger wurden in Paris als »rückfällige Ketzer« öffentlich verbrannt.

1373 von den Genuesern in Brand gesteckt und in der ersten Hälfte des 15. Jahrhunderts von ägyptischen Flottenverbänden geplündert. Was dabei noch übrig blieb, zerstörten 1539 die osmanischen Türken.

### Unter den Osmanen
Schon 1480 hatte der Orientreisende Felix Faber den beklagenswerten Zustand der Stadt bedauert. Spannungen zwischen der alteingesessenen griechischen Bevölkerung und den zugewanderten türkischen Osmanen gab es schon damals. Ein Reisender, der Limassol bald nach dem verheerenden Erdbeben von 1584 gesehen hatte, berichtet, dass die Eingänge in die bescheidenen Behau-

Seite 146

▲ Ein Schmied in Limassol
▼ Die Grabsteine im Museum der Zitadelle – Zeugen einer wechselvollen Vergangenheit

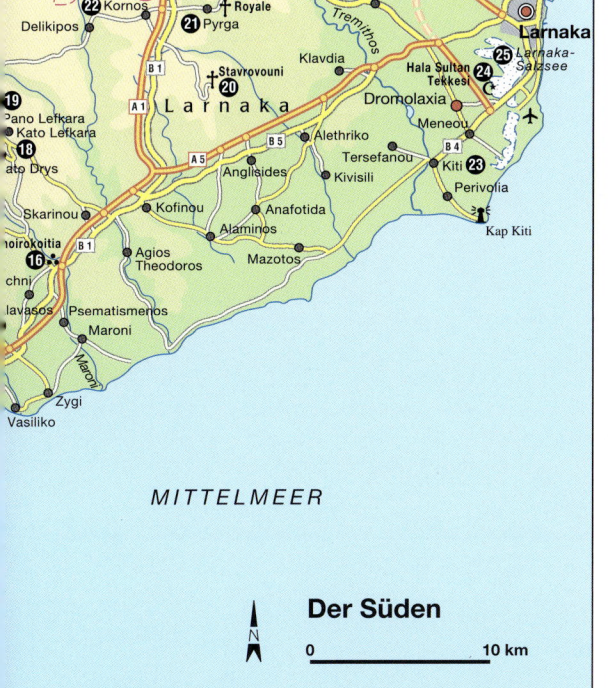

MITTELMEER

Der Süden

N

0 _____ 10 km

sungen der Griechen so niedrig waren, dass man sich beim Eintreten bücken musste. Dadurch sollte verhindert werden, dass türkische Reiter die Häuser als Stallungen für ihre Pferde requirierten. Noch 1815 beschreibt der englische Reisende Turner Limassol als eine heruntergekommene Ansiedlung von 150 Lehmhäusern mit einem zahlenmäßigen Verhältnis der griechischen zur türkischen Bevölkerung von 2:1. Lediglich die Verschiffung von Wein verschaffte der Hafensiedlung damals eine gewisse Bedeutung. 1881 lebten über 6000 Einwohner in Limassol. Als im ausgehenden 19. Jahrhundert der Weinexport deutlich gesteigert werden konnte und der Neubau des Hafens abgeschlossen war, gelangte der Ort rasch wieder zu wirtschaftlicher Blüte. Bald reichte die Kapazität des alten Hafens nicht mehr aus, und im Südwesten außerhalb der Stadt entstand eine neue Anlage mit Löscheinrichtungen und Reparaturdocks.

## Die Stadt

Vom alten Hafen ausgehend verläuft die **Uferpromenade,** eine vierspurige Asphaltstraße neben dem Uferpark, nach Nordosten. In ihrem ersten Teilstück ist sie nach Spyrou Araouzou benannt (hier, unter Hausnummer 27, befindet sich auch das Büro der Touristeninformation), in ihrem weiteren Verlauf heißt sie heute offiziell Straße des 28. Oktober, des griechischen Nationalfeiertages. Zwischen die Geschäfts- und Wohnhäuser sind immer wieder Hotels eingestreut, zudem Restaurants, die frischen Fisch anbieten, aber auch Bars und Pubs im englischen Stil.

Nur wenig abseits nördlich des **alten Hafens,** allerdings von der Uferstraße aus nicht einzusehen, befindet sich inmitten eines kleinen eingegitterten Parks die Zitadelle, die heute als Museum fungiert. Auf dem Weg vom Ufer dorthin passiert man einen kleinen Verkehrskreisel, an dem das von einem pakistanischen Zuwanderer

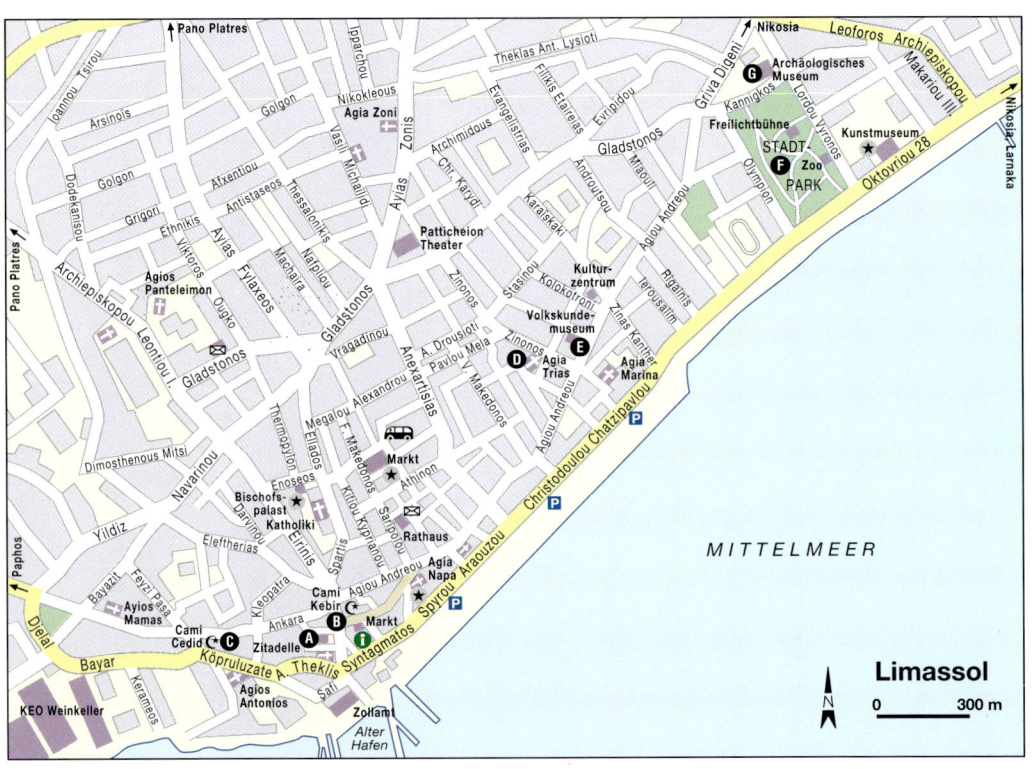

unterhaltene Reptilienmuseum steht. Dort gibt es auch ein originelles Fischrestaurant, nach eigenen Angaben ältestes und traditionsreichstes Lokal der Stadt und oft mit einem lebenden Pelikan als Reklameschild vor dem Eingang.

Empfindsame Gemüter sollten den Besuch der Schlangenterrarien kurz vor Schließung (19 Uhr) meiden, da dann die Tiere mit lebenden Kleinnagern gefüttert werden.

### Die Zitadelle

Nach der Zerstörung der byzantinischen Festung wurde im beginnenden 14. Jh. auf deren Trümmern die heute noch existierende **Zitadelle** Ⓐ (Tel. 05/33 04 19, tgl. geöffnet) errichtet, wobei man die noch aufrecht stehenden Teile der Ostwand in die Westmauer des Neubaues integrierte.

In der Kapelle des byzantinischen Vorgängerbaus hatte zunächst die Eheschließung zwischen Richard Löwenherz und Berengaria (s. S. 47) und dann deren Krönung zur Königin von England durch den Bischof von Evreux stattgefunden. Seit 1291 fungierte die byzantinische Festung als Hauptquartier des Templerordens, bis dieser im Jahr 1308 verboten wurde.

Die wieder errichtete Zitadelle wurde unter König Janus (1389–1432) den Johannitern übergeben, die ihren zypriotischen Hauptsitz aber in der Burg von Kolóssi genommen hatten. Dennoch führten sie auch in der Festung von Limassol Umbauten durch. Nach 1570 quartierten sich die Türken in der Festung ein und gestalteten dabei die Raumaufteilung in deren Inneren um. Schon zuvor, im Jahr 1525, war nach dem Bruch des zentralen Stützpfeilers die Haupthalle zum Teil eingestürzt.

Bis zum Jahre 1940 fungierte die Zitadelle als Gefängnis der britischen Mandatsverwaltung, außerdem zeitweilig als Armeehauptquartier. Umfangreiche Re-

Seite
146

**Fischtaverne Ladas**
Hier dürfen die
Pelikane
nur vor Hintertür
speisen.

▼ **Uneinnehmbar
wirkt die Zitadelle**

staurierungsarbeiten, bei denen unter anderem die Gewölbe verstärkt wurden, erfolgten 1950.

Da nach der türkischen Invasion und der Teilung der Insel das Mittelalter-Museum in Nikosía an der Grenzlinie zwischen türkischer und griechischer Stadthälfte zu liegen kam, wurden dessen Exponate mit der finanziellen Unterstützung der Schifffahrtsgesellschaft Amathous Ltd. in die Zitadelle von Limassol überführt, wo sich seither das neue **Mittelalter-Museum** befindet.

Betritt man heute die Festung, so gelangt man in einen kleinen Vorraum, von dem aus nach rechts die tiefer gelegene, fast quadratische gotische Haupthalle erreichbar ist; linker Hand hingegen finden sich, über zwei Etagen verteilt und jeweils über einen länglichen Mittelkorridor zugänglich, kleinere Räumlichkeiten, die unterschiedlichste Objekte aus der byzantinischen und mittelalterlichen Geschichte Zyperns beherbergen.

▼ **In den Markthallen von Limassol**

Die spektakulärsten Exponate sind dabei wohl die drei silbernen Schalen aus dem 1902 durch Bauern gemachten **Schatzfund von Lampousa,** die noch von den lokalen Behörden sichergestellt werden konnten. Weitere sechs Schalen aus demselben Ensemble waren zuvor jedoch schon ins Ausland geschmuggelt worden und befinden sich heute im New Yorker Metropolitan Museum. Der Fundort, das antike Lápethos, liegt an der Nordküste Zyperns in der heute türkisch besetzten Landeshälfte.

Sowohl von der großen Halle wie auch von den Räumlichkeiten links vom Eingang aus führen Treppen aufs Dach der Zitadelle, von wo aus man einen passablen Blick auf den Hafen und vor allem auf die traditionelle Altstadt hat. Die beiden Minarette von **Cami Kebir** ❸ und **Cami Cedid** ❻, die das Stadtbild überragen, erinnern noch heute daran, dass in Limassol einst eine bedeutende türkische Bevölkerungsgruppe gelebt hat.

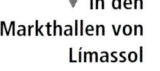

### Von der Zitadelle zum Zoo

Folgt man der Agiou-Andreou-Straße in nordöstlicher Richtung, wobei man sich immer weiter von der Küstenlinie entfernt, bietet sich ein Abstecher nach links zur nur wenig abseits gelegenen und von der Straße aus gut sichtbaren **Dreifaltigkeitskirche ❶** (Agia Trias) an. Zurück zum Ausgangspunkt und weiter entlang der Agiou-Andreou-Straße stößt man kurz darauf linker Hand an der Einmündung der Othonos-Kai-Amalias-Straße auf ein Eckhaus mit dem **Volkskundemuseum ❸** (geöffnet Mo–Fr), in dem landwirtschaftliche Geräte, landestypisches Mobiliar, Keramik und Textilien ausgestellt sind.

Ein kleines Stück weiter auf derselben Straßenseite liegt das Kulturzentrum mit Räumlichkeiten für Kunstausstellungen und einer Bibliothek. Am oberen Ende der Agiou-Andreou-Straße erreicht man, rechts in die Kannigkos-Straße einbiegend, den **Stadtpark ❻**. Hier findet im

September das größte Weinfest Zyperns statt. Eine Ecke des Parks nimmt der etwas klägliche **Zoologische Garten** Limassols ein, den Tierschützer seit langem wegen der wenig artgerechten Haltung von Exoten kritisieren. Das dem Stadtpark nördlich gegenüberliegende Gartengrundstück beherbergt das **Archäologische Museum ❻** (Tel. 05/33 01 57, tgl. geöffnet). Hier sind hauptsächlich Grabungsfunde aus Koúrion und Amathoús, aber auch aus anderen Orten der Region von Limassol ausgestellt. Die Aufstellung der Objekte erfolgte thematisch und chronologisch, so dass die ersten Vitrinen die Formenvielfalt zypriotischer Keramik durch alle Perioden der Geschichte dokumentieren. Die sich an die Terrakottafigürchen anschließende Großplastik verrät griechischen wie altägyptischen Einfluss. Letzteres ist am augenscheinlichsten an einem monumentalen und dekorüberladenen Kapitell aus Amathoús mit einem Kopf der ägyptischen Göttin Hathor zu erkennen. ■

**Seite 146**

### Türkisches Erbe

In der Nachbarschaft der Zitadelle erinnern verblichene Straßenschilder wie Ankara Caddesi oder Celal Bayar Caddesi daran, dass hier einst die Türken von Limassol zu Hause waren. Die alten Häuser, oft noch mit den für die osmanische Architektur des 19. und frühen 20. Jhs. typischen, zur Straße hin vorkragenden Erkern im Obergeschoss, werden von den neuen Bewohnern nur zögernd renoviert. Auf dem Papier gehören sie ja noch immer den Zyperntürken und wer weiß, ob nach einem Frieden nicht eines Tages die alten Besitzer ihr Eigentum zurückfordern.

In unmittelbarer Nachbarschaft der heute von arabischen Gläubigen benutzten Cami Kebir findet sich auch noch ein Türkisches Bad, das nach 1974 als Boxschule und Drehort erotischer Badeszenen mit dem italienischen Softpornostar Laura Gemser zweckentfremdet wurde.

▲ Das alte Tor der Zitadelle
▶ Ein Relikt aus der Zeit, als hier auch Türken lebten

# Kolóssi und Koúrion

Seite 144

An der Ostflanke der Halbinsel Akrotíri, noch in Sichtweite des Hafens von Limassol ❶, erstreckt sich der Lady's Mile Beach ❷. Dieser flach ins Wasser auslaufende, schnurgerade Streifen aus Sand und Kies verdankt seinen Namen nicht etwa dem Umstand, dass hier vor allem Damen baden würden, sondern der Gattin eines britischen Offiziers, die in den Tagen des Empire hier auszureiten pflegte. Durchquert man die Halbinsel nach Süden, erreicht man bald das nur im Winterhalbjahr mit Wasser gefüllte Becken des großen Salzsees ❸, auf dem sich dann ganze Flamingo-Kolonien aufhalten und Schwärme von Zugvögeln Zwischenstation einlegen.

## Katzen und Zwergelefanten

In seiner unmittelbaren Nachbarschaft befinden sich ein britischer Militärflughafen und jener kleine Ort **Akrotíri** ❹, der der Landzunge ihren Namen gegeben hat. Das historische **Kloster des heiligen Nikolaus der Katzen** ❺ (Ágios Nikoláos ton Gaton) wurde vor langer Zeit verlassen – in Sichtweite der Landebahn gelegen wäre es heute auch wirklich kein Ort mehr zur stillen Meditation. Ihre Katzen hielten sich die Mönche nicht nur aus Tierliebe, sondern auch zum Schutz gegen die einst zahlreichen Schlangen. Am Rand des Dorfes Akrotíri hat jedoch ein moderner Konvent den Namen und die Tradition der Katzenpflege übernommen.

Als **Kap der Katzen** ❻ (Kap Gáta) heißt auch die Südostspitze von Akrotíri nach den klösterlichen Haustieren, während die Südwestspitze als **Kap des Pfluges** ❼ (Kap Zevgári) an die sagenhafte Königin Regina erinnert. Sie soll von hier samt ihrem Pflug regelmäßig nach Ägypten übergesetzt haben, um auch dort die Erde fruchtbar zu machen. Zwischen den beiden Kaps fanden Ausgräber unter einem Felsüberhang die bislang ältesten Spuren menschlicher Tätigkeit auf Zypern.

Aus den Funden rekonstruierte der amerikanische Archäologe Allan Simons, dass auf dem Speisezettel der Steinzeit-Zyprioten auch Zwergflusspferde und kleinwüchsige Elefanten gestanden sein muss-

ten, Tiere also, deren Vorfahren im Pliozän nach Zypern einwanderten, als das Mittelmeer ausgetrocknet war. Mit dem steigenden Wasserspiegel wurden sie jedoch von ihrer Heimat abgeschnitten und degenerierten mit dem kühler werdenden Klima: wie man im Paläontologischen Museum von Lárnaka sehen kann, waren die Flusspferde zuletzt kaum größer als ein Schwein.

◄ Das Amphitheater bietet eine malerische Aussicht
► Die Festung von Kolóssi

## Kolóssi

Auf dem Weg vom Límassol nach Kolóssi streifen die Besucher am Nordrand der Akrotíri-Halbinsel die aus-gedehnten Zitrusplantagen von **Fasoúri ❽**. Schnurgerade Reihen von schnellwüchsigen Koniferen schützen die empfindlichen Obstbäume vor dem Wind. Wenn die Bauern nicht gerade ihre Pestizide sprühen, liegt in der Luft ein eigentümliches Duftgemisch aus dem harzigen Geruch der Nadelbäume und der leichten Süße der Zitrusblüten.

Etwa 15 km westlich von Límassol erhebt sich in der fruchtbaren Landschaft der Episkopí-Ebene die **Johanniterfestung von Kolóssi ❾** (tgl.

▲ Das königliche Wappen am Burgturm von Kolóssi
▼ Die alte Halle der Zuckerverarbeitungsanlage

### Die Johanniter

→ Aus der 1113 vom Papst anerkannten Bruderschaft des Johannes-Hospitals in Jerusalem entwickelte sich bald ein Ritterorden. Nach der Vertreibung der Kreuzritter aus Palästina wählten die Johanniter 1291 zunächst Zypern zu ihrem neuen Hauptquartier, 1310 gründeten sie auf der Insel Rhodos einen eigenen Staat.

geöffnet), die hinter ihren Mauern neben einem Wohn- und Wehrturm auch Verarbeitungsanlagen für Rohrzucker beherbergt. Hugo I. (1205–1218) hatte das Umland von Límassol dem Kreuzfahrerorden der Johanniter als Lehen überlassen und bekam dafür von ihnen Unterstützung im Kampf gegen die Muslime. Auf Zypern rivalisierten die Johanniter mit dem Templerorden um die Festung von Kolóssi, die erst mit der Auflösung des Templerordens endgültig an die Johanniter fiel.

### Eine mittelalterliche Zuckerfabrik

Neben Öl, Weizen und Baumwolle wurden vor allem Wein und Rohrzucker produziert, wobei sich die Halle der

Zuckerverarbeitungsanlage nebst den Aquäduktbögen, über die das zur Produktion erforderliche Wasser herbeigeführt wurde, noch heute innerhalb der Umfassungsmauer erhalten hat. Von der Mühle, mit der der süße Saft aus dem Zuckerrohr gepresst wurde, existiert immerhin noch ein Mühlstein von 3,20 m Durchmesser.

Dabei stand Kolóssi in der Zuckergewinnung nicht allein. Mächtige Konkurrenz war gleich im benachbarten Episkopí die venezianische Adelsfamilie der Cornaro, mit der es auch immer wieder Streitigkeiten um die Wassernutzungsrechte gab, bis Catarina Cornaro, Witwe des letzten Königs von Zypern, schließlich die lästige Konkurrenz enteignete und die Burg nebst Zuckerverarbeitungsanlagen in den Besitz des Familienclans überführte.

### Die Burg

Der dreigeschossige Wehrturm in der Nachbarschaft der Zuckergewinnungsan-

lagen, der sich auf einem quadratischen Grundriss von ca. 16 m Seitenlänge erhebt, entstand in seiner heutigen Gestalt erst 1454 auf den Resten eines Vorgängerbaus aus der Zeit der Kreuzfahrer. Von diesem haben sich noch die halbrunden Grundmauern und eine Brunnenanlage an der Ostseite des Wehrturms erhalten. In dessen Ostmauer ist innerhalb einer kreuzförmigen Umrahmung eine Gruppe von Wappen eingemeißelt. Im Zentrum, unmittelbar unter einer Krone, steht das seinerseits viergeteilte königliche Wappen, bestehend aus den Emblemen des Königreichs von Jerusalem, der Lusignans, des Königreichs Zypern und Kleinarmeniens.

Dieser Donjon war damals nur über eine Zugbrücke, die ins 1. Obergeschoss führte, zu betreten. Nach Durchschreiten des Eingangstors gelangte man in die dortigen Räume, eine Küche mit offenem Kamin und einen Aufenthaltsraum, der eine Wandmalerei mit Kreuzigungsszene –

Seite 144

▲ Blick von der Festung
▼ In dieser Region reifen die Zitronen

durch das Lilienwappen in die Zeit von Louis de Magnac zu datieren – aufweist. Wendeltreppen führen sowohl ins zweite Geschoss mit zwei beheizbaren Wohnräumen und weiter hinauf aufs Dach als auch hinab in die drei fast fensterlosen und überwölbten Magazinräume des Untergeschosses, von denen zwei über Zisternen verfügen.

## Koúrion

**Strand von Koúrion**
Verbinden Sie den Besuch der Ruinen mit einer faulen Stunde unten am Strand.

Wer die eindrucksvoll auf einem mächtigen Felsvorsprung in 70 m Höhe über dem Meer thronenden Ruinen von **Koúrion** ❿ von Límassol aus besuchen will, benötigt dazu nicht unbedingt einen Mietwagen, da vor der Festungsanlage von Límassol mehrmals täglich ein Linienbus direkt zum Hauptkomplex der Altertümer abfährt. Was heute noch zu sehen ist, stammt aus hellenistischer, römischer und frühchristlicher Zeit; die Relikte der vorhellenistischen Hauptstadt des lokalen Kö-

▼ **Reizvoller Meerblick bei Koúrion**

nigtums von Koúrion harren noch der Wiederentdeckung. Über diese Periode wissen wir bislang nur etwas von Berichten antiker Autoren.

Während der römischen Kaiserzeit erlebte die Stadt eine Blüteperiode, auch als Kultstätte des Apollon, die jedoch bald dem Christentum weichen musste, für das die nach den schweren Erdbeben des 4. Jhs. errichtete Basilika beredtes Zeugnis ablegt. Als nach Einfällen der Araber der Bischofssitz im 7. Jh. nach Episkopí verlegt wurde, verlor Koúrion rasch an Bedeutung und verfiel.

Heute verteilen sich die Ruinen von Koúrion auf drei nahe beieinander gelegene Areale. Von Límassol kommend wird der imposanteste Komplex von antiken Relikten zuerst erreicht. Ein Teerweg verlässt nach links die Hauptstraße in Richtung zum **Strand,** eine weitere Abzweigung bei der in einem Eukalyptushain gelegenen Kapelle **Agios Ermogenis** führt zu den Ruinen hinauf. Folgt man jedoch weiterhin der Landstraße Richtung Pá-phos, passiert man rechter Hand nach etwa zwei Kilometern das leider nur noch als längliches Maueroval in seinen unteren Steinlagen erhaltene Stadion und eine unweit davon gelegene kleine Basilika. Beeindruckender wiederum sind die Überreste des Apollonheiligtums. Bis auf die Stadionruine wird für die Besichtigung von Koúrion Eintrittsgeld erhoben.

## Die Stadt

Hinter dem Kassenhäuschen zu den Hauptruinen stößt man auf das wohl schon in hellenistischer Zeit errichtete **Theater,** das seine heutigen Ausmaße aber erst Erweiterungen während der römischen Kaiserzeit (2. Jh. n. Chr.) ver-

---

### Theater

→ Von ihren im ansteigenden Halbrund angeordneten Plätzen (griech. Theatron) blickten die Zuschauer auf die runde Bühne (Orchestra), auf der sich anfangs noch eine Altar befand. Aus einer leichten Holzwand mit dem Bühnenbild entwickelte sich an der Rückseite der Orchestra ein stattliches Bühnenhaus (Skene).

---

dankt. Es blieb aber dennoch mit etwa 3500 Sitzplätzen eine vergleichsweise bescheidene Anlage. Heute, ein wenig zu perfekt restauriert, dient es in den Sommermonaten wieder als Schauplatz von Theateraufführungen und Konzerten. Auf den herrlichen Hintergrund des Mittelmeers, der den Aufführungen eine besondere Atmosphäre stiftet, legten die Römer seinerzeit keinen großen Wert: Ihnen verstellte das Bühnenhaus den Blick.

Sehenswert wegen seiner Mosaiken (wohl frühes 5. Jh. n. Chr.) ist das unmittelbar neben dem Theater gelegene **Haus des Eustolios,** so genannt nach einer hier aufgefundenen Mosaikinschrift, die den Namen des Bauherrn ver-

Seite
144

▲ **Ein junger Gast**
▼ **In den Mosaiken des Eustolion-Hauses erkennt man frühchristlichen Einfluss**

rät. Ursprünglich dürfte es sich um ein hellenistisches Privathaus gehandelt haben, das dann aber, wohl am Ende des 4. Jh. n. Chr., in ein öffentliches Badegebäude umfunktioniert worden war.

Im Bodenmosaik des Korridors begegnet uns der bekannte, wohl mit allen Religionen verträgliche Haussegen: »Tritt ein … bring Glück herein.« Auf anderen Bodenmosaiken treten bereits spezifisch christliche Einflüsse zutage: der Verzicht auf menschliche Darstellungen (zugunsten von floralen, geometrischen oder tierischen Motiven) und der in einer Mosaikinschrift überlieferte Hinweis, dass dieses Bauwerk auf jegliche Verteidigungsarchitektur verzichtet, da es ja bereits »von den viel verehrten Symbolen Christi umgürtet« sei.

Im hinteren Teil des Grabungsgeländes stehen auf der Seeseite die Relikte einer monumentalen frühchristlichen **Basilika,** als deren Bauherr Bischof Zeno gilt. An die drei Schiffe der Hauptkirche, deren Mittelschiff über einen der Apsis vorgelagerten, leicht erhöhten Chor verfügte, lehnen sich noch beidseitig Längshallen an, so genannte Katechumena, aus denen die Ungetauften die Kulthandlungen verfolgen durften.

Die quer gelagerte Vorhalle (Narthex) im Westen reicht über die gesamte Breite aller fünf Schiffe. Von ihr aus gelangt man weiter nach Westen in das **Diakonikon** und die **Privaträume des Bischofs** und nach Norden in einen säulenumstellten **Atriumhof** mit zentralem Brunnen und dreiseitig umlaufenden weiteren Räumlichkeiten, die nur nach Osten hin fehlen, wo sich statt dessen die dreischiffige **Taufkapelle** (Baptisterium) anschloss.

In dem Areal auf der Landseite werden derzeit noch Ausgrabungen durchgeführt, es ist deswegen abschnittsweise für Besucher gesperrt. Bislang wurde eine lang gestreckte römerzeitliche **Stoa** (65 m lang und 4,5 m breit) samt den dazugehörigen Säulenreihen freigelegt, mit der ein groß-

▲ **Blick vom Apollotempel nach Osten**
▼ **Ein prächtig erhaltenes Mosaik**

flächiger hellenistischer Hausgrundriss unbekannter Funktion zum Teil überbaut gewesen war.

Außerdem wurden Abschnitte der römischen **Agora** ausgegraben. Dieser Ort ist leicht zu erkennen an den wieder aufgerichteten Säulen, deren Schaft nicht senkrecht geriefelt, sondern in schrägen Windungen kanneliert ist.

Unmittelbar nordwestlich davon stießen die Archäologen auf eine monumentale Zisterne, die auch ein angegliedertes **Nymphäum** von 45 m Länge und 15 m Breite speiste.

An das Nymphäum schließt sich die **Gladiatorenvilla** an, so benannt nach den beiden Mosaikfeldern in ihrem Inneren, die bewaffnete und mittels eingelegter Beischrift namentlich bezeichnete Kämpfer in Aktion zeigt, und schließlich, nahe der Asphaltstraße, die **Villa des Achilles** mit einer Mosaikenszene (4. Jh. n. Chr.) aus der Achilleslegende. Ein weiteres Mosaik in derselben Villa, das zeigt, wie Zeus als Adler den Knaben Ganymed entführt, ist leider stark zerstört.

### Das Stadion

Wenn man wieder auf der Landstraße angekommen ist, erreicht man das Längsoval des nur noch in seinen Fundamenten erhaltenen **Stadions** zwischen dem eben geschilderten Grabungsareal und dem Apollontempel. Es verfügt über eine Gesamtlänge von 229 m, wobei die eigentliche Arena 186 m misst. Den Rest der Fläche beanspruchten die einstmals sieben Sitzreihen, die ungefähr 6000 Besuchern Platz boten. Die **Aquäduktleitung,** die auch am Apollontempel vorbeilief, versorgte die Stadt von Koúrion mit Wasser.

Westlich abseits befinden sich die Grundmauern einer frühchristlichen **Basilika** des ausgehenden 5. oder beginnenden 6. Jhs., welche den Platz eines früheren heidnischen Tempels eingenommen hatte.

Seite 144

▼ Das Apollon-Heiligtum

Seite
144

### Das Heiligtum des Apollon

Auf einer Anhöhe erhob sich dereinst das **Heiligtum des Apollon Hylates,** des »Beschützers der Wälder«. Hier war wohl der importierte griechische Gott mit einer alteingesessenen heimischen Vegetationsgottheit verschmolzen worden. In den Kultbezirk dieser nur auf Zypern verehrten synkretistischen Gottheit führten zwei **Tore,** heutzutage als Páphos- und Koúrion-Tor bezeichnet, wobei die Passage zum letztgenannten Einlass von einer Badeanlage und einem quadratischen Gebäude mit Mittelhof **(Palästra)** flankiert wurde. Den trapezförmigen Hof, in den die beiden genannten Tore führen, begrenzen nach Süden hin fünf nebeneinander liegende, rechtwinklige und säulengestützte Räume der **Pilgerherberge.** Aus Untersuchungen der Abfallgruben wissen wir, dass dem Tempel vor allem Lämmer, aber auch kleine Tonfigürchen mit Tierdarstellungen und Menschen in Gebetshaltung geopfert wurden, die von den Pilgern vermutlich in den Souvenirläden entlang der **Heiligen Straße** erworben werden konnten. Diese zweigt vor der Herberge rechtwinklig nach Norden ab, wird von einer Stoa und zwei ummauerten Kultbezirken (sog. Temenoi) gesäumt und führt unmittelbar auf den eigentlichen **Apollontempel** zu. Zwei wieder aufgerichtete Säulen mit Dachgebälk und einem Teil der Fassade vermitteln einen Eindruck von der einstigen Größe und Pracht dieses Tempels, der auf die Pilger erhaben und einschüchternd gewirkt haben muss.

Der östliche **Kleinere Temenos** besitzt in seinem Zentrum einen kleinen Rundaltar, der schon im 7. Jh. v. Chr. angelegt worden war. Den **Größeren Temenos** im Westen umgibt ein runder Prozessionsumgang. Die Innenfläche mit einem Durchmesser von etwa 18 Metern ist mit Steinen ausgelegt. Der gesamte Komplex dürfte wohl aus dem ersten und zweiten Jh. n. Chr. stammen. Nach den Berichten römischer Schriftsteller lag das Apollon-Heiligtum inmitten eines **heiligen Hains** mit vielen Wildtieren, die hier vor den Nachstellungen der Jäger sicher waren. Im Umfeld des Apollotempels vermutet man auch die älteste Ansiedlung Koúrions, der Überlieferung nach von Dorern aus Argos gegründet.

◀ Der Apollon-Tempel tagsüber . . .
▶ . . . und in der Morgensonne

## Episkopí

Der Name der nahe gelegenen Ortschaft **Episkopí ⓫** verrät schon, dass sie dereinst Bischofssitz gewesen war. Dort existiert ein interessantes **Lokalmuseum** (geöffnet Mo–Mi 7.30–14.30, Do außer Juli/Aug. 15–18 Uhr) mit Funden aus Koúrion und seiner Umgebung, in der ja schon für die Jungsteinzeit Ansiedlungen wie Erími und Sotíra belegt sind und wo aus der Bronzezeit der Fundort Phaneroméni ausgegraben werden konnte. Zu den bewegendsten Exponaten zählen die Skelette eines jungen Mannes, einer Frau und eines Babys – offenbar versuchten die Familienmitglieder, sich gegenseitig zu schützen, als das Koúrion verheerende Erdbeben im Jahre 365 auch ihr Leben zerstörte. ■

# Von Limassol nach Lárnaka

Seite
144

Nur wenige Urlauber aus Potamós Germasógeia,
der Hotelmeile von Limassol, besuchen den landeinwärts gelegenen
Germasógeia-Stausee ⑫ – wer will schon im Süßwasser baden,
wenn das Meer direkt vor der Haustür liegt? Der Wasserspiegel des Sees
ist eine guter Indikator dafür, wie es um die Wasservorräte
der Insel steht. In trockenen Jahren blickt man von der Staumauer
bedenklich tief auf den See hinab.

**B**edenkt man, welch wichtige Rolle Amathus (heute **Amathoús**) ⑬ als Hafenstadt und Residenz eines lokalen Königreiches in der Antike gespielt hat, verwundert es, dass sich die Archäologen erst ab 1980 ernsthaft dieser bedeutenden archäologischen Stätte (tägl. geöffnet) annahmen. Was bislang an der Küste etwa 8 km östlich von Limassol ausgegraben wurde, sind einerseits auf der sich dahinter erhebenden Anhöhe, dem Akropolishügel, die Ruine eines Aphroditeheiligtums, andererseits eine unmittelbar an der holperigen Uferstraße gelegene frühchristliche Basilika mit umgebenden Bauten.

Weite Teile der Unterstadt, die sich am Fuß des Akropolishügels sowohl nach Süden zur Küste wie auch nach Norden, wo der Burgberg besonders steil abfällt, und nach Osten hin bis zum Einschnitt eines Flussbettes erstreckt haben dürfte, harren noch der Ausgrabung. Parallel zu einem weiteren Flussbett im Westen verlief von der Südwestspitze der Akropolis eine noch in Resten erhalten gebliebene Mauer zum Meer hin. Jenseits dieser Mauer, unweit des *Amathus Beach Hotel,* stießen einheimische Archäologen auf ein Gräberfeld aus kypro-archaischer Zeit. Auch Relikte der alten Hafenanlagen wurden unter der Wasseroberfläche lokalisiert.

Der Legende nach, die uns Tacitus in seinen Annalen überliefert, soll die Stadt von Amathus, Sohn des Aerias, gegründet worden sein; aber auch Amathousa, Mutter des Königs Kinyras von Páphos, gilt als Namensgeberin. Der Ort war bis zu seiner Zerstörung durch Richard Löwenherz ei-

ne bedeutende Hafenstadt. Die heutigen Ruinen lassen kaum mehr etwas von der alten Pracht erahnen, da das Trümmerfeld als Baumaterial für den Suezkanal herhalten musste.

Jenseits der Ruinen von Amathoús führt eine von der Schnellstraße nach Lárnaka und Nikosía abzweigende Nebenstrecke zum Kloster **Ágios Geórgios Alámanos.** Obwohl Ende des 12. Jhs. gegründet, sind alle Bauten des an einen Hügel angelehnten Georgsklosters neueren Datums.

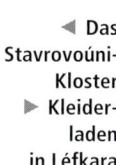

◀ Das
Stavrovoúni-
Kloster
▶ Kleider-
laden
in Léfkara

Der **Governor's Beach** ⓮ bietet die Qual der Wahl zwischem einem langen, von Restaurants und Sonnenschirmverleihern gut erschlossenen Sandstrand und intimen, nicht immer einfach zugänglichen Buchten. Die weißen Klippen kontrastieren mit dem dunklen, beinahe schwarzen Sand, auf dem man in der Mittagshitze vielleicht kein Steak, doch ohne weiteres ein Spiegelei garen könnte – Badeschuhe sind angeraten.

## Prähistorische Rundbauten

Die Autobahn von Limassol nach Lárnaka durchquert ein Gebiet, das schon in der Jungsteinzeit intensiv besiedelt war. Die für diese Periode charakteristischen Rundbauten fanden sich sowohl bei der Ortschaft **Kalavasós** ⓯ wie auch im berühmteren Choirokoitía, beide unweit der Autobahn gelegen. Zudem durchquert die Fernstraße Kalavasós das spätbronzezeitli-

▼ **Ruinen in Amathoús**

che Friedhofsareal von **Ágios Dimítrios**, wo außer zwei Kammergräbern auch die dazugehörige Siedlung aufgedeckt werden konnte.

Die jungsteinzeitlichen Rundhütten von **Choirokoitía** ⓰, die sich mit ihren bis zu 10 m betragenden Durchmessern dicht an dicht gedrängt einen steilen Hang auf halbem Weg zwischen Limassol und Lárnaka hinaufziehen, wurden schon 1936 entdeckt. Die ersten, 1939 beendeten Ausgrabungen wurden 1975 wieder aufgenommen und dauern noch an. Diese wohl älteste feste Siedlung auf zyprischem Boden reicht zurück bis ins 7. oder 6. Jahrtausend und war bis ins 4. Jahrtausend hinein bewohnt. Die damalige Bevölkerung wählte den Platz wohl deswegen aus, weil der Maróni-Fluss hier den Hügel in einer Schleife umfließt und so zusätzlichen Schutz gewährte. Mit dem Fluss stand genügend Trinkwasser zur Verfügung, zudem bot sich das Geröll des Flussbettes als Baumaterial für die unteren

Seite
144

Steinlagen der Rundhäuser an. Heute sind auch nur noch diese sorgfältig geschichteten Hausfundamente bis zu einer Höhe von etwa einem Meter vorhanden, über denen sich dereinst wohl Spitzgewölbe aus luftgetrockneten Ziegeln befanden.

Auffällig ist eine mauerartige Konstruktion, die aber die Siedlung nicht umschließt, sondern mitten durch sie hindurchführt. Die Annahme, es handle sich dabei um die Fundamente eines befestigten Weges, der Mensch und Tier den steilen Aufstieg erleichtern sollte, hat sich nicht bestätigt. Vielmehr umgrenzte die Mauer den ältesten Teil der Ansiedlung, die später gen Westen erweitert und hier mit einer neuen Stadtmauer geschützt wurde. Die Einwohner lebten von der Jagd, hielten sich aber auch Schafe, Ziegen und Schweine und betrieben bescheidene Landwirtschaft. Funde von Obsidiangestein, das auf der Insel nicht vorkommt, bezeugen schon in dieser frühen Zeit Handelskontakte nach Kleina-

sien. Die Toten wurden in Grabgruben unter den Fußböden der Häuser oder außerhalb davon beigesetzt, die mitgegebenen Grabbeigaben verraten religiöses Bewusstsein der Bewohner. In der letzten Besiedlungsphase, als neben Steingeräten schon die ersten Metallobjekte (aus Kupfer) auftraten, produzierte die Bevölkerung auch eine Keramik mit typischem Kamm-Muster. Die meisten Funde werden heute im Zypern-Museum von Nikosía verwahrt.

## Dörfer und Klöster

Kehrt man von Choirokoitía nicht zur Autobahn zurück, sondern folgt weiter der Zufahrtsstraße gen Norden, so steigt diese in weiten Serpentinen zunächst kontinuierlich an, bis das Dorf Vávla erreicht wird. Ausgeschildert ist dabei nicht die Ortschaft, sondern **Ágios Minás ❼** (St. Menas), das Nonnenkloster, das sich im Ort befindet. Es war schon im 15. Jahr-

▲ Fast überall werden Spitzen verkauft
▼ Die Mauer der Akropolis führt bis ans Meer

hundert gegründet worden, verdankt sein heutiges Aussehen aber einer Wiedererrichtung um 1740.

Hinter Vávla passiert die Straße den malerisch gelegenen Ort **Káto Drys,** den mutmaßlichen Geburtsort des zypriotischen Nationalheiligen Neófytos (geboren 1134), und mündet schließlich in eine großzügig ausgebaute Asphaltstraße ein, die zu den beiden an den Ausläufern des Tróodos-Gebirges gelegenen Ortshälften von Léfkara führt.

**Káto Léfkara ⑱** ist der kleinere und auch tiefer gelegene von den beiden Orten, von Touristen besucht wird jedoch zumeist nur der andere, **Páno Léfkara ⑲,** dies vor allem wegen der hier in Lochstickereiarbeit gefertigten kunstvollen baumwollenen Spitzen. In den engen Gassen zwischen den aus Bruchsteinen kunstvoll gefügten Häusern mit roten Ziegeldächern sitzen tagsüber die Frauen des Ortes und gehen im Freien der Tätigkeit des Spitzenstickens nach. Die filigranen

**Lefkaritíka**
Schon Leonardo da Vinci schätzte die Stickereien aus Léfkara und stiftete dem Mailänder Dom 1481 ein kostbares Altartuch.

▼ **Willkommen in Stavrovoúni!**

einfarbig weißen Produkte, nach dem Ort ihrer Herstellung *Lefkarítika* genannt, sind in jedem zypriotischen Souvenirladen zu finden. Die Tradition der örtlichen Stickkunst soll in der Zeit begründet worden sein, als fränkisch-venezianische Edelfrauen bevorzugt hier den Sommer verbrachten und sich die Tage mit Handarbeiten verkürzten. Mittlerweile ist im **Patsalos-Haus** ein kleines Lokalmuseum (Mo–Sa geöffnet) für die Spitzen und die Silberarbeiten, für die die Region ebenfalls berühmt ist, eingerichtet worden. Das Meisterwerk der Silberschmiedekunst befindet sich jedoch in der **Kirche Tou Timíou Stavroú** (Heilig-Kreuz-Kirche): ein Silberkreuz aus dem 13. Jh., das bei den Heiligkreuzfeiern alljährlich am 13./14. September im Mittelpunkt der Verehrung steht.

Der Besuch von Káto Léfkara lohnt wegen der mittelbyzantinischen Fresken, die sich in der **Archángelos-Michaíl-Kirche** aus dem 12. Jh. erhalten haben. 1865 war man unter dem Fußboden des Gotteshauses auf ein Versteck mit sakralen Gegenständen, darunter einer Bischofs-Mitra, gestoßen, und tatsächlich war 1222 der Bischof von Limassol hierher verbannt worden.

## Das Kloster Stavrovoúni

Zum berühmten und ältesten Kloster Zyperns, **Stavrovoúni** ⑳ (»Kreuzesberg«), führt eine steile, aber asphaltierte Serpentinenstraße hinauf. Frauen haben allerdings keinen Zutritt zum Kloster, und Fotoapparate müssen vor dem Eintritt am Eingang abgegeben werden. An der letzten S-Kurve vor dem Erreichen des Klostereingangs befindet sich eine kleine **Kapelle.**

Nach Durchschreiten der Klosterpforte geht man auf steilen Stufen vorbei an gepflegten Gartenanlagen und hinauf zu den Mönchszellen mit der **Hauptkirche.** Links unterhalb des wehrartig wirkenden Baukomplexes, der in seiner heutigen Gestalt im 17. und 18. Jh. praktisch auf den Fundamenten der eine Etage höher liegenden Hauptkirche errichtet wurde, steht die **Konstantin-und-Helena-Kapelle,** für die man sich den Schlüssel bei den Mönchen erbitten muss.

Kaiserin Helena, die Mutter Konstantins des Großen, gilt als Begründerin des Klosters. Sie soll im Jahr 327 auf der Rückreise aus Jerusalem auf Zypern gestrandet sein und daraufhin auf dem Klosterberg ein Kreuz aus Zypressenholz errichtet haben, in welchem ein Nagel vom Kreuz Christi als Reliquie verwahrt gewesen sein soll.

Auf wundersame Weise soll das Kreuz bis zu seinem Raub durch einfallende Mameluken im Jahre 1426 ohne jegliche Aufhängung frei über dem Erdboden geschwebt haben. Heute wird jedoch nur noch ein Splitter dieses Wunderkreuzes in einem silbernen Kreuz in der Kirche verwahrt.

Seite
144

**Stavrovoúni**
Obwohl Frauen der Zutritt ins Kloster verwehrt wird, lohnt sich auch für sie wegen der herrlichen Aussicht die Fahrt oder Wanderung auf den Berg.

▼ **Der alte Ikonenmaler Kallinikos im Einsatz**

## Die Chapelle royale in Pyrgá

Eine Fahrt von Lárnaka zum Kloster Stavrovoúni kann so gelegt werden, dass man dabei auch die am Rande des Dorfes Pyrgá ㉑ gelegene **Chapelle royale** besucht – den Schlüssel verwahrt das nahe Kafenion. Ihren Namen erhielt die kleine Gebetsstätte, die der Hl. Katharina (Agía Ekaterína) geweiht ist, erst in unseren Tagen, als ermittelt werden konnte, dass sie der Lusignankönig Janus (1398–1423) höchstpersönlich 1421 gestiftet hatte. Der mutmaßliche Bauherr und dessen Gemahlin Charlotte von Bourbon sind auf einer der schwer beschädigten Wandmalereien, denen die Kapelle ihre Berühmtheit verdankt, als kniende, gekrönten Gestalten neben dem Gekreuzigten zu erkennen. Unter den übrigen Szenen sind Maria mit dem Jesuskind auf dem Arm, die Erweckung des Lazarus, die Fußwaschung, das letzte Abendmahl und Christi

▲ Tonwaren im klassischen Stil
▼ Das pittoreske Dorf Pyrgá

Himmelfahrt zu erwähnen. Zudem sind die Szenen mit Beischriften in altfranzösischer Sprache, die damals am Hof der Lusignan gesprochen wurde, erläutert. Von den ursprünglich drei Pforten, die in den Bau führten, sind heute zwei vermauert. Auf dem Türsturz des südlichen Einlasses ist ein Rad, Emblem der hl. Katharina, wiedergegeben. Etwa 6 km südöstlich von Pyrgá auf dem Weg nach Klavdiá stehen noch die Ruinen eines Zisterzienserklosters.

## Kórnos und Kíti

Lohnend ist auch ein Abstecher in das von Pyrgá unweit der Autobahn gelegene **Kórnos** ㉒, ein Zentrum der Keramikproduktion, wo man sich einst auf riesenhafte Tonkrüge, sog. Pithoi, spezialisiert hatte.

Im Ortsnamen von **Kíti** ㉓ lebt noch die antike Bezeichnung Kitíon für das nahe Lárnaka fort. Hier findet sich »die von Engeln erbaute« (so wörtlich übersetzt) Kir-

Seite
144

che **Panagiá Angelóktistos.** Von einer frühchristlichen Basilika, die hier einst stand, hat sich nur noch die Apsis erhalten, an die im 11. Jahrhundert eine Kreuzkuppelkirche angebaut wurde. Der südliche, um 1300 entstandene Anbau schließlich, durch den man die Kirche heute betritt, war einst die Familienkapelle der Kreuzfahrerbarone de Gibelet. Sensationeller ist jedoch das Apsismosaik aus dem 6. Jh. Weit reisen müssen die Zyprioten, wenn sie in Ravennas San Vitale die einzigen vergleichbaren Kunstwerke betrachten wollen. Dargestellt ist Maria mit dem Christuskind, flankiert von den Erzengeln Michael und Gabriel. Dafür, dass das Mosaik in der Phase vor dem christlichen Bilderstreit entstand, obwohl dieses Motiv ansonsten erst aus der Zeit nach der Beilegung dieses

> *Tekke*
> → bezeichnet einen Konvent, in dem, christlichen Klöstern vergleichbar, Derwische oder andere muslimische Bruderschaften gemeinsam leben.

Theologenstreits belegt ist, spricht auch der Stil der erst 1952 entdeckten und freigelegten figürlichen Darstellungen, die den Apsisbogen entlanglaufen. Späteren Bildschmuck, nämlich Fresken aus der Mitte des 18. Jhs., besitzt die etwa 2 km nordöstlich von Kíti unweit eines Staudamms gelegene Kirche **Ágios Geórgios tis Arpéras.** Ihr Stifter, der griechische Dragoman Christofakis, und seine Familie sind über dem Nordportal verewigt.

## Pilgerorte am Salzsee

In Sichtweite des Internationalen Flughafens von Lárnaka und am Südufer des großen Salzsees liegt mit der **Hala Sultan Tekke** ㉔ das angesehenste muslimische Heiligtum Zyperns, zu dem, wenn die po-

▼ Blick über den See zur Hala Sultan Tekke

litischen Verhältnisse es erlauben, jedes Jahr auch einige tausend türkische Zyprioten pilgern. Sie verehren die hier begrabene Umm Haram, ehrfurchtsvoll auch Hala Sultan (»Große Mutter«) genannt, eine angebliche Tante des Propheten Mohammed, und stören sich dabei nicht an der Lehrmeinung muslimischer Theologen, die jede Heiligenverehrung strikt ablehnen. Während der arabischen Invasion Zyperns 648/49, bei der sie ihren Gatten begleitete, soll Umm Haram so unglücklich von ihrem Maultier gefallen sein, dass sie sich das Genick brach. Noch ein Prominentengrab ist in einem Nebenraum zu finden. Hier ist Chadija, die 1930 auf Zypern verstorbene Großmutter des jordanischen Königs Hussein, beigesetzt. Ihre heutige Gestalt verdankt die Moschee dem türkischen Gouverneur, der sie 1816 stiftete.

Im unmittelbar angrenzenden **Salzsee** ㉘ lassen sich im Winterhalbjahr Flamingo-Kolonien nieder, auch Zugvögelschwärme machen hier regelmäßig Station. Schon die Franken betrieben hier im Mittelalter einen blühenden Salzexport, doch seit geraumer Zeit ist der Abbau der weißen Kristalle, die sich in der Sommerhitze auf der Oberfläche des Sees absetzen, eingestellt.

An der Verlängerung der vom Flughafen kommenden Zufahrt zur Tekke befindet sich nach wenigen hundert Metern links der Schotterstraße ein eingezäuntes Areal. Hier graben seit 1972 Archäologen die Überreste einer **bronzezeitlichen Siedlung** aus, die zu ihrer Zeit mit Kitíon im Stadtgebiet von Lárnaka an Bedeutung mithalten konnte. Aufgedeckt wurde u. a. eine ansonsten aus dieser Periode auf Zypern unbekannte Badeanlage; man stieß auch auf kypro-minoische Inschriften; zudem trat hier 1978 ein aus 23 Goldobjekten bestehender Hortfund zutage. Einige der Schmuckstücke lassen deutlich einen ägyptischen Einfluss erkennen. Eine informative Dokumentation über diese Grabung und die Ortsgeschichte ist in einem Gebäude der Festung von Lárnaka zu sehen. Demnach war der Ort etwa ab 1600 v. Chr. besiedelt und erlebte seine Blüte im frühen 12. Jh. v. Chr., die abrupt durch dasselbe schwere Erdbeben gegen 1100 v. Chr. beendet wurde, dem auch Énkomi und Kitíon zum Opfer gefallen waren. ∎

▶ **Zeit zum Ausruhen
und Nachdenken**

# *Lárnaka*

Seite
176

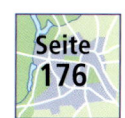

Lárnaka, nach Nikosia und Límassol die drittgrößte Stadt der Insel, taucht unter seinem heutigen Namen erstmals gegen 1600 auf, kann aber seine Anfänge bis weit in vorchristliche Zeit zurückverfolgen. Denn die bedeutende antike Hafenstadt Kítion, das Kittim des Alten Testaments, befand sich auf dem Boden des heutigen Lárnaka, wobei die moderne Überbauung dafür verantwortlich ist, dass die Archäologen nur an wenigen freien Stellen diese frühen Relikte freilegen konnten. Dennoch scheinen es die zahlreichen Grabanlagen der Antike gewesen zu sein, denen Lárnaka seine heutige Bezeichnung verdankt, denn der Ortsname kommt von Larnax, einer anderen griechischen Vokabel für Sarkophag. Während der fränkischen Herrschaft hatte der Salzabbau im Salzsee der Hafensiedlung den Namen Salines oder Salina gegeben.

Eine Blüte erlebte Lárnaka während der genuesischen Besetzung Famagustas (1372–1464), durch die es zum wichtigsten Hafenplatz des Lusignan-Staates aufstieg. In der venezianischen Zeit, so berichten europäische Pilger, bestand Lárnaka dagegen aus nicht mehr als der Bischofskirche und einer Taverne. Erst unter den Osmanen gewann Lárnaka wieder an Bedeutung. In der Mitte des 19. Jahrhunderts, als die Konsulate und Botschaften und auch die Vertretungen ausländischer Handelsfirmen zumeist in Lárnaka ansässig waren, übertraf es mit ca. 13 000 Einwohnern zeitweilig sogar die Hauptstadt Nikosia an Größe.

An die Zeit der Türkenherrschaft erinnert noch ein Bauwerk etwas außerhalb der Stadt unmittelbar an der Ausfallstraße nach Límassol: Hier steht mit seinen Arkadenbögen noch ein Abschnitt des zwischen 1746 und 1750 durch den damaligen osmanischen Gouverneur errichteten **Aquäduktes,** welches noch bis ins Jahr 1936 seinen Beitrag zur Wasserversorgung Lárnakas leistete. Ihren Ausgang nahm die etwa 10 km lange Wasserleitung bei einigen Brunnen unweit des Trémithus-Flusses.

Einschneidend waren die Umwälzungen wiederum nach der türkischen Invasion von 1974. Der internationale Flughafen wurde von Nikosia nach Lárnaka verlegt, und die aus dem besetzten Nor-

den geflohenen Griechen ließen die Stadtbevölkerung seither auf die dreifache Zahl, nämlich ca. 60 000, anwachsen. Dazu entstand am Strand östlich der Stadt, an der Straße nach Agía Nápa, eine neue Touristenzone mit zahlreichen Hotels, Restaurants und Ladenzeilen.

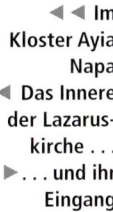

◄ ◄ Im Kloster Ayia Napa
◄ Das Innere der Lazarus-kirche . . .
► . . . und ihr Eingang

## Stadtrundgang

Vor der Teilung der Insel hatte sich die türkische Bevölkerungsgruppe hauptsächlich im Süden der Stadt in Küstennähe angesiedelt, in einem Viertel, dessen nördlichsten Punkt die Festung bildet. Ihr gegenüber befindet sich die **Cami Kebir** Ⓐ aus dem letzten Jahrhundert, die »Große Moschee«, die zuvor eine lateinische Heiligkreuzkirche gewesen war. Das Gebäude der Jugendherberge, nahe der Lazaruskirche, war einst eine Moschee.

Hauptmeile der Stadt, nicht nur für Touristen, ist die dem Zentrum vorgelagerte **Uferstraße** (anfangs Leoforos Athinon, später Ankara-Straße). Mit einer breiten Fußgängerzone, Straßencafés, Palmen

> ### Kataklysmos
> → Am Pfingstwochenende gedenken Zyperns orthodoxe Christen nur am Rande der Erleuchtung der Jünger Jesu durch den Heiligen Geist. Stattdessen wird Kataklysmos gefeiert, die Erinnerung an Noahs Errettung vor der Sintflut.

und schmiedeeisernen Straßenlaternen wurde sie jüngst zu einem Boulevard aufgemöbelt, der zum Flanieren einlädt. Parallel zur Straße lädt ein herrlicher, aber zumeist überlaufener **Sandstrand** zum Baden ein. Hier steht auch auf einem Sockel eine Büste des athenischen Feldherrn Kimon aus Marmor. Dieser hatte als Flottenkommandant nach den Perserkriegen im Auftrag des 477 v. Chr. gegründeten Attischen Seebundes versucht, Zypern als Flottenstützpunkt den Phöniziern und Persern zu entreißen und auf die Seite der Griechenstädte zu ziehen. Beim Kataklysmos-Fest paradieren hier vor der Küste alle erdenklichen Boote und was auch nur irgend schwimmen kann, von der schnittigen Jacht bis zur Luftmatratze.

**Der Südosten**

0    10 km

Ein Priester segnet das Meer und wirft ein Kreuz ins Wasser, junge Burschen springen und tauchen sofort hinterher, um das Kreuz wieder heraufzuholen.

Das nördliche Ende von Strand und Uferpromenade markieren der **Jachthafen,** der wegen seiner verhältnismäßig günstigen Liegegebühren auch als Winterlager geschätzt wird, und die restaurierten Lagerschuppen des **Alten Zollhauses ❽**, in denen die Stadt nun eine **Galerie** mit wechselnden Kunstausstellungen und ein **Paläontologisches Museum** eingerichtet hat, das aus winzigen Knochensplittern die vorzeitliche Tierwelt der Insel rekonstruiert. Auf phantastischen Bildtafeln stapfen gar Dinosaurier durch den zypriotischen Dschungel.

### Die Festung

An ihrem Südende endet die Uferpromenade an der türkischen **Festung ❾**, die sich unmittelbar am Meer erhebt. Die laut Aufschrift über dem Eingang 1605 errich-

tete Anlage erfuhr schon 1625 erste Ausbesserungen. In einem der Gebäude befindet sich heute ein kleines Museum, in welchem unter anderem die schwedischen Grabungen bei der Hala Sultan Tekke dokumentiert sind. Auf den Bastionen wachen schwarz glänzende Kanonen der Marke Krupp. Hinter der Festung führt die Uferstraße an einem kleinen Fischerhafen und einladenden Fischtavernen vorbei an den Makenzie-Strand, einen langen, sandigen Badeplatz mit vielen Restaurants und Bars, der nur leider direkt unter der Anflugschneise des nahen Flughafens liegt.

Begibt man sich etwas nördlich der Festung vom Ufer weg ins Stadtinnere, stößt man bereits nach wenigen hundert Metern auf die **Lazaruskirche ❿**. Die Verlängerung dieser Straße über die Kirche hinaus weiter nach Westen führt zur **Faneromeni-Kirche ❺**, die 1907 erbaut worden ist. Die beiden antiken Felsgräber, die sich dort befinden, sind jedoch nur für

Seite
176

▲ **Bummel auf der Seepromenade von Lárnaka**
▼ **Der Sarkophag in der Lazaruskirche**

175

**Die Lazarus-Ikone**
Der Anblick der Ikone, so will der Volksmund wissen, bringt unschuldigen Kindern den Tod.

▲ **Das Pierides-Museum**
▼ **Gottesdienst in der Lazaruskirche**

echte Altertumsfanatiker von Interesse. Zurück zur bedeutenderen Lazaruskirche!

### Die Lazaruskirche

Der Überlieferung nach war hier in einer Krypta der Namenspatron des Gotteshauses beigesetzt, denn nach seiner Erweckung von den Toten durch Christus soll er nach Zypern gekommen und durch den hl. Barnabas zum Bischof geweiht worden sein. Der Sakralbau über dem Grab, eine mittelbyzantinische Mehrkuppelkirche, ist eine Gründung von Kaiser Leo VI. (886–912), nachdem man hier 890 einen steinernen Sarkophag mit der Aufschrift »Lazarus« gefunden hatte. Die Reliquien des Heiligen wollte Leo aber lieber in seiner Nähe wissen und ließ sie in die Reichshauptstadt Konstantinopel überführen, von wo sie plündernde Kreuzfahrer 1204 nach Marseille verschleppten, das gleichfalls den Ruhm für sich beansprucht, den hl. Lazarus einst als Bischof besessen zu haben. 1970 fand sich unter

der Lazaruskirche jedoch ein weiterer Sarkophag mit einem Schädel, und die Zyprioten sind sich völlig sicher, dass diese jetzt in einem vergoldeten Schrein verwahrte Reliquie das wahre Haupt des Lazarus ist, während Leo und die französischen Ritter den Kopf irgendeines Toten davontrugen. Erst seit 1965 wird bei der alljährlichen Lazarusprozession am Sonntag vor Ostern auch die Ikone des Heiligen durch die Straßen der Stadt getragen.

Nach der osmanischen Eroberung Zyperns gelang den orthodoxen Christen 1589 der Rückkauf der Kirche, die im 17. Jahrhundert nach umfangreichen Restaurierungen um ihren auffälligen Glockenturm im italienischen Stil erweitert wurde. Hinter dem Gotteshaus liegt ein kleiner Friedhof. Lárnaka hatte seit dem 17. Jahrhundert eine kleine Kolonie britischer Kaufleute, später gesellten sich Händler, Diplomaten und Abenteurer anderer europäischer Nationen hinzu. Hier wurden die Fremden beigesetzt.

Larnaka

0        200 m

### Grabräuber mit Diplomatenpass

Einer der berüchtigtsten Auslandsvertreter war Luigi Palma di Cesnola. Der seit 1865 auf Zypern als amerikanischer und russischer Konsul akkreditierte Diplomat führte mit Genehmigung der Behörden Raubgrabungen in Lárnaka und Umgebung durch. Zu seiner Entlastung muss man anfügen, dass die Grabräuberei auf Zypern schon seit der Antike gepflegt wurde. Cesnola konnte nur deshalb so reiche Beute machen, weil er auch bereits geplünderte Gräber noch einmal durchsuchte und dabei in wesentlich tiefere Schichten vorstieß als seine Vorgänger. Im New Yorker Metropolitan Museum of Art bildet die Cesnola Collection heute einen wichtigen Teil der Bestände, auch der Pariser Louvre verdankt Cesnola einige Schätze.

### Die Museen

Die Straße rechts von der Lazaruskirche führt zum **Stadtpark,** der kaum mehr als eine größere Verkehrsinsel inmitten eines Straßendreiecks ist, mit seinen Blumen, Rasenflächen und schattigen Bäumen aber dennoch eine kleine Oase im städtischen Trubel bildet. Zum Park gehören auch das vor allem von Schulklassen besuchte **Naturhistorische Museum** (geöffnet Di–So) der Stadt mit einer Sammlung von Insekten und allerlei ausgestopften Tieren, dazu vor dem Haus Vogelvolieren mit lebendigen Exemplaren.

Einer einheimischen Dynastie steinreicher Kaufleute und Konsuln verdankt Lárnaka ein beachtliches Privatmuseum, die **Pierides-Sammlung** ❻ (Tel. 04/65 24 95, geöffnet Mo–Sa). An manchen Tagen führt Frau Pierides persönlich durch die von der Jungsteinzeit bis ins Mittelalter reichenden Bestände. Sehenswert ist auch die Sammlung historischer Land- und Seekarten. Das Museum ist in einem architektonisch reizvollen Privathaus der Familie untergebracht, einer der letzten erhaltenen Prunkvillen Lárnakas aus dem letzten Jahrhundert.

Seite 176

▲ **Mediterrane Atmosphäre in Lárnaka**
▼ **Die Älteren in der Stadt haben viele Veränderungen erlebt**

Das **Archäologische Museum** ❻ (geöffnet Mo–Fr) am Kalogreon-Platz tut sich schwer, den reichen und repräsentativen Objekten der Pieri-des-Sammlung Konkurrenz zu machen. Dennoch kann man auch hier zwischen Keramiken, Klein-funden und freistehenden Plastiken durchaus ex-quisite Einzelstücke auffinden. Rechts vom Muse-um findet sich am Verkehrskreisel des Vorplatzes das **Sankt-Josephs-Kolleg** ❼, 1848 erbaut, vor dem ein schmiedeeiserner Brunnen Beachtung verdient. Im Freigelände hinter dem Museum konnten bei Ausgrabungen Überreste des antiken Kítion aufgedeckt werden.

### Die Ausgrabungen

Auch andernorts im Nordteil Lárnakas haben Ausgrabungen immer wieder zu Überresten des antiken **Kítion** ❶ geführt. Die bedeutendste Aus-grabung beherbergt neben den Fundamenten ei-nes Tempels auch Anlagen zur Bronzeverarbei-tung. Für die Besucher ist das Grabungsgelände durch das Neben- und Übereinander verschiede-ner Bauphasen recht verwirrend.

Die Archäologen unterscheiden drei große Perioden in der Stadtgeschichte von Kítion. Die erste Phase, charakterisiert durch zwei Tempel mit Altären und den dazwischen liegenden künst-lich bewässerten **Heiligen Hain,** dürfte im frühen 13. Jh. v. Chr. begonnen haben und endete mit der Zerstörung um 1200 v. Chr. Danach wurde die Stadt durch Mykener wieder aufgebaut. Am Ort der älteren Heiligtümer entstand jetzt ein großer **Tempelkomplex** von 33,6 x 22 m, der damit zu den größten spätbronzezeitlichen Tempeln auf Zy-pern zählte. Zwischen ihm und der nahe gelege-nen Stadtmauer fanden sich ausgedehnte Kupfer- und Bronzeverarbeitungsanlagen. Obwohl nach schweren Schäden durch ein Erdbeben um 1075 v. Chr. wieder aufgebaut, wurde die Stadt danach wohl gänzlich entvölkert.

Die dritte und letzte Phase der Stadtgeschichte wurde von phönizischen Invasoren bestimmt, die die günstige Lage des Ortes für einen Flottenstütz-punkt nutzten. Inwiefern zuvor die Assyrer die Geschicke Kítions gelenkt hatten, lässt sich nur in-direkt erschließen, denn hier wurde eine heute in Berlin ausgestellte Basaltstele des Assyrerkönigs Sargons II. (721–705 v. Chr.) entdeckt. ■

▶ **Der alte Hafen von Lárnaka**

# Agía Nápa – Rote Haut auf roter Erde

Seite
174

Kokkinochória, rotes Land, so nennen die Zyprioten den recht ebenen Landstrich südlich der Stadt Famagústa. Wenn man heute auf Zypern vom südöstlichsten Teil der Insel spricht, so ruft man freilich zunächst eher Gedanken an rot verbrannte Touristenhaut und freizügige Touristinnen hervor. Doch es war zuerst die fruchtbare Terra rossa, die die Kokkinochória zu einer der reichsten landwirtschaftlichen Regionen der Insel machte. Schon lange hat man den Ertrag der roten Böden durch künstliche Bewässerung zu steigern vermocht. Die Bauern von Avgórou und Xylofágou haben sich auf den Anbau von Kartoffeln spezialisiert und erzielen dabei bis zu drei Ernten jährlich.

## Vom Kartoffelacker zur Touristenzone

Wäre dieser Beitrag Anfang der 70er Jahre entstanden, hätte man nur wenig außer den reichen Kartoffelernten über diesen Raum zu berichten gewusst. Man hätte noch erwähnt, dass die Küste westlich und nördlich des **Kap Gkréko ❶** ein paar wunderschöne Sandstrände (**Nissi Beach ❷**) oder romantische Fischerhäfen (**Potamós tou Liopétri ❸**) zu bieten hat. Für den Liebhaber klerikaler Kunst hätte man hingewiesen auf das Kloster von Agia Nápa aus dem 16. Jh., auf die schönen Dorfkirchen von Liopétri, Sotíra und Frénaros und die Kirche von Ágios Geórgios Angónas aus dem 12. Jh. (nahe Ormídeia an der Straße nach Avgórou). Auch die Bedeutung von Liopétri als Zentrum der Korbflechterei hätte man vielleicht angeführt. Damals bildete der südöstliche Zipfel der Insel ein wenig aufregendes Hinterland für das touristische Zentrum des damals noch ungeteilten Zyperns, das Hotelviertel **Varósha** im Süden der Hafenstadt Famagústa.

Keinen ehemals rein ländlichen Raum der Insel haben die Ereignisse in der Folge der türkischen Invasion von 1974 so grundlegend umgestülpt wie diesen. Eine unüberwindbare Demarkationslinie zerstörte die gewachsenen Beziehungen der Region zum städtischen Zentrum Famagústa. Varósha ist heute eine unbewohnte Geisterstadt, die als eine Art Faustpfand der zyperntürkischen Seite bei den Verhandlungen mit den griechischen Landsleuten dient und deren Bausubstanz nach einem Vierteljahrhundert Leerstand weitgehend verrottet ist. In **Deryneia ❹**, dem letzten Dorf diesseits der Demarkationslinie, wurden einige Aussichtsplattformen errichtet, von denen Vertriebene und Neugierige mit Feldstechern nach Varósha hinüber schauen können.

»Famagusta Viewpoint«
In Deryneia späht man von Aussichtsplattformen in die Geisterstadt Varósha.

◄ Der Strand von Nissi bei Agía Nápa
► Hier blüht der Tourismus

Weitaus die wichtigste Folge von Invasion und Teilung aber war hier der Zustrom von Flüchtlingen aus dem ganzen Famagústa-Distrikt. Er führte zu einer sprunghaften Vervielfachung der in der Region ansässigen Bevölkerung. In der Nähe der ehemals rein ländlichen Orte oder auch in freier Landschaft entstanden große Flüchtlingssiedlungen, wie beispielsweise **Vrysoulles**: In Blickentfernung etwa ihres nunmehr türkisch besetzten Heimatortes Acherítou erhielten hier fast 2000 Flüchtlinge neue Einfamilienhäuschen – das stattliche Dorf ist allerdings bis heute nirgends auf den zyprischen Straßenkarten zu finden!

Für die vielen Flüchtlinge gab es bald genug Arbeit: Wie Pilze schossen seit Ende der 70er Jahre bei Agía Nápa, **Paralímni** ❺ und **Protarás** ❻ Hotelbauten aus dem Boden. Aus dem beschaulichen Fischerörtchen Agía Nápa wurde eine Hotelstadt von mediterranem Einheitscharakter. Quasi aus dem Nichts entstand die

größte Fremdenverkehrsregion der Insel. Hier konzentriert sich ein Drittel der zyprischen Fremdenverkehrskapazität. Baugewerbe und Tourismus haben den Arbeitsmarkt im ganzen Raum längst leergefegt. Seit einiger Zeit ergießt sich täglich ein Strom von Pendlern aus dem wirtschaftlich maroden türkisch besetzten Teil der Insel in den Süden.

## Sehenswertes

Touristen, die ihren Urlaub in der Gegend von Agía Nápa verbringen, können sicherlich mehr als überall sonst auf Zypern einen Bade- und Sonnenaufenthalt mit allen Annehmlichkeiten erleben. Es gibt gute Sandstrände, und die Angebote der hier errichteten Urlaubswelt lassen kaum einen Wunsch offen. Wer allerdings auf der Suche nach einsamen Buchten, nach traditionellem Dorfleben und typischer zyprischer Gastronomie ist, sollte nicht gerade im Südosten seinen Standort wählen.

▲ **Für Kinder gibt es in Agía Nápa jede Menge Spaß ...**

▼ **... und für die Erwachsenen Souvenirs**

Wer als ein an Land und Leuten interessierter Urlauber dennoch hier abgestiegen ist, wird in der näheren und weiteren Umgebung allerdings genug Interessantes entdecken. **Agía Nápas** ❼ einzige historische Sehenswürdigkeit, ein **Kloster** aus dem 16. Jahrhundert, wäre ohne den Reiseverkehr in seiner heutigen Nutzung nicht denkbar: Als Begegnungs- und Seminarzentrum des Weltkirchenrats wird es von Geistlichen und engagierten Laien aus allen Erdteilen besucht. Seine zweite Attraktion verdankt Agía Nápa der im Kapitel Lárnaka vorgestellten Pierides-Stiftung: das **Marine Life Museum,** eine Ausstellung über das Leben im Meer (geöffnet Mi–Mo).

## An der Demarkationslinie

Wohl kaum irgendwo wird die Situation der Teilung Zyperns so unmittelbar erfahrbar wie auf einer Fahrt entlang der Demarkationslinie über die ins Abseits geratene alte Verbindungsstraße zwischen Lárnaka und Famagústa. Jeder Reisende sollte von dieser Straße aus einen Blick auf das verlassene Dorf **Achna** ❽ werfen, gleich hinter den türkischen Stellungen. Hier grenzt die türkische Zone unmittelbar an das Territorium der British Bases von **Dekélia,** einem der beiden britischen Militärstützpunkte auf der Insel. An dieser Stelle eröffnet sich eine britische Welt für sich, mit Wohnsiedlungen in Ziegelbauweise, Golf- und Segelflugplatz, Clubs und Pubs. Auf der Weiterfahrt in Richtung Lárnaka lohnt sich ein Abstecher in den Ort **Pyla** ❾. Weil er an die British Bases grenzt, blieb ihm 1974 die Eroberung durch die türkischen Truppenverbände erspart. Unter UN-Aufsicht leben hier noch beide Bevölkerungsgruppen mehr nebenals miteinander in einem Dorf. Am Hauptplatz gibt es ein griechisches und ein türkisches Kafenion. Im oberen Stockwerk eines Restaurants hält ein Blauhelm der UN-Friedenstruppen Wache. ■

**Seite 174**

**Klösterliche Schweinerei**
Im Hof des Agía-Nápa-Klosters sprudelt das Wasser aus dem Schlund eines steinernen Ebers.

▼ **Auch Kartoffeln werden reichlich angebaut**

### Windmühlen und Leimruten
Die fruchtbare rote Erde der Kokkinochória machte das Gebiet zu einem der reichsten von ganz Zypern. Wasser war hier immer reichlich vorhanden; erst die intensivierte Landwirtschaft der letzten Jahrzehnte hat den Grundwasserspiegel sinken lassen und künstliche Bewässerung notwendig gemacht. Die meisten Windmühlen wurden längst durch Motorpumpen ersetzt, die das Wasser aus tiefen Bohrlöchern holen; heutzutage kommt ein Großteil des Wassers sogar durch eine Pipeline von einem neuen Damm flussaufwärts von Limassol. Die Bauern von Avgorou und Xylofagou haben sich auf den Kartoffelanbau spezialisiert und können bis zu dreimal im Jahr ernten. Aufgrund der ständig steigenden Nachfrage gehört diese Bodenfrucht heute zu den wichtigsten Importgütern der Insel. Weitaus weniger erfreulich ist ein anderer Exportartikel dieser Region: eingemachte Singvögel, die vor allem in den Mittleren Osten geliefert werden. Viele Zugvögel legen auf Zypern eine Pause ein, doch für viele von ihnen gibt es keinen Weiterflug mehr. Offiziell ist der grausame Fang der armen Tiere mit Leimruten und feinen Netzen zwar inzwischen verboten, doch solange diese »Delikatessen« noch teuer bezahlt werden, gibt es auch weiterhin einen Markt dafür.

# *Páphos*

Seite
190

**Der Páphos-Distrikt, westlichster Teil Zyperns, kann auf eine große Vergangenheit zurückblicken: In der Antike wurde Páphos als Zentrum der aphroditischen Fruchtbarkeitsrituale Pilgerziel für den gesamten hellenistischen Kulturkreis. »Die Paphische«, war einer der klangvollen Beinamen der Göttin Aphrodite, die hier gemäß der Mythologie aus dem Schaum des Meeres geboren wurde. Noch mehr als in anderen Teilen Zyperns findet man immer wieder spektakuläre Zeugnisse der Vergangenheit.**

**P**áphos – das ist aber auch ein Raum von großer landschaftlicher Schönheit. Der besondere Reiz liegt hier im markanten Wechsel zwischen schroffen Steilküsten und fruchtbaren Küstenebenen, steil terrassierten Weinbergen und dichten Kiefernwäldern an den Hängen des Tróodos-Gebirges. An den Flanken des Tróodos fangen sich die feuchten Westwinde vom Meer: Der Westen Zyperns erhält so weit mehr Niederschläge als der Osten und die zentralen Ebenen. Der Meereswind bringt hier ein sehr warmes und ausgeglichenes Klima ohne heiße oder kalte Extreme. Deshalb gedeihen hier sogar Bananen und andere Tropenfrüchte.

**Páphos** ist mit nur 36 000 Einwohnern die kleinste der Distrikthauptstädte im griechischen Teil Zyperns. Die verstädterten Gemeinden im direkten Stadtumland zählen zusammen nochmals 18 000 Bewohner. Páphos selbst setzt sich aus zwei Ortsteilen zusammen: Aus der Unterstadt **Káto Páphos,** auf Meereshöhe im Bereich des kleinen Hafens, und der Oberstadt **Ktíma,** die weiter nördlich auf einer 170 m hohen Felsenkante gelegen ist und heute das eigentliche Stadtzentrum darstellt.

Káto Páphos – oder genauer: die antike Stadt – wird auch **Néa Páphos** (»Neu-Páphos«) genannt und damit von der archäologischen Stätte Palea Páphos (»Alt-Páphos«, bei Koúklia) unterschieden. Die zunächst verwirrende Benennung der Ruinen als *Neu*-Paphos wird vor dem Hintergrund verständlich, dass der letzte Stadtkönig Nikokles um 312 v. Chr. die Hauptstadt von Palea Páphos hierher ver-

legen ließ. Nach 58 v. Chr., dem Beginn der römischen Herrschaft über die Insel, wurde Néa Páphos zum Sitz des römischen Prokonsuls.

Páphos erlitt im 1. Jh. v. Chr., im 1. und nochmals im 4. Jh. eine Reihe zerstörerischer Erdbeben, wobei besonders das letzte die Stadt derart beschädigte, dass sie von ihren Bewohnern vorübergehend ganz verlassen wurde. Nach den arabischen Einfällen auf die Insel im 7. Jh. setzt sich der Niedergang von Néa Páphos fort, un-

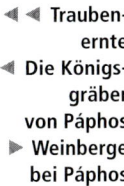

◄◄ **Trauben-ernte**
◄ **Die Königsgräber von Páphos**
► **Weinberge bei Páphos**

# Der Westen

0       10 km

N

**MITTELMEER**

*Chrysochou-Bucht*

*Lara-Bucht*

*Coral Bay*

*Pissouri-Bucht*

*Akamas*

*Tilliria*

*Lefkosia*

*Paphos*

*Limassol*

28 Kap Arnaouti

24

27 Bäder der Aphrodite

26 Latsi

Neo Chorio

Marion
Polis 23

Makounta

Argaka

Makounta

Pomos Point
32 Kokkina
Pachyammos 31
Pomos
Alevga
29 Kato Pyrgos
Pano Pyrgos
Limnitis/Yesilirmak
Ammadies/Günebakan
Leivadi
Frodisia
Kampos
Tsakistra

Nea Dimmata 30

Kato Gialia

Gialia

Stavros tis Psokas

1362 Tripylos

Zederntal

Kykkos

Prodromi

Chrysochou

Androlikou

Fasli

Goudi

Skoulli

Peristerona

Filousa

Lysos

Pelathousa

Kynousa

Kalogyros 923

20

Drouseia

Ineia

Kritou Tera
Kato Akourdaleia 18

Evretou

Sarama

25

Kato Arodes

Pano Arodes 19
Pano Akourdaleia

Miliou

Simou

Drymou

Lasa

Kritou Marottou

Thrinia

Asprogia
21
Pano Panagia
22 Chrysorrogiatissa

14 Avakas-Schlucht

17 Kathikas

Agios Dimitrianos

Kannaviou

Vretsia

13 Kap Drepanum
12 Agios Georgios

Akourso

Stroumbi 16

Polemi

Kourdaka

Statos-Agios Fotios

Galataria

Agios Ioannis

Arminou

Pegeia

Koili

Lemona

Choulou

Pentalia

Salamiou

Praitori

Kedares

Coral Bay
11

8 Agios Neofytos

Letymvou

B 7

Tsada

Pitargou

3 Panagia tou Sinti

Kelokedara

Trachypedoula

Kidasi

Gerovasa

10 Lempa
Kissonerga

9

Trimithousa

Mesogi

Mesa Chorio 15

Amargeti

Eledio
Axylou

Agios Georgios

Dora

Chlorakas

Empa

Konia

Marathounta

Episkopi

Nata

Choletria

Mamonia

Diarizos

Pano Archimandrita

Anogyra

1 Paphos
Agia Parsakevi

2 Geroskipou

Koloni

B 6

Foinikas

Agios Georgios

Platanisteia

Alektora

4 Acheleia

Timi

Agia Varvara

5 Asprokremmos-Stausee

Nikokleia

Souskiou

Chapotami

Mandria

6 Aphrodite-Heiligtum
Kouklia

7 Petra tou Romiou

B 6

Pissouri

Kap Aspro

Limassol

terbrochen von kurzen Blütezeiten in der Zeit der Lusignan und der Venezianer, als einige Gebäude im gotischen Stil errichtet wurden. In der osmanischen Zeit (1571 bis 1878) begannen die Einwohner ins sichere Binnenland nach Ktíma zu emigrieren.

## Der Hafen

Mittelpunkt des Lebens in Káto Páphos ist immer noch der beschauliche kleine **Hafen Ⓐ**, der schon Nikokles zu seiner Stadtgründung veranlasste und der heute mit seinen Fischrestaurants lockt. Von dort fällt der Blick auf die Hafenmole mit dem 1592 von den Türken erbauten **Kastell Ⓑ**. Ursprünglich hatten die Lusignan hier einen Wehrturm gebaut, der über eine Mauer mit einem zweiten Turm am Ostende der Landzunge verbunden war, an den heute nur noch ein Steinhaufen erinnert. Anfangs verstärkten die Venezianer die Doppelfestung, um sie später im tiefsten Frieden zu sprengen – der Seemacht schien es zu kostspielig, alle Forts auf Zypern mit Soldaten zu belegen.

Von der Küste südöstlich des Hafens landeinwärts sowie entlang der Straße zu den Königsgräbern erstreckt sich die neue touristische Zone von Káto Páphos, mit Hotels, Restaurants, Diskotheken etc. Wegen der kargen, felsigen Küste ist das Baden im Meer hier nicht jedermanns Sache. Immerhin brachte dessen späte Entstehung für das Erscheinungsbild des Touristenviertels den Vorteil, dass die Baubehörden Auflagen zur Begrenzung der Bauhöhen durchsetzen konnten. Die rasante Ausdehnung des Baugebiets hält auch die zyprische Altertümerverwaltung ständig in Atem: Immer wieder stoßen die Bagger bei den Bauarbeiten auf wertvolle Funde aus vergangenen Epochen, die dann von den Archäologen schnell gesichert werden müssen.

## Die Ruinen von Néa Páphos

Der von neuzeitlicher Überbauung freie archäologische Bezirk umfasst eine Fläche von 95 Hektar und erstreckt sich westlich der Apostel-Paulus-Avenue, die von Ktíma zum Hafen hinunterführt. Die öffentlichen Gebäude und die luxuriösen Häuser, welche bei den Ausgrabungen ans Licht kamen, verraten die Bedeutung von Páphos besonders in der römischen Zeit. 1981 wurde das archäologische Ensemble von der UNESCO in die Liste der Weltkulturdenkmäler aufgenommen. Unter den historischen Schätzen ragen die **Villen** mit ihren wundervollen **Bodenmosaiken** (Tel. 06/24 02 17, tgl. geöffnet) besonders hervor. Die bekanntesten von ihnen sind das Haus des Dionysos, das Haus des Aion, die Villa des Theseus und das Haus des Orpheus. Die Bezeichnungen wurden von den Archäologen gewählt und beziehen sich auf die in den Mosaiken dargestellten Helden.

### Villa des Dionysos Ⓒ

Das Haus des Dionysos besteht aus einem Atrium, von dem Korridore in vier

Seite
190

**Die Mosaiken von Páphos**
. . . zeigen das Lebensgefühl der Spätantike.

▲ **Ein neuer Freund**
▶ **Eines der zahlreichen neuen Hotels in Páphos**

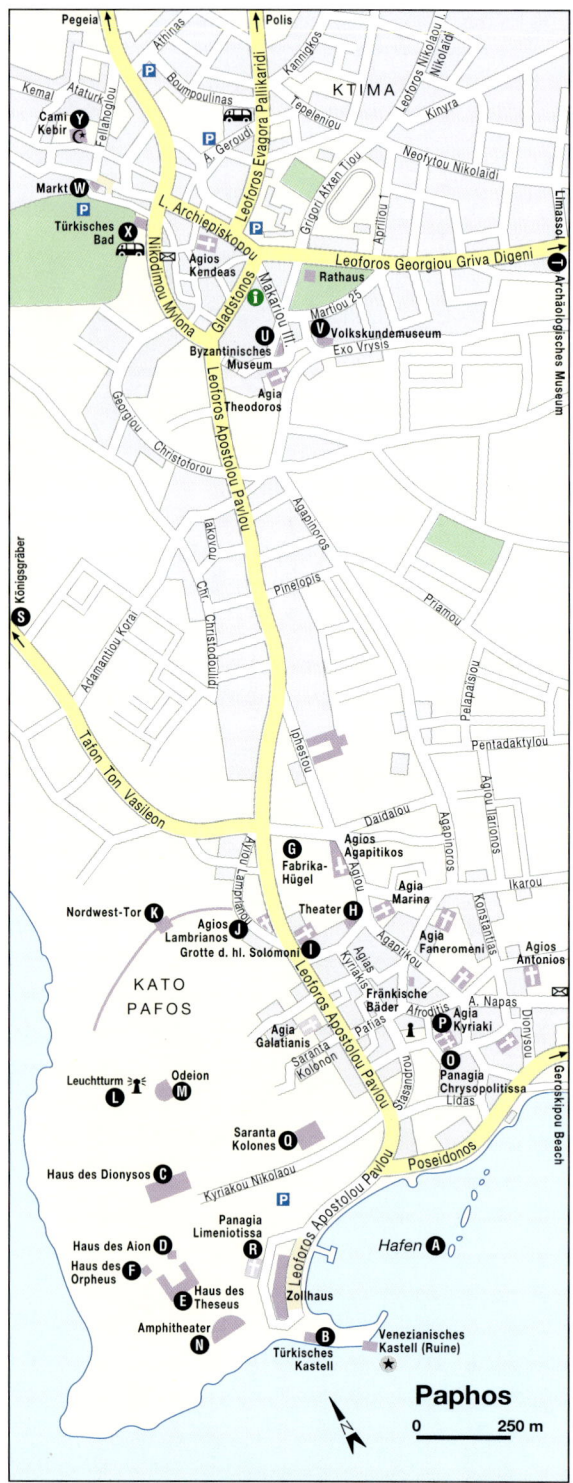

**Paphos**

0        250 m

Richtungen ausgehen. Um diesen Innenhof sind die übrigen Räume des Hauses angeordnet. Am eindrucksvollsten sind die Bodenmosaiken mit mythologischen Szenen und geometrischen Motiven. Gleich links vom heutigen Eingang befindet sich ein Mosaik aus der Umgebung, das die *Skylla,* ein mythologisches Ungeheuer, bestehend aus Frau, Fisch und Hund, darstellt. Es ist das älteste Mosaik, das in Zypern gefunden wurde; seine Besonderheit liegt darin, dass es aus Kieselsteinen zusammengesetzt ist. Auf der westlichen Seite des Atriums sind vier Szenen aus der griechischen Mythologie dargestellt. Jene gleich am Eingang stellt den Liebestod von *Pyramus und Thisbe* dar. Die nächste Szene zeigt *Ikarus,* dem der Gott Dionysos die Weinherstellung beibringt. Links von Ikarus sieht man die Nymphe Akme, wobei sich rechter Hand die ersten Betrunkenen in der Geschichte der Menschheit befinden. Die benachbarte Szenerie zeigt *Poseidon und Amymone,* und im vierten Bild stellt *Apollon* der Nymphe Daphne nach.

Der große Empfangs- oder Speisesaal (Triclinium) westlich des Atriums zeigt eingangs den *Triumphzug des Dionysos* anlässlich seiner Rückkehr vom Indien-Feldzug. Den Rest des Raumes schmücken Szenen der *Weinlese.*

Weitere Mosaiken des Hauses stellen mythische Figuren dar, wie z. B. den Narziss, Hippolytos und Phädra, Ganymed mit dem Adler sowie die Allegorien der vier Jahreszeiten. Das Gebäude lässt sich auf das Ende des 2. Jhs. bzw. Anfang des 3. Jhs. datieren.

### Villa des Aion **O**

Die 1983 begonnene Ausgrabung brachte bislang nur einen Teil der Räume ans Licht. Der größte von ihnen, vermutlich der Empfangssaal, besitzt ein Mosaik mit fünf mythologischen Motiven. Das erste Bildfeld oben links zeigt unter anderem *Leda mit dem Schwan.* Im nächsten Bild oben rechts sitzt der kleine *Dionysos auf dem Schoß des Hermes,* der den Knaben dem Tropheus übergibt, während Nymphen links das erste Bad des kleinen Dionysos vorbereiten. Das mittlere und größte Bild stellt einen mythischen Schönheitswettbewerb dar, bekannt als das *Urteil der Nereiden.* Die Siegerin des Wett-

Seite
190

bewerbs ist die Königin Kassiopeia, die von einer geflügelten weiblichen Figur, der Krisis, gekrönt wird. In der Mitte erkennt man die Figur des Aion, Symbol der ewigen Zeit und Richter über alle. Das Bild unten links stellt den *Triumphzug des Dionysos* dar, wobei hier nur der Wagen erhalten ist. Das letzte Bildfeld zeigt das Ende des musikalischen Wettstreits zwischen dem Satyr *Marsyas* und *Apollon:* Für seine Vermessenheit, den Gott der Musik herausgefordert zu haben, musste der unterlegene Satyr sterben.

### Villa des Theseus ❺

Dieses Gebäude befindet sich neben dem Haus des Aion. Es wurde im 2. Jh. n. Chr. errichtet und erfuhr im Laufe der Jahrhunderte mehrere bauliche Veränderungen. Vermutlich war es einst das Haus eines römischen Statthalters. Es besteht aus einem von Kolonnaden umgebenen Atriumhof, von dem Räume in alle Himmelsrichtungen ausgehen.

Das eindrucksvollste Mosaik der Villa befindet sich in einem Zimmer auf der südlichen Seite. Es stammt aus dem dritten Jahrhundert n. Chr. und zeigt ein mit geometrischen Motiven stilisiertes *Labyrinth,* dessen Mittelpunkt ein Medaillon bildet, in dem Theseus mit dem Minotaurus kämpft. Daneben personifiziert eine junge Frau die Insel Kreta und ein bärtiger Mann nochmals das Labyrinth. Ariadne,

> **Dionysos,**
> → Sohn des Zeus und der Semele, war der griechische Gott des Weines und der Fruchtbarkeit. Sein Fehlen in der Götterreihe Homers, der orgiastische Kult und die Mythen vom Aufwachsen im fernen Fabelland Nysa weisen auf orientalischen Ursprung hin. Aus seinen Kultfeiern entstand das antike Drama.

▲ ▼ **Mosaiken in der Villa des Dionysos**

um die der Held und das Ungeheuer streiten, schaut zu.

Auf dem Boden des großen, zentral gelegenen Raumes an der Südseite, der als Thronsaal diente, ist noch eine weitere Darstellung erhalten. Sie zeigt die erste *Waschung des neugeborenen Achilles* in einem Becken mit dem Wasser des Styx, das ihn unsterblich machen sollte. Seine Mutter Thetis hält den Säugling an der Ferse, und das in Gestalt dreier Schicksalsgöttinnen anwesende Schicksal nimmt seinen Lauf: Die sprichwörtliche Achillesferse wird den Helden später das Leben kosten.

**Apostolische Mission**
→ Bei ihrem Besuch in Néa Páphos (47 n. Chr.) sollen die auf Missionsreise befindlichen Apostel Barnabas und Paulus den Prokonsul Sergius Paulus zum Christentum bekehrt haben. Wenn dies zutrifft, war Zypern das allererste von einem Christen regierte Territorium.

systematische Ausgrabungen und brachten bis heute ein Gebäude mit vielen Räumlichkeiten ans Licht, die rund um ein von einem Säulengang umgebenes Atrium (Peristylon) angeordnet sind. Der ursprüngliche Bau lässt sich bis ans Ende des 2. bzw. an den Anfang des 3. Jhs. n. Chr. zurückdatieren.

Das wichtigste Mosaik schmückt ein Zimmer im Nordwesten. Dort ist *Orpheus* mit seiner Lyra dargestellt, von Zauberwesen in Tiergestalt umgeben. Die Inschrift unter der Gestalt des Orpheus dürfte den Namen des Hauseigentümers oder des Stifters angeben.

Zwei weitere Mosaiken sind noch zu erwähnen, die sich auf dem Boden eines Zimmers, südlich des zuletzt beschriebenen, befinden. Das erste zeigt mit ein-

▼ Die Waschung des neugeborenen Achilles

## Die Villa des Orpheus ❻

Dieses Haus befindet sich westlich von der Theseus-Villa. 1982 begannen hier

drucksvoller Einfachheit den Kampf zwischen *Herkules* und dem mythischen Löwen Nemea. Das andere stellt auf einem blauen Hintergrund eine *Amazone* dar, die mit der linken Hand einen Pferdezaum, mit der rechten ein doppeltes Beil hält.

### Am Fábrika-Hügel

Der Name Fábrika erinnert an die osmanische Zeit, als sich in den kühlen und schattigen Grotten zahlreiche Baumwollspinnereien befanden. Auf der westlichen Seite des Fábrika-Hügels ist ein Komplex von unterirdischen, in den Felsen gehauenen Räumen zu besichtigen, wobei manche von erstaunlich großen Ausmaßen sind.

Ihr ursprünglicher Zweck bleibt rätselhaft. Der Volksmund vermutet hier einen Eingang ins unterirdische Reich der sagenhaften Königin Regina.

Auch um den **Digenis-Felsen**, einen isolierter Brocken etwas nördlich des Hügels, rankt sich eine Geschichte. Ihn soll der Riese Digenis voller Wut nach Regina geschleudert haben, als diese sich einmal mehr dem Werben des tumben Goliath entzog.

Auf dieser Seite des Hügels ist in einer zum Stall umfunktionierten Grotte auch das letzte Kamel von Páphos zu Hause. In der Touristensaison muss es unten am Hafen als folkloristisches Fotomotiv herhalten und für ein paar Groschen Urlauber aufsitzen lassen, an Weihnachten darf es die Krippe durch die Stadt tragen.

Wie einer Inschrift auf einem der steinernen, aus dem Felsen gehauenen Sitze zu entnehmen ist, stammt das **Theater** am Südosthang des Fábrika-Hügels bereits aus frühhellenistischer Zeit. Ein mit Stofffetzen behängter Wunschbaum markiert den Eingang zur **Grotte der heiligen Solomoni**, und auf der anderen Straßenseite befindet sich mit **Ágios Lambríanos** eine weitere künstliche Höhle, in der die Christen eine Kapelle einrichteten.

**Seite 190**

**Agía Solomóni**
Sobald Ihr Stofffetzen an der mächtigen Terpentinpistazie verrottet ist, erfüllt die Heilige den Wunsch.

▼ **Pause mit Pelikan**

## Stadtmauer und Akropolis

Von Ágios Lambríanos erkennt man hinter dem Zaun, der das archäologische Gelände von der Straße trennt, die teils aus dem natürlichen Fels gehauene, teils mit riesengroßen Steinen errichtete **Stadtmauer,** die wahrscheinlich schon von König Nikokles angelegt wurde und mit mehreren polygonalen (vieleckigen) Türmen versehen war.

Zwei solcher Türme flankieren das **Nordwest-Tor ⓚ**. Von der hier sieben Meter hohen Mauer führt eine Rampe in Richtung Meer hinunter, in der noch die Rinne für das Abwasser von Néa Páphos auszumachen ist. Am Tor sind die Vertiefungen für die Türangeln und der Unterstand für die Wache erhalten. Ein Geheimgang führte in den Stadtgraben.

**Odeion**
→ Als mit einer Holzkonstruktion oder Segeltuch überdachtes Kleintheater war das Odeion in der Antike Schauplatz musikalischer Darbietungen.

Der kleine Hügel, wo heute der Leuchtturm steht, scheint in der Antike die **Akropolis ⓛ** von Néa Páphos gewesen zu sein. Südlich des Leuchtturms befinden sich Überreste von Gebäuden, während auf dem Abhang des Hügels das römische **Odeion ⓜ** aus dem 2. Jh. n. Chr. liegt. Die unteren Sitzreihen um die halbrunde Orchestra herum wurden restauriert, vom Bühnenhaus (Skene) sind nur noch die Fundamente erhalten.

Südlich des Odeions ist das **Asklepeion** zu sehen, das Heilzentrum und Altar des Medizingottes Asklepios, das mit dem Odeon durch einen Gang verbunden ist. Sein architektonischer Plan besteht aus einem zentral gelegenen, bogenförmigen Saal, umgeben von zwei viereckigen Zimmern; er lässt sich auf das 2. Jh. n. Chr. datieren.

Die noch erhaltenen Fundamente einer korinthischen Säulenreihe verraten uns, dass sich in der Umgebung östlich des Odeons die aus dem 2. Jh. stammende **Agora** befand. Sie bestand aus einem Hof mit Säulenreihen, von dem aus man in die hinten gelegene Stoa und die Läden gelangte. In gewisser Entfernung südlich des Komplexes Odeon-Asklepeion gab es einen kleinen **hellenistischen Altar.** Davon sind nur seine in den Felsen gehauenen Fundamente sowie die Treppe, die zu ihm führt, erhalten.

Außerhalb der Grenze der Stadt, Richtung Osten, befindet sich auf einem bislang nicht zugänglichen Privatgrundstück der **Altar des Apollon Hylates** aus dem ausgehenden 4. Jh. v. Chr. Er besteht aus zwei Räumen, die beide in den Felsen geschlagen sind. Zwei Inschriften, die eine über dem Eingang und die andere im Inneren, belegen, dass dieser Altar dem Gott Apollon geweiht war.

Wir wissen aus Inschriften, dass hier in Páphos auch Aphrodite, Zeus, Artemis und Leto verehrt wurden. Zu erwähnen

▲ Die unteren Sitzreihen im Odeion wurden rekonstruiert
◄ Zitronenhändlerin in Páphos

Seite 190

sind schließlich noch die Überreste des römischen **Amphitheaters** : Es handelt sich um eine Anhöhe mit einer ovalen Vertiefung in der Mitte, die nordöstlich von der am Hafen gelegenen Burg zu finden ist.

### Byzantinische und mittelalterliche Denkmäler

Das eindrucksvollste Gebäude der frühchristlichen Zeit ist zweifellos die Basilika **Chrysopolítissa** ❶ (ehemals Panagía Akhrodítissa), welche sich im östlichen Teil der Stadt befindet, unterhalb der heutigen Kirche **Agía Kyriakí.** Das Gebäude wurde Ende des 4. Jhs. n. Chr. errichtet und erlebte danach noch viele bauliche Änderungen.

Es handelt sich um eine der größten frühchristlichen Basiliken, die bisher auf Zypern gefunden wurden. Ursprünglich hatte sie sieben Schiffe, wurde aber bei dem großen Umbau im 6. Jh. auf fünf verkleinert. Das Mittelschiff besitzt einen doppelten Boden, ein Charakteristikum, das in Zypern einzigartig ist. Man sieht heute noch die Granitsäulen, die den östlichen Teil des Daches stützten. Im Westen befindet sich der Narthex und das Atrium mit umlaufenden Säulenreihen. Ein Gang führt in südwestlicher Richtung zu einem Gebäude, das wahrscheinlich als Wohnsitz des Bischofs von Páphos gedient haben dürfte.

Der wichtigste Schmuck der Basilika sind ihre Bodenmosaiken aus verschiedenen Epochen. Sie zeigen hauptsächlich pflanzliche und geometrische Motive; neben dem Heiligtum sind aus dem 4. Jh. n. Chr. drei Feldbilder erhalten, die Inschriften und allegorische Abbildungen aus dem Alten Testament darstellen. Besonders beeindruckend muss der Boden des Mittelschiffs gewesen sein, der ein Ensemble aus vielfarbigen Steinplatten erhielt (opus sectile).

Die Basilika konnte sich bis in die Mitte des 7. Jhs. hinein behaupten, bis sie

**Leuchtturm** Genießen Sie von diesem Aussichtspunkt den Sonnenuntergang.

▼ **Die Basilika Chrysopolítissa stammt aus der frühchristlichen Zeit**

schließlich während der arabischen Einfälle zerstört wurde. Eine kleine Kirche wurde daraufhin an ihrer Stelle erbaut, aber um 1500 wieder zerstört, um der heutigen Kirche von Agía Kyriakí Platz zu machen.

In fränkischer und venezianischer Zeit (1192–1489) war Néa-Páphos Sitz des lateinischen Bischofs und enthielt folglich wichtige Gebäude. Eines von ihnen befindet sich gleich nordwestlich von Agía Kyriakí. Es handelt sich um die Reste der **Franziskanerkirche,** eine der wichtigsten gotischen Kirchen der Insel. Die Fundamente lassen eine dreischiffige Anlage erkennen, die wahrscheinlich am Ende des 13. Jhs. oder zu Beginn des 14. Jhs. errichtet wurde. Besonders bemerkenswert ist die architektonische Lösung zweier Bögen über einer Doppelsäule. Gleich im Westen der Kirche sind einige Grabsteine zu sehen, auf denen die Namen der in dieser Stadt verstorbenen Franken zu lesen sind.

An der **Paulus-Säule** ❷, heute nur noch ein kläglicher Stumpf, wurde der Überlieferung nach der Apostel Paulus auf Veranlassung der Juden von Paphos mit 39 Peitschenhieben gepeinigt. Unweit der Säule findet man die vom abgestorbenen Wurzelwerk eines Olivenbaums überwucherten **Türkischen Bäder.** Im Mauerwerk der Ruine sind noch die Rohre für den heißen Dampf zu erkennen. Ein weiteres Badehaus, die **Fränkischen Bäder,** noch aus der Zeit der Lusignan, befindet sich etwa 100 Meter nördlich.

Auf dem Weg zu den Mosaik-Villen thronen rechts auf einer kleinen Anhöhe die Reste der mittelalterlichen Burg **Saránta Kolónes** ❶ (»40 Säulen«), benannt nach den vielen Granitsäulen, die als antiker Schutt beim Bau der Burg wieder verwertet wurden. Die Zentralburg ist von einem mächtigen Mauerring und Schützengräben umgeben. Sie verfügt über vier massive Ecktürme. Der Eingang an der östlichen Seite wurde von einem

**Sanránta Kolones**
In den südlichen Eckpfeilern findet man die Latrinen, wo die byzantinischen Soldaten ihre Notdurft verrichteten.

▼ **Von der Paulus-Säule blieb nicht viel übrig**

fünften, hufeisenförmigen Turm verstärkt. Im Zentralhof wurde das Dach durch Bögen gestützt.

Ein großer Brennofen ist erhalten, der als Heizung (praefurnium) für die Bäder gedient haben soll; dort befinden sich außerdem noch einige Stallungen. Im Kern der Außenmauer befanden sich Treppen, die in Notausgängen endeten und zum Schützengraben führten. Die Datierung von Saránta Kolónes ist schwierig; wir wissen aber mit Sicherheit, dass sie im Jahre 1222 von einem Erdbeben verwüstet wurde.

Hinter den Restaurants am Hafen liegen die Reste einer frühchristlichen Basilika, **Panagía Limentiótissa ⑦**, um die Wende vom 4. zum 5. Jh. erbaut. Das Gebäude wurde durch zwei Säulenreihen in drei Schiffe unterteilt, während sich der Narthex und das Atrium im Westen befanden. Einige der Bodenmosaiken sind erhalten, in einem Raum im Nordosten findet sich ein wunderschönes Beispiel eines opus sectile. An den arabischen Inschriften aus der zweiten Hälfte des 7. Jhd. n. Chr. lässt sich erkennen, dass die Araber diesen Raum zur Zeit der Einfälle auf Zypern benutzt haben.

### Die Königsgräber ⑧

Nach einer alten Sitte sollten sich die Friedhöfe (Nekropolis) außerhalb der Stadtmauern befinden. In Néa-Páphos erstreckte sich die gewaltige Nekropolis in alle Himmelsrichtungen. Die nordwestlichen Gräber sind wegen ihrer Größe und ihres imposanten Aussehens Königsgräber (Tel. 06/24 02 95, tägl. geöffnet) genannt worden, obwohl sie dem Adel der Ptolemäer als Sippengräber dienten. Die in den Felsen gehauenen Gräber entstanden zwischen dem 3. Jh. v. Chr. und dem 3. Jh. nach Chr.

Es gibt außerdem auch noch kleine, würfelartige Gräber; die reichsten von ihnen weisen einen eindrucksvollen architektonischen Plan auf. Diese sind mit

Seite 190

▲ **Zeit für ein Nickerchen**
▼ **Die imposanten Bogen von Saránta Kolónes**

großer Sorgfalt in den Felsen geschlagen worden.

Die zwei wichtigsten **Peristylgräber** erreicht man, indem man eine Treppe hinabsteigt, die in einen zentralen, offenen Hof, das Atrium, führt. Um den Hof herum sind die Gräber angeordnet. Die Säulen gehören dem dorischen Stil an; die Spuren einiger Fresken verraten uns, dass die Felsen einst bemalt waren. Ein benachbartes Grab weist eine andere architektonische Gestaltung auf. Es besteht aus einem kompakten Würfel im Zentrum, der von breiten Korridoren umgeben ist. Von seiner prächtigen Ausgestaltung ist nur ein Teil der Dekoration übrig geblieben.

Diese Nekropole diente als Zufluchtsort während der ersten Christenverfolgungen auf Zypern. Das **Grab Nummer 5** wurde in späterer Zeit in einen Keramikbrennofen umgewandelt, das **Grab Nummer 6** fand als ein Andachtsraum Verwendung, dem diese Region auch ihren Ortsnamen

▼ **Der Hof mit den Königsgräbern**

verdankt, nämlich Palioeklissiá (»die alte Kirche«).

## Das Archäologische Museum

Das archäologische Bezirksmuseum ❶ (Tel. 06/24 02 15, tgl. geöffnet, Sa/So nur bis 13 Uhr) liegt weitab von den Ruinen an der Straße von Ktíma nach Geroskipou. Im **ersten Saal** werden Funde aus dem Neolithikum und Chalkolithikum (8000–2500 v. Chr.) und der Bronzezeit (2500–1050 v. Chr.) sowie Gegenstände aus Metall und goldene Schmucksachen aus verschiedenen Zeiten ausgestellt. Im Zentrum des Saals befindet sich die Mumie eines Mädchens aus dem 3. Jt. v. Chr., die in Lempa entdeckt wurde.

Im Museum gibt es noch eine bedeutsame Sammlung von Keramiken aus dem Chalkolithikum. Sie sind mit rotem Dekor auf weißem Hintergrund ausgestattet und gehören zu den frühesten und schönsten

Keramiken, die in Zypern gefunden wurden. In einem Schaufenster mit Metallgegenständen ist vor allem eine Sammlung von chirurgischen Werkzeugen aus der Römerzeit sehenswert.

Im **zweiten Saal** werden Funde der geometrischen (1050–750 v. Chr.), archaischen (750–475 v. Chr.) sowie der klassischen Zeit (475–325 v. Chr.) ausgestellt. Neben den zyprischen Gefäßen mit schöner Malerei und plastischer Ausschmückung sind auch die aus Attika eingeführten schwarzen und roten Gefäße zu sehen.

Unter den Statuen sind hauptsächlich diejenigen, die vom Altar der Aphrodite in Palea Páphos stammen und bestimmte Charakteristika der archaisch-zypriotischen Bildhauerei aufweisen, hervorzuheben. Die ägyptischen, phönizischen und griechischen Einflüsse lassen sich daran deutlich erkennen. Das nur teilweise erhaltene, aber wunderschöne Grabrelief aus Weißmarmor ist griechischer Herkunft, die neben ihm stehende Grabsäule kommt aus Zypern. Im gleichen Raum sind auch eine Reihe von Inschriften in zyprischer Mundart sowie die vor-klassische Silbenschrift zu sehen, die am Ende des 4. Jhs. v. Chr. vom griechischen Alphabet abgelöst wurde. In einer Vitrine gibt es noch eine Bronze- und Kupfermünzensammlung.

Im **dritten Saal** befinden sich Töpfe aus Glas und Ton sowie Skulpturen und Götzen aus der hellenistischen Periode (325–58 v. Chr.) sowie aus der römischen Zeit (58 v. Chr. bis 330 n. Chr.). Eindrucksvoll sind die zwei rechteckigen Sarkopharge in Form eines Hauses. Zwischen ihnen steht ein Löwe, wiederum ein attisches Werk, das in Néa Páphos gefunden wurde.

Unter den Skulpturen fallen besonders der schöne Kopf der ägyptischen Königin Isis mit seinen charakteristischen Haarlocken und die perfekt erhaltene Statuette des Medizingottes Asklepios auf. In einer

Seite 190

▲ In Páphos gibt es auch moderne Kunst
▼ Der Eingang zum Archäologischen Museum

anderen Vitrine stehen Töpferwaren in Form von Nachbildungen menschlicher Körperteile. Sie wurden damals als Wärmflaschen verwendet bzw. dienten der medizinischen Versorgung. Mit einem den ganzen Körper einhüllenden Set tönerner Wärmflaschen ließ sich beispielsweise ein reicher Paphiote der römischen Zeit verwöhnen.

Im **vierten Raum** werden Gegenstände aus der römischen und byzantinischen Zeit (4. bis 10. Jh.) ausgestellt. Die hiesigen römischen Töpferwaren und die byzantinischen Amphoren stammen aus dem Haus des Dionysos. Nennenswert sind zwei Trapezophóra aus Marmor; das erste stellt den betrunkenen Herkules, umgeben von den Erotídis, dar, das andere (nur der untere Teil ist erhalten) Orpheus und die Tiere.

Einige christliche Inschriften in Marmor und eine Mosaikinschrift stammen aus der Basilika der Umgebung. Aus der Basilika von Limentiótissa kommen die

Säulen mit den arabischen Inschriften, seltene Zeugen der arabischen Präsenz in Zypern.

Im **letzten Raum** werden Funde aus der fränkischen (1192–1489) und der venezianischen Zeit (1489–1571) gezeigt. Hier können die Besucher eine wunderbare Sammlung glasierter Keramik besichtigen. In einem der Schaukästen stehen zyprische glasierte Töpferwaren – berühmt in ihrer Zeit –, während in anderen Modelle importierter Keramik zu sehen sind.

Ebenfalls aus dem Ausland stammt die Gruppe der vier Engel, die während der Ausgrabung der fränkischen Kirche neben der Kirche von Agía Kyriakí in Káto Páphos gefunden wurde. Die Engel bestehen aus Kalkstein, ihre Flügel sind aus Terrakotta und die Ausschmückungen aus Marmor. Von großer Bedeutung sind die fränkischen Grabsteine, die Informationen über die in Zypern gestorbenen Adligen geben.

▼ **Die Markthalle von Páphos**

## Ktima

Abseits des Touristenrummels bietet die Oberstadt Ktíma den Charme einer lebendigen zyprischen Kleinstadt. Seine Farbigkeit erhält Ktíma vor allem durch seine Funktion als das Handels- und Versorgungszentrum für diesen noch recht ländlich geprägten Distrikt. Am Samstag, dem Markttag, trifft man die Paphioten aus der Umgebung in der Markthalle und den Geschäftsstraßen von Ktíma.

Von Osten (aus Richtung Límassol) nach Páphos kommend, stößt man zunächst auf eine **Reihe klassizistischer Gebäude** an der Avenue Georgiou Griva Digeni. Markant

> ### Georgios Grivas
> → führte in den 50er Jahren den Partisanenkampf gegen die Briten, befehligte zu Beginn des Bürgerkriegs 1964 die griechischzyprische Nationalgarde gegen die Zyperntürken und bekämpfte ab 1971 mit der terroristischen EOKA-B die legitime Regierung unter Makarios. Nach seinem Tod (1974) erhob ihn das Parlament zum »Helden der Nation«.

sind die Bauten der öffentlichen **Bibliothek** sowie des **Rathauses** und auf der anderen Straßenseite der **Grundschule,** des **Gymnasiums** sowie das Portal zum Stadion.

Die recht feudal anmutenden Schulbauten zeigen den hohen Stellenwert der (klassischen) Bildung bei den Zyperngriechen. Bildung galt hier immer auch als ein Vermittler des hellenischen Freiheitsgedankens.

Ein Relief im Hof des Gymnasiums zeigt einen Schüler bei dem Versuch, mit einem Stein einen Löwen zu töten: Dies ist ein Symbol des Kampfes der jungen Zyprioten gegen die Briten Ende der 50er Jahre.

**Seite 190**

▼ **Das prächtige Gymnasium**

**Seite 190**

Biegt man nach Stadtpark und Rathaus links ein, gelangt man bald zum **Palais des Bischofs von Páphos ⓤ**. Hierhin war Erzbischof Makarios nach dem gegen ihn gerichteten Putsch der griechischen Offiziere am 15. Juli 1974 geflohen. Über einen Radiosender dementierte er die Verlautbarungen der Putschisten, die seinen Tod gemeldet hatten. Zum Palast gehört auch das **Byzantinische Museum** (tägl. geöffnet, So nur bis 13 Uhr) mit einer Sammlung wertvoller Ikonen aus den Kirchen des Bistums.

Um die Ecke treffen wir auf das private **Volkskundemuseum ⓥ** (tgl. geöffnet, Sa/So nur bis 13 Uhr) des Professors Eliades. Das Museum ist in einem Bürgerhaus untergebracht, und der polyglotte Eliades führt den Besucher selbst durch seine Sammlung mit Exponaten von der Steinzeit bis zur Gegenwart. Kuriosum ist die eigene Kapelle im Untergeschoss – in einem dort entdeckten hellenistischen Felsengrab.

▲ Im Volkskundemuseum von Ktíma
◀ ▶ Markante Köpfe

Durch das **Geschäftszentrum** von Ktíma entlang der Makarios-Straße (Leoforos Archiepiskopou Makariou III.) quält sich tagsüber eine nicht enden wollende Autokolonne. Restaurants, Banken und Boutiquen machen sich breit, charmante alte Häuser weichen hastig hochgezogenen Neubauten.

Am Ende der Makariosstraße wird die **Markthalle ⓦ** erreicht. Ein Ecklein gehört noch den Fischhändlern, auf der überdachten Freifläche vor der Halle bieten die Bauern Obst und Gemüse feil. Den größten Teil der Markthalle nehmen inzwischen allerdings Stände mit Souvenirs sowie anderem touristischen Bedarf ein, und auch die benachbarten Gassen wurden zu einer touristischen Einkaufszone.

Am Abhang schräg unterhalb des Marktes steht das neu renovierte **Türkische Bad ⓧ**. Das Hamam wurde bis etwa 1955 von griechischen und türkischen Zyprioten gemeinsam benutzt. In späteren Jahren war diese Eintracht dahin. Am 7. März 1964 brachen in Páphos heftige Kämpfe zwischen griechischen und türkischen Nationalisten aus, worauf sich die Zyperntürken in ihr Viertel zurückziehen mussten.

Auf dem Platz oberhalb des türkischen Bades stand damals eine Moschee. Sie wurde von den Griechen abgerissen, weil türkische Heckenschützen vom Turm des Minaretts auf Besucher des Marktes geschossen hatten.

Nördlich und nordwestlich vom Markt weisen die türkischen Straßenschilder darauf hin, dass wir uns im ehemaligen **Türkenviertel** befinden. Die 2900 zyperntürkischen Bewohner wurden im August 1975 sämtlich in den Nordteil der Insel übersiedelt. Noch erinnert vieles an die alten Bewohner: die alte Hauptmoschee **Cami Kebir ⓨ**, die türkischen Straßennamen, der leere Sockel einer Atatürk-Statue... Doch in den schmalen, verwinkelten Gassen ist die Zeit nicht stehen geblieben. An die Stelle der Türken sind zyperngriechische Flüchtlinge getreten. ∎

# Der wilde Westen

Seite
188

**Eine Reise durch das Páphos-Gebiet bietet wie nirgendwo auf der Insel Einblicke in die Vielfalt der zyprischen Siedlungsgeschichte: reiche Bauerndörfer, zerfallende Bergorte, von Erdbeben zerstörte Siedlungen, verlassene Weiler der Zyperntürken, Flüchtlingssiedlungen, Ferienkolonien ...**

Das Tróodos-Gebirge bildet eine natürliche Barriere zur übrigen Insel. Schon im 19. Jh. haftete dem Páphos-Gebiet der Ruf einer gewissen Wildheit und Gesetzlosigkeit an: Insbesondere Viehdiebstahl war an der Tagesordnung, und manchmal resultierten daraus blutige Familienfehden. Von der Industrialisierung, wie sie in den letzten Jahrzehnten im Raum Nikosía und Límassol stattfand, wurde die Region kaum berührt. Sie blieb ein etwas rückständiges Hinterland und wurde schließlich zum Abwanderungsgebiet. Páphos ist der am dünnsten besiedelte Distrikt Zyperns: Noch 1982 lebten hier nur 9 % der Bevölkerung Süd-Zyperns. Erst der Bau eines Flughafens im Jahre 1984 ermöglichte die Erschließung für den Tourismus. Heute steht der Raum Páphos bei der Zahl der Hotelbetten an dritter Stelle nach Agia Nápa/Paralímni und Límassol.

## Von Páphos ❶ zu den Felsen der Aphrodite

Auf der Landstraße nach Limassol stoßen wir gleich nach den letzten Häusern des ausufernden Páphos auf das Ortsschild von **Geroskípou ❷**. Der Name bedeutet »Heiliger Hain«. Was einst vielleicht ein beschaulicher Garten auf dem Pilgerweg von Néa Páphos zum Heiligtum der Aphrodite in Koúklia war, macht heute den Eindruck einer geschäftigen Vorstadt. Noch vor wenigen Jahrzehnten müssen in der Gegend zahlreiche Maulbeerbäume gestanden haben: Immerhin arbeitete hier bis 1950 eine der größten Seidenspinnereien Zyperns (und die Seidenraupen ernähren sich bekanntlich von den Blättern dieser Bäume). Spezialitäten des Ortes sind süße Loukoumia aus Traubensirup und Halloumi sowie Käse aus Schafs- und Ziegenmilch.

**Agía Paraskeví** am Dorfplatz von Geroskípou geht bis ins späte 8. oder frühe 9. Jh. zurück und ist damit eine der ältesten Kirchen der Insel. In der Kuppel über dem Altar kamen bei einer Restaurierung seltene Wandmalereien aus der Zeit des Bildersturms zutage: da die Darstellung von Menschen verboten war, beschränkte sich der Künstler auf schlichte florale und geometrische Motive. Figürliche Darstellungen vom Ende des 12. Jhs. wurden im späten 15. Jh. mit Fresken übermalt, die westliche Stileinflüsse zeigen.

◀ Ikone im
Kloster Ágios
Neófytos
▶ Mosaik in
Palea Páphos

Eine Panoramastraße auf dem Kamm zwischen Ezoúsa und dem ganzjährig Wasser führenden Xerós Potamos führt nach Agía Marína, dem Ausgangspunkt einer Wanderung zum Kloster **Panagía tou Sintí ❸**. Die seit langem verlassene, doch restaurierte Anlage bewachte einst eine Furt über den Fluss. Nicht außergewöhnliche Architektur oder wertvolle Fresken, sondern das harmonische Miteinander von Bauwerk und Landschaft machen das mit dem Denkmalschutzpreis des Europarats ausgezeichnete Kloster zu einem lohnenden Ziel.

Wieder an der Hauptstraße weist bei **Achéleia ❹** ein Schild auf eine Versuchsfarm des zyprischen Landwirtschaftsministeriums hin. Man experimentiert hier u. a. mit Schweinezucht und dem Anbau exotischer Früchte. Ab Mitte des 15. Jhs. betrieb man in dieser Region großflächigen Anbau von Zuckerrohr. Eine Legende besagt, dass einst ein naschsüchtiger Büffel von Ägypten hier herübergeschwommen sei, angelockt vom köstlichen Saft des Zuckerrohrs.

Die Küstenebene ist bis heute die fruchtbarste Region des ganzen Bezirks. Beiderseits der Straße erstrecken sich Felder von Bananenstauden, Zitrus- und Avocadobäumen, Tafeltrauben und anderen Früchten. All die genannten Kulturen brauchen reichlich künstliche Bewässerung. Diese leistet der **Asprokremmos-Stausee ❺** am Unterlauf des Xerós Potamós westlich von Koúklia. Er ist ein Teil des Páphos Irrigation Project, eines der größten Bewässerungsprojekte der Insel (5000 ha bewässerte

---

**Panagía tou Sintí**
Die Wanderung zum Kloster im Tal des Xerós Potamós verspricht Begegnungen mit Hirten und viel Natur.

▼ **Das Aphrodite-Heiligtum**

---

**Agía Paraskeví**
→ Die »Kreuzung« zweier Langhäuser ergibt ein griechisches Kreuz (quadratisches Mitteljoch, vier Seitenjoche). Jedes Joch trägt eine Kuppel (Fünfkuppelkirche).

Fläche). Das ehrgeizige Projekt wurde nach 1974 mit Hilfe der Weltbank ins Leben gerufen. Die Erlöse aus der Produktion dienen der Verbesserung der Lebensverhältnisse in der wirtschaftlich schwachen Region.

### Das Aphrodite-Heiligtum von Palea Páphos

Palea Páphos befindet sich beim modernen Dorf **Koúklia ❻** 16 km südöstlich von Néa Páphos und wurde von dem deutschen Archäologen und Historiker Franz Georg Maier ausgegraben. Der Überlieferung nach wurde die Stadt von dem König Agapenor von Tegea auf dem Peloponnes gegründet. Ihren großen Ruhm verdankt sie dem Tempel der Aphrodite, wo verschiedenen antiken Autoren zufolge – unter ihnen Homer – einer der berühmtesten Tempel der damaligen Welt gestanden haben soll.

Das **Aphrodite-Heiligtum** (Tel. 06/ 43 21 80, tgl. geöffnet) in seiner heutigen erhaltenen Form ist eine Mischung aus Gebäuden der Spätbronzezeit und der römischen Epoche. Von den ursprünglichen Gebäuden fallen vor allem die riesigen Steinblöcke in der südwestlichen Ecke des Tempels ins Auge. Die meisten von ihnen sind in der Vergangenheit von Bauern aus der Umgebung auf der Suche nach dem mythischen Schatz der Aphrodite durchbohrt worden.

Ein Großteil der Ruinen und Mosaiken stammen aus römischer Zeit. Einige römische Münzen und Gemmen führen uns vor Augen, wie der Tempel ursprünglich ausgesehen haben mag: Er war in drei Teile geteilt, wobei im mittleren wahrscheinlich ein Bätylos stand, d. h. eine bildlose Darstellung der Göttin, da nach antiken Quellen der Aphrodite-Kult hier nicht im Zusammenhang mit einer Frauenstatue stand. Der graugrüne konische Stein, welcher sich heute im Museum von Palea Páphos befindet, wird wohl das Kultsymbol der Göttin gewesen sein.

Seite 188

▲ Bananenstauden – ein unerwarteter Anblick
▼ Hier wurde Aphrodite »geboren«

Zwischen dem Tempel und dem mittelalterlichen Kástron (Burg) führt ein Pfad in Richtung Nordwesten in ein römisches Haus, von dem nur ein kleiner Teil, nämlich ein Zimmer mit Bodenmosaik und das Bad, ausgegraben wurde. Im Mittelpunkt der geometrischen Figuren befindet sich das **Mosaik von Leda mit dem Schwan.** Das Original ist heute im Zypern-Museum in Nikosía zu sehen, hier dagegen nur eine Kopie.

### Das mittelalterliche Herrenhaus

In der fränkische Zeit war Zypern bekannt für seine gewaltige Zuckerproduktion, wobei die Gegend von Koúklia eines der wichtigsten Zuckerrohr- bzw. Zuckerverarbeitungszentren der Insel war. Im feudalen Herrenhaus **La Kovokle** residierte die Verwaltung dieser Zuckerplantage. Es wurde im 13. Jh. errichtet und in osmanischer Zeit umgestaltet. Es besteht aus einem großen Hof mit vier ihn umgebenden Seitengebäuden, wobei östlich der große, halb unterirdische rechteckige Saal, bedeckt von vier kleinen, kreuzweise angeordneten Kuppeln, dominiert.

Zwei Räume beherbergen heute das kleine **Lokalmuseum.** Im Erdgeschoss wird neben anderen Fundstücken ein aus einem römischen Gebäude von Palea Páphos hierher gebrachtes Bodenmosaik gezeigt. Im Obergeschoss über dem großen rechteckigen Saal sind Funde in chronologischer Anordnung aus der Gegend um Palea Páphos ausgestellt.

Die verfallenen Mühlen und die Halle der **Zuckerraffinerie** befindet sich südwestlich der Landstraße, sind jedoch erheblich schlechter erhalten als der gleichartige Produktionsbetrieb in Kolóssi.

### Pétra tou Romioú ❼

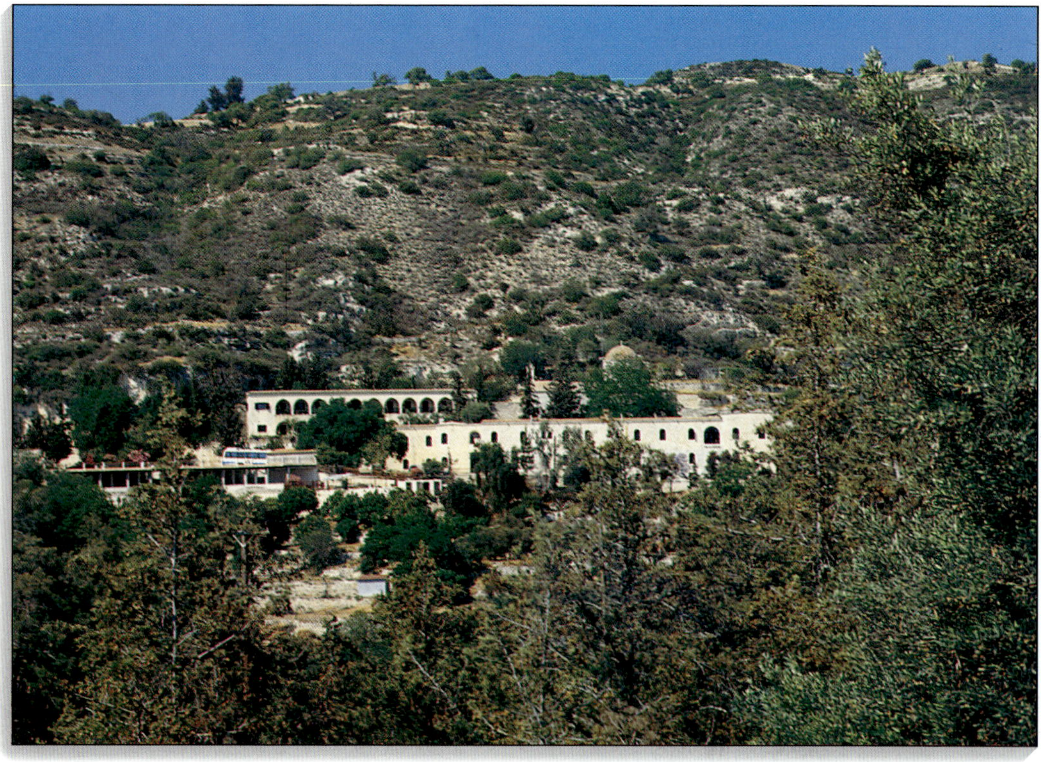

Wenige Kilometer nach der Abzweigung nach Koúklia endet die fruchtbare Küstenebene. Die Straße verläuft nun durch siedlungsleeres Ödland, hart an der Kante einer imposanten Steilküste. Unter

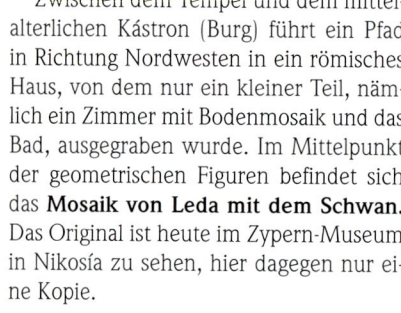

uns plötzlich einige große, wie wahllos an den Meeresstrand geschleuderte Felsbrocken: Hier ist Aphrodite, die Schaumgeborene, den Wellen des Meeres entstiegen… Den Ausblick auf Pétra tou Romioú mag man von dem etwas landeinwärts gelegenen Touristenpavillon genießen.

## Das Kloster Ágios Neófytos ➑

Etwa 15 km nördlich von Páphos bewahrt hinter den Ferienkolonien von **Tála** das Kloster Ágios Neófytos das Andenken an Zyperns berühmtesten Eremiten. Der 1134 in Káto Drys (bei Lefkara) geborene Heilige kam 1159 nach Páphos und wollte hier den Rest seines Lebens in absoluter Einsamkeit verbringen. Gott und die Gläubigen wollten es anders, und bald sammelte sich eine Gemeinschaft von Schülern um den frommen Mann. Neben religiösen Schriften hinterließ der um 1215 verstorbene Neófytos auch einen Bericht »Über das Unglück des Landes Zypern«, in dem er voller patriotischem Zorn die Landung von Richard Löwenherz und die Okkupation seiner Heimatinsel durch die Kreuzritter festhielt.

In seiner ersten Klause **(Enkleistra)**, die er mit eigenen Händen aus der nahezu senkrechten Felswand geschabt, gehämmert und gemeißelt und schon mit einem Grab versehen hatte, wurde es dem Neófytos unter dem Ansturm der Schüler und Pilger schließlich zu lebhaft. Er schuf sich eine Etage darüber eine zweite Höhle, die nur noch mit einer Strickleiter zu erreichen war. Die Fresken der unteren Enkleistra gehören zu den ausdrucksstärksten Wandmalereien der Insel. Zuerst wurde 1183 die Altarnische von professionellen Künstlern, die wohl aus Konstantinopel kamen, im eleganten höfischen Stil der Hauptstadt ausgemalt. Den Hauptraum gestalteten 13 Jahre später die Mönche in einem strengen, asketischen Stil. In einer dritten Phase wurden die Wandbilder 1503 ergänzt und teilweise übermalt.

Die Knochen und die in einem silbernen Schrein verwahrte Schädelreliquie des Neófytos ruhen in der mächtigen, im frühen 16. Jh. errichteten **Klosterkirche.** Hier zeichnet sich die Ikonostase, etwa in der zweitobersten Bildreihe mit dem Zwölffestezyklus (Dodekaorton) aus dem Leben Christi, durch wertvolle Ikonen (1544) im Stil der späten Palaiologenzeit aus. Andere Ikonen und Kunstschätze des Klosters werden in einem modernen **Museum** gezeigt.

## Von Páphos nach Kap Drépanum

Von Páphos führen zwei Straßen in nördlicher Richtung zur Bucht von Coral Bay und nach Pégeia. Die ersten Dörfer sind bereits mit dem ausufernden Siedlungsbrei der Stadt Páphos verschmolzen. In der **Panagía Chryseleoúsa**, der Dorfkirche von **Émpa ➒**, strahlen nach einer Restaurierung wieder die von der italieni-

Seite 188

**Der heilige Neófytos**
Von zwei Engeln zum Jüngsten Gericht geführt, begegnet Ihnen der Heilige auf einem Fresko in der Enkleistra des Klosters persönlich.

▶ **Der heilige Georg in der Kirche von Ágios Geórgios**

schen Renaissance beeinflussten Fresken des späten 15. Jhs. Inmitten üppiger Bananenfelder versteckt sich zwischen **Lémba ⓾** und der Küste ein **prähistorisches Dorf**. Neben der Fundstätte rekonstruierten Wissenschaftler der Universität Edinburgh drei Rundhütten, in denen man sich eine Bild vom häuslichen Leben der Jungsteinzeit machen kann.

Die schöne sandige Bucht von **Coral Bay ⓫** ist für diejenigen eine empfehlenswerte Alternative, die von der Qualität des Strandes bei Káto Páphos enttäuscht wurden. Beschauliche Ruhe dürfen Sie allerdings nicht erwarten: Coral Bay ist bei Einheimischen und Touristen ebenso bekannt wie beliebt. Etwa 1250 v. Chr. gründete auf der Spitze der Halbinsel ein Trupp achäischer Einwanderer die Siedlung **Máa**, um sie nur zwei Generationen später wieder zu verlassen. Ein kleines **Museum** erinnert an diesen Beginn der Kolonisierung Zyperns durch griechische Stämme.

Bei **Ágios Geórgios ⓬**, über dem Fischerhafen am **Kap Drépanum ⓭**, findet man weniger besuchte Strände und einige Tavernen, die auch einfache Zimmer vermieten. Hier sind nahe der modernen Kirche die Grundrisse einer Basilika aus dem 6. Jh. mit Fußbodenmosaiken zu besichtigen. Am interessantesten aber ist sicherlich die kleine byzantinische Kapelle, ebenso wie die neue Kirche dem heiligen Georg geweiht. Ágios Geórgios ist auch ein möglicher Ausgangspunkt für Wanderungen zu den **Kantarkasti-Grotten** (an der Küste 3 km südwärts) oder zur **Avakas-Schlucht ⓮**.

## Zwischen Páphos und Pólis _____

Für die Fahrt nach Pólis gibt es nun zwei Varianten, die sich auch ideal als Rundtour kombinieren lassen. Die erste Variante ist die Hauptstraße nach Pólis, die dem Tal des Chrysochoú-Flusses folgt. Von Ktí-

**Snake George's Reptilienzoo**
Harmlos oder tödlich? Alles über Schlangen erfahren Sie in Hans-Jörg Wiedls Reptilienzoo bei Ágios Geórgios.

▼ **Landschaft bei Stroumbí**

ma windet sich die Straße in nordöstlicher Richtung in stetigem Anstieg hinauf ins landschaftlich wunderschöne paphiotische Hügelland, wo vor allem Wein angebaut wird. Abstecher nach links und rechts sind entlang der Strecke allemal lohnend. Kaum anderswo auf Zypern kann man noch solch originäre Einblicke in eine im Schwinden begriffene Agrargesellschaft gewinnen. Seien Sie allerdings auf Abenteuer gefasst – manche »Straße« erweist sich bald als ein mit Schlaglöchern übersäter Holperpfad. Oft hilft da nur das Umsteigen auf Schusters Rappen.

### Durchs Tal des Chrysochoú

Erst Anfang unseres Jahrhunderts wurde die Verbindung Páphos–Pólis von den Briten zum Karrenweg ausgebaut. Bis dahin waren Esel, Maultier und vor allem das Kamel die einzig verfügbaren Transportmittel. Das Dorf **Mésa Chorío** ⑮ etwa war weithin bekannt für seine stattliche Population von Kamelen. Mit Kamelen

wurden auch Wein und Sultaninen an die Küste transportiert, um von dort – bis zum 2.Weltkrieg – nach Ägypten verschifft zu werden.

Bei **Stroumbí** ⑯ ist der Kamm des Páphos von Pólis scheidenden Höhenzuges erreicht. Einen besonders guten Ruf genießt der Wein von Stroumbí: Lawrence Durrell etwa erwähnt ihn in seinem Roman »Bittere Limonen«. Stroumbí lag nahe beim Epizentrum eines Erdbebens, das im September 1953 weite Teile des Páphos-Distrikts zerstörte. Die britische Kolonialverwaltung errichtete damals für die Betroffenen einfache, vorgefertigte Baracken. In den letzten Jahren erhielten die Bewohner dieser Hütten von der zyprischen Regierung nach und nach Einfamilienhäuser soliderer Bauart.

### Die Landschaft Laona

Die zweite Routenvariante führt über **Pégeia** durch die Landschaft **Laona** hinauf auf den Kamm eines weiteren Höhen-

Seite
**188**

▼ **Windenblüten verschönern viele Hecken**

zuges mit schönen Ausblicken auf die Halbinsel Akámas und die westlichen Ausläufer des Tróodos-Gebirges. Die am südlichen Rande der Halbinsel Akámas gelegenen Dörfer waren wegen der kargen Lebensbedingungen lange von massiver Abwanderung betroffen. Ihnen eröffnet nun ein auch mit EU-Mitteln und von der Leventis-Stiftung gefördertes Agrotourismus-Projekt neue Perspektiven. So erhalten zum Beispiel Dorfbewohner, die Zimmer vermieten oder eine Taverne eröffnen wollen, zinsgünstige Kredite zur Renovierung ihrer Häuser im traditionellen Baustil. Damit will man erreichen, dass der Fremdenverkehr sich einerseits harmonisch in die Siedlungsstruktur einpasst und andererseits viele Dorfbewohner von den Ausgaben der Touristen profitieren.

Im früheren Schulhaus von **Káthikas** ⓱ informieren Schautafeln und Videofilme über die Landschaft und das Leben der Bauern. In **Páno Akourdáleia** ⓲ wurde neben der Kirche ein Kräutergarten nach

**Droúseia**
Wanderern sei das steinige Sträßchen empfohlen, das sich von Droúseia mit herrlicher Aussicht über den verlassenen Ort Androlíkou hinunter nach Latsí windet.

Art mittelalterlicher Klöster angelegt, in dem die Besucher Heil- und Küchenkräuter kennen lernen und kaufen können. Im Unterdorf **Káto Akourdáleia** verwahrt ein leidenschaftlicher Sammler in dem vielleicht skurrilsten **Volkskundemuseum** Zyperns allerlei Dinge, die seine Dorfgenossen für altmodisch befanden und wegwerfen wollten. Der schöne Ort **Aródes** ⓳ mit den zwei Ortsteilen Káto und Páno führt seinen Namen zurück auf die Feudalherrschaft der Johanniter, die das Dorf nach dem Hauptquartier des Ordens, der Insel Rhodos, benannten.

Auf noch weit frühere geschichtliche Epochen kann der Ort **Droúseia** ⓴ (gesprochen: Druscha) zurückblicken. Die Vorfahren der heutigen Bewohner sind aus Arkadien auf dem griechischen Peloponnes hierhergekommen. Ihnen ist es zu verdanken, dass sich im paphiotischen Dialekt deutliche Überbleibsel an das Griechische der homerischen Epen erhalten haben. Droúseia ist das Dialektwort für «Kühle, Frische». In der Tat weht von Akámas her fast beständig ein kühler Wind über dem Ort. Im Hotel Droúsha Heights kann man ländliche Idylle mit komfortabler Unterbringung verbinden.

## Páno Panagiá und Chrysorrogiátissa ▬▬▬

Das Dorf Páno Panagiá und das nahe gelegene Kloster Chrysorrogiátissa lohnen einen Tagesausflug von Páphos oder Pólis aus. Der kürzeste Weg von Páphos nach Páno Panagiá führt über Polémi und vorbei an dem schönen Ort Kannavioú. Noch eindrucksvoller ist die Fahrt über jene Strecke, die bei Achéleia von der südlichen Küstenebene abzweigt. **Páno Panagiá** ㉑ selbst ist von stattlicher Größe. Hier wurde 1913 Michalis Mouskos als ältester Sohn eines Ziegenhirten geboren. Der Eintritt des Jungen als Novize ins Kloster Kykko war der erste Schritt zu einer ungewöhnlichen Karriere. In deren Verlauf erwarb er sich den Namen Makarios III., Erzbischof von Zypern, und den Titel des Präsidenten der Inselrepublik.

◄ **Das Kloster Chrysorrogiátissa**

Blechschilder weisen im Dorf den Weg zum **Elternhaus Makarios' III.,** dessen Schlüssel eine alte Nachbarin verwaltet. Ein Besuch lohnt sich besonders wegen der für die Gegend charakteristischen traditionellen Architektur. Durch die einzige Tür an der Vorderfront gelangten Mensch und Tier in das Gebäude. In dem großen Raum im Frontbereich lebte die ganze Familie. Hier sind nun altes Mobiliar und Keramik zu besichtigen. Der sich an der Rückfront anschließende kleinere Raum diente als Stallung für das Vieh. Auf einen eigenen rückwärtigen Eingang für Ziegen und Schafe wurde verzichtet – Viehdieben sollte auf diese Weise ihr liederliches Tun schwer gemacht werden.

Ein **Museum** und daneben eine überdimensionale Skulptur des Makarios bezeugen den Stolz der Bewohner von Panagiá auf ihren berühmten Dorfgenossen. Im Museum sind die wichtigsten Stationen im bewegten Leben des charismatischen Kirchen- und Staatsführers durch Fotografien dokumentiert, persönliche Objekte und Insignien ausgestellt.

Die Gründung des Klosters **Chrysorrogiátissa** ❷ im Jahre 1182 erfolgte, ähnlich wie bei anderen Klosterbauten auf Zypern, anlässlich der wundersamen Wiederauffindung einer Ikone, die der Apostel Lukas selbst gemalt haben soll. Um 1770 entstand die heutige Klosterkirche, in deren Ikonostas die wundertätige Ikone der Panagía Chrysorrogiátissa aufbewahrt wird. Der zungenbrecherische Name bedeutet »Unsere Heilige Jungfrau vom Güldenen Granatapfel«. Ein verheerendes Feuer im Jahre 1966 machte einen Neuaufbau großer Teile des Klosters notwendig. Lohnend ist der Besuch von Chrysorrogiátissa weniger wegen seiner kunsthistorischen Bedeutung als vielmehr aufgrund der Anmut der Gesamtanlage und ihrer Einbettung in die umgebende Landschaft.

## Pólis _____

Pólis, »Stadt«, ist die verkürzte Bezeichnung für den korrekten Ortsnamen **Pólis**

**Chrysochoú** ❷, was etwa »Stadt des goldenen Landes« bedeutet. Für die Entstehung bzw. den Sinngehalt des Attributs »golden« gibt es mehrere Interpretationen, und wahrscheinlich besitzen sie alle einen wahren Kern. Da ist zum einen die außerordentliche Fruchtbarkeit des Landes, bedingt durch den Wasserreichtum des Chrysochoú-Flusses, der heute durch das Wasser aus einigen Staudämmen unterstützt wird. Lusignans und Venezianer produzierten hier vor allem Baumwolle auf großen feudalen Ländereien. Auch die seit dem Altertum ausgebeuteten reichen Kupferminen der Gegend mögen eine Erklärung bieten. Und schließlich sollen hier in osmanischer Zeit tatsächlich Goldadern entdeckt worden sein.

Sicher ist, dass die Region goldene Zeiten erlebt hat. Östlich von Pólis wurde das antike Stadtkönigtum **Márion** lokalisiert, gegründet als eine Ansiedlung ionischer Griechen im 7. Jh. v. Chr. Sicher ist auch, dass zur Zeit der Übernahme der briti-

Seite
188

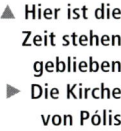

▲ **Hier ist die Zeit stehen geblieben**
▶ **Die Kirche von Pólis**

**Chrysorrogiátissa**
Bringen Sie Ihren
Daheimgebliebenen
ein Fläschchen edlen
Weines aus der
Klosterkellerei von
Chrysorrogiátissa
mit.

schen Kolonialherrschaft von wirtschaftlicher Blüte keine Rede sein konnte. Der Distrikt-Commissioner von Páphos erwähnt in einem Bericht von 1879 die Umtriebe von Wegelagerern und Räubern in dieser Gegend. Auch eine andere Art von Räuberei trieb damals ihr Unwesen: Mehrere tausend Nekropolen aus der Antike wurden Ende des 19. Jhs. geöffnet und ihr Inhalt ins Ausland verhökert!

Der Schriftsteller Colin Thubron, der im Jahre 1972 Pólis besuchte, schildert es als einen desolaten Ort: »Inmitten ernster Menschen schlenderte ich die Straßen entlang, gesäumt von verlassenen Ladengeschäften und Häusern mit kaputten Dächern... Es war die einzige Stadt, die ich gesehen habe, in die sich die Eulen abends hineinwagten und von den Dächern riefen.«

Vielleicht war es gerade der Charme des etwas Schäbigen, der Pólis zu dem gemacht hat, was es heute ist: ein Refugium für (vorwiegend deutsche) Touristen, die

▼ **Noch gibt es Refugien in Pólis**

im Urlaub keine gigantischen Bettenburgen, uniformen Einkaufszentren oder modernistischen Fast-Food-Restaurants mögen. Doch auch in Pólis vermehren sich die – zugegeben durchweg kleinen – Hotels und Appartementanlagen erstaunlich schnell und gleichen sich die Tavernen jener Klischeevorstellung an, die Urlauber von »typisch griechisch« haben.

Am Strand hat man jedoch noch Platz, das Hinterland hat etwas Wildromantisches. Dem Ort hat der Tourismus einen bescheidenen Wohlstand beschert, und ein relativ großer Teil der Bevölkerung profitiert von der Kaufkraft der Urlauber, wie z. B. die vielen Vermieter von Privatzimmern. So vermittelt Pólis heute den Eindruck eines hübschen aufstrebenden Landstädtchens.

## Die Halbinsel Akámas ㉔

Einige Kilometer westlich von Pólis erstreckt sich die Halbinsel Akámas, zugleich der westlichste Ausläufer Zyperns. Benannt ist dieser Landstrich nach dem mythologischen Sohn des Theseus und Gründer des späteren Stadtkönigtums von Sóloi. Die Landschaft mit ihren steilen Abhängen und Schluchten zählt zu den imposantesten der Insel und ist einer der letzten von Menschenhand noch wenig berührten Räume. Liebhaber bezeichneten sie gar als die letzte wirklich homerische Landschaft der hellenistischen Welt.

Einsamkeit und geringe Erschließung ließen die Akámas zu einem Rückzugsgebiet für Tier- und Pflanzenarten werden. Doch der Dornröschenschlaf der Akámas ist heute akut bedroht. Längst haben geschäftstüchtige Zyprioten das touristische Entwicklungspotential erkannt und Land erworben. Dass eine weitere Erschließung und letztlich Zerstörung des Refugiums Akámas bislang ausblieb, ist allein der unermüdlichen Arbeit zyprischer Umweltinitiativen zu verdanken. Gruppen wie die Friends of the Earth initiierten durch ihren Einsatz für die Akámas in der zyprischen Öffentlichkeit erstmals eine breite Diskussion über die Gefahren der fortschreitenden Umweltzerstörung auf der Insel. Auch die europäische Union hat Akámas in sein Mittelmeer-Schutzprogramm aufgenommen. Die zyprische Regierung verspricht seit geraumer Zeit, den Raum zum Nationalpark zu erklären. Ihre Handlungen weisen in eine andere Richtung: Jüngst wurde die Nordküste für neue Hotels freigegeben. Nach den Recherchen der Wochenzeitung »Die Zeit« treiben besonders zwei Großinvestoren den Bauboom voran: der frühere Außenminister Alecos Michaelides, der hier mit dem »Anassa Resort« das vielleicht vornehmste Hotel Zyperns bauen ließ; und der Bischof von Páphos, dessen Bistum umfangreiche Ländereien, mehrere Hotels und sogar einen Golfplatz besitzt.

Ein Naturschutzprojekt mit Vorreiterfunktion für den ganzen Mittelmeerraum arbeitet schon seit Mitte der 70er Jahre

Seite
188

▲ **Restaurant in Latsí**
▼ **Der Hafen von Latsí**

auf der Akámas: die am westlichen Küstensaum gelegene Bucht von **Lára** ㉕ dient bedrohten Meeresschildkröten zur Eiablage. Die Fischereibehörde führt mit Unterstützung des World Wide Fund for Nature im Rahmen des Lára-Projekts Maßnahmen durch, um Gelege und Jungschildkröten vor natürlichen Feinden und unbedachten Badegästen zu schützen.

Von Pólis aus führt die Asphaltstraße Richtung Akámas über den kleinen beschaulichen Fischerhafen **Latsí** ㉖ (Latchí) mit guten Fischtavernen. Zu beiden Seiten von Latsí findet sich ein schöner Sand- und Kieselstrand. Noch weiter im Westen gelangt man zu den so genannten **Bädern der Aphrodite** ㉗. Unter einem Felsüberhang tritt eine kühle Quelle aus dem Gestein und ergießt sich in ein natürliches Wasserbecken. Hier soll Akámas die nackte Aphrodite beim Bade überrascht haben, und die lebenslustige Göttin verliebte sich daraufhin in den unbedarften Voyeur (eine Liebesgeschichte mit unglücklichem

**Akamás**
Besonders im Frühjahr sind die mit Ginster und Salbei übersäten Hänge entlang der Wanderwege eine Labsal für Augen und Geruchssinn.

▼ **Die Strände bei Páphos – hier Coral Bay – sind sehr beliebt**

Ausgang). Der Schauplatz jener schicksalhaften Begegnung von Akámas und Aphrodite wird von anderen Interpreten an der **Fontána Amorósa,** einer anderen Quelle weiter im Nordwesten am Weg zum **Kap Arnaoúti** ㉘, vermutet.

Beim Touristenpavillon an den Bädern der Aphrodite endet die Asphaltstraße. Wem der Schutz des Refugiums Akámas allerdings am Herzen liegt, der lasse sein Fahrzeug hier stehen. Die Schönheiten der Akámas lassen sich ohnehin am besten zu Fuß entdecken. Für den Wanderer hat das zyprische Fremdenverkehrsamt eigens Naturlehrpfade angelegt.

## Von Pólis nach Káto Pyrgos

Die Küste im Nordosten von Pólis bis zur Demarkationslinie zum türkisch besetzten Teil bei Káto Pyrgos ist heute der von den wichtigsten Städten Süd-Zyperns am weitesten abgelegene Teilraum der Insel.

Seit der Teilung der Insel ist der Landstrich der nördlichen **Tilliría** nur via Pólis erreichbar. Die Randlage hat immerhin bewirkt, dass eine übermäßige Erschließung der Küste für den Fremdenverkehr bislang ausblieb. Der Reisende findet hier noch einsame Kiesstrände. In **Káto Pyrgos** ㉙ gibt es ein kleines Hotel, an anderen Orten werden Privatquartiere angeboten.

Von Pólis aus fahren wir vorbei an den aufgelassenen Verwaltungsgebäuden und Verladeanlagen der **Limni-Mine.** Nachdem die einst bedeutsamen Kupfer- und Pyritvorkommen weitgehend erschöpft waren, wurde sie 1979 stillgelegt. Weiter führt die Straße entlang eines schmalen küstenparallelen Streifens von fruchtbarem bewässertem Land. Noch im 19. Jh. trieben hier Seeräuber und Sklavenhändler ihr Unwesen. Die Bevölkerung zog es daher vor, landeinwärts im Bereich des heutigen Páphos Forest zu siedeln. Man lebte von Ziegenweide, der Köhlerei und anderen Arten der Forstbewirtschaftung.

Diese waldzerstörerische Wirtschaftsweise war freilich der britischen Forstverwaltung bald ein Dorn im Auge. Ganze Dörfer wurden umgesiedelt, z.B. die 14 Familien von Dímmata. In **Néa Dímmata** ㉚ erhielten sie 1953 Ackerland und Häuser. Die Kolonialverwaltung ließ sich diese Aktion 1000 £ pro Familie kosten.

Sehr umständlich, aber gleichwohl beeindruckend ist die letzte Etappe auf dem Weg nach Pyrgos. Gleich hinter **Pachyammos** ㉛ verhindern Grenzbarrikaden eine Weiterfahrt auf der Küstenstraße. Die Hauptstraße führt nun ins Bergland. Wir umfahren die Enklave **Kókkina** ㉜. Kókkina wurde bereits während der Auseinandersetzungen von 1963/64 zu einem Refugium für Zyperntürken aus den kleineren türkischen Orten der Umgebung. Auch nach der Invasion von 1974 hielten türkische Truppen das Gebiet von Kókkina. Es blieb türkische Enklave, bewacht von Grenzposten aus griechischen, türkischen und UN-Soldaten. ∎

Seite
188

**Pyrgos**
Im Wald zwischen Káto und Páno Pyrgos gehen die letzten Köhler Zyperns ihrem rußigen Handwerk nach.

▼ **Ruhiger geht es an der Küste von Akámas zu**

# Akamas

### Eines der letzten unberührten Gebiete auf Zypern

**D**ie ca. 70 km² große Halbinsel Akamas ragt ins Meer wie eine mächtige Bastion, die ihre Naturschätze verteidigt. Ihre Küste ist zerklüftet und tückisch, während im Inneren der Halbinsel Wälder die raue

Bergkette krönen, die den Inselrücken durchzieht. Etwa 530 Pflanzenarten – fast ein Drittel der gesamten einheimischen Pflanzen auf Zypern – gedeihen in Akamas. Im Frühling erinnert die Farbenpracht der Halbinsel an die bunte Palette eines großen Expressionisten. Rund 170 Vogelarten wurden in diesem Gebiet beobachtet, und unzählige Schmetterlinge, Schlangen und andere Reptilien sind hier zu Hause.

Im allgemeinen ist eine Wanderung durch die reizvolle Landschaft einer Autofahrt vorzuziehen, denn nur zu Fuß kann man die Schönheit von Akamas richtig erleben.

Die zwei beliebtesten Wanderpfade sind der so genannte Aphroditepfad und der Adonispfad, die beide bei den Aphrodite-Bädern beginnen. Es gibt auch mehrere nicht beschilderte Pfade, die man unter anderem bei den Bädern, dem Dorf Neon Chorion oder der Lara-Bucht an der Westküste betreten kann. Der längste dieser Pfade führt entlang der Ostküste oder über die Berge vorbei an Fontana Amoroza zum Kap Arnaoutis: Dies sind Rundwege von 20 bis 30 Kilometern Länge und demnach nur erfahrenen Wanderern zu empfehlen. Außerdem ist es ratsam, immer ausreichend Wasser und einen Hut mitzunehmen, da man unterwegs viel schwitzen wird.

### Bequemere Freizeitbeschäftigungen

Die wenig besuchten Strände von Akamas, die vorwiegend aus Fels oder Kies bestehen, zählen zu den besten Plätzen auf Zypern, um sich zu sonnen oder zu schwimmen. Aber hüten Sie sich vor scharfen Felsen!

Die bequemste Möglichkeit, Akamas zu entdecken, ist bei Latsi ein Motorboot zu mieten.

▶ **Unberührte Landschaft**
Akamas bietet großartige Aussichtspunkte und eine bemerkenswerte Vielfalt seiner Flora, Fauna und Landschaftsformen.

▲ **Bananen**
Das warme, gut bewässerte und relativ geschützte Hinterland von Akamas bietet ideale Voraussetzungen für den Bananenanbau.

▼ **Naturpfade**
Die Naturpfade Adonis und Aphrodite sind jeweils 8 km lang. Die Wanderung ist recht angenehm und dauert ca. 2 bis 3 Stunden.

Das Laona-Projekt wurde von der zypriotischen Sektion der »Friends of the Earth« geplant, um zu zeigen, dass eine ökologisch akzeptable Förderung der Halbinsel Akamas und des nahen Laona-Plateaus möglich ist.

Mit wachsender Intensität versuchen die Umweltschützer auf Zypern und ihre internationalen Helfer, die Landschaft von Akamas unbeschädigt zu bewahren. Da die Sicherung der wirtschaftlichen Interessen der Einheimischen von großer Bedeutung ist, strebt man eine Verbesserung der im Rückgang befindlichen Arbeitsmöglichkeiten auf den Dörfern der Region an. Technische und finanzielle Unterstützung wird angeboten, um traditionelle Häuser für Besucherunterkünfte und Kleinunternehmen zu restaurieren (ein Beispiel ist oben abgebildet). Es gibt auch Widerstand gegen derartige Projekte, doch sind sie eine der besten Chancen des Gebiets.

◄ **Schildkröten**
Der unter Naturschutz stehende Strand bei der Lara-Bucht, Zufluchtsort für die bedrohte Karettschildkröte, ist einzigartig.

▼ **Badezeit**
In die Aphroditebäder, in denen die Göttin gebadet haben soll und die als Jungbrunnen gelten, darf man nicht eintauchen.

► **Einfach besuchen**
Der Wiedehopf, ein vorübergehender Besucher auf Zypern, ist nur eine von vielen Attraktionen der Vogelwelt in Akamas. Sein buntes Gefieder und seine auffallenden Rufe verkünden seine Ankunft. Mit etwas Glück sieht man auch Turmfalken oder Geier am Himmel kreisen.

# Das Tróodos-Gebirge – grüne Lunge Zyperns

Seite 224

**Das Tróodos-Gebirge erhebt sich wie ein zahmer Riese über den westlichen Teil der Insel. Sein höchster Berg, der Olympos, ist mit 1961 m zugleich die höchste Erhebung Zyperns. Entstanden sind die Urgesteinsmassen des zentralen Hochtróodos vor etwa 100 Millionen Jahren.**

**D**ie Abgelegenheit des Tróodos von den bevorzugten Siedlungsräumen und eine konsequente Forstpolitik haben es ermöglicht, dass sich in seinem zentralen Bereich ein großes Waldgebiet erhalten hat. Es ist der Überrest einer einstmals auch in den Ebenen geschlossenen Bewaldung und in Ausdehnung und Schönheit einmalig im östlichen Mittelmeerraum. Der dominierende Baum im Tróodos ist die bruttische Kiefer (90 % des Waldbestandes). Nur in der obersten Höhenstufe über 1500 m herrschen die bizarren Silhouetten der Schwarzkiefer vor.

Die Unzugänglichkeit des Gebirges machte es schon in frühen Zeiten zu einem idealen Refugium. Hier konnten byzantinische Kirchen und Klosteranlagen die schweren Zeiten der fränkischen und osmanischen Herrschaft einigermaßen unbeschadet überstehen. Und so finden wir heute an den Hängen und in den Tälern des Tróodos atemberaubende Kunstschätze aus dieser Zeit.

Im 20. Jh. wurde dann der Tróodos ein Refugium anderer Art: zunächst als Sommerfrische für betuchte ausländische Gäste und heute als Ferien- und Wochenendziel für die Zyprioten selbst. Die Durchschnittstemperatur liegt auf dem Olympos um ca. 15 °C unter den Werten von Nikosia. Im Juli wird ein Temperaturmaximum von nur 27 °C erreicht. Kein Wunder, dass alljährlich im August sich ganze Autokarawanen auf den Weg in den Tróodos machen, um der Hitze der Städte zu entfliehen. Camping- und Picknickplätze sind dann ganz in der Hand der Zyprioten, und alle haben einen Gutteil ihres Hausrates mitgebracht.

Als »Wolkenfänger« für die vorherrschend westlichen Winde erhält der Tróodos übrigens relativ hohe Niederschlagsmengen, mit 800 bis 1000 mm dreimal so viel wie die Ebene der Mesaoría. Im Hochwinter liegt im Gebirge ab 1400 m Meereshöhe eine geschlossene Schneedecke.

Zwischen Januar und März tummeln sich auf den Pisten des Olympos die Skifahrer. Bereits in osmanischer Zeit wurde der Schnee nach Nikosia transportiert und dort als Kühlmittel verkauft.

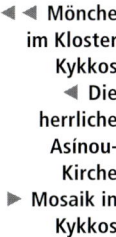

◄◄ **Mönche im Kloster Kykkos**
◄ **Die herrliche Asínou-Kirche**
► **Mosaik in Kykkos**

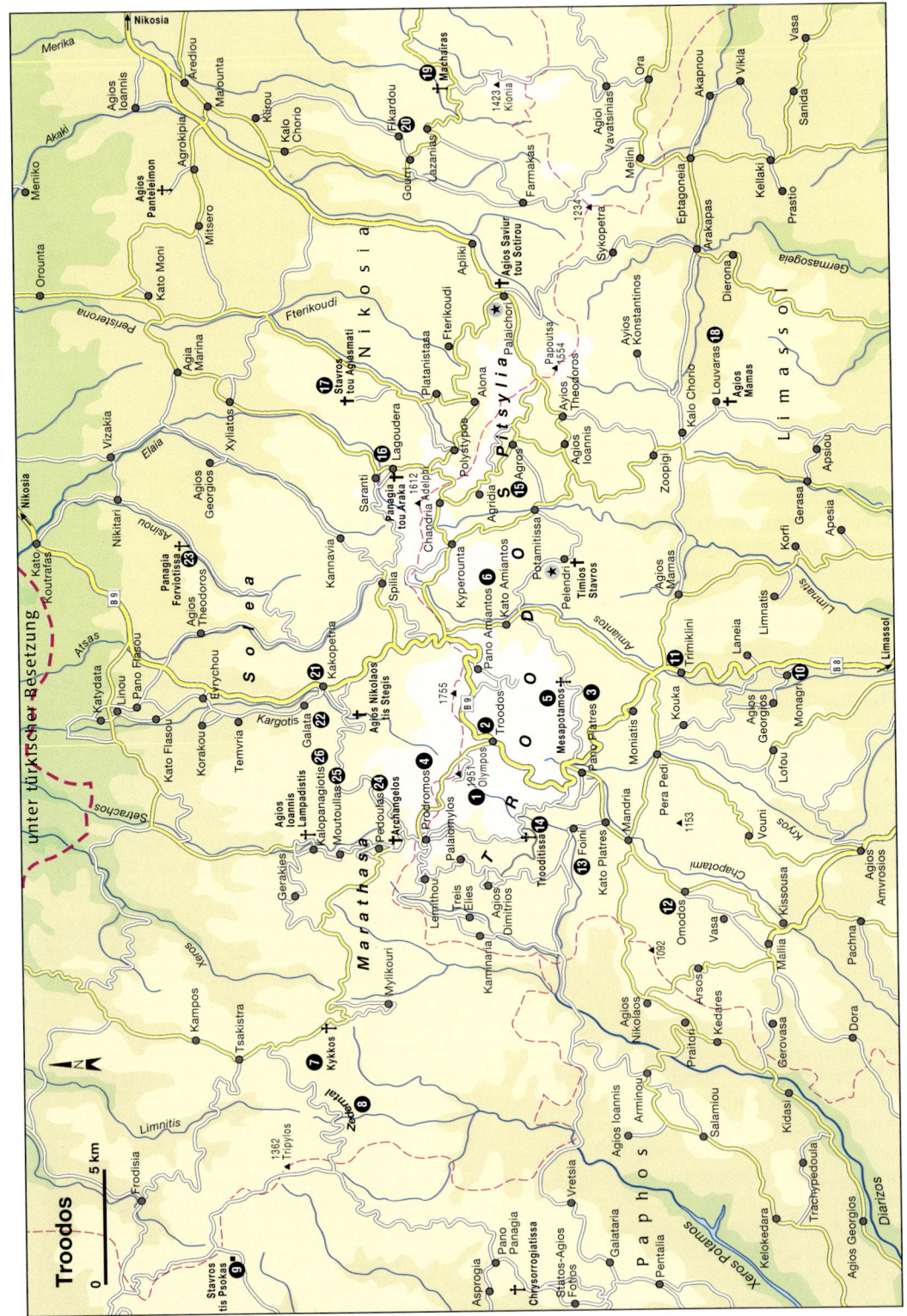

Die zyprische Forstverwaltung unterhält im gesamten Waldgebiet ein Netz von guten, nicht asphaltierten Straßen, und diese eignen sich meist auch für Fußwanderungen. Wer sich mit dem eigenen Fahrzeug in abgelegenere Teile des Waldgebietes (z. B. im Páphos-Forest) begibt, sollte sich besonders im Winter und Frühjahr bei den lokalen Forststationen nach dem Zustand der einzelnen Straßen erkundigen. Straßenarbeiten, Bergrutsche oder die hohe Wasserführung eines zu überquerenden Baches können manchen an sich guten Weg unpassierbar machen.

Von besonderem Reiz sind neben den bewaldeten Höhenzügen des zentralen Tróodos auch die Täler und Hügelzonen im weiteren Umkreis des Gebirges. Inmitten einer abwechslungsreichen Kulturlandschaft mit Weinbergen, Obst- und Ölbäumen schmiegen sich zahlreiche sehenswerte Dörfer an die steilen Hänge.

## In der Umgebung des Olympos

Der **Olympos ❶**, mit 1951 m höchster Berg Zyperns, hat seinen Namen von dem berühmten Göttersitz in Nordgriechenland entliehen. Die Zyprioten nennen ihn bescheidener Chionístra, und dieses Wort weist auf den im Winter dort liegenden Schnee (chioni) hin. Beinahe schon ein Wahrzeichen ist der weithin sichtbare riesige weiße »Golfball« im Gipfelbereich, eine Radarstation, von der aus britisches Militär den Funkverkehr im Mittelmeer und Nahen Osten überwacht.

Wenig attraktiv ist das »Dorf« **Tróodos ❷** am Fuße des Olympos. Ohne fest ansässige Bevölkerung ist es ein loses Konglomerat von Tavernen, Souvenirläden, Unterkünften für Ausflügler und Erholungseinrichtungen für zyprische Beamte und britische Soldaten. Hier ist auch in der kurzen Wintersaison von Januar bis März das Zentrum des zyprischen Skisports (drei Skilifte, Skischule, Ausrüstungsverleih). 1,5 km von der Siedlung Tróodos in Richtung Plátres entfernt, liegt etwas abseits der Hauptstraße der Som-

mersitz des zyprischen Staatspräsidenten. Das Hauptgebäude wurde 1880 unter der Bauaufsicht des damals noch unbekannten französischen Poeten Arthur Rimbaud errichtet – seinerzeit als Sommerresidenz für den britischen Gouverneur.

Mit dem Ziel, auch echten Naturliebhabern abseits der Erholungscamps etwas zu bieten, hat die Fremdenverkehrsbehörde gemeinsam mit der Forstverwaltung im Bereich des oberen Tróodos mehrere **Naturlehrpfade** angelegt. Auf leicht zu begehenden Wegen wird hier in wirklich beeindruckender Weise anschauliches Wissen über Flora und Fauna, aber auch über die Eingriffe des Menschen in die Natur vermittelt. Die Wanderwege führen vorbei an atemberaubender Vegetation, gezeigt werden aber ebenso Waldbrandflächen, Wiederaufforstungen, von der Harzgewinnung zurückgebliebene Narben der Bäume, Steinbrüche, Brocken aus seltenen Gesteinen und erhebende Ausblicke auf Berge, Dörfer und Küsten.

**Seite 224**

**Skifahren am Olymp**
In der kurzen Wintersaison von Januar bis März ist der Olymp das Zentrum des zyprischen Skisports.

▲ **Der Olympos mit seinem »Golfball«**
▶ **Auf dem Weg zur Arbeit**

## An den Rändern des großen Waldes – Plátres, Pródromos und Amíantos

**Psilódendro**
Vorzügliche Forellen genießt man im Ausflugslokal Psilódendro oberhalb von Plátres.

In der Nähe des Sommerpalais des britischen Gouverneurs gelegen, waren die Orte **Páno Plátres** ❸ und **Pródromos** ❹ in den 40er und 50er Jahren die mondänsten unter den *hill resorts,* den Sommerfrischen des kolonialen Eilandes. Entstanden waren sie nach dem Vorbild der indischen *hill stations,* die als Sommerzufluchtsort für die britischen Kolonialverwalter errichtet wurden. In den komfortablen und teuren Hotels fand sich alljährlich im Sommer bald auch die soziale Oberschicht des Nahen Ostens ein. Man ging in sommerlicher Waldeskühle spazieren und genoss das gesellschaftliche Leben. Damals, der Strandtourismus war noch unpopulär und der Massentourismus unbekannt, wurden die *hill resorts* zu den wichtigsten Fremdenverkehrsorten auf Zypern.

Wer heute nach Plátres und Pródromos kommt, wird nur noch Erinnerungen an die großen Zeiten finden. Längst sind die Kolonialherren von der Insel verschwunden, hat der Jet-Tourismus andere Ziele eröffnet. Die ehemaligen Nobelhotels zeigen deutliche Spuren der Abnutzung. Das einst legendäre Luxushotel Berengaria in Pródromos (die höchstgelegene Gemeinde Zyperns, 1390 m) ist gar nur noch eine Ruine. Geblieben sind der Gesang der Nachtigallen in den Wäldern und Obstbaumhainen und der britische Charme der Gebäude. Bedient wird man immer noch mit der gleichen distanzierten Zuvorkommenheit, wie sie der distinguierte Brite so sehr schätzt. Sollten Sie irgendwann irgendein Problem haben, fragen Sie einfach den alten Herrn »Paul« im Hotel Splendid in Plátres.

Als Wanderziel im Wald westlich von Plátres bietet sich das verlassene Kloster **Mesapótamos** ❺ an, in dem sich während des Befreiungskriegs zeitweise Gene-

◀ **Viele Wege führen durchs Land**

### Naturlehrpfade im Tróodos
1. Atalante Trail (10 km): Beginnt in Tróodos-Dorf, nach 3 km gibt es eine Quelle mit Trinkwasser, Ziel ist die Hauptstraße von Tróodos nach Pródromos, nahe einer stillgelegten Chromerzmine.
2. Persephone Trail (3 km): Ausgangspunkt am Café Méli an der Südseite des Hauptplatzes in Tróodos-Dorf. Am Ende befindet sich ein Aussichtspunkt.
3. Kaledonia Trail (7 km): Beginnt in der Nähe des Sommerpalais des Präsidenten und führt entlang eines Flusses hin zu einem schönen Wasserfall. Weiter auf einer kleinen Forststraße hinunter zum Ausflugslokal Psilódendro oberhalb von Páno Plátres. Auf diesem Weg bekommt man einen sehr guten Eindruck von den Höhenstufen der Waldvegetation.
4. Artemis Trail (7 km): Ausgangspunkt und Ende kurz oberhalb der Abzweigung von der Straße Tróodos – Pródromos zum Olympos.

ral Grivas versteckte. Im Sommer campieren hier viele einheimische Urlauber und verwandeln Mesapótamos in den vielleicht größten Grillplatz Zyperns.

Spuren einer wenig glanzvollen Vergangenheit begegnen uns bei **Páno Amíantos** ❻ am Ostabhang des oberen Tróodos. Amiant heißt die hiesige Variante des Asbests, der hier bereits im Altertum abgebaut wurde. In den letzten 80 Jahren haben zuerst Spitzhacken und dann Bulldozer den Berg großräumig abgetragen, um das begehrte Feuer dämmende Material zu gewinnen. Mehr als 10 000 Mann haben den Berg im Lauf der Zeit in eine Mondlandschaft verwandelt.

Die Lebensbedingungen dieser Menschen im ständigen Umgang mit den gesundheitsschädigenden Asbestfasern standen im makabren Gegensatz zu dem luxuriösen Müßiggang, den man zur gleichen Zeit im nahe gelegenen Plátres pflegte. Doch schließlich wurde Asbest ebenso unzeitgemäß wie Sommerferien in Plát-

res. Ende der 80er Jahre wurde der Abbau endgültig eingestellt, und zurück blieb eine verwüstete Landschaft, die jetzt mühsam wieder aufgeforstet wird.

Seite 224

## Kloster Kykkos und der Páphos-Wald

Das berühmteste Kloster Zyperns und in der orthodoxen Welt weithin bekannt ist **Kykkos** ❼. Der Ikonostase der Klosterkirche birgt eine Marienikone, die der Evangelist Lukas eigenhändig gemalt haben soll. Der Mönch, der dieses Kloster begründete, hatte diese Ikone im 12. Jh. vom byzantinischen Kaiser Alexios I. Komnenos erhalten. Im Laufe der Jahrhunderte wurde das Kloster mehrfach von Bränden zerstört, und so gehen die heutigen Gebäude frühestens auf das 19. Jh. zurück. Interessante kunstgeschichtliche Details wird man deshalb kaum finden, sehenswert sind aber sehr wohl der geradezu protzig anmutende Luxus von Klos-

▲ Mosaikausschnitt im Kloster Kykkos
▼ Der Hof des Klosters

terkirche und Gesamtanlage sowie die modernen, gleichwohl der Tradition verpflichteten Mosaiken etwa im Innenhof.

Als zu Beginn des 19. Jhs. die Steuern besonders unerträglich auf den Schultern der orthodoxen Bevölkerung lasteten, trennten sich viele Bauern durch Schenkungen an die Klöster von ihrem als Bürde empfundenen Landbesitz. Einige dieser Schenkungen brachten Kykkos sogar ein paar Besitztümer in Russland und Kleinasien. Heute machen wohl die riesigen Flächen an teurem Bauland in Nikosia den wertvollsten Teil des Kykkos-Besitzes aus.

Zahlreiche Pilger besuchen vor allem an den Wochenenden das Kloster. Sie kommen, um die Lukas-Ikone zu verehren und dem

**Kykkos**
Schwerarbeit am heiligen Sonntag: schreiende Babys werden reihenweise in die Taufbecken des Klosters getunkt.

▼ **Im Tal der Zedern**

---

### Ikonen
→ Neben zwei direkten »Abdrücken« vom Antlitz Jesu sind die dem Zeitzeugen Lukas zugeschriebenen Ikonen Urbilder der orthodoxen Ikonenmalerei. Ihnen muss jeder Maler folgen, um die Züge von Christus, Maria, Aposteln und Heiligen wiederzugeben.

---

Grabmal von Erzbischof Makarios III. ihren Respekt zu erweisen. Makarios war 1926 als Novize in das Kloster eingetreten und später dessen Abt geworden. Nach seinem Tod 1977 wurde er auf dem **Throni,** einem Hügel hoch über dem Kykkos-Kloster, beigesetzt. Das Kloster Kykkos ist Ausgangspunkt für einen lohnenden Ausflug in das berühmte **Tal der Zedern ❽.** Die nur im Tróodos vorkommende Art der Cedrus brevifolia ist größer als die Libanon-Zeder, ihrerseits Wahrzeichen des Levante-Staates. Das Tal der Zedern, am Fuße des Berges Tripylos im Páphos-Forst, erhielt diesen Namen als letzter großer natürlicher Standort des majestätischen Baums. Mit viel Glück kann man einem Mufflon begegnen, einer

ebenso scheuen wie seltenen zyprischen Spezies des mediterranen Wildschafs. Nachdem das Mufflon fast ausgestorben war (die Fluglinie Cyprus Airways hat es übrigens zu ihrem Emblem auserkoren), hat man es in Gefangenschaft nachgezüchtet. Etwa 60 Tiere kann man in einem Gehege besichtigen, wenn man vom Zederntal in die idyllisch gelegene Forststation **Stavrós tis Psókas** ❾ weiterfährt, errichtet 1882 als erste zyprische Forststation überhaupt. Um von Páphos oder Pólis aus nach Stavrós tis Psókas und ins Tal der Zedern zu fahren, gibt es zwei Möglichkeiten: von Páphos über Páno Panagiá Kannavioú oder von Pólis über Pomós entlang der Nordküste bis zu einer Abzweigung namens Lorovouno Junction.

## Das südliche Vorland des Tróodos-Gebirges

Auf dem Weg von Límassol nach Plátres oder zum Kykkos-Kloster sollte man sich die Zeit nehmen, das südliche Tróodos-Vorland mit seinen vielfältigen landschaftlichen Schönheiten zu erkunden. In **Monágri** ❿ wurde das verfallene Kloster des Erzengels in Privatinitiative restauriert und zu einem Kulturzentrum mit Galerie und Ateliers umgebaut. Gerne bringt der Dorfpriester Besucher zur drei Kilometer flussab gelegenen **Panagía Amasgoú,** einer Klosterkirche mit Fresken aus dem 12. und 13. Jh.

Ruhe findet man in einem schattigen Kentron, z. B. bei der berühmten Royal Oak, einem uralten Eichenriesen nahe **Trimíklini** ⓫. Am Straßenrand werden frische und eingelegte Früchte und Nüsse verkauft, alles, was das fruchtbare Land hervorbringt.

Kaum ein Reisebus, der am Wege nicht einen Stopp in **Omodós** ⓬ einlegt, Mittelpunkt des größten zusammenhängenden Weinbaugebietes in Zypern. Hier wird nicht nur lokaler Wein gekeltert und der feurige Tresterschnaps Zivania gebrannt,

**Seite 224**

▼ **Eine Mufflonherde**

auch Palouzé, Sudjuko und Loukoumi (alles auf der Basis von Traubensaft) sollten hier zumindest Liebhaber von Süßigkeiten versuchen. Das 1816 am Rand des Dorfplatzes errichte **Heiligkreuzkloster** (Moní ti Stavroú) hat seinen Namen von einem Splitter des heiligen Kreuzes, der, in Silber gefasst, in die Ikonostase eingelassen ist. Ein Schädel wird als Reliquie des Apostels Philippus verehrt, und im früheren Kapitelsaal (heute Museum) verdient die kunstvoll geschnitzte Zedernholzdecke Beachtung.

**Foiní**
Viel Wissenswertes über die Herstellung und den Gebrauch der riesigen tönernen Pithoi erfährt man im Volkskundemuseum von Foiní.

In **Foiní** ⓰ (gesprochen: Finí) erfährt man im Volkskundemuseum des Phanis Pilavakis, eines leidenschaftlichen Bewahrers der zyprischen Volkskultur, viel Wissenswertes über die Herstellung und den Gebrauch der riesigen tönernen Pithoi. Vor nicht langer Zeit waren die Töpfer von Foiní berühmt für ihre Kunstfertigkeit bei der Herstellung dieser Vorratsgefäße.

Doch leider ist der Niedergang der traditionellen Handwerkskunst kaum aufzuhalten. In Foiní etwa arbeitet der greise Philippos Kallis als der letzte Kundige einer anderen einst blühenden Handwerkszunft: Kallis fertigt schöne und stabile Kaffeehausstühle. Seine Werkstoffe sind speziell ausgesuchte Teile des Erdbeerbaums und der Goldblättrigen Eiche. Bis heute hat Kallis allerdings noch niemand gefunden, der die jahrhundertealte Familientradition dieses Handwerks fortführen will.

Das Kloster **Troodítissa** ⓱, oberhalb von Foiní am Übergang von der Pinien- zur Laubwaldzone gelegen, verfügt über eine ungewöhnliche Reliquie. Frauen, denen der ersehnte Nachwuchs bislang versagt war, pilgern von weither nach Troodítissa, um sich hier den heiligen, silberbeschlagenen Ledergürtel des Klosters um den Bauch zu hängen, der Fruchtbarkeit versprechen soll. Wird das Kind dann später noch in Troodítissa getauft, soll seinem Erfolg im Leben nichts mehr im Wege stehen.

▼ **Das Vorgebirge des Tróodos**

# Pitsyliá

**Pitsyliá** nennt man das Gebiet an den Abhängen der lang gestreckten östlichen Tróodos-Kette mit ihren vielen bewaldeten Gipfeln, von denen der **Papoutsa** mit 1554 m am höchsten aufragt. Insgesamt etwa 21 000 Menschen leben hier verteilt auf 49 Dörfer.

Wie andere stadtferne Gebiete leidet die Pitsyliá unter der Abwanderung der jungen, arbeitsfähigen Bevölkerung. Doch immerhin gab es hier einige ernsthafte Bestrebungen, etwas gegen den Exodus, gegen den Zerfall von Häusern und Fluren zu tun. 1977 startete die zyprische Regierung das Pitsyliá Integrated Rural Development Project. Dessen Ziel war es, die Lebensverhältnisse der Region umfassend zu verbessern. Die als Mitfinanzier fungierende Weltbank wollte es gar als Musterprojekt für den gesamten östlichen Mittelmeerraum verstanden wissen. Mit großem Aufwand wurden neue, breite Ackerterrassen angelegt, kleine Staudämme, Staubecken und Wasserverteilsysteme gebaut und das Wegenetz verbessert. Die Bauern erhielten Kredite für eigene Investitionen in die Landwirtschaft. Vor allem in die größeren Orte wie Agrós und Peléndri ist neues Leben eingekehrt. Überall entstehen dort neue Wohnhäuser.

Das dafür notwendige Geld wird nicht mehr nur ausschließlich in Límassol oder Nikosia verdient. Nach **Agrós** ⓯ etwa, dem Hauptort der Region, kommen jeden Morgen mindestens so viele Pendler, wie das Dorf verlassen.

Eine Attraktion für Auge und Nase bietet Agrós dem Besucher in den Monaten Mai und Juni. Dann nämlich bringen die Bauern der Gegend Körbe mit bezaubernd duftenden Rosenblüten in das Dorf. In einem unscheinbar nüchternen Fabrikgebäude am Ortsrand wird daraus ein Rosenwasser destilliert, das es durchaus wert ist, als Souvenir mit nach Hause genommen zu werden.

**Seite 224**

▲ **Kirschen im Tróodos**
▼ **Panagía tou Araká, sehenswertes Beispiel byzantinischer Kunst**

**Agrós**
Im Frühsommer wird aus den frisch geernteten Blüten Rosenwasser destilliert und zuckersüße Konfitüre gekocht.

▲ **Christus Pantokrator in Lagoudera**
▼ **Viele Kirchen im Tróodos ähneln Scheunen**

## Byzantinische Kunst

In Pitsyliá liegen einige der schönsten byzantinischen Kirchen Zyperns, allen voran die **Panagía tou Araká** in **Lagoudera** ⑯ mit ihren Fresken aus dem Jahre 1192. Verwirrt und überrascht steht der Fremde vor einem Gebäude, das eher einer großen Scheune gleicht als der Vorstellung, die man von einem orthodoxen Gotteshaus hat. Das bekannte Bild von wohlproportionierten, blendend weißen Architekturgliedern, wie man sie vom griechischen Festland und der griechischen Inselwelt her kennt, begegnet einem hier in den Bergen Zyperns nicht. Die Witterungseinflüsse, besonders die Schneelasten im Winter, brachten statische Probleme. Auch der Regen war mit einer zweiten Haut besser abzuschirmen, so dass die gewölbten byzantinischen Sakralbauten im Tróodos zusätzlich mit einem scheunenartigen Satteldach geschützt wurden – manchmal, wie bei der Panagía tou Araká, erst im Nachhinein,

während bei anderen Kirchen das Scheunendach von Anfang an in den Baukörper integriert war.

Die einfache Kreuzkuppelkirche von Lagoudherá birgt Meisterwerke des neoklassischen Stils und wurde von Künstlern der byzantinischen Hauptstadt Konstantinopel ausgemalt. In der Stifterinschrift ist der Name des Malers Leon Authentou überliefert. Entsprechend der Bedeutung dieses einzigartigen Kunstwerks seien hier die wichtigsten ikonographischen Themen vorgestellt.

In der halbrunden Apsis des **Altarraums** (Bema) thront die Muttergottes mit Kind, flankiert von den beiden Erzengeln Gabriel und Michael. Darunter sieben Medaillons mit den Büsten von Heiligen. Im vertikalen Teil der Apsis 12 Kirchenväter (rechts vom mittleren Apsidenfenster der zyprische Heilige Barnabas und unter dem linken Fenster die Büste des zyprischen Heiligen Spyrídon). Im Gewölbe über dem Altarraum die Himmelfahrt Christi, an der Nordwand der Säulenheilige Simeon Stylites Thaumaturge und der heilige Onufrios, an der südlichen Wandseite die Darstellung eines weiteren Säulenheiligen, Simeon Stylites Archimandrite.

## Byzantinische Kirchen

Neun Kirchen im Tróodos wurden von der UNESCO wegen ihrer Fresken als »Stätten des Weltkulturerbes« ausgezeichnet:

Panagía Forvíótissa in Asínou
Ágios Nikólaos tis Stégis bei Kakopetriá
Panagía Theotókos bei Galáta
Panagía Podítou bei Galáta
Panagía tou Araká in Lagouderá
Stavrós tou Agiasmáti bei Platanistása
Tímios Stávros in Peléndri
Ágios Ioánnis Lampadistís
in Kalopanagiótis
Panagía tou Moutoullás in Moutoullás

An den östlichen Pendentifs (sphärische Dreiecke am Übergang vom eckigen Pfeiler zum Rund der Kuppel) der **Kuppel** die Verkündigungsszene mit dem Erzengel Gabriel und Maria, dazwischen schwebend ein Medaillon mit dem bartlosen Christus Emmanuel; in den westlichen Pendentifs die vier Evangelisten. An den Pfeilern stehen 12 lebensgroße Propheten des Alten Testamentes, von der Kuppel blickt der von Medaillons mit Engeln umgebene Christus Pantokrator (Christus als Weltenrichter) herab. An der Ostseite steht in einem zusätzlichen Medaillon der »leere Thron« (Etoimasía) für die Weltenherrschaft Christi nach dem Jüngsten Gericht bereit.

Im Scheitel des **Gewölbes** zeigen vier Medaillons Büsten von Märtyrern. Darunter befinden sich die Anastasis, nämlich die Höllenfahrt Christi nach seiner Kreuzigung, und Christi Taufe. Im Bogenfeld der **Nordwand** wird der Tempelgang Marias gezeigt, darunter lebensgroße Heilige mit

Seite
224

**Weltkulturerbe**
Neun »Scheunenkirchen« im Tróodos wurden von der UNESCO zum Weltkulturerbe geadelt.

▼ **Das Kloster Machairás**

ausdrucksstarken, für die Kunst der Komnenenzeit ungewöhnlich porträthaften Gesichtszügen: Sabbas, Nikolaus, der alte Priester Simeon, der das Christuskind im Tempel entgegennahm, Johannes der Täufer mit einer nach oben weisenden Geste, die Panagía Eleoúsa (»barmherzige Gottesmutter«) mit Engeln.

An der **Südwand** in der Nische unter der Kuppel der Tod Marias, darunter die schlanke »Muttergottes Arakoú« mit dem Kind auf dem Arm neben dem überlebensgroßen Erzengel Michael. In den Bogenlaibungen sehr gute Heiligendarstellungen, z. B. rechts der heilige Antonius. Links vor der Ikonostase und gegenüber der Anastasis schließlich eine besonders schöne Darstellung der Geburt Christi, darunter Petrus und andere Heilige.

Obwohl damals schon die Kreuzritter auf Zypern herrschten, präsentiert die Panagía tou Araká davon gänzlich unbeeinflusst den höfischen Stil Konstantinopels. Ganz anders die Satteldachkirche **Stavrós** tou Agiasmáti ❶ bei **Platanistása.** Die 1494 von Philip Goul aufgetragenen Fresken verraten, etwa mit der Illusion räumlicher Tiefe und dem Baustil der Gebäude im Hintergrund, deutlich den Einfluss der italienischen Renaissance. Eine ikonographische Besonderheit ist der Zyklus von der Auffindung des Heiligen Kreuzes in der Bogennische der Nordwand. Die Kirche liegt etwa 5 km nördlich des Dorfes in einer einsamen Berggegend. (Unbedingt vor Besichtigung der Kirche den Schlüssel im Kafeneion des Dorfes besorgen!)

Philip Gouls Werk fand seinerzeit offenbar Anklang. Nach vollendeter Arbeit in Platanistása zog er weiter nach **Louvarás** ❶ und gestaltete hier die Fresken der Einraumkapelle **Ágios Mámas.**

## Machairás und Fikárdou

Am nordöstlichen Rand der Pitsyliá liegt das Kloster **Machairás** ❶, in den Sommermonaten wegen seiner anmutigen Lage

▼ **Fikárdou**

ein beliebtes Ausflugsziel für die Zyprioten. Wie so viele zyprische Klöster soll auch dieses im 12. Jh. an einer Stelle gegründet worden sein, an der man in einem Versteck eine wundertätige Ikone gefunden hatte. Unter der Galerie mit den Mönchszellen im oberen Geschoss des Klosters sind die bewegten und teils tragischen Ereignisse im Klosterleben der vergangenen Jahrhunderte in einer Serie von illustrierten Texten festgehalten.

Unbestrittener Held des Klosters ist aber keineswegs ein frommer Kirchenmann, sondern vielmehr der eher weltliche Rebell Grigori Afxentiou. Die Stätte von Afxentious Tod im Tal nahe dem Kloster ist für die Zyperngriechen eine beinahe so wichtige Pilgerstätte wie das Grab von Erzbischof Makarios im Kykkos-Kloster. In Machairás hat man dem Helden ein Museum eingerichtet.

Nachdem bis auf einige Greise alle Bewohner abgewandert waren, schien **Fikárdou** ⑳ Ende der 80er Jahre ein sterbendes Dorf. Als Beispiel für die historische Dorfarchitektur des Tróodos wurde das von keinen Neubauten gestörte Ensemble alter Häuser aus Holz und Naturstein jedoch unter Denkmalschutz gestellt und erlebt jetzt als Museumsdorf eine Renaissance. Zwei Häuser wurden nach alten Plänen vollständig restauriert und sind zu besichtigen.

*Afxentiou,*
→ einer der führenden Männer der EOKA zu Zeiten des antikolonialen Befreiungskampfes der Zyperngriechen, kam hier 1957, als er von britischen Soldaten in seinem Höhlen-Versteck aufgespürt wurde, ums Leben.

## Soléa-Tal

Das Soléa-Tal zählt zweifellos zu den reizvollsten Landschaften der Insel, auch

**Seite 224**

▲ Der Ortspriester ist Herr über die Schätze seiner Kirche
▼ In der Kirche Panagía Theotókos, Galáta

235

**Kakopetriá**
Im Restaurant Linos speist der Gast vorzüglich im rustikalen Ambiente eines alten Bauernhauses.

wenn heute der unterste Talbereich und damit auch die nahe Verbindung zum Meer durch die Demarkationslinie abgetrennt und vom Südteil Zyperns aus unerreichbar ist. Bezaubernd ist der Abwechslungsreichtum der Kulturlandschaft, die Physiognomie der Dörfer mit ihren dicht gedrängten Giebeldächern. Jede Jahreszeit hat hier ihre ganz besondere Anmut. Und nicht zuletzt verbergen sich auch hier unter den Scheunendächern der Kirchen bedeutende Kunstschätze aus byzantinischer Zeit.

**Kakopetriá ㉑** im Soléa-Tal ist ein beliebtes Ausflugsziel für die Bewohner Nikosias. Besonders originell der in den letzten Jahren sanierte Kern des Dorfes, in dem man den sehr spezifischen traditionellen Baustil der Gegend mit Erfolg zu erhalten trachtet.

▼ »Auferstehung des Lazarus« in Ágios Nikólaos

Die außerhalb des Dorfes liegende Kirche **Ágios Nikólaos tis Stégis** (»Heiliger Nikolaus vom Dach«) hütet byzantinische Malereien vom 11. bis zum 17. Jh. Als

Beispiele aus dem 11. Jh. seien der *Einzug in Jerusalem* und die *Verklärung Christi auf dem Berg Tabor* (Metamorphosis) erwähnt, die als Gesamtkomposition zusammen mit der *Erweckung des Lazarus* dargestellt sind. Den komnenischen Stil des 12. Jhs. repräsentieren etwa der *Tempelgang Mariens,* die *Vierzig Märtyrer von Sebasteia* (ganz ähnlich wie in Asínou) oder das *Jüngste Gericht.* Für das 14. Jh. sei auf verschiedene gute Arbeiten im Kirchenraum hingewiesen.

In **Galáta ㉒**, dem mit Kakopetriá zusammengewachsenen Nachbarort, gibt es gleich vier sehenswerte byzantinische Kirchen, von denen die zwei folgenden im Talgrund nördlich des Dorfes besonders eindrucksvoll sind. Die Kirche **Panagía Theotókos** stiftete ein zur Orthodoxie konvertierter Franke. Nach dem überlebensgroßen Erzengel Michael, der innen das Portal bewacht, wird sie wird auch **Ágios Archángelos** genannt. Die Kirche birgt einen recht ausführlichen christologischen Zyklus von guter malerischer Qualität. Die Fresken wurden 1514 von dem zyprischen Künstler Symeon Axenti geschaffen.

Von einem früheren Kloster blieb nur noch die unvollständig ausgemalte Kirche **Panagía Podítou** mit Fresken aus dem Jahre 1502. Vor allem bei der Muttergottesdarstellung und der Apostelkommunion in der Apsis wird der Einfluss der venezianischen Epoche (von 1489 bis 1571) deutlich. Besonders ergreifend wirkt die dramatische Erzählung der Kreuzigung im Westgiebel; hier ist jedoch nichts mehr byzantinisch.

### Die Kirche Panagía Forviótissa Asínou ㉓

Die Asínou-Kirche ist ein Freskenmuseum byzantinischer Kunst. Die Qualität der Malereien aus verschiedenen Epochen gibt einen sehr guten Eindruck vom gesamten Kunstschaffen des byzantinischen Zyperns.

Die kleine Einraumkapelle wurde zuerst in den Jahren 1105/06 mit Malereien im höfischen Stil von Künstlern aus Konstantinopel geschmückt. Am Stifterbild über dem Südeingang erkennt man, dass die Kapelle schon damals ihr typisches Scheunendach hatte, dieses also nicht, wie manchmal vermutet, auf den Einfluss der von den Kreuzrittern übermittelten Architektur Mitteleuropas zurückgeht. Die Fresken der Erstausstattung befinden sich im Altarraum (z. B. die *Apostelkommunion* und *Christi Himmelfahrt)* und an der Westwand des Schiffs (Naos), hier etwa der *Einzug in Jerusalem* (Palmsonntag), das *Abendmahl* und *Mariä Entschlafung* (Koimisis).

An der Nordwand sterben die *Vierzig Märtyrer von Sebasteia* den Tod durch Erfrieren, an der Südwand halten sich Schaulustige angesichts der *Erweckung des Lazarus* die Nase zu, denn der Leichnam des Heiligen war ja bereits vier Tage verwest.

Seite 224

▲ Michail Archángelos in Pedoulás
▼ Und noch einmal Panagía Forviótissa Asínou

Seite 224

**Panagía Forviótissa**
Auf dem Fresko der Apostelkommunion im Altarraum der Kirche erkennen Sie Judas, der das empfangene Brot heimlich wieder aus dem Mund nimmt.

Bereits gegen Ende des 12. Jh. erhielt die Kapelle einen Narthex (Vorhalle) mit Konchenausbildung (Konche bezeichnet einen halbkreisförmigen Raumabschluss) nach Norden und Süden – diese Anbauten fehlen auf dem Stifterbild, was gegen die These spricht, dieses sei bei der Renovierung des 14. Jhs. verändert worden und das Satteldach eben doch eine spätere Zutat. Von den drei Eingängen des Narthex mauerte man das Südportal jedoch bald wieder zu und gestaltete es auf der Innenseite (frühes 13. Jh.?) mit dem *Heiligen Georg,* der auf einem Schimmel durch die blaue Nacht reitet. Die übrigen Fresken im Narthex und Naos werden ins 14. Jh. datiert, als bei einer Renovierung auch zahlreiche ältere Bilder übermalt wurden. Außerhalb

*Mariä Entschlafung*
→ Die Orthodoxie erkennt die leibliche Himmelfahrt Marias nicht an, sondern nur die Auffahrt ihrer Seele ins Paradies. Um den Unterschied zu betonen, feiert man deshalb am 15. August »Mariä Entschlafung«.

der Saison erhält man den Schlüssel zur Kirche beim Dorfpriester in Nikitári; er muss mitgenommen werden und freut sich über ein gutes Trinkgeld.

## Marathasa-Tal

In dem bis vor wenigen Jahrzehnten sehr abgelegenen Marathása-Tal haben sich interessante Traditionen erhalten. Noch heute bekommt man hier getrocknete Kirschen, die ehemals als große Spezialität galten.

Im unteren Teil von **Pedoulás ㉔** liegt die Satteldachkirche des Erzengels Michael (**Michaíl Archángelos**). Die Fresken im Kirchenraum sind Arbeiten eines gewissen »Adam« von 1474. Der Zyklus zeigt seltene Themen mit Pilatus und die Verleugnung Christi durch Petrus, an den Gewändern der Frauen fallen die Stickereien im Léfkara-Stil auf. In **Moutoullás ㉕** wird das nach dem Ort benannte Mineralwasser auf Flaschen gezogen. Auch werden hier aus Pinienholz Sanidhes sowie Vournes hergestellt. Sanidhes sind Bretter mit Mulden, in denen man in der bäuerlichen Hauswirtschaft den Brotteig gehen ließ. Vournes sind hölzerne Schüsseln, die ebenso beim Brotbacken Verwendung fanden. Die Fresken der 1279/1280 gebauten Kirche **Panagía Moutoullás** (am oberen Dorfrand) sind nur schlecht erhalten.

Weiter talabwärts liegt auf der anderen Flussseite gegenüber von **Kalopanagiótis ㉖** das nicht mehr von Mönchen bewohnte Kloster **Ágios Ioánnis Lampadistís**. Unter einem gemeinsamen Scheunendach verbergen sich drei Kirchen mit einem Konglomerat byzantinischer Sakralarchitektur (13. Jh. bis um 1500). Aus der ersten Hälfte des 13. Jhs. sind in der Kreuzkuppelkirche des Herakleides großartige Malereien der frühkomnenischen Zeit erhalten. ■

◄ **Wandern im Tróodos-Gebirge**
► **Viele Einheimische sind freundlich und hilfsbereit**

# Byzantinische Wahrzeichen und stolze Traditionen

**U**m den Eindringlingen und dem weltlichen Leben an der Küste zu entkommen, zogen sich die orthodoxen Priester und Mönche aus Zypern in das Tróodosgebirge zurück. Der Tourismus und die UNESCO sind ihnen jedoch dorthin gefolgt: Neun byzantinische Kirchen wurden zu Weltkulturstätten ernannt. Von außen erscheinen die schmucklosen Kirchen, die oft an Scheunen erinnern, nicht sehr viel versprechend. Ihren wahren Pracht sind die großartigen Fresken im Inneren, die zwischen dem 11. und 14. Jh. entstanden. Die Schöpfer dieser Gemälde könnten vom Stil der heute nicht mehr vorhandenen Fresken in den Kirchen der Hauptstadt Konstantinopel oder anderer religiöser Zentren beeinflusst worden sein. Es scheint aber, daß die kreativen Kräfte aus Zypern selbst den Impuls dafür gaben. Zudem wurden sie noch von den christlichen Kirchen vom levantinischen Festland und denen des heutigen Libanon geprägt.

### Schlüssel zum Königreich

Früher war es beinahe unmöglich, die Kirchen zu betreten, da der Priester mit dem entsprechenden Schlüssel selten anwesend war. Heute ist aber meistens eine zuständige Person vor Ort, die den Schlüssel besitzt und den Bau zur Besichtigung aufsperren kann. Ein Rundgang von Kirche zu Kirche gestaltet sich oft schwierig. Während einige von ihnen nahe beieinander liegen, wie beispielsweise die Kirchen bei Galata, stehen andere am Ende langer und staubiger Wege. Um alle neun UNESCO-Kirchen zu sehen, muss man mindestens zwei Tage einplanen, wobei man die Route bei der zentralen Achse des Tróodos beginnen sollte: der Straße von Platres nach Kakopetria und Kalopanagiotis.

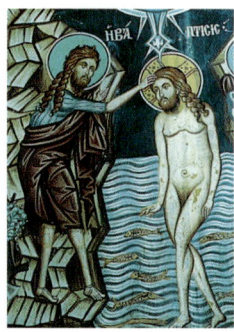

▶ **Bollwerk des Glaubens** Das Kloster Agios Neophytos ist ein beliebtes Ausflugsziel von Páphos – schon seit dem 11. Jh., als der Mönch Neophytos sich hierher zurückzog.

▲ **Taufe Christi** Die Fresken in der Kirche Michail Archangelos in Pedoulas sind das Werk eines als »Adam« bekannten Künstlers aus dem 15. Jh.

▲ **Auferstehung des Lazarus.** Unter dem doppelten Dach von Agios Nikolaos tis Stegis findet sich u. a. das Gemälde »Die Auferstehung des Lazarus«.

▶ **Die Wandgemälde von Agios Neophytos** schmücken den Innenraum der Höhle, die den Zufluchtsort des Heiligen bildet.

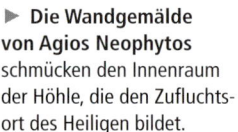

Die neun UNESCO-Kirchen im Tróodos-Gebiet:
• Agios Ioannis Lampadistis, Kalopanagiotis – drei Kirchen in einer, aus dem 11. bis 18. Jh.;
• Panagia Theotokos, Galata (Archangelos) – Kirche mit Holzdach und postbyzantinischen Fresken;
• Panagia Forviotissa, Nikitari – unbestritten die sehenswerteste der neun;
• Panagia tis Podythou, Galata – mit exquisiten Muttergottes- und Kreuzigungsfresken;
• Panagia tou Araka, Lagoudera – Kirche aus dem 12. Jh. mit schönen Fresken (u. a. einem Abendmahl);
• Panagia tou Moutallas – winzige Kirche mit vielen Wandgemälden;
• Timio Stavros, Pelendri – biblische Wandgemälde in einer Kirche aus dem 14. Jh.

▶ **Himmlische Aussicht**
Ein Bild des Christus Pantokrator (Weltenherrscher), der vom Inneren des Doms wie vom Himmel selbst herab blickt, ist das Merkmal vieler byzantinischer Kirchen.

▼ **Akrobatische Künstler**
Die Fresken in der Kirche von Agios Mamas bei Louvaras – unter anderem vom Freskenmaler Philippos Goul – zeigen, wie geschickt die Künstler selbst die entlegensten Stellen nutzten.

▶ **Wahre Schönheit**
Hier ist die Kirche Panagia Forviotissa abgebildet, auch als Panagia tou Asinou bekannt. Sie birgt die vielleicht schönsten Fresken der von der UNESCO gewürdigter Kirchen im Tróodosgebirge.

# Nikosia (Süd)

Seite 246

»Wenn man nach dem Ersteigen sanfter Hügelwellen Levkosia mit ihren Palmen und Minaretten und die malerische Gebirgskette in deren Hintergrunde auf der sonnenverbrannten Ebene von Cypern zum erstenmale auftauchen sieht, so glaubt man ein Bild aus tausend und einer Nacht in Wirklichkeit vor Augen zu haben. Ein Juwel von Orangengärten und Palmenbäumen in der baumlosen Gegend, eine vermöge ihrer Wälle durch Menschenhand geschaffene Oase. Und so wie der Gegensatz zwischen Stadt und Umgebung scharf und grell hervortritt, ebenso macht sich auch der Geist des Widerspruchs in der Stadt selbst geltend. Venezianische Festungswerke und gothische Bauten, die nun der Halbmond krönt, auf antikem klassischem Boden; Türken, Griechen, Armenier bunt durcheinander gemengt, . . . durch gemeinsame Liebe zu der nun Allen gleich heimischen Scholle vereinigt.« So Ludwig Salvator, Erzherzog von Österreich, 1873 in seinem Reisebericht »Levkosia, die Hauptstadt von Cypern«.

## Die geteilte Hauptstadt

Nikosia ist heute jedoch von dem hier beschriebenen Zustand weit entfernt! Das Hotel Ledra Palace ist vom Feuer der Granaten beschädigt und mit Stacheldraht versperrt. Rechts der Straße stehen die Reste einer ausgebrannten Villa. Die venezianischen Festungsmauern der Altstadt sind nur hundert Meter entfernt. Sie funktionieren auch nach 400 Jahren noch als Bollwerk, als Teil einer scharf bewachten Grenze. Das Ledra Palace ist schon längst keine Luxusherberge mehr, sondern Kaserne für Einheiten der UNO-Friedenstruppen. Die Straße ist durch Stacheldraht und Betonwände gesperrt. Der UNO-Posten an seinem Unterstand grüßt lässig – keine besonderen Vorkommnisse am einzigen Übergang zwischen Nord- und Süd-Nikosia.

In Berlin erinnert nur noch ein Asphaltpflaster an den legendären Checkpoint Charly. In Nikosia existieren keinerlei Indizien dafür, dass das zypriotische Gegenstück absehbarer Zeit verschwinden wird. Im Gegenteil: Wie in den schärfsten Zeiten des Kalten Krieges dürfen nur wenige den Checkpoint Ledra Palace passieren. Zyprioten sind in aller Regel nicht darunter. Nur Diplomaten, UNO-Soldaten und Ausländer dürfen die Fronten wechseln.

Je nach dem Stand der Beziehungen zwischen den beiden Teilen Zyperns dürfen auch Touristen, wenn sie in der südlichen Republik Zypern ihren Urlaub verbringen, für ein paar Stunden das Land nördlich der Grünen Linie betreten. Die

◄ ◄ Blick über das alte und das neue Nikosia
◄ Das renovierte Viertel Laiki Geitonia ist bei Besuchern beliebt
► An der Grünen Linie

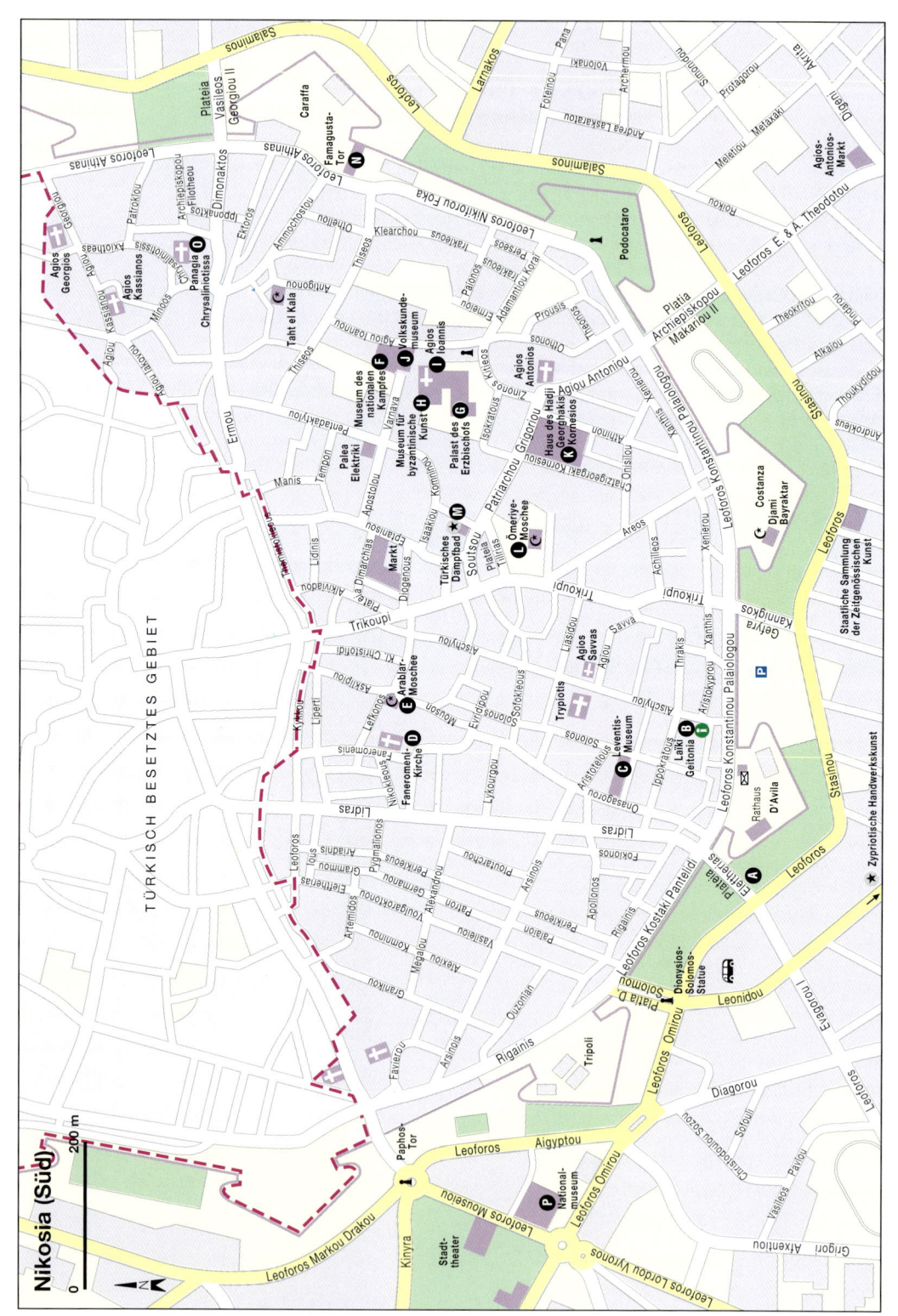

# Nikosia (Süd)

0    200 m

TÜRKISCH BESETZTES GEBIET

★ Zypriotische Handwerkskunst

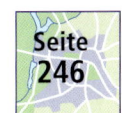

Seite 246

einzigen Zyprioten, für die sich der Schlagbaum bisweilen öffnet, sind die Angehörigen der winzigen Minderheiten – Griechen, Türken, Maroniten – , die im »falschen« Teil der Insel leben.

Auf den ersten Blick scheinen beide Stadthälften kaum Gemeinsamkeiten aufzuweisen. Zyperngriechische und zyperntürkische Soldaten stehen sich in ihren primitiven Unterkünften unversöhnlich gegenüber. Nicht einmal einen gemeinsamen Namen haben sie für die Hauptstadt Zyperns: Die Griechen nennen sie **Lefkosía,** bei den Türken heißt sie **Lefkoşa.** Die Grüne Linie zerschneidet Straßen und Wasserleitungen, blockiert den ehemaligen internationalen Flughafen und teilt die Hauptstadt der Insel in zwei Hälften. Zwischen den primitiven Unterständen der gegnerischen Armeen patrouillieren die UNO-Blauhelme, die dafür sorgen sollen, dass keine bewaffneten Konflikte entstehen.

»Brücken bauen in einer geteilten Stadt« will Bürgermeister Lellos Demetriades (Süd). Für mehr Kontakte zwischen den Volksgruppen warb auch Mustafa Akinci, bis vor einigen Jahren Bürgermeister von Nord-Nikosia. Beziehungen zwischen der Regierung der Republik Zypern und der »Türkischen Republik Nordzypern« gibt es nicht. Doch die beiden Stadtväter haben bewiesen, dass praktische Zusammenarbeit über die Demarkationslinie hinweg möglich ist. In den achtziger Jahren begann ihre Kooperation mit dem profanen Problem einer gemeinsamen Abwasserentsorgung, die der politischen Teilung nicht gehorchen wollte. Jetzt hat man mit der Restaurierung der wertvollen Bausubstanz in der Altstadt begonnen – ein Wettlauf mit der Zeit. Denn die Mittel sind knapp, trotz internationaler Hilfen von der EU und auch aus der Bundesrepublik Deutschland. Die Zusammenarbeit des in der Stadt allgemein populären »Lellos von Nikosia« und der zyperntürkischen Stadtverwaltung geht noch weiter. Mit Hilfe des UN-Entwicklungsorganisation (UNDP) wurde ein gemeinsamer Stadtentwicklungsplan erstellt. Er sieht für alle Eventualitäten zwei Alternativen vor: eine mit, eine ohne die Grüne Linie. Lellos Demetriades macht keinen Hehl daraus, welcher Option er den Vorzug gibt – der gemeinsamen.

## Vergangene Zeiten

Am Eingang der Hermes-Straße (Odos Ermou) in der Altstadt sind die verblichenen Siegesmeldungen des Fußballclubs Olympiakos zu erkennen, der einst hier sein Heim hatte. »Olympiakos – Omonia 3:2« ist mit unsicherer Schrift an die Fassade gemalt, datiert ist das Ereignis auf den 8. Juni 1961. Nach hundert Metern ist an einem Posten der zyperngriechischen Nationalgarde die bewohnte Welt zu Ende, die Pufferzone beginnt. Anders als die Insel ist Nikosia nicht erst seit der türkischen Invasion 1974, sondern schon seit 1964 geteilt. Damals, am Weihnachtsabend des Jahres 1963, begannen in der Stadt bürgerkriegsähnliche Auseinander-

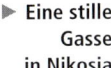
► **Eine stille Gasse in Nikosia**

setzungen zwischen nationalistisch ge-
sinnten Zyperngriechen und -türken. Ein
britischer Soldat markierte 1964 mit einem grünen Stift die Front, die die beiden
verfeindeten Parteien trennte: das war die
Geburt von Nikosias Grüner Linie.

Ghia betreibt in der Odos Patroklou,
nur ein paar Meter südlich der Grünen Linie, einen winzigen Lebensmittelladen.
Doch Ghia hat nur wenige Kunden, und
die sind arm. In den alten baufälligen
Wohnungen der Altstadt leben diejenigen,
die das Wirtschaftswunder der Republik
Zypern übrig gelassen hat: Alte, deren
Pensionen kaum zum Leben ausreichen,
und kinderreiche Familien, die 1974 vor
den türkischen Truppen flüchten mussten. Wer will schon so nahe an der Demarkationslinie leben?

Die wohlhabende zyperngriechische
Mehrheit wohnt in der Neustadt in Häu-
serblocks oder eigenen Einfamilienhäusern. In der Altstadt werden die Häuser
jedes Jahr ein bisschen baufälliger. Die Be-

wohner besitzen kein Geld für Reparatu-
ren, die Eigentümer schert der Verfall
nicht weiter. Viele der wertvollen Gebäude aus osmanischer Zeit stehen leer. In
anderen wird nur noch das Erdgeschoss
bewohnt, weil das einzige Stockwerk ein-
sturzgefährdet ist. Nikosia ist ein vom Verfall bedrohtes und geteiltes Freilichtmuse-
um. Allerdings hat man in den 50er und
60er Jahren auch in der Altstadt Bausün-
den begangen, unbedacht Betongebäude
in manche Straßen der City gesetzt und
ein Hochhaus in der Mitte der Altstadt errichtet.

Die Stadtverwaltung hat mit der **Laïkí
Geitoniá** (»Volkstümliches Viertel«) ein
kleines Quartier renoviert. Restaurants laden ein, Souvenirhändler bieten Kunst
und Kitsch an. Nur wohnen tut dort fast
niemand. Die Laïkí Geitonia ist auch deshalb kein Modell für die Restaurierung der
Altstadt, weil die meisten Häuser nur
äußerlich alt erscheinen – tatsächlich
wurden sie, im historisierenden Stil, erst

**Laïkí Geitoniá**
Souvenirläden und
Straßencafés
laden zu einem
Bummel durch das
»volkstümliche
Viertel« ein.

▼ **Zechkumpane**

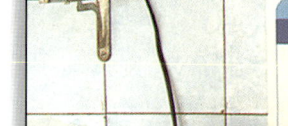

in den 80er Jahren erbaut. Erfolgreicher waren die Bemühungen um den Erhalt alter Bausubstanz im Viertel **Chrysaliniótissa.** Hier gelang es mit einem Pilotprojekt, das sich u. a. großzügiger Förderung durch die europäische Union erfreute, auch junge Familien mit Kindern wieder in die Altstadt zu locken.

Minarette und Kirchtürme ragen über die meist ein- oder zweigeschossigen Häuser der Altstadt hinaus. Die meisten Straßen sind schmal, die Fensterläden der Wohngebäude verschlossen. Nach außen erschließt sich dem Beobachter nur wenig von der Schönheit der alten Gebäude. Das Leben fand schon immer weniger auf der Straße und umso mehr im von außen unsichtbaren Teil der Gebäude statt. Die traditionellen Häuser der Levante sind nach innen gekehrt, mit Arkaden und kleinen Innenhöfen, in denen Palmen oder Orangenbäume wachsen.

Ghia verkauft die Mandarinen und Limonen direkt vom Baum, der hinter ihrem Haus steht. Von der Selimiye-Moschee im Norden trägt der Wind den Ruf des Muezzins bis in die Odos Patroklou. Doch für die Bewohner hier sind die weithin sichtbaren Minarette der einstigen Krönungskathedrale aus dem Mittelalter unendlich weit weg.

Obwohl die Nikosianer sich nicht besuchen dürfen, zwei verschiedenen Religionen angehören und unterschiedliche Sprachen sprechen – sie sind sich ähnlicher, als es viele von ihnen selbst wahrhaben wollen. Hier wie dort verbringen die Männer ihre Freizeit in einem der vielen Kaffeehäuser. Alle Nikosianer – wie überhaupt alle Zyprioten – haben eine Leidenschaft für ausladende Tafelrunden. An das Alkoholverbot halten sich dabei höchstens die muslimischen Einwanderer aus der Türkei. Gestik, Alltagsleben, ein ausgeprägter Familiensinn – in den Gassen der Altstadt verläuft das Leben kaum unterschiedlich. Hier wie dort arbeiten die Schreiner in ihren offenen Werkstätten,

Seite 246

▲ **Hier wird Kaffee ausgeliefert**
▼ **Venezianische Festungsmauern**

▲ Dieser Kopf ist
auch auf der
Fünf-Pfund-Note
zu sehen
▼ Der Palast des
Erzbischofs

kann man den Stuhlflechtern bei der Arbeit zuschauen. Ladenbesitzer sitzen vor ihren kleinen Geschäften und warten auf Kundschaft, Katzen streunen. In Nikosias Altstadt ist die Zeit nicht stehen geblieben, aber offenbar laufen die Uhren doch etwas langsamer.

## Die Geschichte der Stadt

Gegründet wurde Nikosia im Jahre 965 unter byzantinischer Herrschaft. Doch schon lange zuvor war das Gebiet besiedelt. Im 7. Jh. vor Christus befand sich hier die Stadt **Ledra,** eine der zypriotischen Stadtkönigtümer. Unter griechischer und römischer Herrschaft war Nikosia, das damals den Namen **Leukos** trug, ein wichtiger Verkehrsknotenpunkt. Ihren Aufschwung ab dem 9. Jh. verdankte die Stadt den unsicheren Küsten, wo Piraten von Zeit zu Zeit Städte und Dörfer überfielen. In Inselmitte gelegen, war Nikosia vor solchen Einfällen geschützt. Unter den Lusignan (1192–1489) wurde die Stadt Sitz der katholischen Erzbischöfe und Hauptstadt des Kreuzfahrerstaates Zypern. Wahrscheinlich lebten damals mehr als 20 000 Menschen in Nikosia, für diese Zeit eine große Zahl.

Die Bevölkerung war bunt gemischt: Neben der Mehrheit der Griechisch-Orthodoxen und den katholischen Feudalherren lebten Nestorianer, Kopten, Armenier und Juden in der Stadt. Gotische Kirchen und Kathedralen wurden errichtet. Ein im 14. Jh. erbauter Palast diente als Regierungssitz für das Herrschergeschlecht. Leider ist über dessen Architektur kaum etwas bekannt, ja, nicht einmal der genaue Standort des Gebäudes konnte rekonstruiert werden. Der Palast fiel ebenso wie viele andere Bauten den venezianischen Militärplanern zum Opfer. Sie errichteten in den Jahren 1567–1570 einen kreisförmigen Festungswall mit elf Bastionen. Um ein freies Schussfeld zu erhalten, ließ man alle Gebäude außerhalb der neuen Stadtgrenzen verschwinden. Kirchen und Paläste, Friedhöfe, Wohngebäude und Klöster wurden geschleift. Den Pediaios-Fluss, der bisher quer durch die Stadt geflossen war, leiteten die Festungsingenieure um die Mauern herum. Nur drei schwer befestigte Tore boten Einlass in die Stadt. Das Bollwerk sollte die drohende Eroberung durch die Osmanen verhindern. Doch die hastig errichtete, als ideale Stadtbefestigung gepriesene Anlage war 1570 für die Truppen des Sultans kein ernsthaftes Hindernis; nach zwei Wochen Belagerung erstürmten sie Nikosia. Die Venezianer und der katholische Adel wurden getötet oder vertrieben. Osmanische Soldaten und Siedler aus Anatolien wanderten ein.

## Viel versprechende Eindrücke

»Nikosia ist die Hauptstadt Zyperns und liegt unterhalb der Gebirge inmitten einer weiten Ebene mit bestem und gesundem Klima. Wegen der wohl temperierten Luft und des gesunden Klimas leben in dieser Stadt der König von Zypern und alle Bischöfe des Königreichs und andere Prälaten. Hier leben zum großen Teil auch die anderen Fürsten, Grafen, Edelleute, Barone und Ritter. Täglich beschäftigen sie sich mit Speerwerfen, Turnieren und besonders mit der Jagd.« (Der Pilger Ludolf von Suchen um 1340 über Nikosia.)

Der venezianische **Festungswall** blieb der Stadt als Wahrzeichen erhalten. Auf den nach einflussreichen italienischen Familien benannten Bastionen standen einst die Kanonen der Verteidiger. Bis heute ist eine von ihnen, Flatro, militärisches Sperrgebiet. Dort stehen sich griechische und türkische Posten direkt gegenüber, getrennt nur von einem UNO-Häuschen in der Mitte. Ansonsten allerdings haben die Wälle ihre Funktion verloren; während der britischen Kolonialherrschaft wurden

Seite
246

**Stadtmauer**
Der noch weitgehend intakte Festungswall um die Altstadt zählt zu den größten Stadtbefestigungen Europas.

▼ **Die Hauptstraße**

in die Mauern Straßenschneisen geschnitten, die Alt- und Neustadt miteinander verbinden.

Vom Palast des griechisch-orthodoxen Erzbischofs im Ágios-Ioánnis-Viertel bis nach Taht el-Kala und seiner kleinen Moschee sind es nur ein paar Schritte. Die Faneromeni-Kirche steht nur wenige Meter neben einer winzigen Moschee. Und vom Gotteshaus der Armenier bis zur Arab-Ahmet-Moschee ist es auch nicht weit. Der Flickenteppich von Kirchen und Moscheen lässt nachvollziehen, wie eng Christen und Moslems früher zusammengelebt haben. 18 Moscheen und 13 Kirchen stehen in den 24 Quartieren der Altstadt. Kaum eines der Viertel besaß vor der Teilung eine konfessionell homogene Bevölkerung. Sunnitische Moslems, Griechisch-Orthodoxe und die kleinen armenischen und maronitischen Minderheiten lebten friedlich nebeneinander. Heute ist die Moschee in Taht el-Kala geschlossen. Die armenische Kirche liegt im mi-

litärischen Sperrgebiet der Türken. Die Armenier wurden aus ihrem angestammten Viertel vertrieben und leben heute außerhalb der Mauern in der Neustadt.

## Ein Spaziergang durch die Altstadt

Beginnen Sie die Wanderung am **Eleftheria-Platz ❶** nahe dem Zentrum der Neustadt, wo auf einer Bastion das kleine Rathaus steht. Dieser Platz ist immer noch der zentrale Platz Nikosias. Von hier sind es nur ein paar Schritte in die Leoforos Konstantínou Palaiológou und gegenüber der Hauptpost in ein Gässchen nach links, und Sie befinden sich in **Laïkí Geitoniá ❷**, dem rekonstruierten Viertel in der Altstadt mit schattigen Cafés, guten Restaurants und vielen Andenkenläden. Wenn Sie mehr über die Geschichte Nikosias erfahren wollen, besuchen Sie das **Levéntis-Museum ❸** (Di–So geöffnet) in der Hippokrates-Straße. Anhand weniger gut

**Levéntis-Museum**
Das Museum zur Stadtgeschichte geht auch auf die Probleme des geteilten Nikosia ein.

▼ **Das Famagusta-Tor**

ausgewählter und präsentierter Exponate erklärt das Museum die Stadtgeschichte, wobei der Rundgang einmal nicht in der Steinzeit beginnt, sondern die Vergangenheit aus dem Heute zurückblickend erschließt.

Ein kleines Stück nach Westen, und die **Ledra-Straße** (Odos Lídras) ist erreicht. Die früher einmal wichtigste Einkaufsstraße war nicht immer so geschäftig wie heute: Während des Partisanenkampfes der Zyperngriechen wurde sie von den Briten »Mördermeile« genannt, weil hier viele Soldaten aus dem Hinterhalt erschossen worden sind. Inzwischen hat diese Straße ihren Rang als beste Einkaufsgegend an die Makários-Avenue in der Neustadt abtreten müssen. Die Ledra-Straße endet im Norden abrupt an der Grünen Linie. Hier ist der einzige griechischzyprische Militärposten, der fotografiert werden darf und aus dessen Sehschlitzen Touristen ins Niemandsland der Pufferzone spähen können.

Kurz vorher rechts, und man erreicht die griechisch-orthodoxe **Faneroméni-Kirche ❶**. Der massige Bau in einen eklektizistischen Stilgemenge aus neobyzantinischen, neoklassischen und anderen Zutaten ersetzte in den letzten Jahren der osmanischen Herrschaft eine mittelalterliche Basilika. Erhalten blieb das Grab des Erzbischofs Kyprianós, den die Osmanen 1821 samt 470 anderen griechisch-zyprischen Notablen wegen Konspiration mit dem »Geheimbund zur Befreiung Griechenlands« hinrichteten. Direkt hinter der Faneromeni befindet sich die blumengeschmückte **Arablar-Moschee ❺**. Auch sie war einmal eine Kirche.

Folgen Sie in gebührendem Abstand der Grünen Linie (Fotografieren verboten!) nach Osten, und Sie gelangen über die **Markthalle** zur **Palea Elektriki.** Die Maschinenhalle des früheren Elektrizitätswerk wurde zu einer Galerie umgewandelt, in der Sie anhand von Wechselausstellungen einen Eindruck von der

Seite 246

▼ **In der Kathedrale Ágios Ioánnis**

lebendigen Kunstszene Zyperns bekommen können.

Die Gasse des Apostels Barnabas (Odos Apóstolou Varnáva) mündet auf einen lang gezogenen Platz, der mit dem Museum des Befreiungskampfs, dem Panzyprischen Gymnasium und dem Palast des Erzbischofs gleich drei Symbole griechischzyprischen Nationalstolzes vereint. Das **Museum des nationalen Kampfes** ❻ (Mo–Fr geöffnet), wie es offiziell heißt, erinnert an die Zeit des zyperngriechischen Partisanenkampfs gegen die Briten. Fotos, Erinnerungsstücke, Pistolen und sogar ein Galgen werden gezeigt, doch die kleine Ausstellung glorifiziert den Kampf recht einseitig.

Das **Panzyprische Gymnasium** (auf der Ostseite) gilt als die geistige Geburtsstätte der ENOSIS. Nahezu die gesamte politische und geistige Elite des griechischen Landesteils ging hier zur Schule. Die Westseite schließlich nimmt der 1961 unter Makarios fertig gestellte **Pa**-

last des griechisch-orthodoxen Erzbischofs ❼ ein.

Der Nordtrakt des Palastes beherbergt das bischöfliche **Museum für byzantinische Kunst** ❽ (Mo–Sa geöffnet), in dem etwa 150 Ikonen vom 8. bis zum 18. Jh. gezeigt werden. Zu den bedeutendsten Exponaten zählen die Mosaiken von Lytragkomi aus dem 5./6. Jh. oder jedenfalls jene Teilstücke des Kunstwerks, die Jahre nach dem Diebstahl aus der im türkischen Landesteil gelegenen Kirche bei europäischen und amerikanischen Kunsthändlern sichergestellt wurden. Im Obergeschoss birgt das Museum Gemälde (15.–19. Jh.) griechischer und mitteleuropäischer Meister, etwa eine Schäferidylle von Delacroix.

Die mit einer barocken Fülle von Wandbildern und glänzendem Blattgold ausgestattete erzbischöfliche Kathedrale **Ágios Ioánnis** ❾ (geöffnet Mo–Sa) wurde 1662 auf dem Gelände einer Benediktinerabtei errichtet, die im 15. Jh. bei einem Raubzug ägyptischer Mameluken zerstört

**Ömeriye-Moschee**
Vom Minarett genießt man einen herrlichen Blick über die Stadt.

▼ **Mittagessen in Laiki Geitonia**

Seite
246

worden war – ein steinernes Wappen der Lusignan, das wohl noch aus den Trümmern des Klosters stammt, ist über dem Portal verbaut. Im alten Bischofspalais, gleich neben der Kathedrale, ist das kleine **Volkskundemuseum** ❿ (Mo–Fr geöffnet) mit antiken Möbeln, Trachten und Haushaltsgerätschaften untergebracht. Vor dem Südflügel des Neuen Bischofspalastes thront die rund sechs Meter hohe **Statue von Erzbischof und Präsident Makarios.** Etwa 100 Meter südwestlich der Statue befindet sich in der Patriarchis-Gregorios-Straße das **Haus des Dragomans Hadji Georgákis Kornésios** ⓚ. Es dokumentiert das Leben der Oberschicht in osmanischer Zeit. Kornesios war ein von der Hohen Pforte beauftragter Steuereintreiber für die christliche Bevölkerung. Wie

> ### Makarios-Statue
> → Das Standbild des Übervaters aller griechischen Zyprioten wurde erst vor einigen Jahren errichtet und gab zu künstlerischen Kontroversen Anlass.

gut er von diesem Geschäft mit seinen Glaubensbrüdern leben konnte, dokumentiert die wieder hergestellte Inneneinrichtung des Gebäudes mit alten Möbeln und Teppichen. Von hier erreichen Sie, der Straße nach Westen folgend, die **Ömeriye-Moschee** ⓛ (tgl. geöffnet, Spende erwünscht). Sie ist der einzige Ort im zyperngriechischen Teil der Stadt, wo der Muezzin noch fünfmal am Tag zum Gebet ruft – für arabische Touristen und die wenigen verbliebenen libanesischen Flüchtlinge. Auch die Ömeriye-Moschee hat eine christliche Vergangenheit. An ihrem Platz stand früher einmal die katholische Augustinerkirche. An der dem alten **Türkischen Dampfbad** ⓜ zugewandten Seite sind noch gotische Stilelemente zu entdecken. Als die Osmanen Nikosia eroberten, wandelten

▲ **Ein Zeugnis griechischer Kultur**
▼ **Bewundernde Blicke**

sie die Kirchen der katholischen Herrenschicht in Moscheen um; die orthodoxen Gotteshäuser blieben unangetastet.

Wenn Sie zum Ausgangspunkt zurückkehren möchten, folgen Sie der Trikoupis-Straße zur Stadtmauer und gehen dort in westlicher Richtung entlang einer Palmenallee. Nach Osten führt der Weg entlang der Mauer zum vorbildlich restaurierten **Famagústa-Tor ⓝ** (früher Porta Giuliana). In seinen tiefen Gewölben finden heute Kunstausstellungen, Konzerte und Vorträge statt. Das **Páphos-Tor** – unter den Venezianern hieß es Porta Domenica –, durch das man die Stadt gen Westen verließ, ist heute nur noch ein schlichter Fußgängertunnel durch die Stadtmauer, den man nach einem Besuch des nahen Nationalmuseums besichtigen mag.

Zuvor aber wende man sich vom Famagústa-Tor wieder stadteinwärts an der Moschee **Taht el-Kala** vorbei und durch ein Gewirr kleiner Gässchen, wo Sie den Handwerkern bei ihrer Arbeit zusehen

können, zur **Panagía Chrysaliniótissa ⓞ**, der vielleicht schönsten Kirche der Stadt, einem Kuppelbau in byzantinischem Stil, den Helena Paläologina, die griechische Gattin eines Lusignan-Königs, 1450 stiftete. Das Viertel um die Kirche, wir erwähnten es schon, ist das jüngste und bislang erfolgreichste Beispiel der Altstadtsanierung in Nikosia.

## Nationalmuseum ⓟ

Die ältesten Schätze der Insel sind im Zypern-Museum (tgl. geöffnet, So nur bis 13 Uhr) gesammelt, einem von den Briten in der Leoforos Mousieou am Westrand der Altstadt errichteten klassizistischen Haus mit dem Charme verstaubter Kolonialzeit. Hier ist in 14 Räumen eine repräsentative Auswahl der archäologischen Funde ausgestellt, sie reichen von der Steinzeit (um 7000 v. Chr.) bis zur Herrschaft Roms. Mykenische Keramik und Grabmonumente, die überlebensgroße

**Chrysaliniótissa-Viertel**
Im Schatten der Demarkationslinie trifft man hier auch viele Ateliers junger Künstler und Kunsthandwerker.

*Bronzestatue des* römischen Kaisers *Septimus Severus,* elfenbeinbeschlagene Möbel, Münzen und Schmuck aus fünf Jahrtausenden geben einen Einblick in die reiche Geschichte der Insel. Beeindruckend sind rund 2000 *Terrakottafiguren* des Heiligtums von Agía Iríni. Ausgestellt ist auch die berühmte *Aphrodite von Soli,* die es zu einem Wahrzeichen Zyperns gebracht hat, ungeachtet aller Anmut aber doch nur Massenprodukt einer hellenistischen Werkstatt des 3. Jhs. v. Chr. ist und sich mit den Plastiken der griechischen Klassik nicht messen kann. Was fehlt, sind viele der Funde, die Europäer im 19. und zu Beginn des 20. Jhs. machten. Sie wurden in die Museen in aller Welt verschleppt. Doch auch das, was den Zyprioten blieb, darf als außergewöhnlich bezeichnet werden.

Dem Museum gegenüber liegt der **Stadtgarten** mit dem Theater, dem bescheidenen Parlament und einem noch bescheideneren Tierpark.

## Vorstädte und Umgebung

Seite 246

Außerhalb der Altstadt wuchert das moderne Nikosia mehr oder minder unkontrolliert. Beton- und Glasfassaden der Bankenpaläste und Geschäftshäuser für die mit dem Beginn des libanesischen Bürgerkriegs nach Nikosia umgezogenen Nahostzentralen der internationalen Konzerne, dazwischen die Viertel mit Einfamilienhäusern und nach 1974 hastig hochgezogene Flüchtlingssiedlungen, in einem schönen Park das Palais des Präsidenten. Vormals isolierte Dörfer wie **Strovólos, Égkomi** oder **Ágios Dométios** sind längst im städtischen Siedlungsbrei aufgegegangen, politisch aber noch immer selbständige Gemeinden, was eine Stadtplanung zusätzlich erschwert.

Schöne Stadthäuser aus dem 19. und frühen 20. Jh. finden Sie im Stadtteil **Kaimákli** nordöstlich der Altstadt, den die Demarkationslinie etwas ins Abseits gestellt hat. Das Volkskundemuseum hat Ih-

▲ Detail von
Àgios Irakleidios
▼ Landschaft
bei Tamassos

Seite 256

nen vielleicht Geschmack auf zyprisches Kunsthandwerk gemacht. Der werktags geöffnete **Cyprus Handicraft Service,** 186 Leoforos Athalassis am Beginn der Autobahn nach Limassol, vereinigt unter einem Dach Verkaufsräume und Werkstätten von Töpfern, Holzschnitzern, Stickerinnen und anderen traditionellen Handwerkszweigen, die sich nur mit staatlicher Unterstützung gegen die Konkurrenz industrieller Massenproduktion halten können.

**Adonis,**
→ der Geliebte von Aphrodite, starb hier der Sage nach bei einem Jagdausflug. Ares, der vergeblich um die Gunst Aphrodites warb, hatte die Gestalt eines wütenden Ebers angenommen und brachte ihn um.

Wer die Stadt nach Westen verlassen will, den zwingt der **Internationale Flughafen** zu einem Umweg. Seit 1974 ist hier freilich keine zivile Maschine mehr gelandet. Nur die in letzter Minute erfolgte Übergabe des Luftfelds an die Vereinten Nationen bewahrte den griechischen Teil Nikosias vor der Einschnürung durch die türkischen Invasionstruppen, und so gehört das Flughafengelände heute zur Pufferzone. Die UN-Blauhelme haben hier ihr Hauptquartier.

Am Wege in den östlichen Tróodos passiert man das Kloster **Archángelos Michaíl ❶** (Erzengel Michael) mit einem prächtigen Wandbild des Erzengels aus dem 17. Jh. Am Ortseingang von Káto Defeterá liegt in einer Felswand über dem Pediaios die Höhlenkirche der **Panagia Chrysospiliotissa ❷**. Eine Stahltreppe erlaubt den Aufstieg in das Volksheiligtum.

Die unter vier modernen Dörfern begrabene Kupferstadt **Tamassós** wurde bereits von Homer gerühmt. Die Spuren des antiken Bergbaus sind in der unnatürlichen Gestalt mancher Hügel, die als Abraumhalden entstanden, noch zu erkennen. Zwischen Péra und Politikó sind die so genannten **Königsgräber ❸** (Di–So bis 15 Uhr) zu besichtigen, zwei im 7. Jh. v. Chr. angelegte Grabkammern für Lokalfürsten. Nebenan wurden die Fundamente eines **Tempels der Astarte/Aphrodite** freigelegt. Am Ortsrand von Politikó hüten Nonnen den Konvent **Ágios Irakleídios ❹** mit Reliquien des Heiligen.

Von der Limassol-Autobahn mag man bei der Ausfahrt 7 oder 8 einen Abstecher ins Hinterland unternehmen. Die Friedhofskapelle **Ágii Apóstoloi** in Péra Chorió ❺ birgt, allerdings in schlechtem Zustand, Fresken im höfischen Stil des späten 12. Jhs. Südlich von Dáli befand sich das antike **Idalion ❻**, ein Wallfahrtsort mit 14 Tempeln, von denen aber nur wenige Steine übrig sind. **Potamiá ❼** schließlich ist neben Pyla das einzige Dorf im griechischen Teil, in dem noch griechische und türkische Zyprioten zusammen leben – ohne UN-Aufsicht und mit nicht mehr Spannungen und Streit, als in sie in jedem Dorf alltäglich sind. Anders als Pyla macht Potamiá aber keine Schlagzeilen. ∎

**Ágios Irakleídios**
Die Nonnen des Konvents verkaufen köstlichen Honig.

◀ **Warten auf Kundschaft**
▶ **Die Tripioti-Kirche in Nikosia**

# *Nordzypern*

Seite 266

**Unser Bild von Zypern wäre einseitig, würden wir nicht auch einen Blick in den Norden werfen. Jeder Reisende sollte aus eigener Anschauung beide Teile der Insel kennen und sich so selbst ein Urteil über den Wahrheitsgehalt der Vorwürfe bilden können, die die verfeindeten Volksgruppen gegeneinander erheben.**

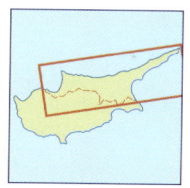

Die zyperngriechischen Behörden erlauben Ausländern lediglich einen oder zwei Tagesausflüge (8–18, im Winter bis 17 Uhr) in den Norden. Innerhalb dieser begrenzten Zeit bieten sich nach einem Spaziergang durch das türkische Nikosia eigentlich nur zwei sinnvolle Touren an: die eine über Girne (Keryneia) in den Westen zu den Ausgrabungen von Soloi und Vouní, die andere gen Osten nach Famagusta und Salamis. Auf der türkischen Seite des Ledra-Checkpoints warten Taxifahrer, die sich auch als Geldwechsler andienen.

## Nord-Nikosia / Lefkoşa

Nach dem Sektorenübergang Ledra-Checkpoint nehmen Sie die erste Straße rechts und kommen dann auf einer Brücke über den Stadtgraben in die Altstadt. In einer äußerlich bescheidenen Villa auf der **Quirini-Bastion** residiert Nordzyperns »Präsident« Rauf Denktasch. Das **Keryneia-Tor** Ⓐ (Girne Kapı) mit der Tourist-Information steht heute isoliert auf einer Verkehrsinsel – die Briten rissen 1931 die Stadtmauer beiderseits des Tores nieder, um dem offenbar schon damals regen Verkehr einen breiteren Weg in die Stadt zu bahnen.

Als Gegenstück zum gleichnamigen Museum im griechischen Stadtteil zeigt das moderne **Museum des nationalen Kampfes** Ⓑ (geöffnet Mo–Sa) auf der Barbaro-Bastion die Jahre der Unabhängigkeitsbewegung, der jungen Republik und des Bürgerkriegs aus zyperntürkischer Sicht. Was die andere Seite als »Invasion« beklagt, wird hier als »Friedensoperation« gedeutet. In der früheren **Mevlevi Tekke** Ⓒ befindet heute ein **Museum für**

**Volkskunst** (geöffnet Mo–Fr). Viele Exponate erinnern an die Gemeinschaft der tanzenden Derwische, die hier bis 1953 zu Hause war, also noch zu einer Zeit, als in der Türkei alle muslimischen Orden längst verboten waren. Ein Seitentrakt birgt die Gräber der Scheichs.

Die geschäftige Girne Caddesi führt weiter zum **Atatürk-Platz** Ⓓ, der mit Verwaltungsgebäuden im Kolonialstil, den zahlreichen Bankfilialen und sogar einem Hochhaus unschwer als Herz des türkischen Stadtteils auszumachen ist. Die **»venezianische« Säule** in der Mitte des Platzes zierte ursprünglich einen ägypti-

**Geldwechsel**
Eine seriöse Wechselstube (Mo–Sa bis 16, Sa bis 12 Uhr) findet sich am Atatürk-Platz.

◀◀ **Salamis**
◀◀ **Der Hafen von Girne**
◀ **Ein Fest der türkischen Zyprioten**
▶ **Der Atatürk-Platz**

schen Tempel. Sie wurde von den Römern nach Salamis und von den Venezianern schließlich nach Nikosia verschleppt. Statt eines (venezianischen) Löwen trägt sie jetzt eine (britische) Weltkugel.

Südöstlich des Platzes scheint das türkische Bad **Büyük Hamam ⓔ** im Erdboden zu versinken. Eingang und Gebäude, nämlich die frühere Georgskirche, stammen noch aus dem Mittelalter, während die Straße auf dem Schutt der Jahrhunderte um beinahe zwei Meter in die Höhe wuchs. Im **Kumarcılar Hanı ⓕ**, der »Herberge der Glücksspieler«, arbeitet heute die türkischzyprische Altertümerverwaltung. Eine zweite, wesentlich größere Karawanserei der osmanischen Zeit, nämlich der **Büyük Han ⓖ**, wird seit Jahren in quälender Langsamkeit restauriert und soll einmal ein Museum werden.

Die **Markthalle ⓗ** (Belediye Pazarı) grenzt direkt an die Grüne Linie. Einige bescheidene Stände bieten auch Souvenirs an, deren »Ausfuhr« in den Süden die

**Ausblick**
Von der Dachterrasse (mit Café/Restaurant) des Saray-Hotels haben Sie die beste Aussicht über die Stadt.

Grenzwächter der griechischen Seite allerdings verbieten. Vielleicht lassen sie aber bei Kleinigkeiten wie einer Schachtel köstlicher Süßigkeiten oder getrockneten Aprikosen Gnade vor Recht ergehen. Vor dem Bau der Markthalle boten die Händler ihre Ware im **Bedesten ⓘ** feil, einer inzwischen verfallenen Kirche mit byzantinischen, gotischen und sogar Renaissance-Stilelementen.

Die 1209 begonnene und nie vollendete **Selimiye-Moschee ⓙ** bietet als Baukörper im Stil der französischen Gotik, der jedoch nicht von Kirchtürmen, sondern von zwei Minaretten flankiert wird, einen ungewöhnlichen Anblick. Als Sophienkathedrale (Agía Sofía) war das Gotteshaus eine der beiden Krönungskirchen der Lusignan-Dynastie. Die Osmanen widmeten es nach der Eroberung in eine Moschee um und fügten die Minarette hinzu. Besonders die Westfassade mit der Vorhalle gilt als ein Meisterstück gotischer Baukunst. Mit seinem schlichten

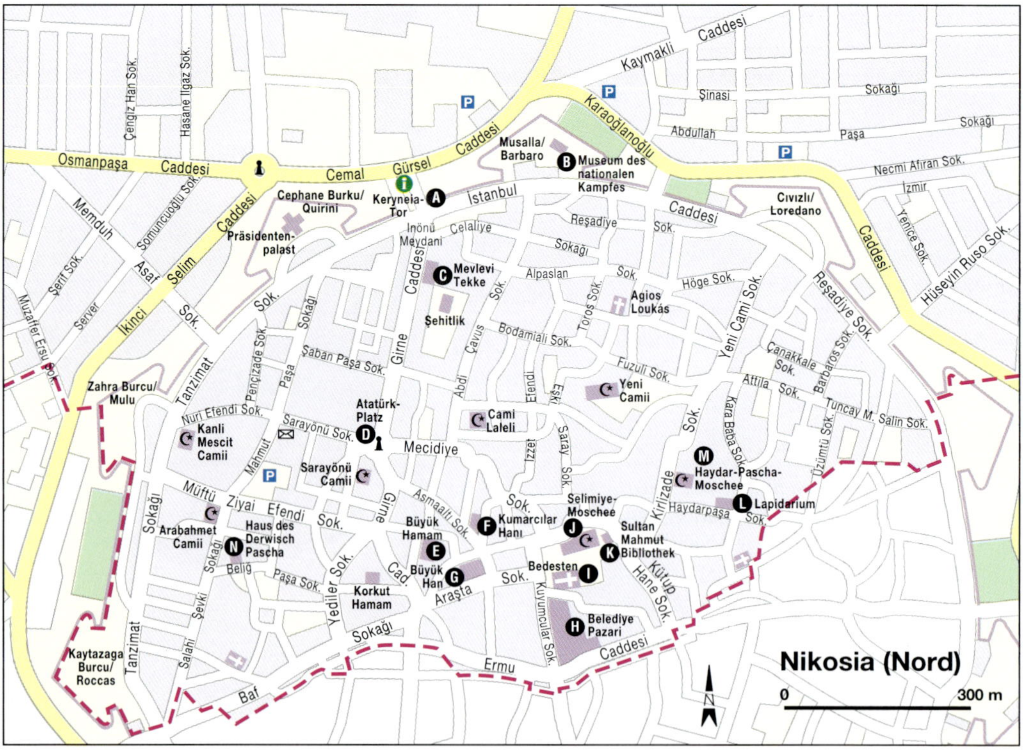

**Nikosia (Nord)**

0        300 m

Weiß und bar jeden Schmucks betont der Innenraum umso mehr die Eleganz der himmelwärts strebenden Architektur.

An die Ostseite der Kathedrale schließt sich die **Sultan-Mahmut-Bibliothek** Ⓚ (geöffnet Mo–Sa) an, eine wertvolle, doch arg vernachlässigte Sammlung arabischer, osmanischer und persischer Handschriften und Bücher, die, weil in arabischer Schrift, heute auf Zypern kaum noch jemand zu lesen vermag. Geradeso vergessen, doch widerstandsfähiger gegen den Zerfall sind die im **Lapidarium** Ⓛ aufbewahrten Steine, nämlich Architekturfragmente, mittelalterliche Grabplatten und Sarkophage. Den Schlüssel für dieses Museum verwahrt die Bibliothek. Als Katharinenkirche war die spätere **Haydar-Pascha-Moschee** Ⓜ nach der Kathedrale die zweitgrößte gotische Kirche der Stadt. Seit langem profaniert, beherbergte das Gotteshaus einen Sportclub und zuletzt eine Kunstgalerie.

Auf dem Rückweg zum Checkpoint bietet sich noch ein Abstecher in das Viertel um die **Arabahmet-Moschee** an. Die Moschee zählt zu den seltenen Beispielen osmanischer Architektur auf Zypern – gewöhnlich richteten die Eroberer, wie mit der Kathedrale geschehen, ihre Gebeträume in den requirierten Kirchen der Katholiken ein. **Das Haus des Derwisch Pascha** Ⓝ (geöffnet Mo–Fr) gibt einen Eindruck von der großbürgerlichen Wohnkultur im Nikosia der Jahrhundertwende. Derwisch Pascha, der frühere Hausherr, verlegte ab 1891 die erste Tageszeitung der Insel, und traditionsgerecht hat hier heute auch der türkischzyprische Journalistenverband sein Büro. Das Ensemble von alten Bürgerhäusern mit den typischen vorkragenden Erkern im Obergeschoß macht die untere **Tanzimat Sokaği** zur vielleicht schönsten Gasse Nikosias. Wie im griechischen Chysaliniótissa-Viertel wird auch hier die Sanierung von der Europäischen Union gefördert.

Vom Park auf der **Roccas-Bastion** blicken die Zyperntürken in den für sie unerreichbaren Südteil der Stadt.

## Von Nikosia nach Girne und Vouní

**Seite 268**

Ausufernde Vorstädte haben das Ackerland der **Mesaoría-Ebene** im Norden von Nikosia ① zu einem schmalen Streifen dezimiert. Bald quert die sanft ansteigende Straße nach Girne (griech. Keryneia) eine unwirtliche, erodierte Ödnis. Mit noch schütteren Aufforstungen bemüht sich die Forstverwaltung, wenigstens längs der Asphaltbahn den herben Eindruck zu mildern.

Hier, am Südhang des sagenumsponnenen **Fünffingergebirges** (türk. Beşparmak, griech. Pentadáktylos), konzentriert sich ein Gutteil der wenigstens 30 000 türkischen Soldaten auf Zypern. Links versteckt sich ein Flugfeld, rechter Hand üben Panzerfahrer und Artilleristen. Erst mit dem letzten Anstieg zum Pass wird die Landschaft wieder freundlicher. Ein üppiger Wald gedeiht auf den Höhen des Gebirges, das als 80 km langer, aber nur

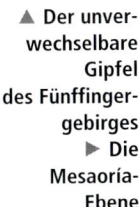

▲ Der unverwechselbare Gipfel des Fünffingergebirges
▶ Die Mesaoría-Ebene

wenige Kilometer breiter Kalkrücken entlang der Nordküste Zyperns verläuft.

Schließlich öffnet sich ein herrliches Panorama gen Norden: die Olivenhaine und Wiesen der Küstenebene, das Städtchen Keryneia mit seinem Hafen, das Meer und bei guter Sicht im fernen Dunst die Gipfel des anatolischen Taurus.

### Die Feste Sankt Hilarion ❷

Vielleicht war es die Aussicht, die im frühen Mittelalter Mönche veranlasste, gerade hier ihr Kloster St. Hilarion (Ágios Illárion, tgl. geöffnet) zu gründen. Da gleich sechzehn Heilige dieses Namens überliefert sind, bleibt ungewiss, welcher Hilarion für den Namen Pate stand.

Noch die Byzantiner machten das Kloster zur Burg, und der Lusignankönig Philip d'Ibelin richtete 1223 im oberen Teil die herrschaftliche Sommerresidenz ein. Den Venezianern, einer Seemacht, schienen die Bergfesten des Pentadáktylos – neben Hilarion noch Buffavento und Kan-

tara – von geringem Nutzen und zu kostspielig im Unterhalt. Sie gaben die Burgen auf.

Erst in unserer Zeit erlangte Hilarion wieder militärische Bedeutung. Zu Beginn des Bürgerkriegs 1963 besetzte die türkischzyprische Kampforganisation TMT den Gipfel samt Vorberg, bewachte von hier den Zugang in die größte Enklave ihrer Volksgruppe und sperrte zugleich den direkten Weg von Nikosia nach Keryneia für die Zyperngriechen.

### Girne / Keryneia ❸

Das Städtchen verdankt seinen Charme vor allem dem halbrunden Bilderbuchhafen, den auf der Landseite frühere Johannisbrotspeicher säumen. Vor allem Ausflügler vom Festland beleben am Wochenende die Straßencafés und Restaurants, und im Hafen haben vornehme Jachten die Fischerboote verdrängt. Doch der Boom bleibt, verglichen mit den Ferienorten des Südens, bescheiden.

**Kastell**
Von der byzantinischen Kapelle (12. Jh.) im Nordwestturm des Kastells hat man einen sehr schönen Blick über Hafen und Burg.

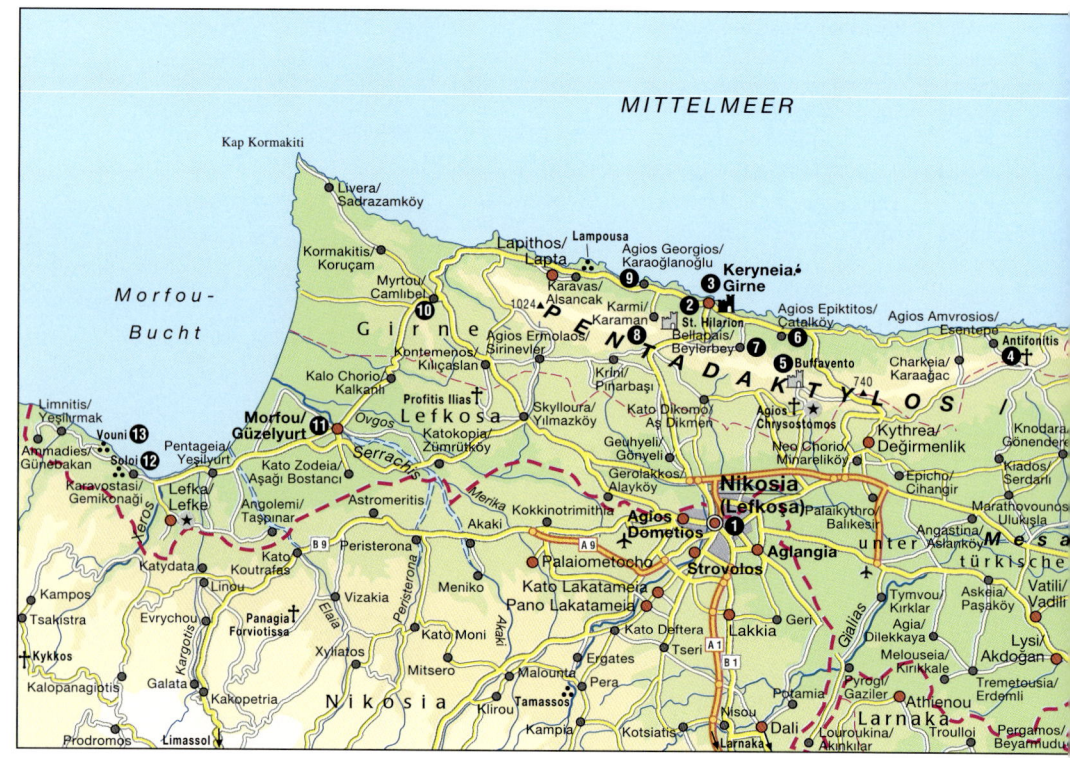

Wer nur auf wenige Stunden nach Girne kommt, kann das **Ikonenmuseum** (tgl. geöffnet) in der profanierten Stadtkirche des Erzengels Gabriel und das nur unregelmäßig geöffnete **Volkskundemuseum** am Hafen getrost übergehen. Anschauen sollte man dagegen das mächtige **Kastell** (tgl. geöffnet). Seine Grundmauern legten die Byzantiner, doch für ihre heutige Gesamterscheinung sind die Architekten der Dogen verantwortlich.

Außer den Bastionen und königlichen Wohnräumen kann man auch die Verliese besichtigen, in denen nicht nur einstmals aufständische Adlige und Ritter ausgehungert wurden, sondern in

jüngster Geschichte auch zyperngriechische EOKA-Kämpfer einsaßen.

### Schiffswrack

→ Dendrologen ermittelten anhand der Baumringe im Holz des Rumpfs 389 v. Chr. als das Jahr, in dem die Zedern für den Bau des Seglers gefällt wurden; die Radiokarbonanalyse der Mandeln und an Bord gefundene Münzen lassen vermuten, dass das betagte Boot ca. 100 Jahre später sank – nicht im Sturm, sondern durch Menschenhand, weil Piraten ihre Spuren beseitigen wollten.

Die größte Attraktion des Kastells ist jedoch das **Schiffsmuseum** mit dem Wrack eines Handelsschiffes aus der Zeit Alexanders des Großen. Von einem Taucher auf dem Meeresgrund entdeckt, wurde es in den Jahren 1968/69 von einem Team der Universität Pennsylvania und des zyprischen Antikendienstes geborgen.

Der etwa 15 m lange Einmaster war mit einer Ladung aus Wein, Öl und Mandeln von Rhodos und Kos unterwegs, die natürlich nicht in Container und Tanks, sondern in über 400 Amphoren gefüllt waren.

▲ Nach dem Fischzug

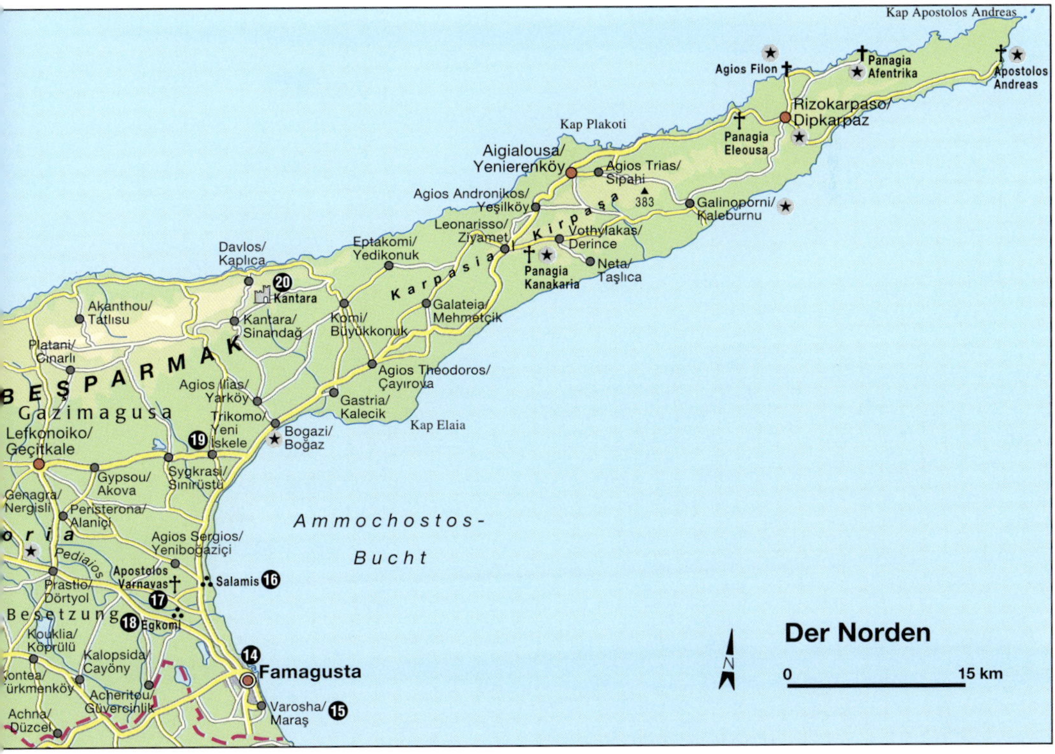

Seite 268

269

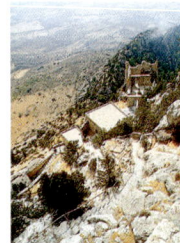

## Östlich von Girne

Wer sich nach so anschaulicher Geschichte am Wasser erholen will, kann das an den feinsandigen Stränden östlich von Girne tun: zuerst **Acapulco,** wo ein Hotelkomplex Sonnenschirme samt Liegen verleiht, dann **Lara,** wo der Betreiber einer Cafeteria den Strand sauber hält, schließlich mit schönen Wanderdünen die Schildkrötenstrände **Alagadi** und **Onuncu Mil,** wo man während der Brutzeit (Juni bis August) bitte nicht im Sand gräbt, nicht mit dem Auto auf den Strand fährt und den Platz bei Dunkelheit gänzlich meidet, um die Tiere nicht bei der nächtlichen Eiablage zu stören oder die verbuddelten Gelege zu beschädigen.

Von **Esentepe** (Ágios Amvrósios) aus führt eine Forstweg durch den Wald zu dem verlassenen Kloster **Antifonitís** ❹ hinauf. Acht statt wie gewöhnlich vier Pfeiler tragen die Kuppel der Klosterkirche (12. Jh.), aus der ein vom Regen lädierter Christus Pantokrator herabblickt. Andere Fresken wurden von Dieben beschädigt oder entfernt, wieder andere wurden mit Graffitis als »Gästebuch« missbraucht – die Eintragungen reichen bis ins 19. Jh. zurück.

Ungeachtet seines traurigen Zustands ist das »Echokloster«, wie es wegen seiner Lage in einem Bergkessel heißt, ein romantischer Ort in bezaubernder Landschaft.

Über den Fahrweg parallel zum Gebirgskamm gelangt man wieder zur Teerstraße und passiert die Forststation **Alevkaya** mit einem **Herbarium,** in dem nahezu alle in Nordzypern heimischen Pflanzen säuberlich gepresst, getrocknet und katalogisiert die Herzen passionierter Botaniker erfreuen.

**Buffavento** ❺, die höchstgelegene Burg im Fünffingergebirge, steht auf geradezu senkrechten Felswänden, die eine herkömmliche Schutzmauer unnötig machten. Man kann sich nur wundern, wie die Herrschaften auf ihren Reittieren den stei-

▲ **In wildromantischer Lage: Buffavento**
▼ **Landschaft bei Girne**

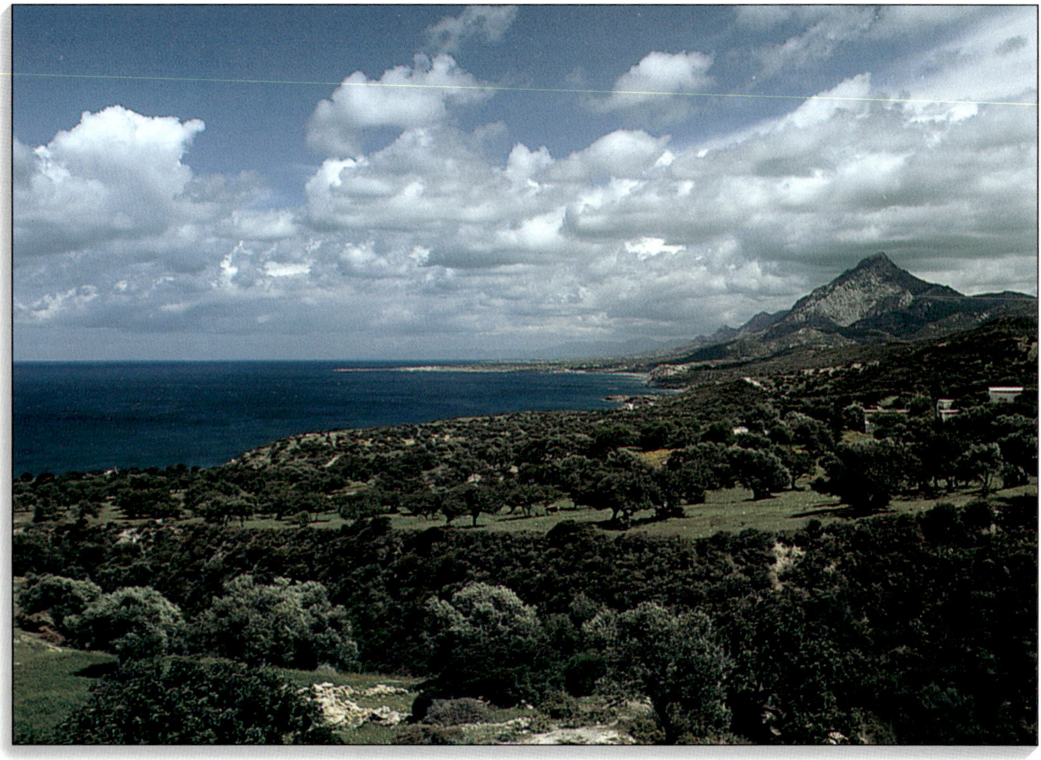

len Pfad hinaufkamen, und mag nicht an die Bauern denken, die diese Burg bauen mussten.

Wieder an der Küste findet sich bei **Çatalköy ❻** (Ágios Epitíkos) die **Türbe des Hazretti Ömer,** ein architektonisch nicht weiter bemerkenswertes Grabmal. Ömer, ein Offizier des Omajadenkalifen Muawiya, fiel hier im Kampf gegen die Byzantiner und ist nach Umm Haram der angesehenste muslimische Lokalheilige von Zypern.

## Bellapais ❼

Auch mit knappem Zeitbudget sollte man den Abstecher nach Bellapais nicht versäumen. Das Dorf mit seiner stimmungsvollen Abtei kam durch Lawrence Durells Roman *Bittere Limonen* zu literarischem Ruhm. Eine Plakette im oberen Ortsteil markiert das Haus, in dem der britische Autor einige Jahre lebte.

Die Geschichte der gotischen Abtei (tgl. geöffnet) beginnt im Heiligen Land.

Hier hüteten Augustinermönche die Grabeskirche, bis sie 1187, nach der Eroberung Jerusalems durch Saladin, mit allen Rittern und katholischen Kirchenleuten die Stadt verlassen mussten. Der Lusignankönig Aimery (1194–1205) stiftete ihnen auf Zypern eine neue Bleibe: die »Abbaie de la Pais«, woraus sich in späterer Zeit der Name Bellapais ableitete.

Unter Hugo I. (1205–1218) wechselten die Brüder zur strengeren Regel der Prämonstratenser, einer Abspaltung des Augustinerordens. Besonders Hugo III. (1267–1284) war den Mönchen gewogen. Er stiftete die heutigen Gebäude und gewährte dem Abt Privilegien, die zuvor allein dem Erzbischof vorbehalten gewesen waren.

In der venezianischen Zeit war es mit den klösterlichen Idealen dann nicht mehr weit her. Ein Inspekteur musste dem entsetzten Senat der Lagunenstadt berichten, die Mönche hielten sich Konkubinen und nähmen als Novizen nur

**Seite 268**

**»Bittere Limonen«**
Dieser Roman von Lawrence Durrell schildert anschaulich das Leben im Zypern der 50er Jahre.

▼ **Die Abtei Bellapais**

noch ihre eigenen Söhne auf. Die osmanischen Eroberer vertrieben die verweltlichten Ordensbrüder und übergaben die Kirche der orthodoxen Dorfbevölkerung, die hier bis 1974 die Messe feierte.

### Von Girne nach Güzelyurt

In **Kármi** ❽ (Karaman), dem vielleicht reizvollsten Dorf am Nordhang des Fünffingergebirges, hatten schon vor 1974 viele Briten ihre Ferienvillen. Während die besseren, weil fruchtbaren und wasserreichen Griechendörfer des Nordens beim Bevölkerungsaustausch 1974/75 an zyperntürkische Dorfgemeinschaften aus dem südlichen Landesteil übergeben wurden, die ärmeren Dörfer dagegen an türkische Einwanderer vom Festland, schlug die nordzyprische Verwaltung mit den verlassenen Griechenhäusern von Karmi einen anderen Weg ein: Sie wurden für einen geringen Betrag langfristig an Ausländer vermietet, die auf eigene Kosten für die Instandhaltung sorgen müssen.

▲ Güzelyurt ist berühmt für seine Zitrusfrüchte
▼ Schwäne sind ein beliebtes Mosaik-Motiv auf Zypern

Am Strand von **Alsancak** ❾ (Karavás), wo am 20. Juli 1974 die ersten türkischen Truppen landeten, feiert das Militär heute seine »Friedensoperation« mit einem an die Berliner »Luftbrücken-Harke« erinnernden Betonmonument und einem »Friedens- und Freiheitsmuseum«, nämlich einer Ausstellung von griechischen Panzern und anderem erobertem Kriegsgerät.

2,5 km nach dem Checkpoint von **Camlıbel** ❿ (Myrtou) finden sich in einem Hain neben der alten Landstraße gen Güzelyurt die Reste der bronzezeitlichen Siedlung **Myrtou-Pigádes.** Den Zentralhof des etwa 1300 v. Chr. errichteten Tempels markiert die unter Experten umstrittene Rekonstruktion eines Freilichtaltars mit steinernen Stierhörnern.

Das gemütliche, etwas verschlafene Kleinstädtchen **Güzelyurt** ⓫ (Mórfou) liegt inmitten ausgedehnter Zitrusplantagen, die angesichts des internationalen Boykotts nordzyprischer Waren nur noch

teilweise bewirtschaftet werden können. In der früheren Bischofsresidenz zeigt das **Naturkundliche und Archäologische Museum** (geöffnet Mo–Fr) eine schöne Kleinstatue der Artemis von Ephesos.

Die benachbarte Kirche **Ágios Mámas** wurde unter Einbeziehung einzelner älterer Bauteile im 18. Jh. errichtet. Eine Bildfolge erzählt die Geschichte, wie der jetzt leere römische Marmorsarkophag des Heiligen den Weg übers Meer an seinen heutigen Platz unter dem gotischen Bogen der Nordwand fand.

## Soloi und Vouní

Das antike **Soloi** ⑫ trägt den Namen des berühmten Athener Staatsmanns und Dichters Solon, der König Philikypros zu Anfang des 6. Jhs. v. Chr. bewegt haben soll, die Stadt aus den Bergen hinunter an die Küste zu verlegen. Als eines der zehn Stadtkönigtümer auf Zypern entwickelte sich Soloi sodann dank seiner Kupferminen bald zu großer Blüte. 498 v. Chr. schloss es sich der Rebellion der ionischen Städte gegen die Perser an und wurde darauf von seinem perserfreundlichen Nachbarn, König Doxandros aus Marion (bei Pólis), erobert.

Aus der römischen Zeit ist eine Kolonie von jüdischen Zwangsarbeitern belegt, die in den Kupfergruben schuften mussten. Endgültig wurde die Stadt im 7. Jahrhundert aufgegeben, als die Menschen sich aus Furcht vor den wechselnden Überfällen durch Araber und Byzantiner, aber auch gewöhnliche Seeräuber ins Landesinnere zurückzogen.

Erhalten geblieben sind die Reste eines römischen **Theaters** aus dem zweiten Jh. n. Chr. Vor 1974 gründlich restauriert und wieder Schauplatz von Aufführungen, verfällt es nun erneut. Von einer frühchristlichen **Basilika** (4./6. Jh.) blieben Grundmauern und Bodenmosaiken mit geometrischen Motiven und hervorragenden Tierdarstellungen. Die Ausgrabung der **Agora** wurde mit der türkischen Invasion abgebrochen. Hier wurde auch ein wahres Markenzeichen Zyperns gefunden, die Marmorstatue der Aphrodite, die heute im archäologischen Museum von Nikosia steht.

Der geheimnisvolle Palast von **Vouní** ⑬ wurde vermutlich um 480 v. Chr. für einen persischen Statthalter oder den König von Marion angelegt, die hier aus luftiger Höhe das eroberte, hellenenfreundliche Soloi überwachten. Gut dreißig Jahre später, als sich dank der Hilfe einer griechischen Flotte die Lage gewendet hatte und nunmehr Soloi die Rivalin Marion beherrschte, wurde der orientalische Palast nach griechischem Vorbild umgebaut und erweitert.

Im Jahre 380 v. Chr. brannte der Komplex nieder und wurde aufgegeben. Für archäologische Laien ist es heute allerdings nicht gerade einfach, allein anhand der sich überlagernden Grundmauern verschiedener Bauphasen eine Vorstellung von der einstigen Pracht des Palastes zu gewinnen. Ein schöner Ausblick entschädigt für die nur noch bescheidenen archäologischen Reste.

**Seite 268**

**Ein sympathischer Heiliger**
Wer sich vom Finanzamt ausgeplündert fühlt, sollte den heiligen Mámas um Fürsprache bitten – er gilt auf Zypern auch als Patron der Steuerzahler.

 ▶ **Markt in Famagusta**

## Famagusta und der Osten

Die mit dem Taxi etwa 45-minütige Fahrt von Nikosia nach Famagusta führt durch die **Mesaoría-Ebene,** die Kornkammer Zyperns. Im Frühjahr breitet sich hier ein traumhafter Blütenteppich aus, dem bald das goldgelbe Getreide folgt, das bereits im Juni geerntet wird und dann eine braune Landschaft hinterlässt, die an eine weitläufige Steppe erinnert.

### Famagusta ⓮

Nordzyperns zweitgrößte Stadt, türkisch Gazimağusa und griechisch Ammochóstos genannt, wurde im 3. Jh. v. Chr. von Ptolemaios II. gegründet. Seine beste Zeit erlebte Famagusta im Hochmittelalter, als es nach der endgültigen Vertreibung der Franken aus dem Heiligen Land (1291) zum östlichsten Vorposten des katholischen Europas wurde. Mit dem Zustrom der Flüchtlinge wuchs die Bevölkerung schlagartig an, und als zentraler

◀ **Backgammon an der Stadtmauer**

Umschlagplatz des Orienthandels wurde die Hafenstadt unglaublich reich, weckte damit aber auch die Begehrlichkeit der christlichen Großmächte.

Nach einem für sich genommen unbedeutenden Zwischenfall – bei den Krönungsfeierlichkeiten des Lusignankönigs Peter II. stritten der venezianische und der genuesische Gesandte um den Ehrenplatz – bemächtigten sich die Genuesen 1372 der Stadt und ganz Zyperns. Erst 1464 konnte wieder ein Lusignan die Messe in Famagustas Kathedrale feiern. 1489 fiel die Stadt an Venedig, das sie zum Bollwerk gegen den erwarteten osmanischen Angriff ausbaute.

Der 3 km lange, bis 21 m hohe, mit Graben und 15 Bastionen verstärkte Festungswall, auf dessen Krone heute zwei Pkw ohne Mühe einander passieren könnten, bewahrte Famagusta nicht davor, nach bald einjähriger Belagerung 1571 in die Hände der Osmanen zu fallen. Die unterlegenen Verteidiger hatten eine ehrenvolle Kapitulation ausgehandelt und sich mit Ausnahme ihres Kommandanten Bragadino schon eingeschifft, als im osmanischen Lager das Gerücht aufkam, die Christen hätten ihre muslimische Gefangenen getötet. Darauf brach der osmanische Heerführer Mustafa Lala Pascha die Vereinbarung freien Abzugs und ließ Bragadino zu Tode foltern – eine von zeitgenössischen Autoren des Abendlands bis ins schrecklichste Detail ausgemalte Episode, die ihren Teil dazu beitrug, Europa in Angst und Schrecken zu versetzen.

Die orthodoxen Christen wurden aus der Altstadt vertrieben und gründeten vor der Stadtmauer den Ortsteil **Varósha** ⓯ (Maraş). Die an einem herrlichen Strand gelegene Neustadt entwickelte sich vor 1974 zum ersten und mit 10 000 Fremdenbetten größten Feriencentrum Zyperns. Seit der Invasion steht diese an die Demarkationslinie grenzende Geisterstadt leer und darf nur von türkischem Militär und UN-Patrouillen betreten werden – ein Pfand für etwaige Friedensverhandlungen, das mit dem allmählichen Zerfall der Bausubstanz ständig an Wert verliert.

Die **Altstadt** blieb türkisch – ein pittoreskes Ensemble mit zahlreichen zu Moscheen, Kulturzentren, Lagerschuppen oder Ruinen gewordenen Kirchen, welches das von der Stadtmauer umgrenzte Geviert längst nicht mehr gänzlich zu füllen vermag, vielmehr reichlich Raum lässt für Gärten, Parkflächen, Trümmerfelder und Brachen. Einen Überblick gewährt der Spaziergang auf der **Stadtmauer.**

Die **Hafenzitadelle** wird gerne als historischer Handlungsort von Shakespeares *Othello* ausgegeben und im Volksmund **Othello-Turm** genannt. Auf jeden Fall gibt der 1492 vom Festungsingenieur Foscarini umgestaltete Lusignanbau mit dem bekannten Löwenrelief und den vielen dunklen Treppen, Winkeln und Höfen eine sehr glaubwürdige Bühne des Dramas ab. Die nie vollendete **Kirche St. Georg,** eine romantische Ruine auf der Wiese vor der Zitadelle, wurde als erstes gotisches Gotteshaus der Stadt unter dem französischen König Ludwig IX. begonnen, der in Famagusta seinen missglückten Kreuzzug nach Ägypten vorbereitete. Ein eleganter Marmorlöwe, das Wappentier der Venezianer, bewacht das heute versperrte **Seetor** der Stadtmauer.

In der **Canbulat-Bastion**, auf der ein Leuchtturm nachts den Schiffen den Weg zum Hafen weist, spannt ein kleines Museum (Mo–Fr geöffnet) den Bogen von der osmanischen Eroberung zur türkischen Invasion 1974. Vor dem Eingang wurden Gefallene des Bürgerkriegs beigesetzt.

Im Zentrum der Altstadt sollte man sich vielleicht noch die Reste des **Palazzo del Provveditore** ansehen. Von seinem mit Wappenschildern und einem antiken Fries verzierten Prunkportal blickte der venezianische Statthalter geradewegs auf die Kathedrale. Im Seitengebäude hatte

---

**Othello**

→ Bislang konnte nicht mit Sicherheit nachgewiesen werden, ob der dunkelhäutige Vizegouverneur (1506 bis 1508) Christoforo Moro oder vielleicht der um 1540 hier stationierte, mit Spitznamen »Capitano Moro« geheißene Francesco de Sessa Modell für den Shakespeareschen Mohren stand.

---

Sultan Abdul Aziz 1873–1876 den liberalen Publizisten Namik Kemal internieren lassen, der mit seinen Theaterstücken und kritischen Zeitungsartikeln in Istanbul zu unbequem geworden war. Die Zelle ist zu besichtigen. Der Tod des Sultans brachte Namik Kemal die Freiheit und die Posten als Landrat auf Chios und Rhodos, wo sich der Freigeist mit den nach Unabhängigkeit strebenden griechischen Untertanen herumschlagen durfte.

Von den Sakralbauten sei neben der Kathedrale die **Sinan-Pascha-Moschee,** die ehemalige Kirche Peter und Paul, empfohlen. Der wohlhabende Kaufmann Simone Nostrano soll sie 1360 aus dem Profit einer einzigen Handelsreise gestiftet haben.

**Seite 268**

**Ak Kule**
In dieser Bastion neben dem Landtor kann der Besucher in die gespenstische Stille der Kasematten hinuntersteigen.

▲ Bei einem Spaziergang in Famagusta kann man so manche architektonische Kuriosität finden
▶ Othello-Turm in Famagusta

## Salamis und die Königsgräber ⓖ

Das etwa 5 qkm umfassende, landschaftlich sehr schön gelegene Areal des antiken **Salamis** (tgl. geöffnet) ist zum größten Teil noch nicht freigelegt. Man darf es mit dem Auto befahren, doch im Frühling, wenn die ausgedehnten Mimosenbüsche die Gegend in ein gelbes Meer verwandeln, oder im Herbst, wenn die Pinien und Zypressen duften, sollte man lieber zu Fuß auf Entdeckungsreise gehen.

Sálamis soll von dem trojanischen Helden Teukros gegründet worden sein. Dank seines natürlichen Hafens war es lange Zeit eines der bedeutenden Stadtkönigreiche der Insel. In der Spätantike residierte der Metropolit (oberste Bischof) von Zypern in der nun Constantia genannten Stadt, die im 7. Jh. aufgegeben wurde. Die letzten der von Erdbeben, Malaria, Arabern und Korsaren geplagten Bewohner zogen nach Famagusta.

Die meisten Sehenswürdigkeiten stammen aus der römischen Zeit. Gleich hinter

◀ **Detail der Lala-Mustafa-Moschee**

dem Touristenpavillon liegt das **Gymnasium** mit der Palästra, dem von Säulen umgebenen Übungshof der Athleten. Daran grenzt eine monumentale **Thermenanlage** – im südlichen Sudatorium, dem Schwitzraum, lassen sich noch Mosaikfragmente entdecken, so eine mollige *Leda mit dem Schwan* oder *Apollon und Artemis im Kampf gegen die Niobiden*. Größtes und imposantestes Bauwerk ist das restaurierte **Theater** aus der Zeit des Augustus. Es faßte 15 000 Zuschauer und wurde im ersten und vierten Jh. umgestaltet.

Nahe dem Ufer, mit seinem feinen Sand übrigens ein schöner Badeplatz, hat die am Vorbild der konstantinischen Martyrion-Basilika in Jerusalem orientierte Bischofskirche **Kambanopetra** im Boden des meerseitigen Atriums ein nettes »Kippbild«, nämlich eine geometrisches Mosaik, dessen Formen sowohl als konzentrische Kreise wie auch als windradähnliches Spiralmuster gesehen werden können.

Wer noch etwas tiefer in die Kulturgeschichte eintauchen will, sollte die nahe gelegenen **Königsgräber** besuchen. Das **Grab Nr. 79** gibt eine gute Vorstellung von der Architektur der im überwiegend im 8. und 7. vorchristlichen Jh. für die Vornehmen der Stadt angelegten Gräber: Eine trapezförmige Rampe (Dromos) führt zum Vorhof (Propylaion), dem Ort der Totenfeier, mit der dahinter liegenden Grabkammer hinunter. Die Grabbeigaben, wie Thronsessel, Waffen und Schmuck, sind im Nationalmuseum (Süd-Nikosia) ausgestellt.

Im Dromos von **Grab 47** blieben die Skelette der Pferde erhalten, die, vor den Streitwagen des Grabherrn gespannt, an Ort und Stelle erschlagen und verscharrt wurden, um dem Toten ins Jenseits zu folgen. Grab Nr. 50, nach der Überlieferung das **Gefängnis der heiligen Katharina,** wurde von den Christen zu einer Kapelle umgebaut. An die Königsgräber grenzt mit der **Cellarka** ein weiterer Friedhof, auf dem offenbar die ärmeren Leute beigesetzt wurden. Etwa hundert einfache

Seite 268

### Von der Kathedrale zur Moschee

Die Lala-Mustafa-Moschee wurde als Kathedrale Sankt Nikolaus (Ágios Nikólaos) in den Jahren 1298–1326 errichtet. Als die neben der Kathedrale in Nikosia zweite Krönungskirche der Lusignan ist sie zugleich das zweite Meisterwerk gotischer Baukunst auf Zypern. Die prächtige Westfassade aus warmem, zu Bernsteingelb verwittertem Kalkstein hat die Kathedrale von Reims zum Vorbild. Leider reduzierten osmanische Kanoniere bei der Belagerung die beiden Türme zu Stümpfen, auch das angebaute Minarett gereicht der Fassade nicht zum Vorteil. Ansonsten beließ die vier Jahrhunderte während Vernachlässigung das Gotteshaus als einen durch keinerlei Umbauten gestörten gotischen Baukörper in Reinkultur. Wenigstens so alt und würdevoll wie die Kathedrale ist auch die mächtige Sykomore vor dem Eingang.

Schachgräber wurden entdeckt. Oft nur durch eine Mauer voneinander abgegrenzt, liegen sie dicht unter der Erdoberfläche. Die Grabbeigaben wurden hier verbrannt und nur als Asche beigefügt – offenbar hofften die Leute, anders als ihre Fürsten, auf eine bessere Ausstattung im Jenseits.

### Barnabas-Kloster und Égkomi

Eine Vision wies dem Anthemios, Erzbischof von Salamis, im Jahre 477 den Weg zum bislang unbekannten **Grab des heiligen Barnabas** ⓱ (Apostólos Varnávas). Als wäre diese Entdeckung nicht Wunder genug, lag auf der Brust des Skeletts auch noch eine Handschrift des Matthäusevangeliums, mit der Barnabas einst Kranke zu heilen pflegte. Damit schien die Identität des Leichnams zweifelsfrei erwiesen. Mit diesem Fund konnte der Erzbischof den Kaiser bewegen, der Kirche Zyperns den apostolischen Ursprung und damit die Autokephalie – die

▲ ▼ Die kopflosen Statuen in der Palästra von Salamis

277

**Seite 268**

Unabhängkeit vom Patriarchat Antiochia – zuzugestehen.

Ein großformatiger Bilderzyklus in der 1757 geweihten Kirche des **Klosters** hält die Geschichte fest. Heute hätte ausgerechnet das gefundene Evangelium die Identität des Leichnams infrage gestellt. Barnabas starb, so die Überlieferung im Jahr 61 in Salamis den Märtyrertod. Das Matthäus-Evangelium aber wurde nach herrschender Meinung erst nach dem Jahr 75 verfasst. Schließlich wird Barnabas in der Bibel auch nicht zu den zwölf Aposteln gezählt, sondern ihnen erst in späteren Jahrhunderten gleichgestellt. Doch bei Wundern ist eben alles möglich.

In den früheren Klosterräumen ist jetzt das führende **archäologische Museum** von Nordzypern eingerichtet (tgl. geöffnet).

Ein Abstecher nach **Égkomi ⓲** kann nur Reisenden mit einem besonderen archäologischen Interesse empfohlen werden. Von Zyperns ältester Stadt, die viel-

▲ Eine reich vergoldete Ikone im Barnabas-Kloster
◀ Der Wachtturm von Kantára
▶ Säulenkolonnade in Salamis
▶▶ Heiligenfresko im Herakleides-Kloster

leicht mit dem in hethitischen und ägyptischen Archiven erwähnten Alasia identisch ist, blieb nur ein ausgedehntes Areal mit Fundamenten und Grundmauern entlang rechtwinkliger Straßenzüge erhalten.

Zwischen 1550 und 1075 v. Chr. lebten und arbeiteten hier bis zu 15 000 Menschen. Viele waren mit der Kupferproduktion und -verarbeitung beschäftigt, denen die Stadt ihren Reichtum verdankte. Als Wahrzeichen Égkomis gilt heute jener verschmitzt lächelnde, gehörnte Fruchtbarkeitsgott, der im Nationalmuseum zu betrachten ist.

In **Yeni Iskele ⓳** (Tríkomo), dem Geburtsort des EOKA-Führers Grivas, lädt die Kirche Panagía Theotókos zu einem Besuch ein. Einige Griechen und Griechinnen harrten hier bis in die achtziger Jahre aus und bewahrten das Gotteshaus damit vor der Plünderung seiner Kunstschätze, wie sie in vielen anderen Kirchen nach der türkischen Invasion geschah. Die Panagía ist heute ein Museum (geöffnet Mo–Sa) und birgt neben der Ikonensammlung auch seltene Fresken im höfischen Stil des 12. Jhs. Von der Kuppel blickt ein gestrenger Christus Pantokrator herab, den ein Engelschor umringt. Im Apsisbogen verfolgen die Jünger voller Erstaunen die Himmelfahrt.

Wer statt Archäologie und Kunst lieber noch einmal einen schönen Blick auf die gesamte Nordküste genießen will, macht einen Abstecher nach **Kantára ⓴**, der östlichsten der drei Burgen (täglich geöffnet) im Fünffingergebirge. Ein steiler Pfad mit 200 Stufen führt vom Parkplatz durch den Zwinger, an Zisternen und modrigen Kasematten vorbei auf den Gipfel mit der »Kammer der Königin«, von der gerade eine Fensteröffnung erhalten blieb. Hier konnte die Königin, wenn sie je die Festung besuchte, in der Ferne auch Famagusta glänzen sehen.

Zu der Burg gehört ein malerischer Picknickplatz mit schattigen Bäumen, zehn Autominuten entfernt findet sich mitten im Wald eine verschlafene Sommerfrische mit bröckelnden Villen und einem Ausflugslokal. ∎

Ὁ ἅγιος ΓΡΗΟ̈ ὁ ΘΕΟΛΟΓΟΣ    Ὁ ἅγιος ΝΙΚΟ

# Landeskunde

## Geographie

Zypern liegt im östlichen Mittelmeer 95 km westlich der syrischen, 75 km südlich der türkischen und 325 km nördlich der ägyptischen Küste. Von seiner Gesamtfläche von 9251 km² gehören nur etwa 64 % zur Rumpfrepublik Zypern und 36 % zum türkisch besetzten Norden. Auch wenn sich die Zyprioten gerne als Europäer bezeichnen, gehört die Insel geographisch bereits zu Asien. Auch erdgeschichtlich steht sie etwas zwischen den Stühlen: Vor rund 20 Mio. Jahren schob der Druck der Kontinentalplatten das Tróodos-Gebirge an die Oberfläche des damaligen großen Ozeans.

Über die Jahrmillionen schleiften Wind und Wetter die Sedimentgesteine vom härteren magmatischen Kern des Gebirges ab. Zurück blieb das mit dem Gipfel des Olympos (Olymp) 1951 m hohe Tróodos-Gebirge. Das lange, schmale Bešparmakgebirge (griech. Pentadaktylos, bis 1023 m) bildete zunächst eine eigene Insel im Norden.

Erst vor 3 Millionen Jahren – als der Wasserspiegel langsam sank – wuchsen die beiden Inseln schließlich zu einer zusammen; so erklären sich auch die Ablagerungen von Kalk, Mergel und Sandstein in der Mesaoría-Ebene, die zwischen ihnen liegt.

Die vom Klima herausgeschürften Urgesteine liefern besonders im Landesinneren einen zerklüfteten und karstigen Anblick. An den Hängen findet sich wenig fruchtbarer Boden; zusätzlich wird der saure Boden in der Mesaoría-Ebene durch die flirrende Hitze quasi ausgebrannt. Dennoch findet an vielen Stellen landwirtschaftliche Nutzung statt.

## Klima

In Zypern herrschen lange, heiße und trockene Sommer mit geringer Luftfeuchtigkeit, kurze Herbst- und Frühjahrszeiten und milde und feuchte Winter, in denen häufig im Tróodos Schnee fällt; dennoch hat das Meer im Dezember immer noch um 19 °C. Die durchschnittlichen Höchsttemperaturen liegen im Juli und August bei 35 °C, im Januar bei 15 °C. Im Sommer kann das Thermometer im Landesinneren schon einmal die 40 Grad übersteigen oder im Winter in den Bergen unter den Gefrierpunkt sinken. Die meisten Regenfälle kommen zwischen Dezember und Februar vor, wo man 9 bis 11 Regentage pro Monat erwarten kann. Allerdings zeichneten sich die Winter der letzten Jahre mit unterdurchschnittlich geringen Niederschlägen aus, was zu einer extremen Wasserknappheit auf der Insel führte.

In den Frühlingsmonaten erblüht das sonst so karge und trockene Land zu einem Farbenmeer. Im April ist zwar noch mit Schauern zu rechnen, ab Mai jedoch lässt sich die einmalige Natur in vollen Zügen genießen. Im Sommer zieht es die Zyprioten in die Berge, wo frische Winde für Abkühlung sorgen, während im Tal die flirrende Hitze jede körperliche Aktivität zu einer fast unüberwindlichen Anstrengung macht. Einzig an den Küsten kann man zuverlässig ab dem Spätvormittag auf eine kühle Brise hoffen. Am angenehmsten empfinden jedoch Einheimische wie Touristen die lauen Sommermonate, an denen man bis spät in die Nacht ohne Pullover oder Jacke im Freien sitzen kann.

Die Klimazeit des Herbstes existiert faktisch gar nicht. Ab September gehen die Temperaturen langsam zurück, die Nächte werden kühler, bis sie Ende Oktober/Anfang November abrupt auf unter 10 Grad abstürzen. Dann ist es auch mit der Trockenheit vorbei, die winterliche Regenzeit hüllt die Insel für Monate

in einen grauen Schleier. Auch für Hartgesottene sei hier gesagt: Als Winterquartier eignet sich Zypern nicht. Freilich, wer das Land ohne Massentourismus kennenlernen möchte, hat sich damit die richtige Jahreszeit ausgewählt.

## Flora und Fauna

### Tierwelt

Die Population der einzigen endemischen Tierart auf Zypern, des 1937 auf vier Böcke und elf Schafe reduzierten wildlebenden zyprischen Mufflons, hat sich heute wieder auf einige hundert Exemplare vergrößert. Die seltene Wildschaf-Art kommt in freier Wildbahn hauptsächlich in den Wäldern des nördlichen Tróodos vor. Es besteht jedoch auch ein Freiluftgehege bei Stávros tis Psókas nahe der dortigen Forststation.

Ansonsten gibt es an Wildtieren auf Zypern nichts, was nicht auch anderswo existiert.

### Vegetation

Sprachen griechische Geschichtsschreiber der Antike noch vom Waldreichtum Zyperns, so bedeckt der Baumbestand heute nicht einmal mehr ein Fünftel der Insel. Der Großteil des Inselterritoriums wurde abgeholzt, etwa um Baumaterial für Schiffe oder für die Kupfergewinnung notwendige Holzkohle zu erhalten. Berühmt ist die Zedernart cedrus brevifolia, die nur auf Zypern wächst. Ansonsten finden sich in erster Linie verschiedene Arten von Kiefern, Zwergeichen, Platanen und Zypressen. Auffällige Erscheinungen sind die oftmals vor Kirchen gepflanzten riesigen Bäume (Sykomoren, Terebinthen, portugiesische Eichen und Platanen). Im Frühjahr erscheint die sonst so karstige Mesaoría-Ebene wie ein Fleckenteppich, bedeckt von Zistrosen, Anemonen und wildem Lauch, die die rosafarbenen Blüten der Mandeln ablösen, die im Spätwinter hier gedeihen. Die exotischsten Blumen findet man allerdings auf der Halbinsel Akámas im Süden.

Die »grüne Lunge« des Landes ist der Tróodos mit seinem reichen und vielfältigen Baumbestand. Nicht umsonst haben die Tourismusbehörden gerade hier ihre Naturlehrpfade angelegt, in deren Verlauf man auch auf endemische Blumen, Sträucher etc. hingewiesen wird (Pflanzen, die dank der Abgeschiedenheit vom Festland nur auf Zypern vorkommen). Begleitend dazu hat die Tourismuszentrale eine deutschsprachige Broschüre »Wanderwege der Natur« im Tróodos herausgebracht, in der alle Naturlehrpfade detailliert mit ihrem Artenreichtum beschrieben werden.

Eine Fülle von Nutzpflanzen prägt das Bild der zyprischen Kulturlandschaft. Im hügeligen Vorland des Tróodos gedeihen Wein, verschiedenste Obstsorten, Öl- und Mandelbaum sowie Johannisbrot. Weite Getreidefelder prägen vor allem die trockene Ebene der Mesaoría. In den bewässerten küstennahen Bereichen schließlich gedeihen Zitrusfrüchte, Tafeltrauben, Avocados, Bananen, Artischocken, Erdnüsse und alle Arten von Gemüse.

## Natur und Umwelt

Im Gegensatz zu mancher Südseeinsel wird in Zypern nicht erst seit einige Jahrzehnten Schindluder mit der Natur getrieben. Die einst grüne Insel ist heute nur noch spartanisch von Wäldern bedeckt. Allerdings begann man auf Zypern bereits sehr früh gegenzulenken. So erkannten die britischen Kolonialherren schon bald den Zusammenhang zwischen Abholzung und Erosion und versuchten mit gezielter Aufforstung der Abtragung von fruchtbaren Böden durch Wind und Wetter entgegenzuwirken. Heute gehört die Insel wieder zu den baumreichsten des Mittelmeers. Rund 90 % der Wälder bestehen

aus der schnell wachsenden und anspruchslosen Aleppo-Kiefer (Pinus butia), vereinzelt findet man noch die endemische Tróodoszeder, so beispielsweise im »Tal der Zedern«. Natürlich ist die Insel wie alle touristischen Ziele von umfangreicher Erschließung und Betonierung bedroht. Eine weitere Gefährdung stellen die in den letzten Jahren immer häufigeren Waldbrände dar. Hier gilt ein besonderer Appell den ausländischen Besuchern, insbesonders in den heißen Sommermonaten kein offenes Feuer in freier Wildbahn zu machen und Zigarettenkippen nicht unachtsam wegzuwerfen. Außerdem sollten Sie darauf achten, mit Trinkwasser nicht verschwenderisch umzugehen; die letzten regenarmen Jahre haben die ohnehin schon große Wasserarmut der Böden noch zusätzlich verschlimmert.

## Bevölkerung

Derzeit leben auf Zypern ca. 810 000 Menschen, davon 163 000 im türkischen Teil; etwa 17 000 sind britische Staatsbürger, daneben gibt es 7000 Armenier sowie Maroniten und weitere Minderheiten.

Noch während der Kolonialzeit waren türkische wie griechische Siedlungsgebiete über die gesamte Insel verteilt. Nach den Unruhen 1963/64 zogen die Türken unter UN-Schutz in Enklaven. Die türkische Landeoperation zehn Jahre später spaltete das Land in einen von Griechen bewohnten und den im Norden von den Türken besetzten Teil und machte über 200 000 Zyprioten zu Flüchtlingen im eigenen Land. Heute leben die beiden Bevölkerungsgruppen durch die Green Line (die Grenze zwischen beiden Gebieten) weitgehend isoliert. Im Süden existieren lediglich zwei Dörfer mit gemischter Bevölkerung: Potamia und Pyla. Im Norden leisten auf Karpasia einige – meist alte – Griechen in einigen kleinen Dörfern, die an das uns wohlbekannte Dorf in Aremorica

aus den Asterix-Heften erinnern, den Schikanen ihrer türkischen Besatzer immer noch geistigen Widerstand.

## Religion

Auf Zypern ist sogar die Religion ein Politikum. Im griechisch-orthodoxen Süden waren zu Zeiten des Erzbischofs und Staatspräsidenten Makarios Religion und Politik eng miteinander verwoben; heute nehmen die Priester immer noch rege am öffentlichen Leben teil, die Kirche hat jedoch lange nicht mehr den Einfluss wie einst.

Nicht anders im Norden: die alteingesessenen Zyprioten gehen eher einem alltagsorientierten Glauben nach, Anhänger anderer Religionen werden allerdings immer noch teilweise ausgegrenzt. Die Freitagsgebete sind kaum besucht; das vom fundamentalistischen Islam geforderte Kopftuch taucht selten in den Straßen auf. Ganz anders verhält es sich dagegen in den Bergdörfern, die von den türkischen Zuwanderern bewohnt werden: Hier hält man sich noch streng an die islamischen Gesetze. Wer beispielsweise in der Zeit des Ramadan – der muslimischen Fastenzeit – tagsüber etwas essen oder trinken möchte, muss sich schon aus der Bergregion hinab in die Küstendörfer begeben, in denen man es mit dem Fasten nicht so genau nimmt.

## Wirtschaft

Wirtschaftlich ist Zypern ein Partnerland, das sich die Europäische Union durchaus wünschen kann. Die Entwicklung vom rückständigen Agrarland zu einem auf Finanz- und Dienstleistung basierenden Wirtschaftsstandort ist abgeschlossen. Die Unternehmensgründungen nehmen weiterhin zu, der Lebensstandard liegt weit über dem Griechenlands, der Bildungsstand ist allgemein hoch, die Staatsverschuldung niedrig, Wirtschaftsexperten sagen der Insel ein kontinuierliches

Wachstum voraus – allerdings nur dem Süden. Zwar liegt im Norden der Lebensstandard über dem in der Türkei, doch ist der Nordteil bildungs- und industrietechnisch im Hintertreffen. Durch den internationalen Handelsboykott siedeln sich keine Großbetriebe an, es findet kaum Handel mit dem Ausland statt. Die Nordzyprioten profitieren einzig von den Zahlungen ihrer Verwandten, die vor Jahren nach England und Australien auswanderten, und der Subventionierung des Staatshaushaltes durch die türkische Regierung.

## Politik

Die Republik Zypern hat eine demokratische Verfassung, basierend auf den Abkommen von Zürich und London 1959 und 1960. Die Verfassung räumt dem Staatspräsidenten große Machtbefugnisse ein. Er ist zugleich Vorsitzender des Ministerrates und wird für eine Amtsperiode von fünf Jahren direkt von der Bevölkerung gewählt.

Zypern ist seit August 1960 eine unabhängige Republik; zuvor war die Insel britische Kolonie. Sie ist bis heute Mitglied des britischen Commonwealth. Die Republik Zypern gehört auch den Vereinten Nationen und dem Europarat an. Sie ist seit 1973 assoziiertes Mitglied der Europäischen Gemeinschaft und hat 1990 die Vollmitgliedschaft in der EU beantragt; seit dem Frühjahr 1998 wird über das Beitrittsgesuch neu verhandelt.

Präsident der Republik Zypern ist der konservative Glavkos Clerides, der im Februar 1993 den parteilosen Georgios Vassiliou ablöste. Die regierende Mitte-Rechts-Koalition von »Demokratischer Sammlung« (DISY) und »Demokratischer Partei« (DIKO) konnte bei der Parlamentswahl im Mai 1996 ihre knappe Mehrheit behaupten. Zweitstärkste Kraft blieb die sozialistische »Fortschrittspartei des werktätigen Volkes« (AKEL) mit 33 % der Stimmen.

Seit dem 20. Juli 1974 ist die Insel de facto in die Rumpfrepublik der Republik Zypern im Süden und einen türkisch besetzten Norden (ca. 36 % der Inselfläche) geteilt. 1983 folgte die Unabhängigkeitserklärung der »Türkischen Republik Nordzypern«. Außer von der Türkei erfährt Nordzypern jedoch international keine Anerkennung als unabhängiger Staat. Mehr als 30 000 Soldaten vom türkischen Festland sind in Nordzypern stationiert.

Alle Gemeinden in Nordzypern, auch solche, die bis 1974 rein griechisch-zypriotisch besiedelt waren, erhielten türkische Ortsnamen. Diese werden von der Regierung der Republik Zypern als illegal erachtet.

Im Reiseteil dieses Führers werden die derzeit verwendeten türkischen Namen größerer Orte zusätzlich zu den griechischen angegeben. Diese Praxis dient allein der Orientierung der Reisenden; sie bedeutet keine Anerkennung der türkischen Umbenennungspolitik.

**2**

## Reiseplanung & Reiseformalitäten

## Informationsadressen

### In Deutschland/Österreich/Schweiz:

■ **Fremdenverkehrszentrale Zypern,** Kaiserstr. 50, 60329 Frankfurt/M., Tel. 069/25 02 88; Fax 069/25 02 85; Fremdenverkehrszentrale Zypern, Walfischgasse 6, A-1040 Wien, Tel. 0222/512 14 58, Fax 512 24 17; Fremdenverkehrszentrale, Gottfried-Keller-Str. 7, CH-8001 Zürich, Tel. 01/262 33 03, Fax 251 24 17.

### Auf Zypern:

Im Kapitel »Orte von A-Z« sind die wichtigsten Touristeninformationen unter den jeweiligen Städten bzw. Dörfern aufgeführt.

### Für den Norden:

Nordzypern unterhält keine Fremdenverkehrsämter im Ausland. Bei nachstehender Adresse können (postalisch auch in deutscher Sprache) Informationen eingeholt werden:

■ **Ministry of Communications,** Public Works and Tourism, Tourism Department, Selcuklu Cad., Lefkoşa, Mersin-10, Türkei, Tel. 228 10 57, 228 36 66, Fax 228 56 25.

## Reisedokumente

Für die Einreise in die Republik Zypern (Südteil) ist für Deutsche, Schweizer und Österreicher ein Reisepass erforderlich, der bei der Einreise noch mindestens drei Monate gültig sein muss; Personalausweis genügt nicht! Kinder und Jugendliche benötigen, sofern sie nicht im Pass der Eltern eingetragen sind, einen eigenen Reisepass bzw. Kinderausweis.

In den Reisedokumenten darf sich kein Vermerk der »Türkischen Republik Nordzypern« befinden; mit etwas Glück und auf besondere Bitte hin stempelt die türkisch-zypriotische Grenzpolizei jedoch nur ein Beiblatt, das bei der Ausreise wieder eingezogen wird. Die Einreise nach Nordzypern ist zwar von der Türkei aus direkt möglich, doch bleibt einem anschließend damit der Zutritt in den Südteil der Insel verwehrt.

Die Behörden der Republik Zypern betrachten die direkte Einreise in das besetzte Territorium als illegalen Akt. Selbst bei einer späteren Einreise nach Griechenland kann man mit einem Sichtvermerk der »Türkischen Republik Nordzypern« noch auf Schwierigkeiten stoßen. Beginnt man seinen Zypernaufent-

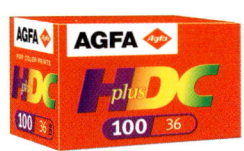

# Mehr Farbe
## für die Welt.

**Der HDCplus. Eine neue Sicht der Farbfotografie.**

http://www.agfaphoto.com

# Manche verständigen sich im Ausland mit Händen und Füßen.

halt allerdings in der Südhälfte der Insel, sind Tagesausflüge in den besetzten Nordteil in der Regel möglich.

## Einreise in den türkisch besetzten Teil

Die Einreise auf die Insel über die Republik Zypern und von dort aus Tagesausflüge in den besetzten Norden sind derzeit die einzige Möglichkeit, beide Inselhälften während eines Aufenthalts zu besuchen. Der umgekehrte Weg ist unmöglich, da die Behörden des Südens die Einreisepapiere Nordzyperns nicht anerkennen.

Einziger Grenzübergang ist an der »Grünen Linie« (dort striktes Fotografierverbot!) in Nikosia. Die Passierstelle liegt unmittelbar im Westen der alten venezianischen Stadtmauer am alten Ledra-Hotel. Die Behörden der Republik Zypern halten die Daten des Passes und den Aufenthaltsort des Gastes (also in der Regel das Hotel) schriftlich fest. In etwa 150 m Entfernung befindet sich der türkische Kontrollposten. Hier muß ein Tagesvisum beantragt werden, das wenig Geld kostet und rasch ausgestellt wird. Der Pass wird dabei nicht abgestempelt. Beim Visumantrag wird auch nach dem Ziel des Tagesausflugs gefragt.

Im Visumbüro der türkisch-zyprischen Behörden liegt oftmals die englischsprachige Informationsbroschüre Special News Bulletin zum Mitnehmen aus, die interessante Reiseinformationen enthält.

Die Übergänge sind auf beiden Seiten von 9 bis 12 Uhr geöffnet. Die Behörden der Republik Zypern verlangen die Rückkehr in den Süden bis spätestens 18 Uhr, so dass die Besuchszeit im Norden recht knapp bemessen ist. Übernachtungen im Norden sind im Falle der Einreise aus dem Süden verboten. Außerdem dürfen im Nordteil erworbene Güter nicht in den Südteil eingeführt werden. Achtung: Die Grenzer verstehen keinen Spaß!

Den besetzten Nordteil von Nikosia kann man zu Fuß besichtigen, für Ziele außerhalb der Stadt sollte man sich ein Taxi mieten. Fahrzeuge stehen am Grenzübergang selbst und am Platz mit der Venezianischen Säule. Es besteht jedoch auch die Möglichkeit, einen Leihwagen zu mieten (z. B. über die Reisebüros am Kyrenia-Tor). Zudem verkehren tagsüber Busse und Sammeltaxen zwischen den Provinzhauptstädten Nikosia, Famagusta, Girne und Morphou. Fahr- und Miettarife liegen sogar noch unter dem Preisniveau des Südens.

Auch im Nordteil Zyperns herrscht, im Gegensatz zum türkischen »Mutterland«, weiterhin Linksverkehr.

Normalerweise werden pro Zypernaufenthalt durch die Behörden des Südens zwei Ausflüge in den Norden genehmigt. Kann man besonderes kunsthistorisches Interesse an den Denkmälern des besetzten Nordens glaubhaft machen, werden auch mehrere Grenzübertritte erlaubt.

# Impfungen, Krankenversicherung

Impfungen sind nicht vorgeschrieben und auch nicht erforderlich. Auch die Reiseapotheke kann man getrost zu Hause lassen. Sowohl die hygienischen Verhältnisse, darunter die Trinkwasserqualität, als auch der Standard der Arztpraxen und Apotheken entsprechen durchaus mitteleuropäischem Niveau. Alle größeren Städte verfügen über Krankenhäuser mit englisch, manchmal sogar deutsch sprechenden Ärzten.

Es besteht kein Sozialversicherungsabkommen mit Zypern. Auch als Mitglied in einer Krankenkasse (dort vor Reiseantritt nachfragen, ob eine separate Auslandskrankenversicherung abgeschlossen werden sollte!) muss ein Tourist deshalb Arzthonorar und Medikamente zunächst aus eigener Tasche vor-

schießen und bekommt die Auslagen erst nach seiner Rückkehr von der Kasse erstattet. Deswegen sollte man sich von Ärzten und Apotheken unbedingt Belege und Rechnungen erbitten!

# Geld

## Republik Zypern

Landeswährung der Republik Zypern ist das zyprische Pfund (Abkürzung C£), griechisch Lira genannt. Offiziell wird das Pfund in 100 Cents unterteilt, bei der Bevölkerung wird jedoch oft in der alten Währungseinheit Schilling (1 Schilling = 5 Cents) gerechnet.

Der bei einem Einkauf vom Händler genannte Schillingbetrag mit fünf multipliziert ergibt den offiziellen Kaufpreis in Cents; volkstümlich ausgedrückt besteht die »Lira« aus 20 Schilling.

Importbeschränkungen für fremde Devisen bestehen nicht, die Einfuhr muss aber bei Beträgen im Wert von über 1000 US-Dollar deklariert werden. Die Ein- und Ausfuhr von zyprischer Währung ist auf 50 C£ beschränkt. Am besten tauscht man Geld nicht zu Hause, sondern auf Zypern um.

### Umtausch

Wechselmöglichkeiten für Bargeld, Traveller- und Eurocheques bieten außer den Banken, die auch auf Kreditkarten Zypernpfunde auszahlen, noch die Hotelrezeptionen. Die Obergrenze pro Eurocheque liegt bei 100 C£. Mittlerweile kann man an ausgewählten Filialen auch mit der Eurochequekarte vom Geldautomaten in bar abheben. Der Betrag wird dann vom heimatlichen Konto abgebucht.

Die Banken haben in der Regel an Werktagen (auch samstags) nur vormittags (8.15–12.30 Uhr) geöffnet, nur in den Touristenzentren wird außer Montag auch ein sog. Tourist Afternoon Service, zwischen 15.30 und 17.30 (Oktober bis April) sowie 16 und 18 Uhr (Mai bis September), geboten. Die Wechselschalter an den Flughäfen von Lárnaka und Páphos sind nach Bedarf, d. h. nach Ankunft eines jeden Auslandsfluges, besetzt. Abhebungen bei den Postämtern mit dem Postsparbuch sind nicht möglich.

### Kreditkarten

Sollten Sie Ihre Kreditkarte verlieren, informieren Sie sofort Ihre Bank, die ihre Karte daraufhin für alle Kreditautomaten sperren läßt. Sie können jedoch auch bei JJC Payment Services in Nikosia (Tel. 02-36 08 20) anrufen.

### Türkischer Teil

Die Landeswährung im Norden ist die Türkische Lira (TL). Wegen des rasanten Geldentwertung sind teurere Waren in den Geschäften manchmal in britischen Pfund oder Dollars ausgezeichnet, die dann zum Tageskurs umgerechnet werden. Die Wechselkurse sind in Nordzypern sehr viel günstiger als in Deutschland. Banken und Hotels wechseln auch Reise- und Euroschecks gegen eine Kommission von 2–5 %. Staatlich lizenzierte private Wechselstuben sind auch an Wochenenden geöffnet. An Kreditkarten sind vor allem Eurocard, Visa und Diners gängig.

Im türkisch besetzten Nordteil ist zwar die türkische Lira, also dieselbe Währung wie in der Türkei selbst, offizielle Währung, doch gilt hier das zyprische Pfund wie die übrigen europäischen Devisen (vor allem US-Dollar und Deutsche Mark) als »harte Währung« und wird deswegen nicht nur in den Banken, sondern auch gern in den Geschäften (oft sogar noch günstiger als zum Bankkurs) getauscht. Eurocheques müssen in der »harten« Landeswährung des Touristen, also DM, öS oder sFr, ausgestellt werden. Öffnungszeiten der Banken sind Montag bis Samstag 8–12 Uhr. Das Preisniveau in Nordzypern liegt geringfügig unter demjenigen der Republik Zypern.

## Reisezeit

Klimatisch gilt als beste Reisezeit das Frühjahr. Die Winter sind zwar mild, wie es für die mediterrane Klimaregion charakteristisch ist, und selbst im Dezember beträgt die Wassertemperatur noch gute 19 °C, aber zumindest für das Landesinnere braucht man dann warme Kleidung. Außerdem sind statistisch die meisten Regentage zwischen Dezember und Februar (mit ca. neun bis elf Regentagen) zu erwarten.

Die Sommer sind heiß und trocken; trotz der Nähe zum Meer ist die Luftfeuchtigkeit relativ gering, und die Hitze wird nicht als schwül und drückend empfunden.

In Zypern wird es früher und schneller dunkel als in Mitteleuropa (die Dämmerungsphase dauert nur ca. 30 Minuten).

Da viele Hotels außerhalb der Hauptsaison Preisermäßigungen gewähren, kann man hier bei richtiger Wahl der Reisezeit seine Aufenthaltskosten senken. Die Vor- bzw. Nachsaison dauert in den Badeorten vom 1. November bis zum 31. März (außer der Weihnachtszeit zwischen 20. Dezember und 6. Januar) und im Tróodos vom 1. Oktober bis zum 30. Juni.

## Kleidung

Der »normale« Tourist wird Zypern in der wärmeren Jahreszeit besuchen, das heißt, er wird abgesehen von Accessoires zum Sonnenschutz am zweckmäßigsten leichte Baumwollkleidung mitnehmen.

Wer sich länger im gebirgigen Inselzentrum aufhalten möchte, sollte bedenken, dass dort selbst im Sommer die Temperaturen empfindlich absinken können. Es sollte also auf jeden Fall noch ein wärmerer Pullover eingepackt werden.

Umgekehrt kann aber auch im Winter, wenn allgemein warme Kleidung empfohlen ist (im Tróodos-Gebirge liegt dann Schnee!), die Sonne so gleißend sein, dass auch dann ein Sonnenhut oder zumin-

dest eine Sonnenbrille notwendig werden.

Wer in einem der Luxushotels übernachtet, wird im dortigen Restaurant auch etwas elegantere Kleidung tragen wollen. Sollten diese Bestandteile der Garderobe die Anreise nur zerknittert überstanden haben, kann man sie in den Hotelwäschereien wieder in Form bringen lassen.

## Reisegepäck

Wie bei allen Aufenthalten in südlichen Regionen ist ausreichend Vorsorge gegen die starke Sonneneinstrahlung (Kopfschutz, Sonnencreme, Sonnenbrille) zu treffen. Auch müssen Flüssigkeits-, Elektrolyt- und Salzverlust beim Schwitzen ausgeglichen werden, um eventuellen Kreislaufproblemen vorzubeugen, d. h. konkret: viel trinken. Die Speisen sind in der Regel genügend gesalzen.

Ihr Magen benötigt einige Zeit, um sich an die für ihn neuen Bakterien im zyprischen Wasser zu gewöhnen. Zwar ist das Trinkwasser aus der Flasche unbedenklich, doch Salate und Obst in Restaurants und Hotels sind mit normalem Leitungswasser gewaschen. Bei bekannter Überempfindlichkeit des Magens sollten Sie deshalb Präparate gegen Magen- und Darmverstimmung mitnehmen.

Wenn Sie spezielle Filme für Ihre Kamera benötigen, sollten Sie diese aus dem Heimatland mitbringen. Auch gibt es Diafilme nicht an jeder Straßenecke zu kaufen. Die normalen 100- bzw. 200-ASA-Filme sind jedoch in den Küstenorten überall erhältlich.

Der Kauf von Videokassetten dürfte kein Problem sein. Fragen Sie bei Schwierigkeiten einfach an der Rezeption Ihres Hotels.

Apotheken entsprechen dem europäischen Standard und sind in der Regel recht gut sortiert. An Medikamenten, die Sie regelmäßig einnehmen müssen, sollten Sie dennoch einen ausreichenden Vorrat dabei haben (s.a. Medizinische Versorgung, S. 295).

In jedem Fall sind Antimückencremes eine sinnvolle Ergänzung für das Reisegepäck. Wenn Sie zelten möchten, darf auch ein Moskitonetz keinesfalls fehlen.

Eine Taschenlampe kann bei der Besichtigung von Klöstern, Kirchen und Ruinen sehr hilfreich sein, da viele Sehenswürdigkeiten auf Zypern schlecht bis gar nicht ausgeleuchtet sind.

## Zoll

Außer den im Kapitel »Geld« genannten Beschränkungen bei der Ein- und Ausfuhr der Landeswährung gelten für die Republik Zypern folgende Warenobergrenzen für die Einfuhr pro einreisender volljähriger Person:

### Republik Zypern

2 Liter Portwein, Champagner oder Aperitivs plus 2 l Wein; 1 l Spirituosen (nur Personen über 17 Jahre); 50 Zigarren oder 200 Zigaretten oder 250 g Tabak, 0,3 l Parfüm oder Eau de Toilette. Andere Waren (z. B. Elektronik) können bis zu einem Wert von 100 C£ zollfrei eingeführt werden; ohne besondere Formalitäten Kleidung, Schmuck, Nahrungsmittel, elektronische Geräte wie Kamera oder Walkman und Medikamente für den persönlichen Bedarf.

### Nordteil

1,5 l Wein, 1.5 l Spirituosen; 100 Zigarren oder 400 Zigaretten oder 250 g Tabak; 100 ml Parfüm, 100 ml Eau de Toilette.

### Einfuhr von Tieren

Haustiere müssen bei Ankunft unverzüglich für 6 Wochen in Quarantäne. Damit dürfte jedem Tierliebhaber klar sein, dass es mit dieser strengen Einfuhbestimmung praktisch unmöglich ist, seinen Liebling nach Zypern mitzunehmen.

# Anreise

## Flugzeug, Transport vom Flughafen

Bis zur türkischen Invasion beherbergte Nikosia den internationalen Flughafen Zyperns. Noch heute haben die großen Fluggesellschaften ihre Büros in Nikosia. Für den griechischen Landesteil hat seither der Flughafen von Lárnaka (Tel. 04-64 30 00) diese Rolle inne. Die einheimische Fluggesellschaft Cyprus Airways hat hier ihre Heimatbasis und bedient derzeit Berlin, Frankfurt, Hamburg und München.

Auch Lufthansa, Swiss Air und Austrian Airways fliegen Lárnaka von Deutschland, der Schweiz oder Österreich mehrmals wöchentlich direkt an. Bei diesen Linienflügen räumen die Fluggesellschaften unter gewissen Bedingungen Sondertarife ein, es gibt aber auch immer wieder günstige Mitflugelegenheiten bei Chartergesellschaften, selbst wenn man nur den Flug und keine anschließende Hotelbuchung in Anspruch nehmen möchte. Mit der Liberalisierung des Flugverkehrs auf Zypern hat sich die Zahl der Anbieter von Flügen zwischen Mitteleuropa und der Mittelmeerinsel weiter erhöht. Vor allem nahöstliche Fluggesellschaften erhielten jetzt entsprechende Beförderungsrechte.

Die Flugzeit auf der Strecke von Frankfurt nach Lárnaka beträgt ungefähr viereinviertel Stunden, wobei zumeist Zagreb, Thessaloniki und Athen überflogen werden. Schön ist dabei der Blick hinab auf den Berg Athos und die Inseln Samos, Kos und Rhodos. Die Distanz Zürich – Lárnaka wird in dreieinhalb Stunden, die von Wien nach Lárnaka in 3 Stunden zurückgelegt.

Der Flughafen von Páphos (Tel. 06-42 28 33), 13 km östlich außerhalb des Ortes gelegen, hat an Bedeutung gewonnen. Er wird bislang nicht im Liniendienst, sondern nur im Charterverkehr angeflogen.

Im folgenden finden Sie eine Zusammenstellung von Adressen der wichtigsten Fluggesellschaften:

- **Cyprus Airways,** 21, Odos Alkeou, Nikosia, Tel. 02-44 30 54.
- **Deutsche Lufthansa,** Am Hauptbahnhof 2, 60329 Frankfurt/M., Tel. 069/257 01. Capital Centre, Crn. Makarios & Evagoras Ave., 6. Stock, Nr. 601–602, P.O.Box 5230, Nikosia. Tel. 02-45 17 77.
- **Austrian Airlines,** Kärntner Ring 18, A-1010 Wien, Tel. 0222/505 57 57; Hytron Str. 30, Nikosia, Tel. 02-45 55 41.
- **Swissair,** Im Hauptbahnhof, CH-8001 Zürich, Tel. 01-258 33 11; 6, Princess Zena de Tyras Str., Nikosia, Tel. 02-44 52 22.

## Die türkisch besetzten Gebiete

Im türkisch besetzten Teil der Insel gibt es zwei Flughäfen: Ercan, 25 km östlich von Lefkoşa (Nikosia), und Gecitkale (Lefkoniko), etwa 30 km nordwestlich von Famagusta.

Derzeit führt die nationale türkische Fluggesellschaft Turkish Airlines Flüge nach Nordzypern ab Istanbul, Ankara, Izmir und Adana durch. Neben den zahlreichen Vertretungen in der Türkei gibt es ein Büro der Fluggesellschaft auch in Lefkoşa/Nikosia:

- **Turkish Airlines,** Mehmet Akif Cadesi 52, Kösklüçiftlik-Dereboyou, Lefkoşa/Nikosia, Tel. 227 13 82/277 10 61 und 227 71 24, Fax 228 73 41.

Die Fluggesellschaft hat außerdem unzählige Büros in der Türkei.

Die europäischen Charterfirmen fliegen nicht in den nördlichen Teil Zyperns. Es ist nochmals wichtig, darauf hinzuweisen, dass Reisende, die zuerst im Norden eintreffen, nicht mehr in den Süden weiterreisen dürfen. Die Regierung der Republik Zypern empfindet die Anreise über die besetzten Gebiete als illegalen Akt (s. a. Reisedokumente, S. 284).

## Schiff

### Republik Zypern

Mittelmeerkreuzfahrtschiffe legen fast ausschließlich in Limassol an. Über den dortigen Hafen wird auch der Fährverkehr mit Europa abgewickelt, wobei ganzjährige Verbindungen mit der Insel Rhodos, mit Heraklion auf Kreta und mit Piräus bestehen. Die Fahrtdauer auf der letztgenannten Passage beträgt etwa 48 Stunden. Zur Nebensaison werden oft deutliche Preisnachlässe gewährt. Saisonal unverändert bleibt hingegen die noch dazuzurechnende Hafentaxe.

Wer Piräus nicht vollständig auf dem Landweg anfahren möchte, kann bereits vorher eine Fährverbindung nach Griechenland nutzen. Direkt nach Piräus geht es von Ancona oder Venedig aus, eine alternative Fährlinie verbindet Bari oder Brindisi in Italien mit Igoumenitsa oder Patras in Griechenland. Die Strecke nach Piräus muß auf dem Landweg zurückgelegt werden.

In der Reisesaison werden aber auch Bedarfsfahrten direkt von Italien aus, zumeist ab Ancona oder Venedig, mit Zwischenstopps bis Limassol angeboten. Hier hat die zyprische Fremdenverkehrszentrale die jeweiligen Termine abrufbereit. Weitere Fährlinien verbinden Limassol mit Port Said in Ägypten und Haifa in Israel. Das Fremdenverkehrsamt in Limassols Hafen hat ein Büro für Schiffspassagiere.

Für Informationen zu Autofähren auf der Route Piräus(Athen)-Rhodos-Limassol-Haifa wenden Sie sich an:
■ **Poseidon Lines,**
Tel. 05-35 55 65.
■ **Salamis Lines,**
Tel. 05-34 10 43.

## Türkisch besetzter Norden

In Nordzypern ist Famagusta an der Ostküste der Insel der wichtigste Hafenort. Auch von hier aus gibt es Verbindungen nach Syrien und in die Türkei, wobei die Hauptfährverbindung mit Mersin an der türkischen Südküste besteht.

Von der türkischen Südküste gibt es zudem Fährlinien nach Girne, wie es seit der Invasion von den Türken genannt wird, an der zyprischen Nordküste. Am schnellsten geht es mit dem Luftkissenboot, das zwischen Mai und Oktober dreimal wöchentlich von Tasucu aus, etwa 11 km südwestlich von Silifke, nach Nordzypern startet. Viel zu sehen gibt es dann allerdings nicht: Wegen der hohen Geschwindigkeit kann man die Reise nur unter Deck verbringen, sieht also nicht viel von dem »vorbeifliegenden« Panorama. Fährverbindungen, die meist über Nacht durchgeführt werden (Dauer ca. 8 Stunden) und für die z. T. auch 20 % Studentenrabatt eingeräumt wird, werden ab Tasucu unterhalten. Die in diesem Zusammenhang wichtigste Reederei ist:
■ **Turkish Maritime Lines,** 3, Bulent Ecevit Bulvari, Famagusta, Tel. 366 45 57, Fax 366 78 40; eine Informationsstelle befindet sich auch in Girne/Kyrenia, Tel. 815 78 85, Fax 815 78 84.

## Auto

Die zuvor genannten Fährlinien bieten in der Regel auch Stauraum für die Mitnahme eines Pkw, wobei es zwischen Haupt- und Nebensaison wiederum Preisunterschiede gibt. Auch hier kommt bei der Einreise in die Republik Zypern zu den reinen Transportkosten noch eine saisonal unveränderte Hafentaxe hinzu. Überschreitet der Aufenthalt mit dem eigenen Pkw die Dauer von 3 Monaten nicht, ist die Fahrzeugeinfuhr zoll- und abgabenfrei, zudem kann beim Hauptzollamt in Nikosia ein Antrag auf Verlängerung bis zu 12 Monaten gestellt werden.

## Schiff

### Jachthäfen

Anlegestellen für Jachten, die ihre Mittelmeerkreuzfahrt auf Zypern unterbrechen wollen, gibt es bei Lárnaka und Limassol. Beide Anlagen sind mit Reparatur- und Versorgungseinrichtungen (Benzin, Diesel, Strom, Trinkwasser, Reinigung, sanitäre Anlagen) ausgestattet:

### Lárnaka

In der Bucht von Lárnaka (34°55′ N–30°38′ E) mit 210 Anlegeplätzen. Tel. 04-65 31 10-3; Telex 4500-CYTMAR, Fax 04-62 41 10.

### Limassol

Östlich der Stadt (34°42′ N–33°11′ E), betrieben vom St. Raphael Hotel, mit 227 Anlegeplätzen. Tel. 05-32 11 00; Telex: 3229-SHERANT, Fax 05-32 92 08. Wetterberichte sendet Radio Cyprus auf Kanal 15, 24, 26 und 27.

## Bus

Für alle Busse in der Republik Zypern gilt, dass sonntags nur unregelmäßige bzw. gar keine Fahrten durchgeführt werden. Die innerstädtischen Busse in den Hauptorten verkehren etwa zwischen 5.30 und 19 Uhr, während der Touristensaison gelegentlich auch länger. Die Überlandbusse verbinden die städtischen Zentren untereinander in etwa stündlichem Rhythmus. Zudem gibt es kleine private »Regionalbuslinien«, die zwischen den ländlichen Gemeinden und dem nächsten Hauptort pendeln (meist entsprechend der Zeiten von Arbeitsbeginn und -ende). Über Busfahrten zwischen Großstädten informieren Sie sich bei:

- **Nikosia – Limassol:** Kemek Transport, Tel. 02-46 39 89 oder 05–74 75 32.
- **Nikosia – Páphos:** Costas, Tel. 02-46 46 36.
- **Nikosia – Lárnaka:** Kallenos Buses, Tel. 04-65 48 90.
- **Limassol – Lárnaka:** Kallenos Buses, Tel. 04-65 48 90.

## Taxis

### Sammeltaxis

Zwischen den größeren Orten pendeln Sammeltaxis (grammi) mit vier bis sieben Sitzplätzen. Der Preis pro Person ist fest und unabhängig von der Zahl der Mitfahrer. Zumindest zwischen 5.45 und 18.30 Uhr (im Sommer bis 19.30 Uhr) werktags und an Sonn- und Feiertagen zwischen 7 und 17.30 Uhr (Sommer bis 18.30 Uhr) sind die großen Städte Nikosia, Lárnaka, Limassol und Páphos in halbstündigem Fahrtrhythmus miteinander verbunden, danach werden nur noch Bedarfsfahrten durchgeführt. Innerhalb des Ausgangsortes fahren die Wagen bei Bedarf sogar wie reguläre Taxis die Wohnungen bzw. Hotels von Mitfahrern an, die sich zuvor bei der Zentrale telefonisch angemeldet hatten. In der Regel kann man auch am Zielort »bis vor die Haustüre« befördert werden; für diesen besonderen Service sollten Sie noch etwas großzügiger aufrunden.
Lediglich an die Flughäfen können die Sammeltaxis nicht gerufen werden. Hier muß man auf die vor den Flughäfen wartenden Individualtaxis zurückgreifen, deren Tarife natürlich höher sind als die der ausgesprochen preisgünstigen und dennoch schnellen Sammeltaxis.
Die wichtigsten Sammeltaxianbieter in der Republik Zypern sind die Firmen Akropolis, Karydas, Kypros, Kyriakos und Makris. Die Telefonnummern der einzelnen Filialen sind in der Broschüre der Fremdenverkehrsbehörden aufgeführt. Eine kleine Auflistung der Firmen finden Sie auch hier:

### Nikosia – Lárnaka – Nikosia
- **Akropolis Taxis,** Tel. 02-47 25 25; 04-65 55 55.
- **Kyriakos Taxis,** Tel. 02-44 41 41; 04-65 51 00.
- **Makris Taxis,** Tel. 02-46 62 01; 04-65 29 29.

### Nikosia – Limassol – Nikosia
- **Karydas Taxis,** Tel. 02-46 22 69; 05-36 11 14.
- **Kypros Taxis,** Tel 02–46 48 11; 05–36 39 79.
- **Kyriakos Taxis,** Tel. 02-44 41 41; 05-36 11 14.
- **Makris Taxis,** Tel. 02-46 62 01; 05-36 55 50.

### Limassol – Lárnaka – Limassol
- **Akropolis Taxis,** Tel. 04-65 55 55; 05-36 67 66.
- **Makris Taxis,** Tel. 04-65 29 29; 05-36 55 50.

### Limassol – Páphos – Limassol
- **Karydas Taxis,** Tel. 05-36 11 14; 06-36 11 14.
- **Kyriakos Taxis,** Tel. 05-36 11 14; 06-36 11 14.
- **Makris Taxis,** Tel. 05-36 55 50.
- **Néa Páphos Taxis,** Tel. 05-35 53 55.

### Individual-Taxis

Für Stadtfahrten empfiehlt sich die Bezahlung des Taxis nach dem Taxameter, mit dem die meisten Fahrzeuge ausgestattet sind. Auch für Überlandfahrten ohne Unterbrechung gibt es relativ feste Tarife. Jedes schwere Gepäckstück (mehr als 12 kg) kostet extra. Zwischen 23 und 6 Uhr wird ein Nachtzuschlag erhoben.
Für Rundfahrten mit einem Taxi sollte der Preis vorher vereinbart werden, wobei genaue Absprachen über Gesamtdauer der Tour und gewünschte Besichtigungspunkte erfolgen sollten. Über ein über den vereinbarten Tarif hinausgehendes Trinkgeld wird sich Ihr Fahrer am Ende einer ausgedehnten Individualtour durch das schöne Zypern sicherlich freuen.

## Auto

Wenn Sie eine Rundreise durch Zypern machen wollen, fahren Sie am besten mit dem Auto. Es gibt auf der ganzen Insel keine Züge. Passable und billige Busverbindungen bestehen nur zwischen den größeren Städten. Am besten erforscht man das Land deshalb mit dem eigenen oder gemieteten Auto. Die Großstädte sind mit gut ausgebauten Straßen verbunden. Die Straße von Limassol nach Páphos kann wegen der häufigen Staus zu einem Alptraum werden; Nachtfahrten im Norden sind wegen der ohne Licht fahrenden Militär-Lkw ein äußerst gefährliches Unternehmen. Kleinere Straßen und Forstwege sind generell unbefestigt, teilweise sollten sie (besonders bei nasser Fahrbahn) nur von vierradgetriebenen Fahrzeugen befahren werden. Am Morgen und Abend ist eine Sonnenbrille wichtig, da die Mittelmeersonne vor allem im Sommer sehr stark blendet.
Zum Führen eines Kfz reicht der nationale Führerschein aus; außerdem muss man die grüne Versicherungskarte vorweisen können. Bei der Einreise mit dem eigenen Wagen muss im Hafen eine zypriotische Haftpflichtversicherung abgeschlossen werden; ausländische Versicherungen reichen auch mit grüner Versicherungskarte nicht aus.

### Verkehrshinweise

Auf Zypern herrscht, als Relikt aus der englischen Kolonialzeit, in beiden Landesteilen noch Linksverkehr. Dennoch haben die von rechts (!) kommenden Fahrzeuge Vorfahrt, außer wenn dies durch Verkehrsschilder ausdrücklich anders geregelt ist.
Es besteht Anschnallpflicht, natürlich hinten nur dann, wenn auch Gurte angebracht sind. Kinder unter fünf Jahren dürfen nicht vorne sitzen; Kinder zwischen fünf und zehn Jahren dürfen nur auf dem Beifah-

rersitz sein, wenn für sie ein Kindersitz angebracht ist.

Das Fahren mit Alkohol am Steuer wird geahndet; dies gilt für alle Werte über 0 Promille!

An Kurven mit eingeschränkter Sicht sollte möglicher Gegenverkehr durch Hupsignale gewarnt werden. Alle Straßenschilder in der Republik Zypern sind zweisprachig (griechisch und englisch).

### Republik Zypern

Höchstgeschwindigkeit in Ortschaften: 50 km/h.
Auf Landstraßen (außer wenn anders beschildert): 80 km/h.
Auf Autobahnen: 100 km/h.

### Nordzypern

In Ortschaften: 50 km/h.
Auf Landstraßen (außer wenn anders beschildert): 60 km/h.
Auf Autobahnen: 100 km/h.

### Tanken

Der Benzinpreis entspricht in etwas dem in Mitteleuropa, im Norden ist er niedriger, allerdings erhält man dort nur verbleites Benzin. Im Süden haben im Sommer die Tankstellen von 6 bis 19 Uhr geöffnet und im Winter Mo bis Fr von 6 bis 18 Uhr, am Sa nur bis 15 Uhr. Im Raum Nikosia schließen die Tankstellen mittwochs bereits ab 14 Uhr, dienstags ebenso in Limassol, Lárnaka, Páphos und Ammochostos. Einige Tankstellen in Nikosia und an der Küste haben 24 Stunden geöffnet. Diese verfügen auch über Kartenzahlautomaten und nehmen in der Regel auch Traveller-Schecks.
Im Norden öffnen die Tankstellen um 9 und schließen gegen 22 Uhr, am Sa sind sie zu den regulären Geschäftszeiten geöffnet.

### Leihwagen

Um sich ein Fahrzeug mieten zu können, genügt in der Regel der nationale Führerschein. Es ist also nicht unbedingt notwendig, einen Internationalen Führerschein mit

sich zu führen. Der Mieter des Fahrzeuges und auch der Fahrer müssen mindestens 21 Jahre alt sein. Mieter unter 25 Jahren müssen eine zusätzliche Versicherung abschließen. Vermietungsbüros befinden sich in der Republik Zypern an den Flughäfen sowie in den größeren Städten und werden zudem von Hotelrezeptionen vermittelt. Wählt man eine internationale Verleihfirma, die auch auf Zypern tätig ist, kann ein Mietwagen schon zu Hause reserviert werden. Der ausführliche Hotelführer der Zyprischen Fremdenverkehrszentrale listet auch Autoverleihfirmen auf.

Mietet man den Wagen für mehrere Tage, werden Staffelrabatte gewährt. Für nur einen Tag werden Fahrzeuge nur sehr ungern, manchmal gar nicht zur Verfügung gestellt. Zumeist wird pro Tag ohne Kilometerbegrenzung abgerechnet. Platte Reifen, zerborstene Scheiben und Schäden an der Ölwanne sind von der Kasko-Versicherung ausgeschlossen. Für Geländetouren leiht man sich besser einen Jeep.
Einige der großen Verleihfirmen im Süden sind:

- ■ **Astra/Eurodollar,** Tel. 02-77 58 00.
- ■ **Budget,** Tel. 04-62 91 70.
- ■ **Europcar,** Tel. 05-37 14 41.
- ■ **Hertz,** Tel. 02-47 74 11.
- ■ **Petsas,** Tel. 02-46 26 50.

### Pannendienst

Wenn Sie eine Panne haben sollten, steht Ihnen in Südzypern ein Tag und Nacht arbeitender Abschleppdienst von der Cyprus Automobile Association in Nikosia zur Verfügung. Die Gesellschaft ist ein Mitglied der Alliance Internationale de Tourisme und der Fédération Internationale de l'Automobile, der alle größeren Automobilclubs (wie z. B. ADAC und ÖAMTC) angehören.
Informieren Sie sich bei Ihrem Automobilclub, inwieweit auch Sie die Dienste der zyprischen Gesellschaften in Anspruch nehmen können.

- ■ **Cyprus Automobile Association,** Tel. 05-31 32 33, Fax 02-31 34 82.
- ■ **Cyprus AA Breakdown Service** (24 Stunden), Tel. 02-31 31 31.

## Trampen

In Zypern kommt man als Tramper im wahrsten Sinne des Wortes nicht weiter. Im Süden wird man Sie gerne einladen, mitzufahren, auch wenn Trampen keine gängige Transportmöglichkeit ist. Da aber selbst die großen Straßen außerhalb der Stoßzeiten kaum befahren sind, werden Sie sich wohl vorher die Beine in Bauch gestanden haben. Im Norden sind die Straßen noch schwächer frequentiert; vielleicht ist es nicht immer ein Vergnügen, mit einem unklimatisierten Bus zu fahren – besser, als sich von der brennenden Sonne auf dem heißen Asphalt brutzeln zu lassen, ist es aber allemal!

## Fahrrad

Aufgrund des hügeligen und gebirgigen Hinterlandes eignet sich Zypern in erster Linie für trainierte Radfahrer. Wem das Bergaufstrampeln nichts ausmacht, dem bietet die Insel abseits der Hauptverkehrsstraßen zahlreiche Möglichkeiten, die Gegend zu erkunden. Insbesondere im Tróodos führen Erd- und Sandstraßen durch abgelegene Waldgebiete, die Schatten spenden. Auch hier gilt, dass man auf keinen Fall zuwenig Getränke mitführen sollte!
Fahrräder gibt es in allen Touristenorten zu leihen, doch sollten anspruchsvollere Pedaltreter ihre Räder besser von zu Hause mitbringen.
Verleihfirmen in der Republik Zypern vermieten oft neben Fahrrädern auch Motorräder. Über mögliche Radtouren auf der Insel informiert der Fahrradclub

- ■ **Cyprus Cycling Federation,** P.O. Box 4572, 1301 Nikosia, Tel. 02-45 63 44, Fax 02-36 01 50.

## Praktische Informationen

### Elektrizität

Das öffentliche Stromnetz wird mit 220 bis 240 Volt Spannung betrieben. Die Steckdosen entsprechen in der Regel der englischen Norm, so dass ein Adapter erforderlich ist. In Hotels werden gewöhnlich Adapter zur Verfügung gestellt.

### Etikette

Zypern ist ein lockeres Reiseland, dennoch gibt es ein paar Benimmregeln, an die man sich halten sollte!

Wenn Sie sich in einem Luxushotel aufhalten, ist es ratsam, am Abend elegante Garderobe zu tragen, wie es von den Zyprioten selbst auch getan wird.

Wenn Sie vorhaben, ein Kloster zu besuchen, sollten Sie auf nicht zu legere Kleidung achten: Besucher mit Bermudashorts, freiem Oberkörper, rückenfreien Tops, Miniröcken oder in Badeanzügen wid der Zutritt verwehrt. In strengen Klöstern können sogar Frauen, die Hosen anhaben, Probleme bekommen!

Bevor man eine Moschee betritt, müssen die Schuhe am Eingang ausgezogen werden. Versichern Sie sich vorher, daß kein Gottesdienst abgehalten wird, und gehen Sie nicht vor betenden Gläubigen herum.

Handeln ist keine Kaufoption in Zypern. Mag sein, daß Sie bei einem Souvenirstand ein paar Prozente herausschlagen können, aber wenn der Preis auf einer Ware steht, wird der Verkäufer verstört und vermutlich auch etwas unfreundlich reagieren, wenn Sie versuchen, den Preis zu drücken.

Im Süden sind die Preise in Hotels festgelegt, mit Nachlass bei kleineren Zimmern, aber im Norden werden Sie mehr Glück haben.

In Zypern besteht keine soziale Akzeptanz gegenüber Homosexuellen, von einem Auftreten in de Öffentlichkeit als Paar muß daher abgeraten werden. Generell bekannte Szenetreffs für Homosexuelle gibt es so gut wie gar nicht.

### Feiertage

#### Republik Zypern

1. Januar: Neujahr.
6. Januar: Dreikönig (Epiphanes).
25. März: Tag der griechischen Unabhängigkeit.
1. April: Zyprischer Nationalfeiertag.
1. Mai: Tag der Arbeit.
3. August: Todestag von Erzbischof Makarios III.
1. Oktober: Zyprischer Unabhängigkeitstag.
28. Okt.: Griechisch-zyprischer Tag.
24. Dez.: Hl. Abend (halbtags).
25. Dez.: Weihnachten.
31. Dez.: Sylvester (halbtags).

Bewegliche Feiertage sind zudem: Rosenmontag, Karfreitag, Ostersamstag und -sonntag (wobei die orthodoxe Kirche Ostern fast immer eine Woche nach dem mitteleuropäischen Ostertermin begeht) sowie Mariä Himmelfahrt.

- **Grünmontag,** rund 50 Tage vor dem griechisch-orthodoxen Osterfest; 22. Feb. 1999, 13. März 2000.
- **Griechisch-orthodoxer Karfreitag,** 9. Apr. 1999, 28. Apr. 2000.
- **Griechisch-orthodoxer Ostersonntag,** 11. Apr. 1999, 30. Apr. 2000.
- **Griechisch-orthodoxer Ostermontag,** 12. Apr. 1999, 1. Mai 2000.
- **Pfingsten – Kataklysmos,** Festival der Gezeiten, 31. Mai 1999, 19. Juni 2000.

Daneben gibt es noch die Feiertage der orthodoxen Kirche, die sich auf die Öffnungszeiten nicht auswirken und manchmal auch nur in bestimmten Regionen (vor allem bei den Namenstagen der Ortsheiligen oder der Klosterschutzpatrone) festlich begangen werden. Hier finden dann aber immer sehenswerte Prozessionen und Feierlichkeiten statt:

- **6. Januar,** in den Küstenorten Segnung des Meeres durch den Bischof, der dabei ein Kreuz ins Meer taucht.
- **17. Januar,** hl. Antonius, ägyptischer Begründer des Mönchtums und Klosterlebens. Festgottesdienste in Nikosia und Limassol.
- **24. Januar,** hl. Neóphytos. Massenprozession zur Höhle des Eremiten.
- **1./2. Februar,** Tempelgang Mariens. Wallfahrten zum Chrysorroyiátissa-Kloster.
- **23. April,** St. Georg. Überall auf der Insel Festgottesdienste.
- **29. Juni,** Peter und Paul. Großer Festgottesdienst in Káto Páphos, den der Erzbischof und alle Bischöfe gemeinsam zelebrieren.
- **15. August,** Entschlafung Mariens. Feierlichkeiten in den großen Klöstern. Festprozessionen auf der ganzen Insel.
- **14. September,** Errichtung des Hl. Kreuzes. Große Feiern u. a. im Stavrovoúni-Kloster, in Léfkara und Omodos.
- **4. Oktober,** Joannes Lampadistis. Festgottesdienst im Kloster des Lokalheiligen.
- **18. Oktober,** hl. Lukas. Vor allem in Nikosia und Palaechori.

Als bewegliche orthodoxe Feiertage sind vor allem noch erwähnenswert: die Prozession der Lazarus-Ikone durch Lárnaka, die eine Woche vor Ostern stattfindet, und das Sintflutfest (Kataklysmos) in Lárnaka zu Pfingsten, das für jeden Zypernbesucher ein Erlebnis ist.

#### Türkisch besetzter Teil

**Offizielle Feiertage**
1. Januar: Neujahr
23. April: Tag des Kindes

1. Mai: Tag der Arbeit
19. Mai: Tag der Jugend und des Sports
20. Juli: Tag der »Friedensoperation« (Jahrestag der Besetzung des Nordteils der Insel)
1. August: TMT-Tag
30. August: Sieg der Türken 1922 über die Griechen
29. Oktober: Türkischer Nationalfeiertag
15. Nov.: Jahrestag der Proklamation der »Türkischen Republik Nordzypern«
(Am 1. Januar, 19. Mai, 29. Oktober und 15. November sind alle Museen geschlossen.)
In Nordzypern werden statt der christlichen die islamischen Feiertage begangen. Dies sind besonders: das Ende des Fastenmonats Ramadan (sog. »Zuckerfest« Seker Bayram), etwa 2 Monate nach Ramadan-Ende das Opferfest (Kurban Bayram), das muslimische Neujahrsfest und der Geburtstag des Propheten.
Da die Feiertage nach dem islamischen Kalender, der ein Mondkalender ist, berechnet werden, verschieben sie sich alljährlich gegenüber dem gregorianischen Kalender um 11 Tage (der »Monat« dauert dort jeweils genau eine Mondphase lang, und zwar von Neumond bis Neumond).

## Fotografieren

Für Fotografen ist Zypern eine wahre Fundgrube an Motiven, jedoch sollten einige Dinge beachtet werden: Wenn Sie Personen fotografieren möchten, sollten Sie vorher um Erlaubnis fragen.
Filme für Fotoapparat und Videokamera sind zwar überall erhältlich, jedoch sind sie relativ teuer.
Fotografieren ist in Bereich um militärische Einrichtungen und Sicherheitszonen streng verboten. Dies schließt unter anderem die britische Militärbasis in Akrotiri/Episkopi und Dhekaleia, die Lager und Checkpoints der UN-Friedensstreitkräfte in Zypern (UNFICYP) sowie die mi-

litärischen Einrichtungen an der innerzyprischen Demarkationslinie (Green Line) mit ein. Auch innerhalb militärischer Zonen und für ähnlich brisante Militärbezirke, wie etwa militärische Trainingsplätze, Radar- und Kommunikationsstationen, sowie für Staudämme gilt dieses Verbot.
Eine weitere Regel ist, dass für Besucher in Museen ein generelles Fotografierverbot herrscht. In Museumsfreianlagen und an Ausgrabungsstätten können Sie fotografieren, wenn nicht durch Schilder ausdrücklich auf ein Verbot hingewiesen wird.
Abgesehen von Stavrovoúni darf in Klöstern fotografiert werden, wenn auch in der Regel ohne Blitzlicht. In der Kirche des Klosters Kykkos ist das Fotografieren verboten, bei Zuwiderhandlungen müssen Sie mit strengen Strafmaßnahmen rechnen.
Wie bei anderen Privatpersonen gehört es selbstverständlich auch bei Mönchen und Nonnen nicht zur feinen Art, sie abzulichten, ohne vorher um Erlaubnis gebeten zu haben. Bedenken Sie außerdem, daß deren heiligen Räume häufig mit Deckenfresken ausgekleidet sind, die vom Blitzlicht beschädigt werden. Diskretion sollte stets gewahrt bleiben.

## Haustiere

Da die Behörden der Republik Zypern für alle eingeführten Tiere eine sechsmonatige Quarantänezeit vorschreiben, ist für Zypernurlauber die Mitnahme eines Haustiers praktisch unmöglich.

## Maßeinheiten

In beiden Landesteilen gilt offiziell das metrische Systrem. Im Norden sind Straßenentfernungen jedoch noch oft in Meilen ausgeschildert, teilweise sind sogar noch Maße aus der osmanischen Periode gängig.
1 Meile = 1,6 km, 1 Pint (Bier usw.) = 0,568 l; 1 Gallone (Benzin) =

4,55 l, 1 Oka (auf Märkten) = 1, 27 kg, 1 Dönüm (Flächenmaß) = 1,1 ha.

## Öffnungszeiten

### Ladenöffnungszeiten

**Winter**
Mo/Di/Do/Fr: 8 bis 18 Uhr;
Mi/Sa: bis 14 Uhr.

**Sommer**
Mo/Di/Do/Fr: 8 bis 19.30 Uhr;
Mi/Sa: bis 14 Uhr.
Im Frühling und Herbst enden die Öffnungszeiten in manchen Orten etwas früher (um 19 Uhr). Die meisten Geschäfte machen im Sommer eine Mittagspause zwischen 13 und 16 Uhr.

### Geschäftszeiten

**Sommer**
Zwischen 15. Sept. und 31. Mai: Mo–Fr: 8–13 Uhr, 15–18 Uhr.

**Winter**
Zwischen 1. Juni und 14. Sept.: 8–13 Uhr, 16–19 Uhr.
Sie werden jedoch eine Reihe von Behörden, Banken und anderen Unternehmen finden, die über die offiziellen Geschäftszeiten hinaus geöffnet haben.

### Türkisch besetzter Teil

In der Zeit vom 15. Mai bis 14. September: Montag bis Samstag 8 bis 13 und 16 bis 19 Uhr. Vom 15. September bis 14. Mai: Montag bis Samstag durchgehend geöffnet von 8–18 Uhr.
Obwohl Banken und Geschäfte an den öffentliche Feiertagen geschlossen sind, findet man an der Küste immer einige, die auch an diesen Tagen geöffnet haben.

## Ortsnamen

Nach der Teilung Zyperns im Jahre 1974 in die Republik Zypern und die türkische Besatzungszone hat man im Süden mehrere Orts- und Straßennamen geändert, um deren griechische Wurzeln zu betonen. Zum Beispiel wird die Hauptstadt Nikosia jetzt auch Lefkosía genannt, Limassol heißt heute auch Lemesos. Vor allem in südzyprischer Literatur sowie Touristenbüros werden die neuen Schreibweisen verwendet.

## Post

### Republik Zypern

Die Postämter in der Republik Zypern sind Mo–Fr 7.30–13.30 Uhr, Do auch 15–18 Uhr geöffnet. Einige große Postämter in Nikosia, Lárnaka, Limassol und Páphos sind außer Mi und Sa auch nachmittags geöffnet.

Ein Brief, der mit Luftpost in ein mittel- oder westeuropäisches Land geschickt wird, benötigt dafür ca. fünf Tage. Briefmarken erhält man in Hotels, Zeitungsständen und einigen Geschäften ebenso leicht wie in Postämtern.

### Nordzypern

Postämter sind täglich von 7.30–14 Uhr, Mo auch von 3.30–18 Uhr und Sa 9–12 Uhr geöffnet. Da Nordzypern als eigenständiger Staat nicht anerkannt wird, dürften die Postbehörden der übrigen Länder eigentlich auch die Briefmarken dieses »Staates« nicht anerkennen, was z. B. Italien konsequent betreibt.

Die Postbehörden der deutschsprachigen Länder befördern dennoch Sendungen mit nordzyprischer Frankierung.

Sämtliche Post nach Nordzypern wird von den hiesigen Postämtern über die Türkei geleitet. Deshalb müssen alle Sendungen außer der nordzyprischen Adresse noch den Zusatz »Mersin–10, Türkei« auf der Anschrift aufweisen. Steht einfach nur »Zypern« auf dem Umschlag, landet die Sendung im Süden und wird dann nicht mehr weitergeleitet.

## Medien

### Fernsehen

Im Süden sendet CyBC 2 Television Network täglich Nachrichten um 9 Uhr in englischer Sprache und bringt auf derselben Frequenz Euronews von Mitternacht bis 17 Uhr abends.

Alle Fernsehanstalten, die im Süden empfangen werden (CyBC 1 und 2, Logos, Sigma, Antena und Griechenlands ET1) bieten häufig Sendungen und Filme in englischer Sprache mit griechischen Untertiteln.

Viele Hotels und einige Bars haben Satellitenanschluss und empfangen somit CNN, BBC und häufig auch deutsche Sender.

### Radio

CyBC Radio 1 sendet täglich auf Englisch, während Radio 2 (91,1 MHZ FM) um 10 Uhr (Wetter, Nachrichten und Kulturelles), von 13.30 Uhr bis 15 Uhr (Magazine mit Interviews, Talkrunden über Zypern und Musik) und von 20 Uhr bis Mitternacht (beginnend mit Nachrichten) sendet. Täglich außer Sonntag läuft hier zwischen 8 und 8.30 Uhr sogar ein deutschsprachiges Programm. Von Juni bis September kann der Informationssender Welcome to Cyprus von 19 bis 20 Uhr empfangen werden, ebenso The Voice of America und BBC World Service Radio. British Forces Broadcasting Service ist 24 Stunden am Tag mit einer Auswahl an Musik, Magazinen und Nachrichten für Sie da.

Bayrak Radio and Television in Nordzypern hat hin und wieder englischsprachige Sendungen.

## Souvenirs

Typische Mitbringsel sind, neben einheimischem Wein, Halloumi (Käse) und Spirituosen, auch Handarbeiten und Produkte des zypriotischen Kunstgewerbes. Manche Orte sind berühmt für ihre typischen Produkte, so z. B. Keramik aus Kórnos und Phiní, Stickereien aus Léfkara und Omodhos, Silberschmuck aus Léfkara, Korbwaren aus Liopétri und Yeroskípos oder Webereien aus Phíti. Auch Goldschmuck und Lederwaren können günstig und gut verarbeitet erworben werden.

Neben den zahlreichen privaten Andenkenläden unterhält auch das staatliche Cyprus Handicraft Centre Filialen in den Altstädten von Nikosia, Limassol, Lárnaka und Páphos. In der Zentrale in Nikosia kann man bei der Herstellung der landestypischen kunsthandwerklichen Produkte zusehen. Öffnungszeiten der Werkstätten: Montag bis Freitag 7.30 bis 14.30 Uhr und Donnerstag 15–18 Uhr, geschlossen Juni bis August.

## Telefon, Fax, Telegramm

### Südzypern

Die Cyprus Telecommunications Authority (CYTA) hat ihre Büros in jeder größeren Stadt, aber Anrufe können von dort ebenso wenig getätigt werden wie von Postämtern. Hierfür gibt es eine große Zahl an öffentlichen Telefonzellen, wenn auch nur in den Zentren der großen Dörfer und Städte und an touristischen Sehenswürdigkeiten.

Die meisten akzeptieren ausschließlich Telefonkarten (zu CY£ 3, CY£ 5 und CY£ 10 in CYTA-Filialen, Banken, Postämtern, Souvenirläden und an Zeitungsständen erhältlich), auch wenn einige wenige noch 2, 5, 10 und 20 Cent-Münzen annehmen.

Mehr als 200 Länder in der ganzen Welt können direkt von Südzypern aus angerufen werden. Telefonate von Hotels aus kosten häufig etwas mehr als die normale Gebühr. Nachts von 22 bis 8 Uhr sind die

Einheiten für internationale Verbindungen billiger.

## Fax/Telex

Es gibt keine öffentlichen Faxgeräte in Zypern, aber in den meisten Hotels wird man gerne für Sie ein Fax abschicken. Für weitere Hinweise über das Verschicken von Faxen oder Telexen innerhalb Zyperns rufen Sie Tel. 192, von Zypern ins Ausland Tel. 134.

## Telegramme

CYTA-Büros versenden auch Telegramme; unter 196 können Sie sie telefonisch in der Zeit zwischen 7 Uhr morgens und 19 Uhr abends in Auftrag geben. Dies gilt auch für Sonn- und Feiertage.

## Mobiltelefone

Wenn Ihr Provider ein Abkommen mit CYTA hat, können Sie auch von dort aus telefonieren. Für genauere Informationen wenden Sie sich an Ihren Vertragspartner oder direkt an den Kundenservice der CYTA unter Tel. 132.

## Vorwahlen

Vorwahlen für Gespräche nach der Republik Zypern: 00 357 + Ortsvorwahl ohne Null + Rufnummer des Teilnehmers.
In Nordzypern sind die Telefonleitungen ins Ausland alle über die Türkei gelegt. Wenn Sie in Nordzypern anrufen wollen, müssen Sie also zuerst die Vorwahl für die Türkei (0090), dann die Vorwahl für Zypern (392), und dann die siebenstellige Nummer der Person, die Sie erreichen wollen, wählen.
Vorwahl für Gespräche aus Zypern nach Deutschland 0049, nach Österreich 0043, in die Schweiz 0041.

## Ortsvorwahlen

Nikosia 02
Agía Nápa/Protarás 03
Lárnaka 04
Limassol/Tróodos 05
Páphos/Pólis 06

Wenn Sie von außerhalb Zyperns anrufen, müssen Sie bei der Ortsvorwahl die Null weglassen.

## Trinkgeld

Ein zehnprozentiges Trinkgeld ist in Restaurants und Hotels angemessen, wenn auch nicht obligatorisch; natürlich freut sich jedes Dienstpersonal über eine kleine Aufmerksamkeit. Wenn der Service nicht in der Rechnung inbegriffen ist, sollten 10 Prozent am Tisch zurückgelassen werden. Taxifahrer erhalten ebenfalls ein Zehntel der Rechnung für ihre Leistungen, Kofferträger, Stadtführer, Friseure und Toilettenpersonal je nach Ermessen einige Cent.

## Zeit(zonen)

Gegenüber der Mitteleuropäischen Zeit ist es auf Zypern eine Stunde später. Auf die in Deutschland, Österreich und Schweiz vorgenommene Zeitumstellung von Sommer- auf Winterzeit - und umgekehrt - muss nicht geachtet werden, da diesie in Zypern ebenfalls, und zwar gleichzeitig mit den übrigen europäischen Ländern, erfolgt.

## Zeitungen

In Buchläden/Zeitungskiosken und in den Hotels ist in beiden Teilen Zyperns die internationale Presse mit ein bis zwei Tagen Verspätung erhältlich.
An englischsprachigen Zeitschriften erscheinen in der Republik Zypern täglich die Cyprus Mail und wöchentlich die Cyprus Weekly. Gezielt an die Touristen – mit ausführlichen Veranstaltungskalendern und fast nur in Hotels oder den Fremdenverkehrsämtern erhältlich – wenden sich die ebenfalls englischsprachigen Journale Time Out, Seven Days in Cyprus und Nicosía This Month.
In Nordzypern kommt wöchentlich die englischsprachige Zeitung Cyprus Times und monatlich Kibris Monthly heraus.

## Sicherheit, Kriminalität

Zypern ist eines der sichersten Reiseländer im Mittelmeerraum. Die Kriminalitätsrate ist niedrig; im Norden wie im Süden sind die Menschen sehr ausgeglichen und außerordentlich gastfreundlich. In einem Land, in dem sich alles um die Familie dreht, sind Kinder immer gern gesehen. Überfälle auf Frauen in der Nacht kommen sogar in den touristischsten Gebieten so gut wie nie vor.
Die zyprische Polizei ist ebenso gastfreundlich wie hilfsbereit: Touristen werden auch auf diesem Gebiet nichts anderes als Warmherzigkeit und Entgegenkommen von der Insel empfangen, es sei denn, sie sind so leichtsinnig und versuchen die Grüne Linie auf eigene Faust zu überqueren, in Militärzonen zu gelangen, Fotos von verbotenen Objekten zu machen oder auf Straßen zu fahren, die auf der Landkarte als »No-Go-Areas« gekennzeichnet sind.

## Botschaften

### In Deutschland

■ **Botschaft der Republik Zypern**, Kronprinzenstr. 58, 53173 Bad Godesberg, Tel. 0228/36 33 36 und 36 35 96.
■ **Konsulat der Republik Zypern**, Kurfürstenstr. 75, 10787 Berlin, Tel. 030/261 70 08.
■ **Konsulat der Republik Zypern**, Rhetenbaumchaussee 3, 20148 Hamburg, Tel. 040/410 74 97.
■ **Konsulat der Republik Zypern**, Orleansplatz 3, 81667 München, 089/48 57 64.

### In Österreich

■ **Konsulat der Republik Zypern,** Singerstr. 27 II, 1010 Wien, Tel. 0222/512 75 55.

### In der Schweiz

■ **Konsulat der Republik Zypern,** Talstr. 83, 8001 Zürich, Tel. 01/211 30 23.

### In Zypern

■ **Botschaft der Bundesrepublik Deutschland,** 10, Odos Nikitaras, Nikosia, Tel. 02-44 43 62, Fax 36 56 94.
■ **Österreichisches Generalkonsulat,** 3, Praxipou, Laiki Yitonia, Nikosia, Tel. 02-45 19 94, Fax 48 53 37.
■ **Schweizerisches Generalkonsulat,** 46, Th. Thervi, Nikosia, Tel. 02-44 62 61, Fax 44 60 08.
Da Nordzypern von den europäischen Ländern nicht als eigenständiger Staat anerkannt wird, gibt es auch keinen gegenseitigen Austausch von Botschaftern oder Konsuln und somit keine Auslandsvertretungen.
Die Bundesrepublik Deutschland unterhält jedoch in Nord-Nikosia ein Büro: 28, Kasim Sok. Nr. 15, Tel. 227 5161.

## Notrufnummern

Die Notrufzentralen sind unter den folgenden Nummern erreichbar (die Angestellten sprechen in der Regel gutes Englisch):

### Republik Zypern

Ambulanz **199**
Polizei **199**
Feuerwehr **199, 112**
Nachtapotheken **192**

### Nordzypern

Ambulanz **112**
Polizei **155**
Feuerwehr **199**

## Medizinische Versorgung

Apotheken sind für gängige Medikamente gut sortiert und verkaufen viele ohne Rezept, die in anderen Ländern rezeptpflichtig wären. Um herauszufinden, wo sich die nächste Apotheke befindet, die auch noch nachts geöffnet hat, fragen Sie an der Rezeption Ihres Hotels oder wählen Sie eine der im folgenden aufgeführten Telefonnummern. In den regionalen Tageszeitungen finden Sie ebenfalls eine Reihe von Nummern für Notfälle.
Nach einem akuten Unfall versorgen die Krankenhäuser auf Zypern Sie bei kleineren Wunden oder auch unkomplizierten Knochenbrüchen kostenfrei.
Wenn Sie einen Arzt aufsuchen müssen, haben die meisten Hotels Zugriff auf Namen und Adressen der Ärzte, die englisch bzw. deutsch sprechen. Die meisten Privatpraxen haben Mo–Fr von 9–13 Uhr und 16–19 Uhr geöffnet. Für Notfälle am Wochenende oder an Feiertagen finden Sie in den lokalen Tageszeitungen die Ärzte, die Notdienst haben. Deren Namen bekommen Sie auch über folgende Nummern heraus:

Limassol    1425
Lárnaka    1424
Nikosia    1422
Páphos    1426
Famagusta 1423

## Hotels

### Allgemeines

Den umfassendsten Überblick über Hotels in der Republik Zypern bietet der alljährlich aktualisierte Hotelführer der zypriotischen Fremdenverkehrszentrale, der kostenlos an allen Informationsstellen erhältlich ist. Die darin aufgeführten Übernachtungspreise sind von den Behörden festgelegt, Preisüberschreitungen werden bestraft; zudem muß jedes Zimmer mit einer Liste des Übernachtungspreises und der Kosten für Extraleistungen versehen sein.
Einfache Hotelzimmer sind ab etwa umgerechnet DM 30,– pro Person und Nacht zu bekommen. In der Nebensaison (November bis März) werden üblicherweise Preisnachlässe von 20–50 % gewährt.
Da der Staat die Anbieter von Übernachtungsgelegenheiten stark reglementiert, gibt es so gut wie keine privaten Pensionen, was sich vor allem in kleineren Orten, wo sich Hotels vom Gästeaufkommen her nicht lohnen, schmerzlich bemerkbar macht.
Auch in den Klöstern werden Touristen nicht mehr ohne Anmeldung zum Übernachten aufgenommen. Ausflüge sind also so zu planen, daß sie in größeren Orten enden, die über Hotels verfügen.
Vor der Invasion der türkischen Armee konzentrierten sich der Strandtourismus und damit die Hotels an der Ostküste südlich von Famagusta (Varósha) sowie bei Girne. Die Hotelzone von Famagusta liegt heute verlassen im Niemandsland der sogenannten »Pufferzone«.
Die übrigen Hotels sind mittlerweile durch die neuen Machthaber enteignet und türkischen Betreibern überantwortet worden, obwohl die ehemaligen griechischen Besitzer immer noch Anspruch auf ihr Eigentum erheben. Daneben gibt es aber auch Hotels, die schon seit Anbeginn von türkischen Eigentümern betrieben oder erst nach der Invasion errichtet wurden, wie in Nikosia Saray und Sabri's Orient, bei Girne Celebrity und Acapulco oder in Famagusta Altun Tabya und Kutup. Sämtliche Hotels und Pensionen sind in einer Broschüre der nordzy-

prischen Tourismusbehörde aufgeführt.

## Kategorien

In unserem Kapitel »Orte von A-Z« (S. 302) finden Sie eine Auswahl empfehlenswerter Unterkünfte. Die Preise gelten für ein Doppelzimmer pro Nacht während der Hauptsaison. Reist man in der Vor- oder Nachsaison, kommt man günstiger weg!

$ = unter CY£ 30
$ $ = CY£ 30–75
$ $ $ = CY£ 75–100 und darüber

## Jugendherbergen

Die Jugendherbergen Zyperns können mit einem Internationalen Jugendherbergsausweis benutzt werden. Die Übernachtungskosten liegen derzeit bei etwa 3–5 C£ pro Nacht und Person. Reservierungen werden empfohlen.
Im Kapitel »Orte von A-Z« sind vereinzelt Jugendherbergen in den Großstädten aufgeführt. An folgende Adresse sollten Sie sich wenden, wenn Sie weitere Fragen haben:
■ **Cyprus Youth Hostels Association,** P.O. Box 1328, 1506 Nikosia, Cyprus, Tel. 02-44 20 27.

## Campingplätze

Derzeit existieren im Süden Zyperns sieben lizenzierte Campingplätze mit einheitlichen Nutzungsgebühren (zur Zeit täglich 1–1,25 CY£ pro Person zuzüglich 1–1,50 CY£ pro Wohnwagen bzw. Zelt).
Die Areale sind jeweils mit sanitären Einrichtungen und Verpflegungsmöglichkeiten (Restaurant und Laden) ausgestattet. Bis auf den Campingplatz beim Ort Tróodos liegen alle Areale an der Küste.
Wildes Campieren ist zwar offiziell verboten, wird im Sommer aber auch von den Einheimischen praktiziert.
In der türkischen Nordhälfte existieren je ein Campingplatz bei Famagusta und am Strand 3 km westlich

von Girne. Freies Campen ist erlaubt.
Im Kapitel »Orte von A-Z« (S. 302ff.) finden Sie die Adressen der Campingplätze beim jeweiligen Ort aufgeführt.

# Essen & Trinken

**8**

Die Preise in nahezu allen Restaurants der Republik Zypern sind von der zyprischen Fremdenverkehrszentrale festgelegt bzw. genehmigt worden. In den auf den Speisekarten aufgelisteten Preisen sind zwar 10 % Bedienung und eine dreiprozentige Abgabe für die Fremdenverkehrsbehörde eingeschlossen, doch ist darüber hinaus stets ein kleines Trinkgeld für die Kellner üblich. Am unverfälschtesten und dabei noch am preisgünstigsten isst man in den volkstümlichen Tavernen.
Der Nordteil weist, was die Speisekarte angeht, in vieler Hinsicht die gleichen Gerichte und landestypischen Spezialitäten auf wie der Süden, erweitert um einige Eigenheiten der türkischen Küche. Lediglich die im Süden angebauten Weine und dort gebrauten Biersorten sind im Norden nicht erhältlich. Hier muß man auf Importe aus der Türkei zurückgreifen.

## Küche

Gekocht wird meistens mit Olivenöl. Obwohl die Märkte von dem reichhaltigen Gemüseangebot geradezu überquellen, werden in den Lokalen hauptsächlich Fleischspeisen angeboten.
Es lohnt sich aber für Gemüseliebhaber, gezielt nach fleischloser Kost zu fragen, da diese Zu- und Beigaben sehr schmackhaft zubereitet werden. Obwohl Zypern rundherum von Meer umgeben ist, entstammt der angebotene Fisch meist nicht den einheimischen Gewässern, da

die inselnahen Bereiche mittlerweile nur noch ein geringes Fischaufkommen aufweisen.
Im Nordteil wird aufgrund der vorherrschenden moslemischen Religionszugehörigkeit in der Regel kein Schweinefleisch angeboten, sondern Rind- und Lammfleisch.

## Landestypische Küche

Afelia: mariniertes Schweinefleisch mit Koriander.
Bauernsalat (Choriátiki salata): Salat aus Kraut, Römersalat, Stangensellerie, Gurken, Tomaten, Paprika, Oliven, Feta-Käse und Kräutern.
Brot: weiß; unentbehrliche Beigabe zu jeder Mahlzeit.
Fisch: meist frittiert.
Gemüse: reichhaltiges Angebot, z. B. Artischocken, Spargel, Salate, Avocados, Kartoffeln, Auberginen, Zucchini, Sellerie.
Güvec (türkisch): Gemüseeintopf mit Fleisch.
Halloumi: Käse aus Schaf- oder Kuhmilch, der besonders gebraten schmeckt; mit Pfefferminze gewürzt (türk.: Helim).
Hiromeri: Räucherschinken.
Humus: kaltes Kichererbsenpüree.
Kleftiko: in Folie gegartes Lammfleisch.
Keftedes: gebratene Hackfleischbällchen oder -klöße (türk.: Köfte).
Kolokasi: Wurzelgemüse.
Kolokithakia: Zucchini, gefüllt oder als Gemüse.
Koukia: Saubohnen, als Suppe oder roh im Salat.
Koupepia (Dolmadakia): gefüllte Weinblätter (türk.: Dolma).
Loundza: Schinken, gerne auf Sandwiches und gebraten mit Halloumi.
Makaronia tou Fournou (Pastitsio): Makaroniauflauf mit Hackfleisch.
Méze: Ein Beispiel für eine mögliche Vorspeisenauswahl wäre: Bauernsalat, Halloumi, Loundza, Kalamariringe, Sheftalia und Souflakiastücke, Afelia, Stifado, Lammkotelett, außerdem Oliven, Tahini, Taramosalata, Talattouri.
Obst: Verbreitet sind Äpfel, Birnen, kleine Bananen, Weintrauben, Fei-

7
8

gen, Melonen, Zitrusfrüchte, Papaya, Pfirsich, Mandeln, Aprikosen, Granatäpfel, Mespili, Erdbeeren, Johannisbrot.

Öl: das Olivenöl ist besonders gut und wird reichlich, aber nicht übermäßig eingesetzt.

Oliven: werden köstlich mariniert mit Knoblauch, Koriander, Zitrone und Thymian.

Pastourmas: Knoblauchwurst.

Pitta: Brotfladen, mit verschiedenen Sheftalia oder Souvlaki und Gemüse gefüllt. Beliebt an Schnellimbissbuden.

Pilaw: Weizenschrot und Fadennudeln in Hühnerbrühe gekocht und mit verschiedenen Beigaben (türk.: Bulgur).

Souvla: Lammfleisch am Spieß, besonders beliebt bei Familienpicknicks.

Souvlakia: Fleischspieße gegrillt (türk.: Siş Kebab).

Sheftalia: Hackfleischwürstchen gegrillt.

Stifado: Rind oder Hase mit vielen Zwiebeln gulaschartig zubereitet.

Tahini: Sesamsoße mit Zitrone und Knoblauch (türk.: Terator).

Talattouri: Joghurt mit Gurke und Pfefferminze, wie Tsatsiki (türk.: Cacik).

Taramosalata: Dorschrogen mit Zitrone, Kartoffelpüree, Zwiebel, Öl.

Trahanas: Weizenschrot mit Joghurt getrocknet und als Suppeneinlage gemeinsam mit Halloumi.

## Festmahle

Hochzeit: Ressi (Weizen mit Fleisch), pro Person ein Stück Pastitsio, Kleftiko, Gurke, Tomate, Chips; für jeden Gratulanten Kourabiedes (Mürbteiggebäck mit Mandeln gefüllt).

Ostern: Lammsouvla, Ostersuppe (Bestandteile eines Kalbs- oder Lammkopfes mit Gemüse, dazu Knoblauchbrot), rot gefärbte Eier, Flaounes (Hefeteigtasche mit Eier-, Käse- und Rosinenfüllung). Wassilopitta (Hefekuchen, bestrichen mit Ei und dick überstreut mit Sesam und Mandeln).

## Süßspeisen

Baklava: Blätterteigstück mit Nussfüllung in Sirup.

Daktila (»Finger«): Strudelteig mit Nuss-Zimt-Füllung in Fingerform in Sirup.

Glyko tou koutaliou: eingelegte Früchte oder Walnüsse in Sirup, mit einem Glas Wasser, als Begrüßung für Gäste.

Honig: sehr aromatisch. Oft mit Jogurt und Mandeln.

Kourabiedes: siehe oben beim Hochzeitsessen, ist jedoch auch im Geschäft erhältlich.

Koulourakia: eine Art großer Kekse oder Zwieback in Kringelform mit Sesam.

Lokmades: Brandteigkugeln, in Fett gebacken, mit Sirup.

Loukoumia: besonders berühmte Spezialität von Yeroskípos bei Paphos: Geleewürfel mit Rosenwasser in Puderzucker.

Palouses: eine Art Pudding aus Weintraubensaft und Mehl; eine Masse, die einen Grundbestandteil darstellt für

Soutsouko: lange aufgefädelte Mandelketten, in Palouses getaucht und getrocknet (sehr beliebt!).

Sütlac (türk.): Milchreispudding mit Rosenwasser.

## Getränke

Auf Zypern finden Sie eine reichhaltige Auswahl an nicht-alkoholischen und alkoholhaltigen Getränken. Kaffee wird in der landesüblichen Weise als türkischer Mokka (im Süden keinesfalls so nennen! Bestellen Sie »griechischen Kaffee«, kaffe elliniko) serviert, ein in einem Töpfchen aufgekochter, nach Wunsch gesüßter Kaffee, der mitsamt dem Satz in die Tasse ausgeschenkt wird. Selbstverständlich wird zudem auch Nescafé serviert. Besonders lohnend ist es, den meist an der Straße angebotenen frisch gepressten Orangensaft zu probieren. Neben Bier werden auch einheimische Weine, Weindestillate und Fruchtliköre angeboten, die

nicht nur billiger als die importierten Spirituosen, sondern auch von ausgezeichneter Qualität sind.

Weißwein trocken: Arsinoe, Keo Hock, Loel Hock, Thisby M/Dry, Aphrodite, Danae M/Dry, White Lady, Palomino, Bellapais, Graves.

Weißwein halbtrocken (demisec): Demi sec, Blonde Lady, St. Panteleimon, St. Hilárion, Fair Lady.

Rotwein trocken: Afames, Othello, Keo Claret, Dark Lady, Buffamento, Hermes, Mirto, Sálamis, Semeli, Negro, Domaine d'Ahera.

Roséweine: Rose Bellapais, Rosella, Rose Lady, Amoroza, Coeur de Lion, Pink Lady.

Dessertweine: Commandaria St. John, Commandaria St. Varnavas, Muskáto.

## Hochprozentiges

Ouzo: Keo Extra Fine, Roccos, Christodoulides.

Brandys: V.S.O.P. keo, Anglias, Peristiane V.O. 31, Loel V.O. 31, Supreme, Five Kings, V.S.O.P. Adonis, V.O. Loel Expert, Etko Cherry Brandy, Keo Cherry Brandy.

Sherrys: Keo Medium, Keo Pale Dry, Keo Fino, Sodap Mavra, Etko Emva, Cream.

Liköre: Apricot-Brandy, Filfar-Orangenlikör.

## Rezepte

Wenn Sie zu Hause eine zyprische Spezialität einmal zur guten Erinnerung an Ihren Urlaub nachkochen wollen, versuchen Sie's mit

### Koupépia:

Ca. 30 Weinblätter blanchieren und mit kaltem Wasser abschrecken, ersatzweise aus dem griechischen oder türkischen Geschäft eingelegte Weinblätter benutzen. Je 1 EL Pfefferminze, Petersilie und Zwiebeln, klein gehackt, 1/2 Pfund zerkleinerte Tomaten, 1 Eiweiß, 250 g Hackfleisch, Rind und Schwein gemischt. Alles miteinander vermengen, mit Salz und Pfeffer ab-

8

schmecken. 2 EL Reis mit Zitronensaft begießen und 5 Min. ziehen lassen. mit dem Hackfleisch verkneten.
Die Weinblätter ausbreiten und je 1 EL der Fleischmasse einrollen. Die Seitenränder einschlagen. Alle Weinblätter in einen Topf setzen und mit Fleischbrühe bedeckt ca. 40 Min. garen lassen.

### Brandy Sour

In den Weinbaugebieten wird auch ein Tresterschnaps angeboten, der Zivania. Ein erfrischender Aperitiv zum Sonnenuntergang ist der gern getrunkene Brandy Sour, auf dessen Zubereitung Sie auch zu Hause nicht verzichten müssen:
Ein Longdrink-Glas wird zu 1/5 bis 1/4 mit einem leichten Brandy (V.O.) gefüllt. Dazu gibt man einen kräftigen Schuss Zitronensaft oder Zitronensirup und 1 TL Zucker. Mit einigen Tropfen Angostura abschmecken und mit Soda aufgießen. Vor dem Servieren fügt man etwas Eis hinzu und dekoriert das Glas mit einer Zitronenscheibe.

## Kategorien

Im Kapitel »Orte von A-Z« finden Sie eine Aufzählung empfehlenswerter Tavernen und Restaurants. Jede Kategorie entspricht einem Hauptgericht ohne Getränke:
$ = unter CY£ 8
$ $ = CY£ 8–15
$ $ $ = CY£ 15 und darüber

**9**

## Unternehmungen

## Urlaub aktiv

### Abenteuerurlaub

■ **Exalt,** P.O. Box 337, Kato Páphos, Tel. 06-24 38 03. Jeepfahrten,

Canyonklettern und Wanderungen in entlegene, unerschlossene Gebiete rund um Páphos.

## Wandern

Die zypriotischen Fremdenverkehrsbüros geben zwei Broschüren über Wander- und Naturlehrpfade auf der Akámas-Halbinsel und im Tróodos-Gebirge heraus. Sie enthalten nicht nur eine genaue Routenbeschreibung, sondern auch naturkundliche Informationen entlang der Wege.

### Akámas-Halbinsel

Nicht nur Badegelegenheit, sondern auch herrliche Wandermöglichkeiten bietet die Akámas-Halbinsel, der westlichste Teil Zyperns jenseits der Linie Páphos–Pólis. Benannt ist die Gegend nach Akámas, dem Sohn des griechischen Helden Theseus, der hier der Sage nach die nackte Aphrodite beim Baden überrascht haben soll. Aphrodite verliebte sich zwar in Akámas, mußte aber entsagen, da sie bereits mit Hephaistos vermählt war. Das »Bad der Aphrodite« (Loutra Aphroditis), ein wildromantischer Quellteich, der als Begegnungsort des unglücklichen Paares gilt, zählt zu den malerischsten Flecken der ganzen Insel. Mittlerweile hat die Tourismusbehörde auf der Akámas-Halbinsel zwei Naturlehrwanderpfade eingerichtet, »Aphrodite« und »Adonis« genannt, die beide am Touristen-Pavillon beginnen und sich nach einer gemeinsamen Wegstrecke teilen. Die Wege sind jeweils ca. 7,5 km lang (s. a. S. 218).

### Tróodos

Zum Wandern lädt im Sommer auch das Tróodos-Gebirge ein. Selbst im heißesten Monat August überschreiten die Tagestemperaturen in der Bergregion nicht 27 °C. Touren in der Region sind sowohl auf unerschlossenen Pfaden wie auch auf Wanderwegen, die durch die Touristikbehörden ausgeschildert und markiert wurden und von denen

vier wiederum als Naturlehrwanderpfade angelegt sind, möglich. Ausgangspunkt hierfür ist jeweils der Ort Tróodos mit Hotels, Jugendherberge, Restaurants und Andenkenläden.
Der Pfad Makriá Kontárka (»Persephone«) führt etwa 3 km nach Südosten zu einem Aussichtspunkt; der Pfad Chromion (»Atalante«) führt etwa 10 km weit nach Nordwesten am Olympos vorbei und endet an einer aufgelassenen Chrom-Mine, der der Pfad auch seinen Namen verdankt. Auf der Asphaltstraße, auf die man am Endpunkt stößt, gelangt man nach 4 km wieder zurück nach Tróodos.
Für den Pfad »Kaledonia« oder Kryos potamós (»Kalter Fluss«) muss man sich zunächst auf einer Straße zum südwestlich außerhalb von Tróodos gelegenen ehemaligen Sommerpalast des Präsidenten begeben. Von hier aus folgt man dem »Kalten Fluss« etwa 2 km bergabwärts bis zu den malerischen Kaledonia-Wasserfällen. Die in den kalten Gewässern lebenden Forellen kann man in dem südlich der Wasserfälle gelegenen Fischrestaurant Psilodendro nach etwa 45minütigem Fußmarsch verzehren. Außerdem kann man im Lokal telefonisch ein Taxi zur Rückfahrt nach Tróodos rufen.
Ein weiterer Wanderweg, der Chionistra-Ring (»Artemis«), führt durch den Wald um den Olympos herum und ist 7 km lang. Er beginnt und endet unweit der Straßenkreuzung Pródromos-Olympos. Der Gipfel dieser mit 1951 m höchsten Erhebung der Insel ist nicht zugänglich, da hier die Engländer eine Radarstation zur Luftraumüberwachung des gesamten Vorderen Orients betreiben.
Wer mehrtägige Wanderungen im Tróodos-Gebiet unternehmen will und deswegen dort übernachten möchte, sollte bedenken, dass alle Hotels und sonstigen Unterkünfte im August, dem Haupturlaubsmonat für die Zyprioten selbst, durch Einheimische komplett belegt sind.

Da im Tróodos im Winter Schnee liegt (nicht umsonst lautet der zweite Name des Berges Chionístra, »Frostbeule«!), verwundert es nicht, daß zumindest der Olympos mittlerweile durch drei Skilifte erschlossen ist, die in der Ski-Saison von Januar bis Mitte März in Betrieb sind. Hier können an der Hütte des Cyprus Ski Club oder im Ort Tróodos auch komplette Ski-Ausrüstungen gemietet werden.

Angler haben an der Stauseen auf der Insel die Möglichkeit, ihrem Hobby nachzugehen. Über Fischvorkommen informiert ein Merkblatt der Tourismusbehörde.

## Fahrradfahren

Zypern ist nur für geübte Fahrradfahrer etwas, bei den vielen Hügeln kann einem sonst schnell die Lust am Treten vergehen. Verleihfirmen an den Küsten bieten Räder an; wenn Sie jedoch längere Touren vorhaben, sollten Sie Ihr eigenes von zu Hause mitnehmen. (S. a. S. 290.)

## Angeln

Die meisten Orte an der Küste haben Fischerboote, von denen aus Sie auf dem Meer Ihr Anglerglück auf die Probe stellen können. Es ist auch möglich, an einem der inländischen Reservoirs angeln zu gehen, in denen insgesamt 17 Fischarten schwimmen (Forelle, Karpfen und andere). Zum Süßwasserfischen benötigt man allerdings eine Angellizenz von einem der Fischereidepartments, die es in Lárnaka, Limassol und Páphos gibt. Von diesem Büro werden auch Broschüren herausgegeben, in denen alle Fischvorkommen beschrieben sind.

■ **Fisheries Department**, 13, Aiolou Street, Nikosia, Tel. 02-30 35 26, Fax 02-36 59 55.

## Baden

Es gibt zahlreiche einladende Strände auf Zypern. Am vollsten sind im Sommer die an der Südküste. Agía Nápa, Protarás und Paralímni, genauso wie die Strände bei Lárnaka, Páphos und Limassol, sind am schnellsten überfüllt. Hier stehen auch die meisten Touristenhotels.

Rund um Pólis finden Sie dagegen wenig besuchte Strände. Die Tavernen an den Seepromenaden sind viel ursprünglicher als jene in den großen Touristenzentren; die Küche ist traditioneller und nicht zuletzt billiger. Leider entwickelt sich auch Pólis langsam zu einer touristisch überlaufenen Hafenstadt.

Der Sandstrand von Coral Bay beginnt nordwestlich von Páphos; daran angrenzend liegt ein Felsenstück mit wildromatischen Klippen, Kap Drépanum genannt – nicht weit von Ágios Geórgios. Wenn Sie Wert auf unberührte Strände legen, probieren Sie es doch mal mit der Chrysochou Bay zwischen Cape Arnaoutis (an der westlichen Inselspitze) und Pólis. Auch wenn Nacktbaden streng verboten ist, wird »Oben ohne« an Stränden und Schwimmbädern toleriert. Nackt baden und sich sonnen kann nur, wer auf der Halbinsel Akámas einen längeren Marsch auf sich nimmt, um abseits der überfüllten Strände eine einsame Bucht zu finden; eine anderen Möglichkeit ist, sich in Latsí ein Schnellboot auszuleihen, mit dem man einfacher auf Suche nach schönen Buchten gehen kann. In Sachen Naturschönheit schlagen die Strände des Nordens die des Südens um Längen. Herrliche Sandstrände gibt es um Girne und im Osten nahe Salamis. An vielen schönen Orten stehen Hotels, in denen sich Duschen und Toiletten befinden. Wenn Sie kein Gast im Hotel sind, müssen Sie für den Zutritt zahlen. Ein weiterer Tipp für Leute, die verlassene Strände suchen, ist die Halbinsel Parpasía, die sich im Nordosten erstreckt. Hier findet man kleine Buchten und weite Strandbereiche, wenn auch einige bedauerlicherweise von den Einheimischen als Mülldalden missbraucht werden.

## Golf

Es gibt bei Páphos zwei Golfplätze, beide mit 18 Löchern und par 72:

■ **Secret Valley Golf Club**, Tel. 06-64 27 74.

■ **Tsada Golf Club**, Tel. 06-64 27 74.

Der Elias Country Club nahe Limassol bietet neben Reiten, Bogenschießen und Kegeln auch Golfspielen auf dem hauseigenen Golfplatz an.

■ **Elias Country Club**, Pareklisía, Tel. 05 53 50 00, Fax 05-32 00 88-0.

■ **Cyprus Golf Resort**, P.O. Box 2290, Páphos, Tel. 06-64 27 74/5, Fax 06-67 27 76.

## Motorsport

Ein alljährliches Sportereignis, das man jedoch nur als Zuschauer wahrnehmen kann, ist die Zypern-Motor-Rallye im September, deren Läufe für die Europameisterschaft gewertet werden.

## Reiten

Es gibt eine große Anzahl von Reitställen, in denen man auch Unterricht (für Anfänger wie Fortgeschrittene) nehmen kann. Zypern eignet sich mit seinem hügeligen Land perfekt für schöne Reitausflüge.

■ **Amathus School of Riding**, Pareklisía, Tel. 05-32 03 39.

■ **Elias Horse Riding Centre**, Pareklisía, Tel. 05-32 50 00.

■ **George's Ranch**, nahe Ágios Geórgios, Pegeia, Tel. 06-62 17 90.

■ **Lapatsa Sports Centre**, Nikosia, Tel. 02-62 12 01/2/3.

■ **Lucky Horse Ranch**, Skoulli, Tel. 09-41 32 78.

Für allgemeine Fragen steht Ihnen folgende Stelle zur Verfügung.

■ **Cyprus Equestrian Federation**, P.O. Box 4860, Nikosia, Tel. 02-47 25 15 oder 34 98 58.

## Segeln

Wegen Zyperns gemäßigten Klimas macht Segeln den wahren Fans

9

eher im Winter Spaß, wenn mehr Wind und Seegang ist. Einige Veranstalter bieten Jachten für Segler mit Lizenz, für Unerfahrene auch mit Besatzung:

■ **Interyachting,** P.O. Box 4292, Limassol, Tel. 05-72 55 53-3, Fax 05-72 00 21.
■ **Navimed,** Nikosia, Tel. 02-33 89 50, Fax 05-33 89 51.
■ **The Old Salt Yachting Co,** P.O. Box 7048, Limassol, Tel. 05-33 76 24, Fax 05-33 77 68.
■ **Sail Fascination Shipping,** 27, Nikiforou Foka, P.O. Box 257, Limassol, Tel. 05-36 42 00 oder 09–55 57 99, Fax 05-35 26 57.

## Skifahren

In den Tróodos-Bergen kann es im Winter zu heftigen Schneefällen kommen. Es gibt drei Skilifte und vier Abfahrten am Mount Olympos. Die gesamte Skiausrüstung kann vor Ort in den Hütten des Cyprus Ski Club ausgeliehen werden oder auch im Dorf Tróodos selbst. Für weitere Informationen wenden Sie sich an:

■ **Cyprus Ski Club,** Nikosia, Tel. 02-36 53 40.

## Tauchen

Alle größeren Clubs und Hotels an den Küsten haben Tauchschulen, in denen Ihnen professionell geschulte Trainer (PAFI) gerne alles zeigen. Erfahrene Taucher können eigene Tauchgänge machen, brauchen aber eine Genehmigung. Unterwasserharpunen sind nicht erlaubt, Muscheln und archäologische Artefakte dürfen nicht im Meer gesammelt werden. Für weitere Informationen:

■ **The Cyprus Federation of Underwater Activities,** P.O. Box 1503, 1510 Nikosia, Tel. 02-45 46 47.

## Tennis

Die großen Hotels verfügen allgemein über Tennisplätze. Schwieriger ist es, auf den Plätzen der Tennis-

Clubs Spielzeiten zu erhalten. Prinzipiell ist dies jedoch auch ohne Clubmitgliedschaft gegen eine Gebühr möglich.

## »Vogelschau«

Auf Zypern kommen über 100 Vogelarten vor, viele weitere machen hier auf ihrem Weg nach Afrika Station. Einer der ornithologischen Höhepunkte ist es jedes Jahr, wenn über 10 000 Flamingos zur Überwinterung an den Salzseen ankommen. Für Details wenden Sie sich an

■ **Cyprus Ornithological Society,** 4, Odos Kanaris, Nikosia, Tel. 02 42 07 03.

## Wassersport

Wer sich im Sommer den Wassersportarten widmen will, kann entsprechende Geräte (Surfbretter, Wasserski, Tretboote, Segel- und Motorboote) in fast allen Badeorten ausleihen. Richtpreise pro Stunde bei der Ausleihe: Katamaran 5 C£; Motorboot 12–18 C£; Windsurfen 2 C£.

## Klöster

Es gibt noch 12 griechisch-orthodoxe Klöster auf der Insel, die bewohnt und in Betrieb sind – alle im Südteil.
In der Regel haben die Klöster keine festen Besuchszeiten. Natürlich sollte man als interessierter Besucher die Mittagszeiten respektieren und nur außerhalb dieser Stunden um einen Rundgang bitten. Es kommt vor, dass die Mönche die Kirchen für Führungen extra öffnen müssen; in diesem Fall sollte man auch eine kleine Spende zurücklassen. Natürlich dürfen Sie nicht dem Mönch persönlich Geld geben; lassen Sie es in der Schale oder dem Behältnis, dass am Ausgang dafür vorgesehen ist.
Aus Respekt sollte man niemals den Mönchen oder Nonnen den Rücken zuwenden, keine Skulpturen anfassen, sich nirgends anleh-

nen und nicht die Hände hinter dem Rücken verschränken (s.a. Fotografieren, S. 292).
Die sehenswertesten Klöster sind:

■ **Ágios Geórgios Alámanos,** 20 km nordöstlich von Limassol, nicht weit von der Straße nach Lárnaka.
■ **Ágios Irakleídios,** in dem Dörfchen Politiko, ungefähr 24 km von Nikosia entfernt.
■ **Ágios Minas,** nahe von Léfkara.
■ **Ágios Neófytos,** 10 km nördlich von Páphos.
■ **Kykkos,** in den Tróodos-Bergen, nordwestlich von Pedoulás.
■ **Machairás,** am östlichen Fuße der Tróodos-Berge, 40 km südlich von Nikosia.
■ **Panagia Chrysorrogiátissa,** 3 km südlich vom Dörfchen Panagia.
■ **Stavrovoúni,** westlich von Lárnaka. Achtung: Frauen haben zu diesem Kloster keinen Zutritt.
■ **Tróoditissa,** 5 km nordwestlich von Platres. Zutritt nur für Gläubige der griechisch-orthodoxen Kirche.

## Feste und Veranstaltungen

Ein wichtiger Teil des kulturellen Lebens in Zypern wird von den Feierlichkeiten abgedeckt, die teilweise inselweit, teilweise nur lokal begangen werden:

### Januar

Epiphanias: Am 6. Januar, Küstenorte veranstalten eine traditionelle Prozession, bekannt unter dem Namen »Segen des Meeres«. Der ortsansässige Bischof wirft ein Kruzifix ins Wasser, und Jugendliche tauchen danach.

### Februar/März

Karneval: Am Montag, 50 Tage vor dem orthodoxen Osterfest, ist der »Saubere Sonntag«. Karnevals werden in vielen Städten und Dörfern in der Woche davor veranstaltet. Der größte und farbenfreudigste ist der Karneval in Limassol, seine Hauptattraktion ist das Eintreffen der Karnevalskönige, die in einer großen Prozession am letzten Sonntag durch die Straßen getragen werden.

## März/April

Orthodoxes Osterfest: Der wichtigste orthodoxe Feiertag des Jahres und fast eine eigene Reise wert! Nach der Morgenmesse am heiligen Donnerstag ist es der Brauch, dass die Hausfrauen Eier rot bemalen. Am Abend werden dann die Statuen in den Kirchen schwarz verhüllt.

Am Karfreitag werden die Altäre mit Blumen geschmückt, und mit Blumen umrahmte Christusgestalten werden in Prozessionen durch die Straßen getragen. Im Dorf Kathikas bei Páphos schreitet der Priester mit einem großen Kreuz durch die Straßen.

Am Ostersamstag kommen die schwarzen Tücher von den Skulpturen in den Kirchen, und die Gemeindemitglieder schlagen auf ihre Stühle, um ihre Freude auszudrücken und den Dämon Hades zu vertreiben. Die Hausfrauen backen Osterbrot, Pasteten und Flaoúnes (Käsekuchen).

Um Mitternacht versammeln sich alle in ihren besten Osterkleidern zum Gottesdienst. Danach werden Freudenfeuer entfacht und Puppen, die Judas symbolisieren, werden hineingeworfen. Jeder geht mit einem Kerzenlicht nach Hause, um dort das Ostermahl einzunehmen, die traditionelle Avgolemono-Suppe (Ei und Limonenreis), und die roten Eier zu schälen.

Am Ostersonntag und -montag ist es den Zyprioten Brauch, im Freien Osterlämmer über einem Feuer oder in einem großen Lehmofen zu rösten; die Feierlichkeiten gehen den ganzen Tag lang mit Spiel und Tanz auf den Kirchen- oder Dorfplätzen weiter.

Dörfer, in denen diese Tradition noch intensiv betrieben wird, sind: Paralímni, Agía Nápa, Deryneia, Akaki, Geri und Tseri, Aradippou und Pervolia (bei Limassol), Neon Chorion, Geroskipou, Pegeia und Páphos.

## Mai

Anthestiria: Blumenfest in Páphos, Limassol und einigen anderen Städten, die die Wiederkehr des Frühlings mit Paraden und Aufführungen von griechischen Mythen feiern.

## Juni

Feiertag des heiligen Paulus: Am 28. und 29. führt der Bischof eine Prozession durch Páphos und trägt dabei eine Statue des heiligen Paulus.

## Juli

Kataklysmos (Festival der Flut): Es wird besonders in Lárnaka und Limassol Noahs Arche und der großen Flut gedacht; drei Tage Feierlichkeiten und Wasserspiele.

## August

Der Monat der Dorffeste, wenn Freunde und Verwandte auf einen Drink, einen Tanz und ein Lied zusammen kommen. Das ist die Chance, ein wenig von der zyprischen Lebenslust einzufangen. Feste beinhalten häufig traditionelle Volksmusik und Tanz, Ausstellungen von ländlichen Produkten, Blumen, Bauernkunst, Fotografien, Malereien und Silberwaren.

## September

Weinfest, Limassol: Die stadteigenen Gärten sind überfüllt von Menschenmassen, die kostenlos Wein der vielen Weinkeltereien des Landes probieren. Es gibt natürlich auch Volkstanz, Aussteller und viel zu essen.

## Kunstfeste in Zypern

### Nikosia: Internationales Kunstfest

Ein zweiwöchiges Programm mit Ausstellungen, Theater, Musik und Tanz. Es findet im Juni an verschiedenen Orten in Nikosia statt, zum Beispiel im Famagusta Gate Cultural Centre.

### Limassol: Internationales Kunstfest

Für 10 Tage sind im Juni und Juli die Municipal Gardens (der Stadtpark) Schauplatz für ein Programm aus Musik, Liedern und Tanz sowohl mit lokalen als auch internationalen Größen.

### Curium Drama Festival

Im Juli und August werden in dem 2000 Jahre alten Theater bei Koúrion klassische wie moderne Theaterstücke aufgeführt, Shakespeare natürlich eingeschlossen. Außerdem gibt es klassische und moderne Musik- und Ballettaufführungen, zusätzlich noch eine Light-and-Sound-Show.

### Musikalische Sonntage

März, April und Mai; Am Morgen oder späten Vormittag werden in Lárnaka Volksmusik, Tänze und klassische sowie Jazzmusik (gegenüber dem Rathaus) aufgeführt. In Limassol findet ähnliches in den Municipal Gardens (Stadtpark) und in Páphos am Castle Square statt.

### Ancient Greek Drama Festival

Es gibt einfach nichts Schöneres als das Spektakel und die Atmosphäre bei Kerzenlicht in einem Freilufttheater an einem lauen Sommerabend. Von Juni bis August kann man in einigen antiken Theatern, z. B. in Koúrion und dem Odeon bei Páphos, dieses einmalige Ereignis erleben. Auch wenn die Vorführungen der klassischen Stücke meist in griechischer Sprache gehalten sind, kann man der eher einfachen Handlung leicht folgen. Genauere Informationen finden Sie im Monthly

9

Events-Führer, der in den Touristeninformationsbüros erhältlich ist.

### Páphos: Festival
Ein volles Programm mit Theaterstücken, Musik und Tanzvorführungen findet von Juni bis September im Odeon und auf der Burg statt.

### Lárnaka: Festival
Ein Monat Tanz, Theater und Musik, die von nationalen wie internationalen Künstlern zum besten gegeben werden, und zwar im Lárnaka Medieval Fort und Patticheion Municipal Amphitheatre im Juli.

## Angebote für Kinder

### Luna Parks
Diese Ganzjahresattraktion findet man in allen Großstädten Südzyperns. Die meisten sind bis 20 Uhr abends geöffnet, am Wochenende schließen sie später. Der Zutritt ist frei, die vielen Fahrgeschäfte gehen dafür um so mehr ins Geld. Ihren Kindern bereiten Sie damit jedoch sicherlich ein unvergessenes Ferienerlebnis! Der schönste Park ist der
■ **Tivoli Luna Park,** Elia Papakyriakou 10, Egkomi.
Für die ganz Hartgesottenen bietet Skycoasters im Luna Park in Agia Napa eine rasante Achterbahn-Tour, die wohl Kinderherzen höher schlagen, Elternherzen dagegen eher still stehen lässt.
Im Nikosia Luna Park befindet sich sogar eine Go-Cart-Bahn. – Die Adressen einiger Parks finden Sie im folgenden unter »Orte von A-Z«, S.302ff.

**10**

## Orte von A-Z

Zu den jeweiligen Preiskategorien bei Hotels und Restaurants siehe Seite 296 bzw. 298.

## Agía Nápa

■ **Telefonvorwahl:** 03.

### Touristeninformation
■ **Agia Napa Tourist Office,** 12, Leoforos Kryou Nerou, Tel. 03-72 17 96.

### Verkehrshinweise
Wer nicht mit dem Auto unterwegs ist, kann Agía Nápa auch gut mit den Bussen von EMAN (Auskunft unter Tel. 03-721796) erreichen, die die Stadt mit Lárnaka, Nikosia (Süd) und Paralímni verbinden.

### Unterkunft
■ **Cornelia,** 23 Makarios Av., Tel. 03- 7214 06, Fax 72 24 09. Zentral gelegen, viele Schweizer Gäste. $ $
■ **Nissi-Beach,** 3 km vom Zentrum an der Nissi-Bucht, Tel. 03-72 10 21, Fax 72 16 23. Mit großem Garten, Wassersportzentrum, Tennisplätzen; Disco und Nachtclub liegen abseits der Schlafräume und stören nicht. $ $ $

### Jugendherberge
■ **Agia Napa Youth Hostel,** 23, Odos Dionysiou Solomou, Tel. 03-72 31 18. Saubere Unterkunft.

### Camping
■ **Agia Napa Camping,** westlich der Stadt, Tel. 03-72 19 46. Von April bis Okt. geöffnet.

### Restaurants
■ **Esperia,** am Hafen, Tel. 03-72 16 35. Fisch ist die Spezialität dieser freundlichen Taverne, die gleich rechts neben dem Fischereihafen steht. $ $
■ **Potamos,** am Hafen, Potamos Creek nahe Xylofagou, zwischen Agía Nápa und Lárnaka (kein Telefon). Einfaches familienbetriebenes Restaurant, das besonders durch

seine köstlichen Fischgerichte an Reiz gewinnt. Sie werden nur mit Meeresgetier zubereitet, das eben noch auf den jetzt unweit am Strand vertäuten Fischerbooten gefangen wurde. $
■ **Taverna Napa,** oberhalb des Zentrums an der Straße nach Paralímni. Ältestes Restaurant am Ort, mit bezaubernder Weinlaube. $ $

### Unterhaltung
■ **Boote mit Glasboden,** eine gute Möglichkeit, um das Leben unter Wasser zu beobachten. Abfahrt am Hafen von Agía Nápa. In der Sommersaison jeden Tag.
■ **Waterworld Agia Napa,** 5 km vom Ort entfernt an der Agia Thekla Road gelegen. Wasserrutschen, Log Rolling (Balancieren auf im Wasser liegenden Baumstämmen), Flussfahrten und Geysire sind nur einige der Attraktionen des Parks. Geöffnet tgl. von 10–19 Uhr.
■ **Agia Napa Marine Park,** Beach Road. Delphine und Seehunde sind zu sehen, außerdem eine Miniatureisenbahn. Geöffnet von Mitte Febr. bis Okt.

## Coral Bay

■ **Telefonvorwahl:** 06.

### Unterkunft
■ **Coral Beach,** Coral Bay, nahe bei Pegeia, 12 km nördlich von Páphos, Tel. 06-62 16 01. Ein luxuriöses 5-Sterne-Hotel mit komfortablen Suiten, einem guten Restaurant und exzellenten Sportmöglichkeiten. Swimmingpool innen und außen; auch der Coral Beach ist nur einen Steinwurf entfernt. $ $ $

### Camping
■ **Feggari Camping,** nahe der Coral Bay, 11 km nordwestlich von Páphos, Tel. 06-62 15 34. Das ganze Jahr über geöffnet.
■ **Zenon Gardens Camping,** bei Geroskipou, ca. 5 km östlich von

Páphos, Tel. 06-24 22 77. Geöffnet von März bis Okt.

## Restaurants

■ **Golden Barrel,** Coral Bay Road, Tel. 06-62 17 90. Um einige Klassen besser als normale Tavernen: Der Eigentümer und Chefkoch, der in der Schweiz gelernt hat, beherrscht neben internationalen Speisen auch die traditionelle zyprische Küche. Ein kulinarischer Abstecher lohnt sich in jedem Fall. $ $

■ **Saint George,** Agios Georgios, nördlich von der Coral Bay, Tel. 06-62 13 06. Ein auf den ersten Blick etwas unscheinbares Lokal, das hoch auf einem Felsen über dem Hafen von Agios Georgios thront und frisch von den Booten besten Fisch serviert. $ $

## Famagusta

■ **Telefonvorwahl:** Innerhalb von Nordzypern ohne Vorwahl zu erreichen.

## Touristeninformation

■ **Famagusta Tourist Office,** Fevzi Çakmak Bulvari, Tel. 3 66 28 64.

## Verkehrshinweise

### Schiff
Mehrmals pro Woche Autofähre ins türkische Mersin.

### Bus
Der Busbahnhof liegt etwa 500 m vom Landtor an der Straße von Nikosia. Kleinbusse und Sammeltaxis von den Büros der Gesellschaften um das Siegesdenkmal.

## Hotels

■ **Altun Tabya,** Kizil Kule 9, Tel. 3 66 34 04. Ein Familienbetrieb in einem ruhigen Teil der Altstadt, 14 einfach eingerichtete Zimmer mit Du/WC und Balkon. $

■ **Palm Beach,** Tel. 36 62 00-0,-1, Fax 36 62 00-2. Nordzyperns renommiertes Hotel liegt 20 Gehminuten vom Zentrum am Strand unmittelbar vor dem Varosha-Sperrzaun. $ $ $

## Unterhaltung

■ **Glapsides,** Diskothek und Strandbar, außerhalb der Stadt an der Straße nach Salamis gelegen, ist abends ein sommerlicher Treffpunkt der kleinen Studentenszene von Famagusta.

## Foiní

■ **Telefonvorwahl:** 05.

## Restaurant

■ **Phini Taverna,** Foiní, Tel. 05-42 18 28. Eine entzückende Dorftaverne in einem der schönsten Bergdörfer der Insel, das leicht übertrieben als »artist's heaven« bezeichnet wird. Gute traditionelle Küche. $

## Girne

■ **Telefonvorwahl:** Innerhalb von Nordzypern ohne Vorwahl zu erreichen.

## Touristeninformation

■ **Tourist Information Office,** Kordon Boyu (am Hafen), Tel. 8 15 21 45.

## Verkehrshinweise

### Schiff
Vom neuen Hafen 3 km östlich des Zentrums fahren täglich Autofähren ins türkische Tasucu.

### Bus
Vom Rathausplatz (Belediye Meydani) gute Verbindungen nach Nikosia (Tel. 815 18 88), seltener nach Güzelyurt (Tel. 815 18 71). Mit Kombos-Bus vom Büro beim Rathaus nach Famagusta, man soll-

te Plätze vorab reservieren: Tel. 815 23 17.

## Unterkunft

■ **Dome,** Kordon Boyu, westlich des alten Hafens, Tel. 8 15 24 53, Fax 8 15 27 72. Das ältere Hotel mit hohen und geräumigen Zimmern steht mitten im Ort auf einer ins Meer hinausragenden Felsnase. $ $

## Camping

■ **Riviera Mocamp,** Karaoglanoglu, Tel. 815 33 69. Mit eigenem Strand, Taverne, auch Bungalows; sehr umweltbewusst geführt.

## Restaurants

■ **Grapevine,** Ecevit Cad. 25. Internationale Küche, im Sommer unter einer romantischen Weinlaube serviert. So Ruhetag. $ $ $

■ **Harbour Club,** am Hafen, Tel. 815 22 21, Reservierung empfohlen. Treffpunkt der Segler, von den Tischen im Erker schöner Blick über den Hafen. Di Ruhetag. $ $ $

## Unterhaltung

■ **Antis Taverna,** Karaoglanoglu, Tel. 815 49 32, Reservierung empfohlen. Mo, Mi, Fr, Sa, ab 20 Uhr Show mit Bauchtanz und Musik.

## Kakopetria

■ **Telefonvorwahl:** 02.

## Restaurant

■ **Maryland at the Mill,** Kakopetria, Tel. 02-92 25 36. Es überkommt einen ein leichtes Schwindelgefühl, wenn man die erstaunlich hohen Räume und die rustikale Inneneinrichtung bewundert; die frische Bergforelle und anderes gehören inselweit zum Zenith kulinarischer Köstlichkeiten. $ $

## Kathikas

■ **Telefonvorwahl:** 06.

**10**

## Restaurant

■ **Araouzos,** Main Street,
Tel. 06-63 20 76. Kathikas liegt auf
halbem Weg zwischen Páphos und
Pólis. Dies mag wohl die urtümlich-
ste Dorftaverne auf ganz Zypern
sein; der kalte, harte Steinfußboden
wird von grob geflochtenen
Strohmatten bedeckt. Es gibt keine
Speisekarte, sondern nur Gerichte,
die sich die Inhaberfamilie für den
Tag in den Kopf gesetzt hat. $

## Lárnaka

■ **Telefonvorwahl:** 04.

## Touristeninformationen

■ **Tourist Information,** am Flughafen, Tel. 04-64 30 00, oder Platia
Vasileos Pavlou, Tel. 04-65 43 22.

## Verkehrshinweise

**Flughafen**
4 km westlich des Stadtzentrums;
die nächste Bushaltestelle ist 500 m
vom Terminal entfernt.

**Bus**
Kallenos, Od. Kimonos, beim Ar-
chäol. Museum, Tel. 04-65 48 90,
fährt nach Nikosia. Vom Hotel Sun
Hall mit EMAN nach Agía Nápa und
mit Stadtbus 18 zu den Badesträn-
den im Osten und Westen, mit
Stadtbus 22 zum Makenzie-Strand.
Mit Paralímni-Bus vom Anfang der
Makarios Av. nach Paralímni. Ab
Platia Lazaros Léfkara-Bus und
Stadtbuslinie 19 zum Flughafen
und zur Tekke, Linie 6 nach Kiti.
Servicetaxis: Akropolis, Makarios/
Kalogreon, Tel. 04-65 55 55; Kyria-
kos, 2c Hermes, Tel. 04-65 51 00;
Makris, 13 Demokratias, Tel. 04-
65 24 02; alle nach Nikosia, Limas-
sol, Páphos.

## Unterkunft

■ **Golden Bay,** Dhekelia Road,
10 km außerhalb an der Küste im
Osten, Tel. 04-64054044,

Fax 64 54 51. Das beste Hotel der
Stadt, mit Süßwasserschwimmbad,
Sauna und eigenem Strand. $ $ $
■ **Harry's Inn,** 2, Odos Thermopy-
les, Lárnaka, Tel. 04-65 44 53. Es
gibt nur 9 Zimmer in diesem tradi-
tionell eingerichteten Haus.
Wegen seines sehr guten Preis-/
Leistungsverhältnisses ist das Hotel
immer schnell ausgebucht, Reservierung daher sehr empfehlens-
wert. $
■ **Larco,** Odos Umm Haram, Lárnaka, Tel. 04-65 70 06. Die schöne
Atmosphäre und der Swimmingpool machen das Mittelklasse-
Hotel im alten türkischen Viertel zu
einer empfehlenswerten Unterkunft in Lárnaka. $ $
■ **Sandbeach Castle,** Piale
Pasha, Tel. 04-65 54 37,
Fax 65 98 04. Ein familiär geführtes
Haus mit außergewöhnlicher Architektur direkt am Makenzie Beach. $
■ **Sun Hall,** Leoforos Athinon, Lárnaka, Tel.: 04-65 33 41, Fax:
65 27 17. Gutes Hotel in der Stadt
mit 112 Räumen und Blick aufs
Meer. $ $

## Jugendherberge

■ **Larnaka Youth Hostel,** 27,
Odos Nikolaou Rossou,
Tel. 04-62 11 88.

## Camping

■ **Forest Beach,** 13 km östlich
von Lárnaka, Tel. 04-64 45 14.
Schöner Campingplatz, von Juni bis
Okt. geöffnet.

## Restaurants

■ **Archontiko,** 71, Leoforos Athinon, Tel. 04-65 59 05. Zyprische Gerichte in einem malerischen alten
Gebäude an der Strandpromenade
Foinikoudes. Nebenan befindet sich
das Archontissa Steakhouse. $ $
■ **Monte Carlo,** 28, Odos Piyale
Pasha, Tel. 04-35 38 15. Im alten
türkischen Viertel von Lárnaka; ein
stilvoller Ort mit einem schönen
Balkon, von dem man einen fanta-
stischen Blick auf die Weiten des
Mittelmeers hat. $ $

## Unterhaltung

■ **Municipal Theatre,** Stadtthea-
ter, Tel. 04-66 57 94.
■ **Larnaka Fort,** Tel. 04-65 43 22.
Gelegentlich Gastauftritte von Orchestern und Theaterensembles.

## Latsí

■ **Telefonvorwahl:** 06.

## Restaurants

■ **Porto Latchi,** Main Street,
Tel. 06-32 15 30. Auch wenn das
Restaurant über eine Terrasse im
Freien am Wasser verfügt, ist der
wie ein Keller gestaltete Innenraum
der romantischere Ort, um die aus-
gezeichneten Meeresgerichte zu
genießen. $ $
■ **Yangos and Peter,** am Fischha-
fen, Latsí, Tel. 06-32 14 11. Eine Legende unter den südländischen
Speiselokalen (sowohl am Mittag
als auch am Abend)! Y&P ist ein
lebhaftes Restaurant neben dem
Hafen. Sie werden kaum irgendwo
auf Zypern besser speisen oder ein
perfekter arrangiertes Diner erleben! $ $
■ **Takkas Bay,** zwischen Latsí und
den Bädern der Aphrodite,
Tel. 06-32 10 87. Exzellente Fischgerichte direkt am Strand, in einer
ausgeschilderten Seitenstraße.
$ $

## Limassol

■ **Telefonvorwahl:** 05.

## Touristeninformationen

■ **Limassol Tourist Office,** 15,
Odos Spyrou Arouzou,
Tel. 05-36 27 56 oder 35, Odos A
Georgiou, Germasogeia,
Tel. 05-32 32 11.

## Verkehrshinweise

**Bus**
Alepa, von der Haltestelle bei der
Touristinformation, Tel. 09-62 50 27,

nach Páphos und Nikosia. Kyriakos, 21 Thessalonikis, Tel. 05-36 20 61, fährt nach Platres. Stadtbus 30 vom neuen Hafen entlang der Küste nach Amathus. Vom Terminal Andreas Themistokles, nahe der Markthalle, Linie 2 während der Badesaison zum Lady Mile's Beach, ein weiterer Badebus zum Governor's Beach.

## Unterkunft

■ **Continental,** 137, Odos Spirou Arouzou, Tel. 05-36 25 30. Der schöne Meerblick und die gute Lage gleichen das Fehlen eines Swimmingpools wieder aus. 27 schön geschnittene Räume und ein eigenes Café. $
■ **Curium Palace,** 2 Byron, Tel. 05-36 31 31, Fax 35 92 93. In den Siebzigern gebautes Stadthotel nahe dem Archäologischen Museum, kleiner Garten mit Schwimmbad. $ $
■ **Le Village,** 242, Leoforos Archiepiskopou Leontiou I, Tel. 05-36 81 26. Einfacher Familienbetrieb in der Innenstadt mit 32 Zimmern. Einladende Atmosphäre und angemessener Komfort. $

### Camping
■ **Governor's Beach Camping,** rund 20 km östlich von Limassol, Tel. 05-63 23 00 oder 63 28 78. Das ganze Jahr über geöffnet.

## Restaurants

■ **Akti Olous,** Galatex Beach Centre, Potamos Germasogeias, Tel. 05-31 44 04. Die Terrasse ist der schönste Ort, um mit Blick auf das Meer die Spezialitäten des Hauses zu genießen. Méze, entweder mit Fleisch oder Fisch, ist besonders zu empfehlen. Natürlich gibt es noch eine Reihe anderer Speisen, wie Stifado, Kleftiko und Steaks. $ $
■ **Blue Island,** 3, Leoforos Amathoundos, Tel. 05-32 14 66. Eines der besten Restaurants der Stadt, in dem französische und internatio-

nale Küche in gediegener Atmosphäre angeboten wird. Außerdem kann man auch unter der Schatten spendenden Weinlaube vor dem Haus dinieren. $ $ $
■ **Café des Artistes,** Od. Neophytos. Ein Treffpunkt der örtlichen Künstlerszene mit Lesungen, Ausstellungen und Chansonabenden. Offen ab 10 Uhr bis in den späten Abend. $
■ **Gallo de Oro,** 232 Odos 28 Oktovriou, Tel. 05-34 33 82. Zwar sehr touristisch ausgerichtete Taverne, trotzdem gute Küche und gemütliche Atmosphäre. $
■ **Irodion,** Agiou Andreou, östlich der Fußgängerzone. Zum Restaurant umgewandelte 5-Zimmer-Wohnung im 1. Stock eines alten Stadthauses; wechselnde Tagesgerichte und Crèpes. Ab 21 Uhr geöffnet, So Ruhetag. $ $
■ **Ladas,** Agios Theklis, am alten Hafen. Renommierte Fischtaverne mit rustikalem Ambiente. Täglich ab 12 Uhr geöffnet. $ $
■ **Porta,** 17, Odos Genethliou Mitela, Tel. 05-36 03 39. Ausgefallene Speisen in einem ehemaligen Eselsstall? Das Porta im alten Türkenviertel bietet nicht nur viel Atmosphäre in dem von Designern umgebauten Gemäuer, sondern auch eine fabelhafte Küche! $ $
■ **Vassilikos,** Odos Agiou Andreas, Tel. 05-43 32 97. Während Sie die empfehlenswerte »Méze« zu sich nehmen, streift ein Geiger mit traditionellen Liedern durch das Restaurant. Die feinen Speisen können auch auf der Gartenterrasse genossen werden. $ $

## Unterhaltung

■ **Zoo,** Municipal Gardens 28, Odos Aktovriou. Tgl. geöffnet von 9–13 Uhr und 14.20–18.30 Uhr.
■ **Limassol Castle,** Tel. 05-33 04 19. Gelegentliche Gastauftritte von Orchestern oder Theaterensembles im Schlosstheater.
■ **Kourion Odeon,** Tel. 05-36 27 56. Der perfekte Ort,

um sich antike griechische Stücke anzusehen. Doch auch Shakespearedramen, die hier zur Aufführung kommen, sind ein Genuss.

## Neon Chorion

■ **Telefonvorwahl:** 06.

### Restaurant
■ **Prengos Sea View,** etwas außerhalb von Neon Chorion, Tel. 06-32 10 00. Eigentümer ist ein ortsansässiger Fischer. Bekannt für seine frischen Fischgerichte, die auf der Terrasse mit einem wunderschönem Blick auf die Halbinsel Akámas und das Meer serviert werden. $ $

## Nikosia (Nord)

■ **Telefonvorwahl:** Innerhalb von Nordzypern ohne Vorwahl zu erreichen.

### Touristeninformation
■ **Nikosia Tourist Information,** Sht Tegman Idris Dogan Sokak B Block, Lefkosia, Tel. 228 96 29. Ausschließlich Informationen über den Nordteil des Landes.

### Verkehrshinweise
**Bus**
Der Busbahnhof Yenisehir Teminali an der Ausfallstraße nach Famagusta ist vom Girne-Tor aus mit dem Stadtbus 4 zu erreichen. Von hier aus gibt es laufend Minibusse nach Girne, seltener nach Fanagusta. Am frühen Morgen, nach 17 Uhr und sonntags fahren Fernbusse direkt vom Girne-Tor, wo auch die Stadtbusse halten.

### Restaurants
■ **Saray Hotel,** Atatürk Md. Restaurant und Bar im Dachgeschoss, in der türkischen Altstadt. Bei einer kühlen Brise auf der Terrasse lässt sich nicht nur die ausgezeichnete

Küche des Hauses, sondern auch die Aussicht genießen. $ $

# Nikosia (Süd)

- **Telefonvorwahl:** 02.

## Touristeninformationen

- **Tourist Office,** 19, Leoforos Lemesou, P.O. Box 4535, Nikosia, Zypern, Tel. 02-33 77 15, Fax 02-33 16 44. Informationen über die ganze Republik.
- **Nicosia Tourist Office,** 35, Odos Aristokyprou, Laïki Geitonia, Tel. 02-44 42 64.

## Verkehrshinweise

**Bus**
Stadt- und Vorortbusse starten vom zentralen Busbahnhof am Solomos-Platz, Überlandbusse an den Büros der einzelnen Busgesellschaften: Alepa, am Solomos-Platz, Tel. 02-46 36 36, nach Páphos über Limassol. Kallenos, Solomos-Platz, Tel. 02-45 35 60, 46 46 26 fährt nach Larnaka. Mit Klarios, Konstanza-Bastion, Tel. 02-45 32 34, geht's nach Kakopetria und Tróodos. EMAN, Tel. 02-47 34 14, Abfahrt ab Konstanza-Bastion nach Agía Nápa. Paralímni-Bus, c/o Kyriakos-Taxi, 27 Stassinos, Tel. 02-44 41 41, nach Paralímni/Protaras.

**Servicetaxis**
Auf telefonische Vorbestellung mit den Firmen Karydas (Tel. 02-46 22 69), Maktis (Tel. 02-46 62 01), Akropolis (Tel. 47 25 25) oder Kyriakos (Tel. 02-44 41 41), alle in der Od. Stassionos, nach Lárnaka, Limassol und Páphos.

## Unterkunft

- **Averof,** 19 Averof Str., Tel. 02-46 34 47, Fax 46 34 11. In einem ruhigen Wohnviertel 15 Minuten westlich vom Zentrum; rustikale Einrichutung, dennoch gemütliche Atmosphäre. $

- **Classic,** 94 Odos Rigainis, Tel. 02-46 40 06. Modernes, klimatisiertes Hotel mit 57 Zimmern in der Altstadt, idealer Ausgangspunkt für Einkäufe und Restaurantbesuche. $ $
- **Cyprus Hilton,** Leoforos Archiepiskopou Makariou III, Nikosia, Tel. 02-37 77 77, Fax: 37 77 88. Mit seinen 300 Zimmern ist das Cyprus Hilton nicht nur das größte, sondern auch das beste Hotel in Nikosia. Es verfügt über einen Hallen- sowie einen beheizten Freiluft-Swimmingpool und viele weitere Sportmöglichkeiten und Geschäfte. $ $ $
- **Holiday Inn,** 70 Regaena, Tel. 02-47 51 31, Fax 47 33 37. Das beste Hotel der Altstadt, von der Dachterrasse (mit Schwimmbad) schöner Blick über die Stadt. $ $ $
- **Regina Palace,** 42 Odos Rigainis, Nikosia, Tel. 02-46 30 51. Günstige Unterkunft in der Altstadt. Keiner der 30 Räume hat eine luxuriöse Ausstattung, alle jedoch sind sauber und gemütlich. $
- **Venetian Walls,** 38 Odos Ouzounian, Nikosia, Tel. 02-45 08 05. 48 komfortable Zimmer und ein hauseigenes Restaurant mit gutem Preis-/Leistungsverhältnis. $

**Jugendherberge**
- **Nikosia Youth Hostel,** 5, Odos Hadjidaki, Tel. 02-44 48 08.

## Restaurants

- **Aegeon,** 40, Odos Ektoros, Tel. 02-43 32 97. Das Famagusta Gate hat sich in den letzten Jahren zu einer schicken und teuren Gegend entwickelt. Dennoch findet man noch einige einfache Tavernen wie das Aegeon, das in seinen Mauern gute traditionelle Küche zu vernünftigen Preisen bietet. $ $
- **Arhondiko,** 27, Odos Aristokyprou, Laïki Geitonia, Tel. 02-45 00 80. Laïki Geitonia mag dem einen oder anderen etwas zu schön, um nicht zu sagen, kitschig vorkommen. Dennoch gibt es einfach keinen romantischeren

Ort als das Arhondiko, um unter Laternen bei sanfter griechischer Musik zu dinieren. $ $
- **Armenaki,** 15, Odos Sans Souci, Tel. 02-37 83 83. Wie der Name schon sagt, handelt es sich um ein armenisches Restaurant, das trotz seiner Einfachheit auch bei betuchteren Anwohnern sehr beliebt ist. $
- **Athineon,** Laiki Yitonia. Europäisch-rustikales Ambiente mit Steinboden, dunkel gebeiztem Holz und offenem Kamin. $ $ $
- **Axiothea,** 14, Odos Axoitheas, Nikosia, Tel. 02-43 07 87. Schönes Lokal mit der besten authentisch zyprischen Küche in der Gegend, auch Straßenlokal. $
- **Erenia,** 64a, Leoforos Archiepiskopou Kyprianou, Strovolos, Tel. 02-42 28 60. Strovolos ist etwas außerhalb der Stadt, dennoch lohnt sich ein Ausflug, um Méze in unverfälschter Atmosphäre zu genießen. $ $
- **Konatzin,** 10, Odos Delfi, Tel. 02-44 69 90. In einem herrschaftlichen Haus mit Garten wird vegetarische Méze gereicht. $ $
- **Plaka,** Plateia Archiepiskopou Makariou III, Egkomi, Tel. 02-44 64 98. Das Restaurant steht auf der einstigen alten Dorfkreuzung, zwischen Büschen und Blumen liegt die Gartenterrasse. $ $
- **Prophyläa,** 15 Trikoupi. Eine urige Taverne, in der es besonders während des Bauernmarktes lebhaft zugeht. Abends und So geschlossen. $
- **Xefoto,** 6, Odos Aeschylou, Laïki Geitonia, Tel. 02-47 78 40. Das Lokal hat drei Bereiche: eine luftige Terrasse außerhalb, ein stilechtes Caférestaurant im Parterre und einen intimeren Speisesaal im ersten Stock. Serviert werden ausgewählte Spezialitäten der zyprischen Küche. $ $

## Unterhaltung

- **British High Commission,** Mousieou Street, Tel. 02-86 11 00.

Hier werden Kammermusikabende und andere musikalische Aufführungen veranstaltet.

■ **Famagusta Gate Cultural Centre,** Pyli Ammochostou, Tel. 02-43 08 77. Kunstausstellungen und experimentelles Theater.

■ **Municipal Theatre,** Odos Mousieou, Tel. 02-78 11 05. Klassische Musik kommt neben Ballett und Opern ebenso zur Aufführung wie klassische und moderne Dramen, teils in englisch, teils in griechischer Sprache.

■ **Ostrich Farm Park,** Agios Giannis Malountas, ca. 25 Minuten von Nikosia entfernt. Angeblich Europas größte Straußenfarm, mit Ausstellungen und Spielplätzen. Mittwoch von 15–20 Uhr, Samstag und Sonntag von 10–20 Uhr geöffnet.

# Páphos

■ **Telefonvorwahl:** 06.

## Touristeninformation

■ **Tourist Office,** 3, Odos Gladstonos, Tel. 06-23 28 41 oder am Flughafen, Tel. 06-42 28 33.

## Verkehrshinweise

### Flughafen
7 km östlich der Stadt. Es besteht keine Busverbindung dorthin.

### Bus
Alepa, 2b Nikomidis Mylona, bei der Post, Tel. 06-24 17 17, nach Limassol und Nikosia; vom Parkplatz hinter dem Kino nach Pólis. Vom Terminal Pervola in Ktíma an der Ecke Makarios/Thermophylas mit Stadtbus 11 nach Káto Páphos und zum Strandbad Yeroskipou. Bus 15 zu den Hotels an der Westküste bis zur Coral Bay.

## Unterkunft

■ **Agapinor,** 26, Odos Nikodemos Mylonos, Ktíma (Néa Páphos), Tel. 06-23 39 27. Wenn Sie weg von der Küste wollen und das volle

Leben im Herzen von Ktíma vor der Haustüre haben möchten, können Sie nicht näher wohnen als in einem der 37 Räume des Agapinor. $

■ **Axiothea,** 2, Ivi Malioti Str., Tel. 06-23 28 66, Fax 24 57 90, in Ktíma am Hügel hinter dem Touristenbüro. Ein familiär geführtes Haus mit neuem Anbau; Zimmer mit Balkon und schöner Aussicht. $

■ **Cypria Maris,** Poseidon Ave., Tel. 06-23 81 11, Fax 23 81 25. Ein Luxushotel mit aufgeschüttetem Strand 2 km östlich von Hafen. Mit Animation und gutem Sportangebot. $ $ $

■ **Droushia Heights,** Drouseia Village, 37 km nördlich von Páphos, Tel. 06-33 23 51. Hier kann man Zypern einmal ganz anders erleben, und zwar auf Wanderwegen zwischen Páphos und Polis. Das 46-Zimmer-Hotel hat auch einen Swimmingpool. $ $

■ **Kings,** Leoforos Tafon ton Vasileion, Káto Páphos, Tel. 06-23 34 97. Beliebt vor allem bei britischen Besuchern, die die großen Hotelbunker meiden wollen. 27 gemütliche Zimmer; perfekte Lage für einen Ausflug zu den archäologischen Ausgrabungen der Königsgräber. $ $

■ **Park Mansions,** 16, Odos Pavlou Melas, Ktíma (Néa Páphos), Tel. 06-24 56 45. Eines von Zyperns absoluten Prachtstücken: Der venezianisch gestaltete einstige herrschaftliche Wohnsitz wurde in ein schönes Hotel mit 25 Zimmern und einem Swimmingpool umgebaut. $ $ $

■ **Roman,** Ayios Lambrianou, 06–24 54 11, Fax 24 68 34, zwischen Ktíma und Káto Páphos am Anfang der Straße zur Coral Bay. Die ungewöhnlich eigenwillige Inneneinrichtung orientiert sich am Stil der römischen Antike. $ $

■ **Souli,** Latsí-Neon Chorion Road, Páphos, Tel. 06-32 10 88. Von den meisten der 19 Zimmer hat man einen wunderschönen Blick auf das Meer und Akámas. Empfehlenswertes Fischrestaurant. $

■ **Stavros tis Psokas Rest House,** Stavros tis Psokas Forest Station, Pafos Forest, 10 km nordwestlich Kloster Panagia tou Kykkou, Tel. 06-72 23 38. Diese Waldstation liegt einzigartig an einem fast unzugänglichen Ort; es gibt hier lediglich 7 Zimmer und einige Hütten zu mieten. Die fantastische Örtlichkeit im Wald von Páphos nahe dem Cedartal ist – typisch zyprisch – felsig und zerklüftet. Unvermeidlich, dass die Unterkunft gerade bei Wanderern und Naturliebhabern sehr gefragt ist! Eine Reservierung im voraus ist dringend zu empfehlen. $

### Jugendherberge
■ **Pafos Youth Hostel,** 37, Leoforos Eleftheriou Venizelou, Tel. 06-23 25 88.

## Restaurants

■ **Avgerinos,** Minoos Str., nahe den Fränkischen Bädern. Aus dem je nach Fang wechselnden Fischangebot darf der Gast direkt in der Küche auswählen. Preise nach Gewicht. $ $

■ **Cavallini,** Leoforos Poseidonou, Káto Páphos (nahe dem Amathus Hotel), Tel. 06-24 64 64. In einer ruhigen Atmosphäre werden italienische Spezialitäten vom Feinsten angeboten. $ $ $

■ **Demokritos,** 1, Odos Dionysou, Káto Páphos, Tel. 06-23 33 71. Man ist besonders stolz, die älteste Taverne im Ort zu führen (seit 1972). Traditionelle griechische und zyprische Musik zum Abendessen. $ $

■ **Dover,** Leoforos Poseidonos, Káto Páphos, Tel. 06 24 81 00. Ausgezeichnete Meeresküche auf internationalem Standard. $ $

■ **Fettas Comer,** 33, Odos Ioannis Agrotis, Ktíma, Tel. 06-23 78 22. Eines der wenigen vom Tourismus unberührten Restaurants. Eine ungezwungene Atmosphäre ist der Nährboden für delikate zyprische Gerichte, die Sie so originalgetreu zubereitet nirgendwo anders finden werden. $ $

**10**

**Nostalgia,** 8, Leoforos Tafon ton Vasileion, Káto Páphos, Tel. 06-24 74 64. Russisches Restaurant mit einem Stammpublikum aus betuchten russischen Touristen und Geschäftsleuten. $ $ $

**Nicos Tyrimos,** 75, Odos Agapinor, Káto Páphos, Tel. 03-83 13 86. Páphos' Fischer kommen hierher, um in der familiengeführten Fischtaverne die leckeren Gerichte zu genießen. Pomp und Glamour bleiben vor der Türe! $ $

**Pelican,** 102, Leoforos Apostolou Pavlou (Hafen von Páphos), Tel. 06-24 68 86. Wegen ihrer stimmungsvollen Atmosphäre vermutlich die beliebteste Taverne am Hafen. $ $

### Unterhaltung

**Boote mit Glasboden,** eine gute Möglichkeit, um das Leben unter Wasser zu beobachten. Abfahrt am Hafen von Páphos. In der Sommersaison jeden Tag.

**Municipal Theatre,** städtisches Theater, Tel. 06-23 25 71.

**Odeon,** Ausgrabungsstätten am Hafen, Tel. 06-23 28 41. Klassische griechische Stücke sowie Shakespeare und Inszenierungen moderner Opern.

**Pafos Fort,** am Hafen, Tel. 06-23 28 41. Gelegentliche Gastspiele von ausländischen Orchestern und Theaterensembles.

## Pedoulas

**Telefonvorwahl:** 02.

### Unterkunft

**Churchill Pinewood Valley,** außerhalb von Pedoulas an der Straße von Prodromos nach Pedoulas, Tel. 02-95 22 11. Eine rustikale Unterkunft inmitten der Bergwälder mit exzellentem Service, guten Sportmöglichkeiten und einem Swimmingpool. 49 Zimmer. $ $

**Mountain Rose,** Tel. 02-95 27 27. Fröhliche und zwanglose Unterkunft mit einem

beliebten Restaurant. Sie verfügt über 20 Zimmer und liegt an der hügeligen Hauptstraße von Pedoulas. $

### Restaurants

**To Vrysi,** Pedoulas Village Centre, Tel. 02-95 22 40. Auch als Harry's Water Restaurant bekannt, eines der besten Lokale in den Bergen. $ $

## Pegeia

**Telefonvorwahl:** 06.

### Restaurants

**Peyia Tavern,** im Zentrum des Dorfes, Tel. 06-62 10 77. Grillfleischgerichte sind die Spezialität des rustikal eingerichteten Hauses, neben hervorragenden Beilagen und einem probierenswerten Dorfwein. $

**Vineyard,** Coral Bay Road, Tel. 06-62 19 94. Moderne Taverne inmitten duftender Felder außerhalb von Pegeia. Die hausgemachten Gerichte sind von hohem Niveau. $

## Pissouri Bay

**Telefonvorwahl:** 06.

### Restaurants

**Simposio,** am Strand von Pissouri, Tel. 05-22 11 58. Die Speisen aller Restaurants am Strand sind hoffnungslos überteuert; das Simposio bildet da keine Ausnahme, allerdings sind die zyprische Méze und die einmalige Lage schon eine Versuchung. $ $

## Platres

**Telefonvorwahl:** 05.

### Touristeninformation

**Platres Tourist Office,** im Zentrum, Tel. 05-42 13 16.

### Verkehrshinweise

**Bus**
Platres-Bus und Yero Dimos frühmorgens nach Limassol; Yero Dimos nachmittags nach Tróodos, Prodromos und ins Marathassa-Tal.

### Unterkunft

**Edelweiss,** Pano Platres, Tel. 05-42 13 35. Wie der Name schon vermuten lässt, sieht das Haus wie ein österreichisches Alpenhotel aus. Es steht an der Hauptstraße in Platres. $

**Forest Park,** Pano Platres, Tel. 05-42 17 51. Außerhalb von Platres in den Wäldern. Die 137-Betten-Unterkunft gilt als die beste in den Bergen. Sie verfügt auch über eine beheizten Swimmingpool im Freien. $ $ $

**Minerva,** 10 Gehminuten oberhalb des Zentrums, Tel. 05-42 17 31, Fax 42 10 75. Das von einem passionierten Botaniker und Geologen geleitete Hotel bietet sich besonders für Naturfreunde an. $

### Restaurant

**Kalidonia,** Pano Platres, Tel. 05-42 14 04. Die zyprische Küche mundet am besten, wenn sie an einem lauen Sommerabend in unverfälschter Atmosphäre genossen wird – ganz so wie hier! $

## Pólis

**Telefonvorwahl:** 06.

### Touristeninformation

**Tourist Office,** 2, Odos Agiou Nikolaou, Tel. 06-32 24 68.

### Verkehrshinweise

**Bus**
New Amoroza, Tel. 06-32 11 15. Das Busunternehmen unterhält eine täglich verkehrende Linie von Pólis nach Páphos.

## Unterkunft

**Bougainvillea,** Tel. 06-32 22 01, Fax 32 22 03. Zum Zentrum und Strand jeweils 5 Min. Ein ruhiges Bungalowhotel mit Garten und Schwimmbad. $

## Camping

■ **Pólis Camping,** direkt am Stadtstrand-. Tel. 06-32 15 26. Zyperns schönster Campingplatz im üppigen Grün eines kleinen Eukalyptushains, mit kleinem Supermarkt und Bar. Von März bis Ende Nov. geöffnet. Es können Zelte gemietet werden.

## Restaurants

■ **Karouzis,** Tel. 32 18 88, am Weg zum Campingplatz. Die beste Küche am Ort. Auch Fremdenzimmer. $ $ $
■ **Finikas,** 9, Odos Louliou, Tel. 06-32 23 73. Sehr attraktives Caférestaurant, das eine Vielzahl von vegetarischen sowie italienischen Gerichten in Verbindung mit einer original zyprischen Speisekarte bietet. $ $
■ **Old Town,** an der Straße von Pólis nach Páphos, Tel. 06-32 27 58. Ein weiteres Gartencafé mit einer umfangreichen Speisekarte. Vegetarische sowie Fleischgerichte. $ $

## Protaras

■ **Telefonvorwahl:** 03.

## Restaurants

■ **Spartiatis,** am Strand von Konnos, Tel. 03-83 13 86. Frisches Meeresgetier direkt vom naheliegenden Hafen, außerdem eine Auswahl an griechischen Spezialitäten; ruhige und romantische Atmosphäre. $ $
■ **Anatolia,** Agios Elias, Tel. 03-83 15 33. Hier funktioniert das Nebeneinanderleben in Vollendung: Die Taverne mit dem türkischen Namen serviert nämlich vor allem zyprische Méze, dank derer sie bekannt wurde. $ $

# Tróodos

## Unterkunft

### Jugendherberge
■ **Troodos Youth Hostel,** in einem Pinienwald in der Nähe der Stadt, an der Straße zwischen Tróodos und Kakopetria, Tel. 05-42 24 00. Geöffnet von April bis Okt.

### Camping
■ **Troodos Camping,** 2 km nordöstlich der Stadt inmitten eines Pinienwaldes, Tel. 05-42 16 24. Geöffnet von Mai bis Ende Okt.
**UT3 Restaurant**
■ **Civic,** Tróodos, Tel. 05-42 21 02. Außerhalb des Dorfes und fernab der sommerlichen Menschenmassen liegt dieses kleine Lokal malerisch in den Hügeln. $

# 11

# Sprache

# Griechisch

Landessprache im Südteil der Insel ist Griechisch, man hat aber auch mit Englisch keine Probleme, da Zypern bis 1960 britische Kolonie war und die Engländer weiter Militärstützpunkte auf der Insel unterhalten.

## Allgemeines

| | | |
|---|---|---|
| Guten Morgen | Καλημέρα | [kali**me**ra] |
| Guten Tag | Χαίρετε | [**che**rete] |
| Guten Abend | Καλησπέρα | [kali**spe**ra] |
| Hallo! (du) | Γειά σου! | [ja‿βu] |
| Hallo! (Siezen und Plural) | Γειά σας! | [ja‿βas] |
| Wie geht es dir? | Τι κάνεις; | [ti **ka**nis] |
| Wie geht es Ihnen / euch? | Τι κάνετε; | [ti ka**ne**te] |

| | | |
|---|---|---|
| Danke, gut. | Καλά ευχαριστώ. | [ka**la** efchari**sto**] |
| Ich heiße ... | Λέγομαι ... | [**le**gome] |
| Auf Wiedersehen. | Αντίο. | [an**dio**] |
| Morgen | πρωί | [pro·**i**] |
| Nachmittag | απόγευμα | [a**po**jewma] |
| Abend | βράδυ | [**wra**ði] |
| Nacht | νύχτα | [**nich**ta] |
| morgen | αύριο | [**aw**rio] |
| heute | σήμερα | [**ßi**mera] |
| gestern | χτες | [chtes] |
| Sprechen Sie Deutsch / Englisch? | Μιλάτε γερμανικά / αγγλικά; | [mi**la**te jerma**ni**ka / angli**ka**] |
| Wie bitte? | Ορίστε; | [o**ri**ste] |
| Ich verstehe nicht. | Δεν καταλαβαίνω. | [ðen katala**we**no] |
| Sagen Sie es bitte nochmals. | Ξαναπείτε το, παρακαλώ. | [ksana**pi**te to paraka**lo**] |
| ..., bitte | ..., παρακαλώ | [..., paraka**lo**] |
| danke | ευχαριστώ | [efchari**sto**] |
| Keine Ursache. | Τίποτε. | [**ti**pote] |
| was / wer | τι / ποιος | [ti / pjos] |
| wo / wohin | πού | [pu] |
| wie / wieviel | πως / πόσο | [pos / **po**ßo] |
| wann / wie lange | πότε / πόση ώρα | [**po**te / **po**ßi ora] |
| Wie heißt das? | Πως λέγεται αυτό; | [pos **le**jete af**to**] |
| Wo ist ...? | Πού είναι ...; | [pu ine] |
| Können Sie mir helfen? | Μπορείτε να με βοηθήσετε; | [bo**ri**te na me wo·i**ϴi**ßete] |
| ja | ναι | [ne] |
| nein | όχι | [**ochi**] |
| Entschuldigen Sie. | Με συγχωρείτε. | [me ßingcho**ri**te] |
| Das macht nichts. | Δεν πειράζει. | [ðen pi**ra**ßi] |

## Sightseeing

| | | |
|---|---|---|
| Gibt es hier eine Touristeninformation? | Υπάρχει τουριστικό γραφείο εδώ; | [i**par**chi turisti**ko** gra**fi**o e**ðo**] |

Haben Sie einen Stadtplan / ein Hotelverzeichnis?
Έχετε ένα χάρτη της πόλης / έναν κατάλογο ξενοδοχείων; [echete **ena chart**i tis **pol**is / **e**nan katalogo kseno**δochi**on]

Wann ist das Museum / die Kirche / der Tempel geöffnet?
Πότε είναι ανοιχτό το μουσείο / ανοιχτή η εκκλησία / ανοιχτός ο ναός; [**pote i**ne anich**to** to mu**βi**o / anich**ti** i ekli**βi**a / anich**tos** o na·**os**]

Wann wird geschlossen?
Πότε θα κλείσει; [**pote** θα **kli**βi]

## Shopping

Wo gibt es ...?
Πού έχει ...; [pu **e**chi]

Wieviel kostet das?
Πόσο κοστίζει αυτό; [**poo** kos**ti**si af**to**]

Das ist zu teuer.
Είναι πολύ ακριβό. [**i**ne po**li** akri**wo**]

Das gefällt mir (nicht).
Αυτό (δεν) μου αρέσει. [**af**to (δen) mu_a**re**βi]

Gibt es das in einer anderen Farbe / Größe?
Υπάρχει σε άλλο χρώμα / μέγεθος; [i**par**chi βe **al**lo **chro**ma / **me**jeθos]

Ich nehme es.
Το παίρνω. [to **per**no]

Wo ist eine Bank?
Πού υπάρχει μια τράπεζα; [pu i**par**chi **mi**a **tra**pesa]

Geben Sie mir bitte 100 g (Feta-)Käse / zwei Kilo Orangen.
Παρακαλώ δώστε μου εκατό γραμμάρια τυρί (φέτα) / δύο κιλά πορτοκάλια. [paraka**lo do**ste mu eka**to** gra**ma**ria **ti**ri (**fe**ta) / **δi**o kila porto**ka**lia]

Haben Sie deutsche Zeitungen?
Έχετε γερμανικές εφημερίδες; [echete jerman**ik**es efimer**iδ**es]

Wo kann ich telefonieren / eine Telefonkarte kaufen?
Πού μπορώ να τηλεφωνήσω / να αγοράσω τηλεκάρτα; [pu bo**ro** na tilefon**iβ**o / na agor**aβo** tile**karta**]

## Notfälle

Ich brauche einen Arzt / Zahnarzt.
Χρειάζομαι ένα γιατρό / έναν οδοντίατρο. [chri**a**some **ena** ja**tro** / enan_o**δon**diatro]

Rufen Sie bitte einen Krankenwagen / die Polizei.
Παρακαλώ καλέστε τις πρώτες βοήθειες / την αστυνομία. [paraka**lo** ka**le**ste tis **pro**tes wo**iθ**ies / tin_astino**mia**]

Wir hatten einen Unfall.
Είχαμε ένα ατύχημα. [**i**chame ena a**ti**chima]

Wo ist das nächste Polizeirevier?
Πού είναι το κοντινότερο αστυνομικό τμήμα; [pu **i**ne to kondi**no**tero astinom**ik**o tm**i**ma]

Ich bin bestohlen worden.
Με κλέψανε. [me **kle**psane]

Διέρρηξαν το αυτοκίνητό μου.

Mein Auto ist aufgebrochen worden.
[**δ**ieriksan to afto**kin**i**to**_mu]

## Essen und Trinken

Die Speisekarte, bitte.
Τον κατάλογο, παρακαλώ. [ton ka**ta**logo paraka**lo**]

Was gibt es zu essen?
Τι φαγητά υπάρχουν; [ti faj**it**a i**par**chun]

Brot — ψωμί [pso**mi**]
Kaffee — καφές [ka**fes**]
Tee — τσάι [**tsa**·i]
mit Milch / Zucker — με γάλα / ζάχαρη [me **ga**la / **sa**chari]
Orangensaft — χυμός πορτοκάλι [**chi**mos / porto**ka**li]
Einen (griechischen) Kaffee, bitte. — Έναν (ελληνικό) καφέ παρακαλώ. [enan (elli**nik**o) ka**fe** paraka**lo**]
Suppe — σούπα [**βu**pa]
Fisch — ψάρι [**psa**ri]
Meeresfrüchte — θαλασσινά [θala**βin**a]
Fleisch — κρέας [**kre**as]
Geflügel — πουλερικά [pule**rik**a]
Beilagen — γαρνιτούρα [garni**tu**ra]

vegetarische Gerichte — χορτοφαγικά πιάτα [chortofaj**ik**a **pja**ta]
Eier — αυγά [**aw**ga]
Salat — σαλάτα [**β**a**la**ta]
Dessert — επιδόρπιο [epi**δor**pio]
Obst — φρούτα [**fru**ta]
Eis — παγωτό [pa**go**to]
Wein — κρασί [**kra**βi]
weiß / rot / rosé — άσπρο / κόκκινο / ροζέ [**as**pro / **kok**kino / **rose**]
Bier — μπύρα [**bi**ra]
Aperitif — απεριτίφ [aper**it**if]
Wasser — νερό [**ne**ro]
Mineralwasser — μεταλλικό νερό [metal**lik**o **ne**ro]
mit / ohne Kohlensäure — με / χωρίς ανθρακικό [me / **cho**ris an**θ**rak**ik**o]
Limonade — λεμονάδα [lemo**na**δa]
Frühstück — πρωινό [pro·**i**no]
Mittagessen — μεσημεριανό φαγητό [me**β**imerj**a**no faj**it**o]
Abendessen — βραδινό φαγητό [**w**ra**δin**o faj**it**o]

Ich möchte nur eine Kleinigkeit essen.
θα ήθελα να τσιμπήσω κάτι μονο. [θa **i**θela na tsimb**iβ**o **kat**i **mo**no]

Ich möchte bezahlen.
θα ήθελα να πληρώσω. [θa **i**θela na pl**iro**βo]

Es war sehr gut / nicht so gut.
Ήταν νόστιμο / Δεν ήταν τόσο νόστιμο. [itan **nost**imo / δen itan **toβ**o **nost**imo]

## Im Hotel

Ich suche ein gutes / nicht zu teures Hotel.
Ψάχνω ένα καλό / όχι πολύ ακριβό ξενοδοχείο. [**psach**no ena kalo / **o**chi poli akr**iw**o kseno**δoch**io]

Ich habe ein Zimmer reserviert.
Έχω κλείσει δωμάτιο. [**echo kl**iβi **δom**atio]

Ich suche ein Zimmer für ... Personen.
Ψάχνω ένα δωμάτιο για ... άτομα. [**psach**no ena **δom**atio ja ... **at**oma]

Mit Dusche und Toilette.
Με ντους και τουαλέτα. [me dus kje tua**le**ta]

| | | | | | |
|---|---|---|---|---|---|
| Mit Balkon / Blick aufs Meer. | Με μπαλκόνι / θέα στη θάλασσα. [me balkoni / θea sti θalaßa] | 6 | έξι [exi] | Wie geht's? | Nasılsınız? [naßəlßənəs] |

Mit Balkon / Blick aufs Meer. — Με μπαλκόνι / θέα στη θάλασσα. [me balkoni / θea sti θalaßa]

Wieviel kostet das Zimmer pro Nacht? — Πόσο κοστίζει το δωμάτιο τη βραδιά; [poßo kostisi to δomatio ti wraδja]

Mit Frühstück? — Με πρωινό; [me pro·ino]

Kann ich das Zimmer sehen? — Μπορώ να δω το δωμάτιο; [boro na δo to δomatio]

Haben Sie ein anderes Zimmer? — Έχετε και άλλο δωμάτιο; [echete kje allo δomatio]

Das Zimmer gefällt mir (nicht). — Το δωμάτιο (δεν) μου αρέσει. [to δomatio (δen) mu_areßi]

Kann ich mit Kreditkarte bezahlen? — Μπορώ να πληρώσω με πιστωτική κάρτα; [boro na pliroßo me pistotiki karta]

Wo kann ich parken? — Πού μπορώ να παρκάρω; [pu boro na parkaro]

Können Sie das Gepäck in mein Zimmer bringen? — Μπορείτε να μου φέρετε τις αποσκευές στο δωμάτιο; [borite na mu ferete tis aposkewes sto δomatio]

Haben Sie einen Platz für ein Zelt / einen Wohnwagen / ein Wohnmobil? — Έχετε μία θέση για μία σκηνή / ένα τροχόσπιτο / ένα κάραβαν; [echete mia θeßi ja mia skini / ena trochospito / ena karawan]

Wir brauchen Strom / Wasser. — Χρειαζόμαστε ρεύμα / νερό. [chriasomaste rewma / nero]

## Zahlen

0 μηδέν [miδen]
1 ένα [ena]
2 δύο [δio]
3 τρία [tria]
4 τέσσερα [teßera]
5 πέντε [pende]
6 έξι [exi]
7 επτά [epta]
8 οκτώ [okto]
9 εννιά [enja]
10 δέκα [δeka]
11 έντεκα [endeka]
12 δώδεκα [δoδeka]
13 δεκατρία [δekatria]
14 δεκατέσσερα [δekateßera]
15 δεκαπέντε [δekapende]
16 δεκαέξι [δekaexi]
17 δεκαεπτά [δekaepta]
18 δεκαοκτώ [dekaokto]
19 δεκαεννιά [δekaenja]
20 είκοσι [ikoßi]
21 είκοσι ένα [ikoßi ena]
22 είκοσι δύο [ikoßi δio]
30 τριάντα [trianda]
40 σαράντα [ßaranda]
50 πενήντα [peninda]
60 εξήντα [exinda]
70 εβδομήντα [ewδominda]
80 ογδόντα [ogδonda]
90 ενενήντα [eneninda]
100 εκατό [ekato]
101 εκατόν ένα [ekaton ena]
110 εκατό δέκα [ekato δeka]
200 διακόσια [δiakoßja]
300 τριακόσια [triakoßja]
400 τετρακόσια [tetrakoßja]
500 πεντακόσια [pendakoßja]
600 εξακόσια [exakoßja]
700 επτακόσια [eptakoßja]
800 οκτακόσια [oktakoßja]
900 εννιακόσια [enjakoßja]
1000 χίλια [chilja]

## Türkisch

In Nordzypern haben die Behörden Türkisch zur Landessprache erklärt; die türkischstämmigen Zyprioten, die schon vor der türkischen Besetzung im Land gelebt haben, verstehen meist auch Griechisch und Englisch. Unter den Neuansiedlern aus der Türkei finden sich viele ehemalige Gastarbeiter aus Deutschland, die deutsche Sprachkenntnisse besitzen.

## Allgemeines

Guten Tag. — Iyi günler. [iji günler]
Hallo! — Merhaba! [merhaba]

Wie geht's? — Nasılsınız? [naßəlßənəs]

Danke, gut. — Teşekkür ederim, iyiyim. [teschekür ederim, ijim]

Ich heiße ... — Adım ... [adəm]
Auf Wiedersehen. — Iyi günler. [iji günler]
Morgen — sabah [ßabach]
Nachmittag — öğleden sonra [öjleden ßonra]
Abend — akşam [akscham]
Nacht — gece [gedsche]
morgen — yarın [jarən]
heute — bugün [bugün]
gestern — dün [dün]
Sprechen Sie Deutsch/ Englisch? — Almanca / Ingilizce biliyor musunuz? [almandscha / ingilisdsche bilijor_mußunus]
Wie bitte? — Efendim? [efendim]
Ich verstehe nicht. — Anlamadım. [anlamadən]
Sagen Sie es bitte nochmals. — Tekrar söyler misiniz. [tekrar söjler_mißinis]

..., bitte. — ..., lütfen. [lütfen]
Danke! — Teşekkürler! [teschekürler]
Keine Ursache. — Bir şey değil. [bir_schej dejil]
was / wer / welcher — ne / kim / hangi [ne / kim / hangi]
wo / wohin — nerede / nereye [nerde / nereje]
wie / wieviel / wann / wie lange — nasıl / ne kadar / ne zaman / ne zamana kadar [naßəl / ne_kadar / ne_saman / ne_samana kadar]
Warum? — Niçin? [nitschin]
Wie heißt das auf Türkisch? — Bunun Türkçesi ne? [bunun türktscheßi ne]
Wo ist ... ? — ... nerede? [nerde]
Können Sie mir bitte helfen? — Bana yardım eder misiniz? [bana yardəm eder_mißinis]
ja — evet [ewet]
nein — hayır [hajər]
Entschuldigen Sie. — Pardon. [pardon]

## Sightseeing

Gibt es hier eine Touristeninformation?
Burada turizm danışma var mı? [burda turism danəischma var‿mə]

Ich möchte einen Stadtplan / ein Hotelverzeichnis.
Şehir planı / Otellerin bir listesi var mı? [schehir planə / otellerin bir lißteßi war‿mə]

Wann / Wie lange ist das Museum / die Kirche / die Moschee / die Ausstellung geöffnet? Restaurierung geschlossen
Müze / kilise / cami / sergi ne zaman / ne zamana kadar açık? [müse / kiliße / dschah-mi / ßergi ne‿saman / ne‿samana kadar atschək] onarım [onarəm] kapalı [kapalə]

## Shopping

Wo bekomme ich ...?
... nerede bulabilirim? [nerde bulabilirim]

Was kostet ...?
... kaça? [katscha]

Das ist zu teuer.
Çok pahalı. [tschok pahalə]

Das gefällt mir (nicht).
Tamam / Kalsın. [tamam / kalßən]

Gibt es das in einer anderen Farbe / Größe?
Bunun başka rengi / bedenleri var mı? [bunun baschka rengi / bedenleri war‿mə]

Ich nehme es.
Bunu alıyorum. [bunu aləjorum]

Wo gibt es hier eine Bank / Wechselstube?
Bu yakınlarda banka / döviz büfesi var mı? [bu jakənlarda banka / dövis büfeßi war‿mə]

Ich suche einen Geldautomaten.
Bankamatik arıyorum. [bankamatik arəjorum]

Geben Sie mir 100 g Käse / ein Kilo Pfirsiche.
Yüz gram peynir / bir kilo şeftali verir misiniz. [jüs gram pejnir / bir kilo scheftahli werir mißinis]

Haben Sie eine deutsche Zeitung?
Almanca gazete var mı? [almandscha gasete war‿mə]

Wo kann man hier telefonieren?
Burada nereden telefon edebilirim? [burda nereden telefon edebilirim]

Wo bekomme ich eine Telefonkarte?
Telefon kartı nereden alabilirim? [telefon kartə nereden alabilirim]

## Notfälle

Ich brauche einen Arzt / Zahnarzt.
Bana bir doktor / diş hekimi lazım. [bana bir doktor / disch hekimi lahsəm]

Rufen Sie bitte einen Krankenwagen / einen Polizisten.
Bir ambulans / polis çağırır mısınız? [bir ambulanß / poliß tschahərər mißinis]

Ich hatte einen Unfall.
Kaza yaptım. [kasah japtəm]

Wo ist das nächste Polizeirevier?
En yakın polis karakolu nerede? [en jakən poliß karakolu nerde]

Ich bin bestohlen worden.
Param çalındı. [param tschaləndə]

Mein Auto ist aufgebrochen worden.
Arabam soyuldu. [arabam ßojuldu]

## Essen und Trinken

Die Speisekarte, bitte.
Yemek listesini verir misiniz? [jemek lißteßini werir‿mißinis]

Brot
ekmek [ekmek]

türkischer Kaffee
türk kahvesi [türk kachweßi]

Tee mit Milch / Zucker
çay [tschai] sütlü / şekerli [ßütlü / schekerli]

Orangensaft
portakal suyu [portakal ßuju]

Suppe
çorba [tschorba]

Fisch / Fleisch
balık / et [balək / et]

vegetarische Gerichte
sebzeli yemekler [ßebseli jemekler]

Ei
yumurta [jumurta]

Salat
salata [ßalata]

Desserts
tatlılar [tatləlar]

Obst
meyveler [mejveler]

Eis
dondurma [dondurma]

Wein
şarap [scharap]

weiß / rot
beyaz / kırmızı [bejas / kərməsə]

Bier
bira [bira]

Wasser
su [ßu]

Mineralwasser
madensuyu [mahdenßuju]

mit / ohne Kohlensäure
soda / şişe suyu [ßoda / schische ßuju]

Limonade
gazoz [gasos]

Frühstück
kahvaltı [kachwaltə]

Mittagessen
öğle yemeği [öjle jemeji]

Abendessen
akşam yemeği [akscham jemeji]

Ich möchte zahlen.
Hesabı alır mısınız? [heßabə alər‿mißinis]

Es war sehr gut / nicht so gut.
Çok güzeldi / O kadar güzel değildi. [tschok güseldi / o‿kadar güsel dejildi]

## Im Hotel

Ich suche ein gutes / preiswertes Hotel.
İyi / Uygun fiyatlı bir otel arıyorum. [iji / ujgun fijatlə bir otel arəjorum]

Ich habe ein Zimmer reserviert.
Bir oda ayırtmıştım. [bir oda ayərtməschtəm]

Ich suche ein Zimmer für ... Personen.
... kişilik bir oda arıyorum. [kischilik bir oda arəjorum]

Mit Dusche und Toilette.
Duşlu ve tuvaletli. [duschlu we tuwaletli]

Mit Balkon / Blick aufs Meer.
Balkonlu / deniz gören. [balkonlu / denis gören]

Wieviel kostet es pro Nacht?
Geceliği ne kadar? [gedscheliji ne kadar]

Mit Frühstück?
Kahvaltı dahil mi? [kachwaltə dahil‿mi]

Kann ich das Zimmer sehen?
Odayı görebilir miyim? [odajə görebilir‿mijim]

Haben Sie noch ein anderes Zimmer?
Başka odanız yok mu? [baschka odanəs jok mu]

Das Zimmer gefällt mir (nicht).
Odayı beğendim (beğenmedim). [odaja bejendim (bejenmedim)]

| | |
|---|---|
| Kann ich mit Kreditkarte zahlen? | Kredi kartıyla ödeyebilir miyim? [kredi kartəjla ödejebilir mijim] |
| Wo kann ich parken? | Arabayı nereye park edebilirim? [arabajə nereje park edebilirim] |
| Können Sie das Gepäck in mein Zimmer bringen? | Bagajımı odaya çıkarır misiniz? [bagazəmə odaya tschəkarər˛mißinis] |
| Haben Sie einen Platz für ein Zelt / einen Wohnwagen / ein Wohnmobil? | Bir çadır / karavan için yeriniz var mı? [bir tschadər / karawan itschín jeriniz war˛mə] |
| Wir brauchen Strom / Wasser. | Bize elektrik / su lazım. [bise elektrik / ßu lahsim] |

## Zahlen

| | | |
|---|---|---|
| 0 | sıfır | [ßəfər] |
| 1 | bir | [bir] |
| 2 | iki | [iki] |
| 3 | üç | [ütsch] |
| 4 | dört | [dört] |
| 5 | beş | [besch] |
| 6 | altı | [altə] |
| 7 | yedi | [jedi] |
| 8 | sekiz | [ßekis] |
| 9 | dokuz | [dokus] |
| 10 | on | [on] |
| 11 | on bir | [on˛bir] |
| 12 | on iki | [on˛iki] |
| 13 | on üç | [on˛ütsch] |
| 14 | on dört | [on˛dört] |
| 15 | on beş | [on˛besch] |

| | | |
|---|---|---|
| 16 | on altı | [on˛altə] |
| 17 | on yedi | [on˛jedi] |
| 18 | on sekiz | [on˛ßekis] |
| 19 | on dokuz | [on˛dokus] |
| 20 | yirmi | [jirmi] |
| 21 | yirmi bir | [jirmi˛bir] |
| 22 | yirmi iki | [jirmi˛iki] |
| 30 | otuz | [otus] |
| 40 | kırk | [kərk] |
| 50 | elli | [elli] |
| 60 | altmış | [altməsch] |
| 70 | yetmiş | [jetmisch] |
| 80 | seksen | [ßekßen] |
| 90 | doksan | [dokßan] |
| 100 | yüz | [jüs] |
| 101 | yüz bir | [jüs˛bir] |
| 110 | yüz on | [jüs˛on] |
| 200 | iki yüz | [iki˛jüs] |
| 300 | üç yüz | [ütsch˛jüs] |
| 400 | dört yüz | [dört˛jüs] |
| 500 | beş yüz | [besch˛jüs] |
| 600 | altı yüz | [altə˛jüs] |
| 700 | yedi yüz | [jedi˛jüs] |
| 800 | sekiz yüz | [ßekis˛jüs] |
| 900 | dokuz yüz | [dokus˛jüs] |
| 1000 | bin | [bin] |

# Literaturhinweise

## Empfehlungen zum Thema Zypern

J. Choisi: Wurzeln und Strukturen des Zypernkonfliktes 1878 bis 1990. Franz Steiner-Verlag, Stuttgart 1993.

W.A. Daszewski: Dionysos der Erlöser. Griechische Mythen im späten antiken Zypern. Zabern-Verlag, Mainz 1985.

Lawrence Durrell: Bittere Limonen. Erlebtes Zypern. rororo-Taschenbuch, Rowohlt-Verlag, Reinbek o. D.

Heiderich, Lenia & Barnim: Zyprisch kochen. Gerichte und ihre Geschichte. Ed. Dia, 1992.

Klaus Hillenbrand: Cypern. Aphrodites geteilte Insel. Beck, 1990.

K. Liebe (Hrsg.): Zypern – Der »vergessene« europäische Konflikt. Verlag Tibor Sarusy, Unkel 1994.

Barbara Peters: Zypern. Der Süden der Republik, Wanderführer. DuMont, 1995.

Andreas Schneider: Zypern. 8000 Jahre Geschichte. Archäologische Schätze, Byzantinische Kirchen, Gotische Kathedralen. DuMont, 1995.

Pavlos Tzermias: Geschichte der Republik Zypern. Mit Berücksichtigung der historischen Entwicklung der Insel während der Jahrtausende. Francke, 1995.

## Weitere Apa Guides

Apa Guide Griechenland, München 1996

Apa Guide Griechische Inseln, München 1995

Apa Guide Kreta, München 1996

Apa Pocket Guide Kreta, München 1996

Apa Guide Türkische Küste, München 1996

Apa Pocket Guide Türkische Riviera, München 1997

# Bildnachweis

B&E Anderson 167, 277
Associated Press 79
Bodo Bondzio 104, 123, 132/133, 226, 237
Hansjörg Brey 77, 78, 96, 201, 211, 213, 214, 217, 232, 233, 279
Marc Dubin 99, 198
Mary Evans Picture Library 28/29
Rainer Hackenberg 5 (unten)
Robert Harding Picture Library 12/13, 14
Jan Butchofsky Houser 107
Dave Houser 143, 152 (Randspalte), 161, 187, 189, 194
Gerhard P. Müller 20, 22, 32, 41, 46, 47, 52/53, 58, 59, 80, 82/83, 84, 89, 92/93, 94/95, 113, 117, 128, 129, 150, 155, 159, 160, 164, 168/169, 180, 203, 212, 223, 225, 236, 242/243, 258, 260/261, 262, 263, 264, 267, 270, 271, 272, 273, 274, 275, 276
The Hulton/Deutsch Collection 33
Angelika Lintzmeyer 90
Sylvia Pitcher/Joel Photo Library 192
Eric Roberts 197 (Randspalte), 211 (Randspalte), 215 (Randspalte), 215
Wolfgang Seitz/edition Vasco 4 (links)
Marcus Wilson Smith 49, 55, 56, 63, 64, 70, 72
Spectrum 86
George Taylor 3, 4 (oben), 4 (rechts), 5 (oben), 18, 19, 24, 50, 76, 87, 88, 97, 98, 144 (Randspalte), 145 (Randspalte), 149 (Randspalte), 153, 153 (Randspalte), 154, 155 (Randspalte), 156, 156 (Randspalte), 163 (Randspalte), 166 (Randspalte), 166, 175 (Randspalte), 176 (Randspalte), 176, 177 (Randspalte), 178/179, 181, 182 (Randspalte) 189 (Randspalte), 191 (Randspalte), 191, 194 (Randspalte), 199, 200, 202 (Randspalte), 207 (Randspalte), 208 (Randspalte), 208, 225 (Randspalte), 227 (Randspalte), 228, 229, 230, 231 (Randspalte), 232 (Randspalte), 234, 235 (Randspalte), 245, 247, 249 (Randspalte), 249, 250 (Randspalte), 252, 253, 255 (Randspalte), 257 (Randspalte), 257, 265, 267 (Randspalte), 270 (Randspalte), 272 (Randspalte), 275 (Randspalte), 277 (Randspalte), 278 (Randspalte), 278
Topham Picture Source 44/45, 48, 68, 69, 73, 74, 75, 81, 85
Bill Wassman 1, 8/9, 10/11, 16/17, 27, 30, 31 links, 31 rechts, 36/37, 38, 39, 40, 42/43, 54, 60/61, 62, 66/67, 71, 91, 102/103, 105, 106, 108, 109, 110/111, 112, 114, 115, 116, 118/119, 120, 121, 122, 124/125, 126, 127, 130/131, 134/135, 136/137, 138, 142, 145, 149, 151, 157, 158, 162, 163, 165, 170/171, 172, 173, 175, 177, 182, 183, 184/185, 186, 193, 195, 196, 197, 199 (Randspalte), 202, 204, 205, 206, 207, 209, 210, 213 (Randspalte), 216, 220/221, 222, 227, 235, 238, 239, 244, 248, 250, 251, 254, 255, 259
Barbara Walz 280
Joachim Willeitner 6/7, 147, 148, 152
Zyprisches Nationalmuseum 21, 23, 25, 26, 51
Im Bild: Seiten 34/35: von oben links nach unten rechts:
Jan Butchofsky; Sylvia Pitcher/Joel Photo Library; Dave Houser; Eric Roberts; B&E Anderson; Sylvia Pitcher/Joel Photo Library; Bill Wassman; Marc Dubin; Marc Dubin; Sylvia Pitcher/Joel Photo Library.
Seiten 100/101: alle Fotos B&E Anderson außer 100 oben links Bill Wassman.
Seiten 218/219: von oben links nach unten rechts:
B&E Anderson; Eric Roberts; Eric Roberts; Eric Roberts; Eric Roberts; Eric Roberts; Eric Roberts; Gunter Zieler/Bruce Coleman.
Seiten 240/241: von oben links nach unten rechts: Bill Wassman; Marc Dubin; Dave Houser; Marc Dubin; Bill Wassman; Bill Wassman; Dave Houser; Marc Dubin; Marc Dubin; Bill Wassman
Alle kleinformatigen Bilder auf dem Umschlag: George Taylor

Titelfoto: Bill Wassman

# Register

## Orts- und Sachregister

# Personen- und Götterregister